mathewerkstatt 7

Herausgegeben von
Timo Leuders
Susanne Prediger
Bärbel Barzel
Stephan Hußmann

Cornelsen

Erarbeitet von
Bärbel Barzel, Agnes Blattmann, Roland Bullinger, Matthias Glade, Gilbert Greefrath, Lars Holzäpfel, Stephan Hußmann, Tobias Jaschke, Timo Leuders, Carmen Lohrmann, Michael Marxer, Bettina Missale, Udo Mühlenfeld, Joachim Poloczek, Susanne Prediger, Maike Schindler, Andrea Schink, Claudia Schneider, Gerd Seifert, Sibylle Stachniss-Carp, Robert Storz, Conny Witzmann

Redaktion:
Ludwig Heyder, Ulf Rothkirch, Ursula Schwabe, Michael Unger

Illustrationen: Christian Nusch
Technische Zeichnungen: Christian Böhning
Umschlaggestaltung: Claudia Bachmann
Layoutkonzept: Andrea Jaschinski
Layout und technische Umsetzung: Jürgen Brinckmann

www.cornelsen.de

Unter der folgenden Adresse befinden sich multimediale Zusatzangebote für die Arbeit mit dem Schülerbuch:
www.cornelsen.de/mathewerkstatt
Die Buchkennung ist **MWS040248**.

1. Auflage, 3. Druck 2021

Alle Drucke dieser Auflage sind inhaltlich unverändert und können im Unterricht nebeneinander verwendet werden.

Druck und Bindung: Livonia Print, Riga

ISBN 978-3-06-040248-9

PEFC
PEFC/12-31-006

PEFC zertifiziert
Dieses Produkt stammt aus nachhaltig bewirtschafteten Wäldern und kontrollierten Quellen.

www.pefc.de

Inhaltsverzeichnis

Reisen und Rechnen – Hochrechnen und Runterrechnen

In diesem Kapitel ...

- lernst du, wie und wann man bestimmte Werte hoch- und runterrechnen kann.
- rechnest du mit Tabellen.
- berechnest du Werte im Kopf.

Rapid City 11 mi
Noch ca. 18 km bis Rapid City.
Ich habe immer gedacht, dass Benzin in den USA billig ist.
Und wie teuer wäre dann ein Liter?
USA

Das ist der Preis pro Gallone.
AMCO
Reg: 349
Prem: 369
Diesel: 435
SPEED LIMIT 33
Das Schild verstehe ich auch nicht. Speedlimit 33? Was bedeutet das?

Erkunden A Wie und wann kann ich Werte hochrechnen?

1 Hotelangebote vergleichen

Till hat eine Tante, die in den USA lebt. Sie hat ihre deutschen Verwandten eingeladen.
Tills Familie möchte nach dem Besuch eine Rundreise durch die USA unternehmen. Zuerst soll es ein paar Tage nach San Francisco gehen. Für die Planung haben sie sich Kataloge mit Hotelangeboten besorgt.

Angebot A:
California Inn Motel

Tage	Zimmerpreis
3	135 $
5	225 $
7	315 $

Angebot B:
Grand Hotel

Tage	Zimmerpreis
2	110 $
7	385 $
10	550 $

Angebot C:
El Dorado Motel

Zimmerpreis 29 $ pro Tag

Gut zu wissen
Die Landeswährung in den USA ist Dollar ($). Ein Dollar ist etwa so viel Wert wie 75 Cent.

a) Die drei Angebote liefern Zimmerpreise für verschiedene Tagesanzahlen. Tills Mutter findet den Preisvergleich schwierig. Sie hätte gern eine Übersicht.
- Berechne für die vorkommenden Tagesanzahlen die fehlenden Preise.
- Vergleiche die Preise auch für weitere Tagesanzahlen.
- Erstelle eine Tabelle, in der man die drei Angebote direkt vergleichen kann.

b)

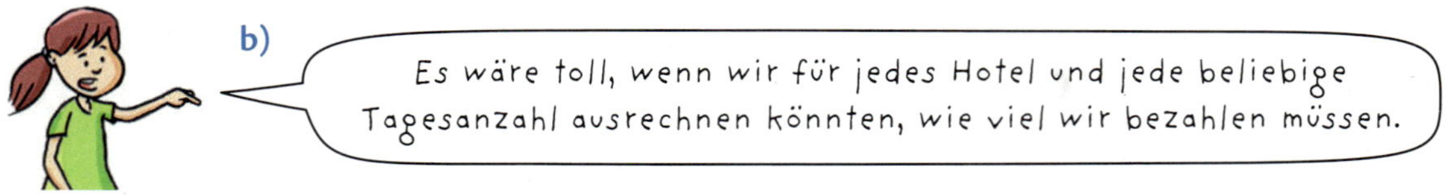

Tills Schwester Paula wünscht sich für jedes der drei Angebote eine Rechenregel. Wie könnte Paulas Rechenregel für jedes Angebot aussehen?

c) Entscheide, welches der drei Angebote am günstigsten ist. Wie haben dir die Ideen in a) und b) dabei geholfen?

nachgedacht

d) Wie bist du vorgegangen, um fehlende Werte zu berechnen? Welche Rechnungen waren leicht, welche waren schwierig?

2 Besondere Angebote

Till hat weitere Angebote gefunden und sie in Tabellen geschrieben.
Das soll seiner Familie helfen, auch diese Angebote zu vergleichen.

Angebot D:
Motel California

Tage	Preis pro Zimmer
1	65 $
2	110 $
5	225 $
10	400 $

Angebot E:
Plaza Hotel:

Tage	Preis pro Zimmer
1	60 $
2	110 $
3	150 $
10	450 $

a) Versuche, die Kosten für weitere Anzahlen von Tagen zu bestimmen.
Wie gut gelingt das bei diesen Angeboten?

b) Vergleicht eure Überlegungen untereinander.
Erklärt, wie ihr bei den Rechnungen vorgegangen seid.

c)

Till, irgendetwas stimmt mit deinen Rechnungen nicht.
Da kann man ja doppelt so lange bleiben,
zahlt aber weniger als den doppelten Preis.

Was meint Tills Vater?
Finde passende Stellen in den Tabellen.

d)

Man kann ja gar nicht sagen, welches der
Angebote **D** und **E** billiger ist.

- Was meint Till? Hat Till Recht?
  Erkläre an den Tabellen der Angebote **D** und **E**, was er meint.
- Warum kann man bei den Angeboten **D** und **E** nicht so rechnen wie bei den Angeboten **A**, **B** und **C** aus Aufgabe 1?

e) Wie kann man an den Zahlenwerten erkennen, dass man bei den Angeboten in Aufgabe 2 nicht so hoch- und runterrechnen kann, wie in Aufgabe 1?
Finde verschiedene Hinweise in Tills Tabellen und erkläre, worauf du achtest.

nachgedacht

3 Wann kann ich hoch- und runterrechnen?

a) Bei manchen Angeboten aus den Aufgaben 1 und 2 kann man fehlende Zahlen berechnen, bei anderen Angeboten geht das nicht. Woran liegt das?

b)
- Welche Vorteile könnten diese Angebote für die Hotels haben?
- Für welche Kunden sind die Hotelangebote, die Till herausgefunden hat, besonders vorteilhaft?

4 Währungen umrechnen

Merve reist im Sommer mit ihrer Familie zu ihren Verwandten in die Türkei. Sie nimmt ihren Cousin Hannes mit, der noch nie in der Türkei war.
In der Türkei sind die Preise in der Landeswährung Türkische Lira (TRY) ausgezeichnet.

TRY	€
1	
2	
3	
5	
10	4,10
15	
20	
100	
200	
250	

a) Übertrage die Tabelle von Hannes in dein Heft und ergänze sie.
Berechne die fehlenden Werte ohne Taschenrechner im Kopf oder schriftlich.
Hier einige Tipps:

- Suche geschickte Rechenwege, die dir das Rechnen vereinfachen.
- Berechne zuerst die Werte, die du leicht finden kannst.
- Fülle dann den Rest der Tabelle aus.

b) Zeichne oder schreibe an deine Tabelle, wie du gerechnet hast.
Du kannst dazu auch Pfeile verwenden.

c) Erklärt euch gegenseitig eure Rechenwege an der Tabelle.

- Habt ihr die gleichen Werte auf verschiedenen Wegen berechnet?
- Vergleicht die Wege miteinander.
Welche sind kürzer oder einfacher?

nachgedacht

d) Welche Rechenwege haben euch besonders gut gefallen?
Welche Rechnungen kann man auch im Kopf ohne Taschenrechner durchführen?

Erkunden B

Wie kann ich Werte im Kopf berechnen oder überschlagen?

5 Preise vergleichen

Gut zu wissen
Die Landeswährung der Schweiz sind Franken. Ein Schweizer Franken (abgekürzt SFr.) ist etwa so viel wert wie 80 Cent.

Pia ist mit ihrem Vater in die Schweiz gefahren.
Sie möchte für ihre restlichen Franken noch möglichst viel Schokolade mitbringen.
Sie steht vor einem großen Regal und vergleicht die Angebote.

wiederholen
Wissensspeicher aus vorigen Schuljahren: *Größen 6*

a) Wähle immer zwei Schokoladensorten, vergleiche die Preise und gib an, welches Angebot billiger ist.
Rechne dabei zunächst im Kopf und schreibe deine Ergebnisse dann in dein Heft.
Du kannst auch überschlagen, also die Rechnung durch Runden vereinfachen.

b) Überprüfe deine Ergebnisse aus a). Lege dafür Minitabellen an und rechne schriftlich.

nachgedacht

c) Tauscht euch darüber aus, wie ihr im Kopf gerechnet habt.
Welcher Rechenweg hat schnell zum Ergebnis geführt, welcher war umständlich?

6 Work & Travel in the USA

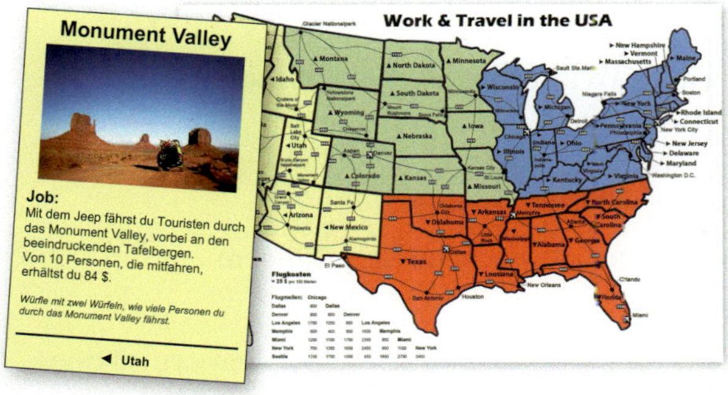

Tills Cousine ist 20 Jahre alt und war letztes Jahr für drei Monate in den USA.
Sie ist mit Flugzeug, Auto oder Bahn von Ort zu Ort gereist und hat zwischendurch gearbeitet.
Dabei musste sie immer wieder im Kopf rechnen.

a) Plant und spielt in dem Spiel „Work & Travel“ eure eigene USA-Reise durch.

Hinweis
Das Spiel findest du im Internet unter 011-1.

b) Beim Spielen habt ihr immer wieder im Kopf hoch- und runter gerechnet.
Löst die folgenden Aufgaben im Kopf.
(1) 100 Meilen Busfahrt kosten 18 $, wie viel kosten 450 Meilen Busfahrt?
(2) 360 $ zahlt sie für 500 Meilen. Wie viel kosten 550 Meilen?
(3) 100 Meilen Flug kosten 30 $. Wie viel kosten 650 Meilen?
(4) 3 Tage Kellnern bringen 80 $. Wie viel bringen 12 Tage?
(5) Zwei Touristen zahlen für eine Stadtführung 170 $. Wie viel bekommt man für 5?
(6) Für 25 verkaufte Konzertkarten bekommt sie 125 $. Wie viel bringen 45 Karten?

nachgedacht

c) Schreibt eure Kopfrechenwege auf und erklärt sie euch gegenseitig.
Welche Wege waren besonders günstig?

Ordnen A

Wie und wann kann man Werte hochrechnen?

1 Rechenwege für das Hoch- und Runterrechnen

✻ Neues Wort
*Eine **Zuordnung** beschreibt, wie zwei Größen zusammenhängen, zum Beispiel die Anzahl der Urlaubstage und die Hotelkosten.*

Der Preis für die Übernachtung in einem Hotel hängt von der Anzahl der Tage ab, die man dort bleiben möchte.
Merve, Till, Ole und Pia haben sich den Zusammenhang zwischen der Anzahl der Tage und dem Preis als *Zuordnung*✻ in einer Tabelle aufgeschrieben.
Um fehlende Werte zu berechnen, verwenden sie verschiedene Rechenwege.

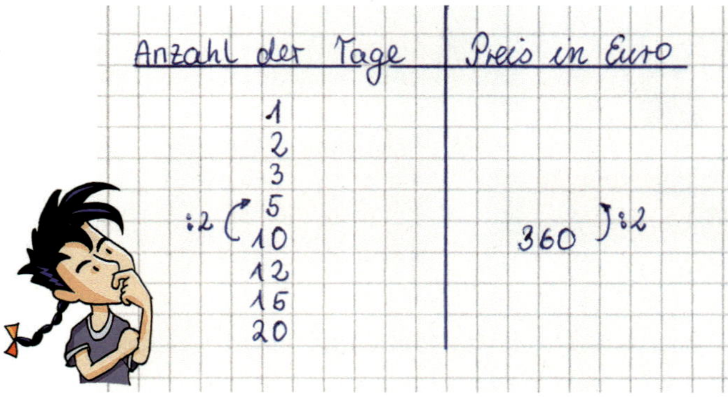

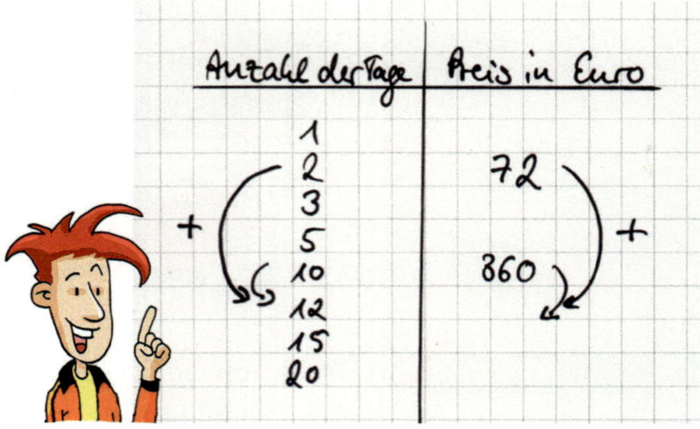

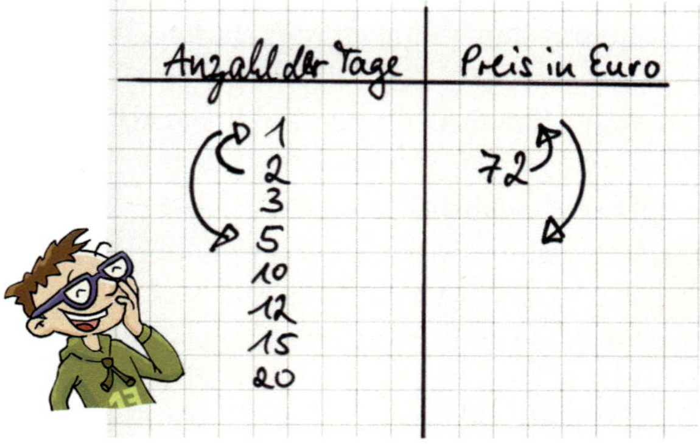

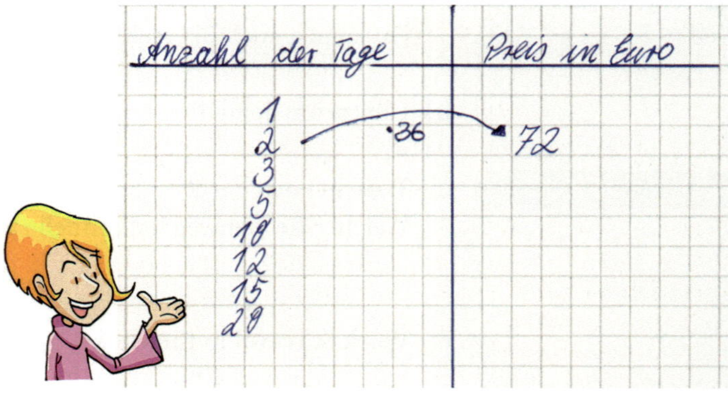

► Materialblock S. 4
Arbeitsmaterial
Rechenwege für das Hoch- und Runterrechnen

a) Merve, Till, Ole und Pia haben verschiedene Wege gefunden, um fehlende Werte in Tabellen zu berechnen.
Ergänze die Rechnungen und Ergebnisse im Materialblock.

b) Merve, Till, Ole und Pia haben auch Namen für die Rechenwege erfunden:

- Direkt hochrechnen
- Zusammenrechnen
- Direkt runterrechnen
- Rechnen mit einem festen Faktor
- Rechnen mit einem Zwischenschritt

Welcher Name gehört zu welchem Weg?

c) Welcher Name kommt bei den Wegen oben nicht vor?
Stelle den Weg zu diesem Namen mit einer neuen Tabelle dar und rechne Beispiele.

d) Was bedeutet die 36 bei Pias Rechenweg? Wie hat Pia sie gefunden?
Bei welchen Rechenwegen gilt die Regel „auf beiden Seiten das Gleiche tun"?

e) Beurteile die Rechenwege. Welche findest du besonders einfach oder geschickt?

2 Mit Mini-Tabellen hoch- und runterrechnen

6 Donuts für 9,60 €

Mit Tabellen kann man viele rechnerische Probleme lösen.
Pia, Ole und Till verwenden die **P A D E K**-Schritte und schreiben beim Schritt **D**urchführen jeweils kurze Rechnungen auf.

Maja soll 10 Donuts kaufen. Reichen ihre 15 €?

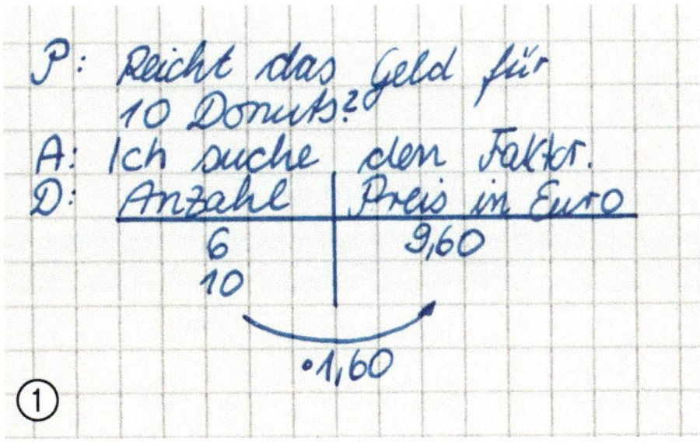

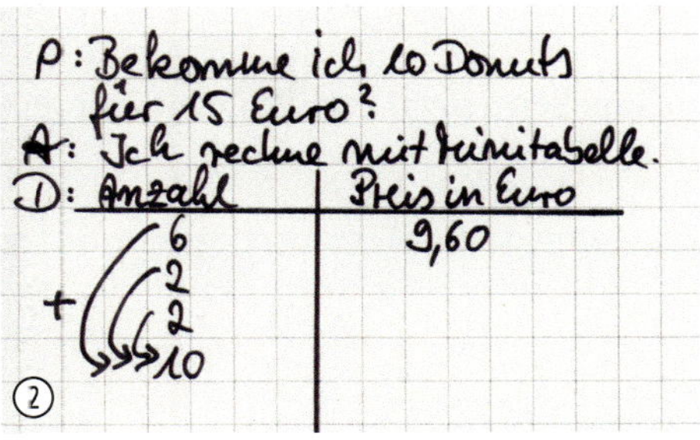

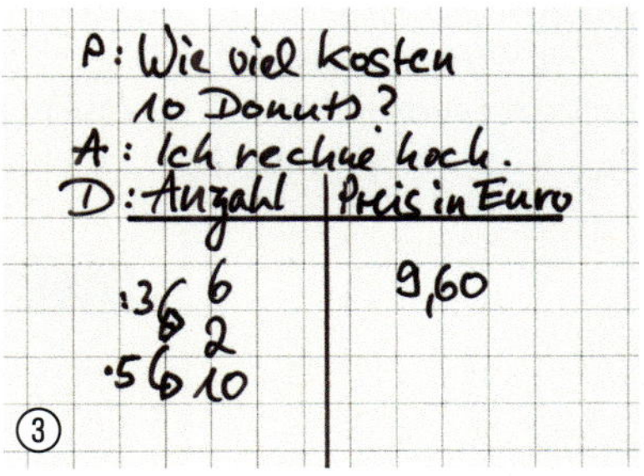

** **Neues Wort***
***Minitabellen** enthalten nur die Werte, die für das Hoch- und Runterrechnen notwendig sind.*

a) Die Rechenwege sehen ähnlich wie bei den größeren Tabellen in Aufgabe 1 aus. Sie enthalten aber immer nur das Wichtigste der Rechnung, daher nennen die drei sie *Minitabellen**.
Übertrage die Minitabellen von Till, Pia und Ole in dein Heft:
- Ordne jeder Beschreibung den passenden Rechenweg zu.
- Vervollständige die Rechnungen. Wie sind Till, Ole und Pia jeweils vorgegangen?

b) Die Rechnungen passen zu den Rechenwegen aus Aufgabe 1 b).
Welcher Name passt zu welcher der Rechnungen oben?

Direkt hochrechnen | Zusammenrechnen | Direkt runterrechnen | Rechnen mit einem festen Faktor | Rechnen mit einem Zwischenschritt

► Materialblock S. 2
Wissensspeicher
Mit Minitabellen hoch- und runterrechnen

c) Vergleicht eure Rechenwege und die Namen, die ihr gewählt habt.
Übertragt sie in den Wissensspeicher.

d) Ob ein Weg besonders einfach ist, hängt auch von den Zahlen ab.
Löse die folgende Aufgabe.
Rechne auf allen drei Wegen und vergleiche.

6 Donuts kosten 9,60 €. Wie viel kosten 16 Donuts?

e) Was meint Merve? Führe ihre Rechnung als Minitabelle durch.
Vergleiche Merves Rechenweg mit dem von Ole.

3 Wann kann man hoch- und runterrechnen?

a) Wenn man hoch- und runterrechnen will, muss man prüfen, ob das in der Situation überhaupt möglich ist.
Bei welchen Aufgaben von Seite 8 bis 10 war es möglich und bei welchen nicht?

*** Neues Wort**
*Zuordnungen, bei denen man durch Hoch- und Runterrechnen unbekannte Werte finden kann, heißen **proportional**.*

b) Bei den Zusammenhängen in den Aufgaben 1 und 2 auf den Seiten 12 und 13 kann man hoch- und runterrechnen. Solche Zusammenhänge heißen *proportional**.
Man kann sie durch eine *proportionale Zuordnung** beschreiben.

Die beiden Tabellen zeigen zwei Angebote für eine Ware.

Angebot A

Anzahl	Preis
1	35 €
2	70 €
3	90 €
5	150 €
10	250 €
12	300 €
15	375 €

Angebot B

Anzahl	Preis
1	30 €
2	60 €
3	90 €
5	150 €
10	300 €
12	360 €
15	450 €

- Untersuche, bei welcher Tabelle die Zuordnung proportional ist und bei welcher nicht.
- Woran kannst du die Zuordnung erkennen, die nicht proportional ist?

c) Till und Pia haben sich verschiedene Prüfwege ausgedacht.
Probiere die Prüfwege von Pia und Till an beiden Tabellen aus.

d) Merve merkt sich so, was „proportional" bedeutet:

Gibt es bei den folgenden Zusammenhängen immer die gleichen Kosten „pro Portion"?

(1) Im Schwimmbad (Eintritt 5 €) gibt es ab 10 Personen einen Rabatt von 10 €.
(2) Die Äpfel kosten auf dem Wochenmarkt 1,80 Euro für ein Kilogramm.
(3) Ein Mietfahrrad kostet 15 € am Tag plus eine einmalige Grundgebühr von 10 €.

► Materialblock S. 2
Wissensspeicher
Mit Minitabellen hoch- und runterrechnen

e) Vergleicht eure Lösungen in b) bis d) und markiert die Stellen in der Tabelle im Wissensspeicher.

f) Untersuche, ob Ole Recht hat.

Ordnen B

Wie kann man Werte im Kopf berechnen?

4 Im Kopf hoch- und runterrechnen

In Alltagssituationen ist es nicht immer notwendig, alles genau auszurechnen.
Man kann auch im Kopf überschlagen, um sich entscheiden zu können.

Für eine fünftägige Tour mit dem Wohnwagen kaufen Ole und Till Apfelsaft ein.
Sie müssen sich zwischen unterschiedlichen Packungsgrößen entscheiden.

5 Liter
5,95 €

1,5 Liter
1,95 €

a) Ich vereinfache die Rechnung: Statt mit 5,95 Euro rechne ich mit 6 Euro. Die 5 Liter rechne ich runter auf 0,5 Liter und hoch auf 1,5 Liter.

Rechne wie Ole im Kopf aus, welches Angebot günstiger ist, und notiere das Ergebnis.
Überprüfe dann deine Rechnung, indem du sie als Minitabelle schreibst.

b) Ich rechne beides auf 15 Liter hoch und vergleiche.

Rechne wie Till im Kopf aus, welches Angebot günstiger ist, und notiere das Ergebnis.
Welche Vereinfachungen machst du bei der Rechnung?
Überprüfe dann deine Rechnungen, indem du sie als Minitabellen schreibst.

► Materialblock S. 3
Wissensspeicher
Im Kopf hoch- und runterrechnen

c) Zu welchem Ergebnis kommen Ole und Till?
Vergleicht eure Minitabellen und übertragt sie in den Wissensspeicher.

5 Kopfrechentricks

a) „Mal 15" rechne ich im Kopf so: erst „mal 10" und dann noch die Hälfte dazu.

Erkläre Merves Rechenweg am Beispiel 1,40 € · 15.
Schreibe zur Erläuterung eine Minitabelle auf.

b) Formuliere einfache Kopfrechenregeln auch für die folgenden Rechnungen:

(1) mal 11 (2) mal 25 (3) mal 90 (4) durch 5

Schreibe die Kopfrechenregeln in Worten auf und erkläre sie an einer Minitabelle.

► Materialblock S. 3
Wissensspeicher
Im Kopf hoch- und runterrechnen

c) Vergleicht eure Erklärungen und übertragt sie in den Wissensspeicher.

Vertiefen 1

In Tabellen hoch- und runterrechnen

Training

▸ Materialblock S. 5 Arbeitsmaterial *Geschickt rechnen*

1 Übersicht durch Tabellen

Pia, Till und Merve haben unterschiedliche Tabellen angelegt, um drei benachbarte Campingplätze zu vergleichen.

①

Anzahl der Tage	Preis in Euro
1	5,10
2	10,20
3	15,30
4	
5	
6	30,60
7	
8	
9	
10	

②

Anzahl der Tage	Preis in Euro
1	
2	9
3	
4	18
5	
6	27
7	
8	36
9	
10	45

③

Anzahl der Tage	Preis in Euro
1	
2	
3	12,60
4	
5	
6	25,20
7	
8	
9	37,80
10	

a) Ergänze die fehlenden Werte in den Tabellen im Materialblock.

b) Finde Stellen, an denen du auch einen anderen Rechenweg verwenden könntest. Trage ihn zusätzlich ein.

Tipp
Hier sind die Rechenwege aus Aufgabe 1 auf Seite 12 nützlich.

Training

2 Fotos bestellen

Nach ihrem Urlaub möchte Pia Fotos nachbestellen.
Sie vergleicht die Angebote von verschiedenen Firmen.

Angebot 1

Anzahl	Preis in Euro
20	5
2	
5	
10	

Angebot 2

Anzahl	Preis in Euro
50	14,50
2	
5	
10	

Angebot 3

Anzahl	Preis in Euro
25	6
2	
5	
10	

a) Übertrage die Tabellen in dein Heft und berechne die fehlenden Werte.
Rechne dabei nicht von oben nach unten. Wähle eine günstigere Reihenfolge.
Notiere deinen Rechenweg am Rand mit Pfeilen.

b) Welche Rechnungen waren leicht, welche waren schwierig? Woran lag das jeweils?

c) Pia hat sich 75 Fotos ausgesucht. Bestimme die Preisunterschiede der drei Firmen bei dieser Menge, indem du die Tabellen weiterführst.

d)
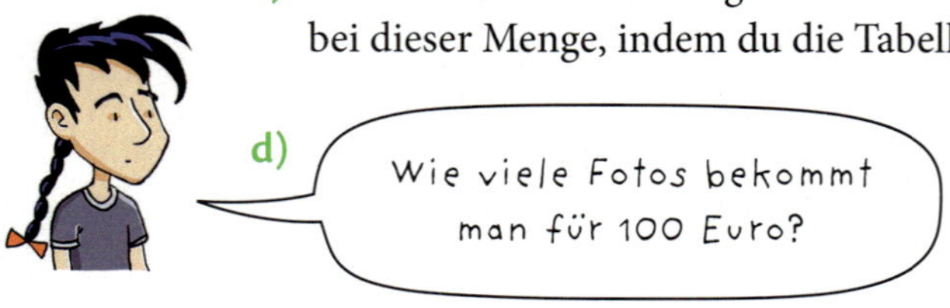

Vergleiche die drei Angebote mit Merves Frage: Berechne, wie viele Fotos man für 100 € bei jedem der drei Angebote bekommen würde.

3 Rechnen in Tabellen – einfach und schwierig

a) Übertrage die Tabellen in dein Heft und fülle sie vollständig aus.
Notiere am Rand deine Rechenwege.

(1)

Anzahl	Preis in Euro
1	
2	
5	75
9	
10	

(2)

Anzahl	Preis in Euro
10	
25	
50	
75	
90	360

(1)

Anzahl	Preis in Euro
2	5
4	
8	
10	
20	

(2)

Anzahl	Preis in Euro
3	
6	
9	
12	28
15	

b) Vergleiche, ob du bei allen Tabellen den gleichen oder verschiedene Rechenwege gewählt hast. Welcher Weg war an welcher Stelle einfacher oder schwieriger?

c) Erfinde selbst eine Tabelle, die besonders einfach ist, und eine, die besonders schwierig ist. Begründe, warum das so ist.

4 Fehler bei der Umrechnung

Gut zu wissen
Die Landeswährung in Großbritannien ist das „Britische Pfund".

Finde die Fehler in den Umrechnungstabellen und korrigiere sie im Heft.

(1)

Pfund	Euro
1	1,20
2	2,40
5	4,80
10	12,00
20	24,00

(2)

Euro	Pfund
0,50	0,415
1	0,83
2	1,66
5	3,32
10	8,35

(3)

Pfund	Euro
1	1,2
2	2,4
3	3,6
4	5,0
5	6,0

Hinweis
In den USA gibt es viele für uns ungewöhnliche Einheiten.
Unter dem Mediencode 017-1 findest Informationen dazu.

5 Unbekannte Einheiten umrechnen

Übertrage die Tabellen ins Heft und fülle sie aus.
Überlege dir dabei, auf welchem Rechenweg du rechnest.

(1) **Längen**

feet	inch
5	60
1	
	144
	96

(2) **Geschwindigkeit**

mph	km/h
30	
70	112
100	
	80

(1) **Volumen**

gallon	Liter
1	
5	18,95
10	
	10

(2) **Längen**

feet	Meter
328	100
	50
	20
100	

6 Das Umrechnungsmaßband

Welche Umrechnungen kann man an diesem Maßband direkt ablesen?
Erstelle eine passende Umrechnungstabelle wie in Aufgabe 5.

Vertiefen 2

Mit Minitabellen schriftlich hoch- und runterrechnen

7 Drei Rechenwege im Vergleich

- Pia berechnet meistens zuerst den festen Faktor.
- Merve rechnet oft erst runter auf 1, dann wieder hoch.
- Ole rechnet auf eine passende Zwischengröße herunter.

Anzahl	Preis in Euro
30	120
10	
50	

Anzahl	Preis in Euro
30	120
1	
50	

Anzahl	Preis in Euro
30	120
10	
50	

a) Welche der drei Minitabellen passt zu wem?
Führe im Heft alle drei Rechnungen durch und schreibe den passenden Namen dazu.

b) Vergleiche die Zahlenwerte, die bei den drei Rechnungen auftreten.
Schreibe auf, was dir auffällt.

c) Gelten deine Vermutungen in b) immer?
Überprüfe das anhand der folgenden Aufgabe, die du auf allen drei Wegen berechnest:
Ein 400 g schweres Melonenstück kostet 90 ct.
Wie viel muss man für ein größeres Stück mit 500 g bezahlen?

·5

Anzahl	Preis in Euro
12	60

8 Passenden Faktor finden

a) Bestimme für jede der folgenden Situationen den passenden, festen Faktor. Erkläre, was er bedeutet.

(1) In Frankreich musste Merves Familie für 200 km Autobahnfahrt 12 € Mautgebühren bezahlen. Danach müssen sie noch einmal für 150 km auf die Autobahn.

(2) Beim Mietwagen war fast die gesamte Tankfüllung (60 ℓ) nach 800 km verbraucht. Für den restlichen Urlaub tankt Merves Mutter noch einmal 25 Liter.

(3) Beim Auto von Pias Mutter hat einmal Volltanken (50 Liter) 60 € gekostet. Nach einem Ausflug tankt sie 20 Liter nach.

(4) Im Aufzug hängt ein Schild: „Maximal 8 Personen, 600 kg".
Ein anderer Aufzug hat die Höchstlast 1050 kg.

(5) Ein halbes Kilogramm Hackfleisch kostet an der Fleischtheke 2,95 €.
Till hat 8,85 € bezahlt.

b) Berechne mit Hilfe des festen Faktors die unbekannten Werte aus (1) bis (5).

Training

Problem verstehen
↓
Ansatz suchen
↓
Durchführen
↓
Ergebnis erklären
↓
Kontrollieren

9 Rechenprobleme auf Reisen

Löse die folgenden Aufgaben.
Verwende den Lösungsplan P A D E K und Minitabellen.

P roblem verstehen: Manchmal musst du die Frage erst selbst finden.
A nsatz suchen: Finde eine geeignete Minitabelle (z. B. Wo stehen welche Werte?)
D urchführen: Wähle einen (sinnvollen) Rechenweg.
E rgebnis erklären: Schreibe in Worten auf, was du herausgefunden hast.
K ontrollieren: Überlege, ob das Ergebnis richtig sein kann.

a) Till möchte 100 € in amerikanische Dollar wechseln.
Merve hat ihm erzählt, dass sie für 30 € bei der Bank 42$ bekommen hat.

b) Ein Mietwagen in Italien kostet 420 € für 5 Tage.
Für wie viele Tage kann sich Oles Familie einen Mietwagen nehmen, wenn sie nicht mehr als 800 € ausgeben will?

c) Tills Fahrradreifen haben einen Durchmesser von 26 Zoll. Er hat gemessen, dass das 66 cm sind. Pias Reifen haben 24 Zoll im Durchmesser.

d) Eine Wattwanderung zwischen zwei Nordseeinseln dauert etwa 150 Minuten. Die Teilnehmer legen dabei unter der Leitung eines Wattführers eine Strecke von 5 km im Watt zurück.
Nach einer Stunde müssen die Teilnehmer trotz Ebbe einen kleinen Wasserlauf durchqueren.

Wie viel Kilometer sind es dann noch bis zum Ziel?

Problemlösen

e) Der höchste Berg Nordamerikas ist mit über 6200 m der Mount McKinley in Alaska.
Viele Flugzeuge fliegen bei 30 000 Fuß – reicht das?

f) Pias Mutter hat 60 Liter getankt.
Mit den ersten 15 Litern ist sie 200 km weit gekommen.

g) Der Fahrstuhl im Eiffelturm braucht bis zur Plattform auf ca. 120 m Höhe etwa vier Minuten. Dann steigt man in einen ähnlichen Fahrstuhl um, der bis zur Höhe von ca. 280 m fährt.

Training

Anzahl	Preis
20	5 €
50	?

Anzahl	Preis
20	5 €
?	12 €

10 Eine passende Minitabelle finden

a) Schreibe zu folgenden Situationen passende Minitabellen.
- Welches sind die Überschriften, die zu den beiden Spalten passen?
- Welches sind die **bekannten Größen**, die in die erste Zeile passen?
- Welches ist die **gesuchte Größe**?

(1) Michael hat für 2,50 € insgesamt 20 Fußballbildchen bekommen. Er überlegt, wie viele er für 6 € kaufen kann.

(2) 150 g Oliven kosten 2,50 €. Wie viel muss man für 250 g bezahlen?

(3) Der Museumseintritt kostet für 2 Erwachsene 10 € und für 5 Kinder ebenfalls 10 €. Wie viel müssen Pias Eltern bezahlen, wenn sie zu Pias Geburtstag mit 8 Kindern ins Museum gehen?

(4) Im Baumarkt gibt es Wandfarbe in 10-Liter-Eimern. In der Beschreibung steht, dass ein Farbeimer für bis zu $80\,m^2$ Wandfläche reicht. Wie viel Liter Farbe braucht man zum Streichen einer Gesamtfläche von $250\,m^2$?

(5) Die Entsorgung von 10 Litern Altfarbe kosten 5,50 Euro. Oles Vater möchte vier Eimer mit jeweils 7,5 Litern abgeben. Wie viel muss er dafür bezahlen?

(6) Im Fischrestaurant wird der Fisch nach Gewicht verkauft. Für eine 500 g Dorade musste Oles Vater 35 € bezahlen. Das hätte er vorher wissen können, wenn er den Kilopreis in der Karte gelesen hätte.

b) Bei welchen Aufgaben war es schwierig, die richtige Minitabelle zu finden? Warum?

11 Geeignete Zwischenschritte finden

Familie Müller zieht Anfang Juni in ein Haus ein, für das jährlich eine Grundsteuer von 654 € zu bezahlen ist.
Ole und Pia haben berechnet, wie viel Grundsteuer Familie Müller für das restliche Jahr noch bezahlen muss.

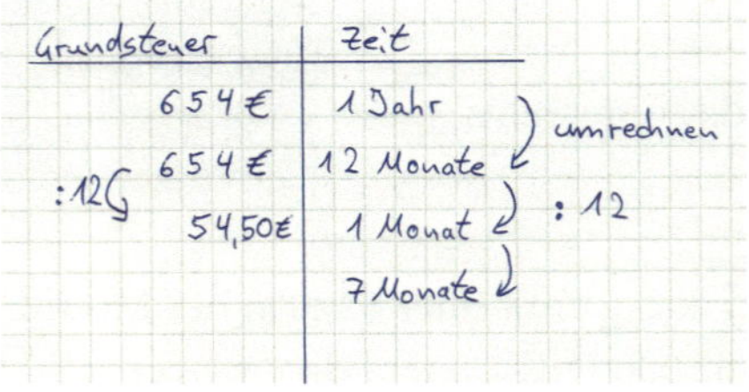

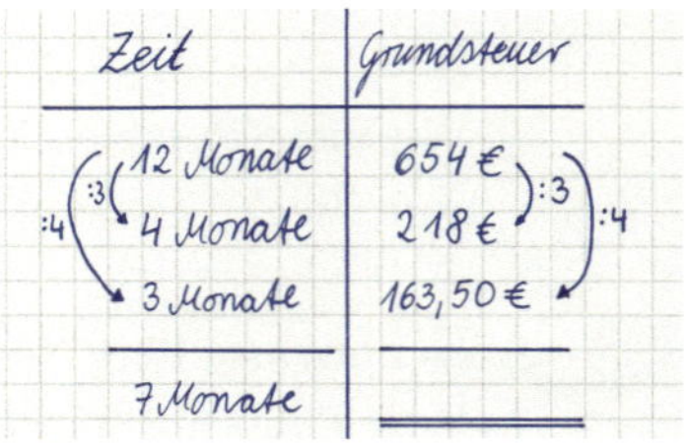

a) Beschreibe die Vorgehensweisen von Ole und Pia.
Worin liegen die Unterschiede?

b) Für ein anderes Haus kostet die Grundsteuer 950 € jährlich.
Was muss eine Familie dann für den Zeitraum August bis Dezember bezahlen?
Rechne auf mindestens zwei verschiedenen Wegen.

12 Zwischenschritte finden

► Materialblock S. 5 Arbeitsmaterial *Zwischenwerte finden*

Finde günstige Werte für Zwischenschritte und fülle die Tabellen im Materialblock aus.

(1)

Anzahl	Preis in Euro
30	120
50	

(2)

Anzahl	Preis in Euro
45	120
	200

(3)

Anzahl	Preis in Euro
100	18
150	

(4)

Anzahl	Preis in Euro
12	20
50	

(5)

Anzahl	Preis in Euro
9	120
15	

(6)

Anzahl	Preis in Euro
300	20
	95

13 Günstigere Zwischenschritte finden

Till rechnet meistens herunter auf 1.

(1)

Anzahl	Preis in Euro
200	120
1	
150	

(2)

Anzahl	Preis in Euro
40	11,20
1	
60	

(3)

Anzahl	Preis in Euro
14	18
1	
70	

a) Übertrage die Tabellen in dein Heft und rechne so wie Till. Nimm, wenn es schwierig wird, einen Taschenrechner zur Hilfe.

b) Finde andere Zwischenwerte, die die Rechnung einfacher machen, und rechne noch einmal – diesmal ohne Taschenrechner.

Training

14 An der Wurst- und Käsetheke

Tipp
Rechne mit einer Minitabelle.

Beim Einkaufen kann es passieren, dass man überlegen muss, wie viel eine bestimmte Menge von einer Ware wohl kosten wird oder wie viel von dieser Ware man sich höchstens noch leisten kann, weil man z. B. nicht genug Geld dabei hat.

a) 250 g Hackfleisch kosten 2,00 €.
Pia möchte 625 g kaufen.
Wie viel muss sie dafür bezahlen?

b) Merve sieht im Kühlregal ein 180 g-Käsestück für 4,25 €.
Sie überlegt, welche Menge sie wohl für 5,00 € bekommen kann.

Vertiefen 3

Proportionale Zusammenhänge erkennen

Training

15 Einheiten für Temperatur vergleichen

Temperaturen werden in den USA in Grad Fahrenheit (geschrieben: °F) angegeben. In seinem Reiseführer findet Till die folgende Tabelle zum Umrechnen:

Temperatur USA	Temperatur Deutschland
32 °F	0 °C
50 °F	10 °C
68 °F	20 °C
86 °F	30 °C

a) Entscheide, ob die Temperaturen in Grad Celsius zu den Temperaturen in Grad Fahrenheit proportional sind. Begründe deine Antwort.

Problemlösen

b) Till notiert sich die Temperaturwerte für einen Tag und rechnet sie um:
- Wie könnte Till die Werte berechnet haben, die nicht in der Tabelle aus a) stehen?
- Finde einen Ansatz, um jede Temperatur von Grad Fahrenheit in Grad Celsius umzuwandeln.

Uhrzeit	Temperatur USA	Temperatur Deutschland
12 Uhr	50 °F	10 °C
18 Uhr	64 °F	18 °C
21 Uhr	54 °F	12 °C

Training

16 Zuordnungen prüfen

a) Überprüfe die folgenden Tabellen: Ist die jeweilige Zuordnung proportional?

(1)

A	B
1	4
2	4
3	4
4	4
5	4

(2)

A	B
0	0
1	3
2	6
3	9
4	12

(1)

A	B
0	2
1	4
2	8
3	16
4	32

(2)

A	B
10	480
2	96
3	144
5	240
7	336

b) Begründe deine Antwort für jede Tabelle.

17 Proportionale und nicht proportionale Zusammenhänge

- Entscheide, in welchen der folgenden Situationen ein proportionaler Zusammenhang vorliegt. Begründe deine Entscheidungen.
- Beantworte die Fragen, wenn dies möglich ist.

(1) Ein Läufer legt 100 m in 12,5 s zurück.
In welcher Zeit läuft er 1500 m?

(2) 3 kg Orangen kosten 4,80 €.
Wie viel kostet ein Kilogramm Orangen?

(3) Oles kleiner Bruder ist 8 Jahre und 1,46 m groß.
Wie groß wird er mit 12 Jahren sein?

(4) Auf der Verpackung eines Hamburgers steht: 9 g Fett pro 100 g.
Wie viel Gramm Fett ist in dem 350 g schweren Hamburger enthalten?

18 Proportional oder nicht proportional?

a) ▪ Prüfe, welche der folgenden Zusammenhänge proportional sind.
▪ Begründe deine Entscheidung.
(1) Alter in Jahren – Schuhgröße
(2) Anzahl der Centmünzen – Gesamtgewicht der Centmünzen in Gramm
(3) Körpergröße in Zentimeter – Körpergewicht in Kilogramm
(4) Seitenlänge eines Quadrates in Zentimeter – Flächeninhalt in Quadratzentimeter

weitergedacht

b) Finde weitere Zusammenhänge, die proportional sind.

c) Finde nicht proportionale Zusammenhänge und begründe, warum sie nicht proportional sind.

19 Situationen mit und ohne proportionalen Zusammenhang unterscheiden

Die folgenden Zusammenhänge sind nicht immer proportional.
Was muss man annehmen, damit sie proportional sind?
(1) Dauer einer Autofahrt – zurückgelegte Entfernung
(2) Anzahl der Pizzabeläge – Preis der Pizza
(3) Anzahl der Familienmitglieder – Kosten des Kinobesuchs der Familie
(4) Anzahl der Brötchen – Preis zum Kauf der Brötchen
(5) Dauer eines Telefongesprächs – Kosten für das Telefonat

20 Angebote vergleichen

Der Grand Canyon ist eine 450 km lange Schlucht im US-Bundesstaat Arizona. Durch die Schlucht fließt der Colorado-River.

Till vergleicht die Preise für eine mehrtägige Rafting-Tour durch den Grand Canyon.

Angebot 1	Angebot 2	Angebot 3
1. – 3. Tag: 340 $ ab 4. Tag: 200 $	1399 $ für eine ganze Woche	285 $ pro Tag

Gut zu wissen
*Beim Rafting wird mit einem Schlauchboot (**Raft**) ein Fluss befahren.*

a) Bei welchen Angeboten ist der Preis proportional zur Dauer der Tour?

b) Erstelle zu den drei Angeboten eine Tabelle für 1 bis 7 Tage.
Überprüfe deine Antwort zu a) mit Hilfe der Tabelle.

c) Tills Familie plant eine Tour von 4 Tagen. Welches Angebot ist dann am günstigsten?

d) Was vermutest du:
Warum bieten die Firmen ihre Boote zu unterschiedlichen Bedingungen an?

Vertiefen 4 Alltagsprobleme rechnerisch lösen

21 Preise vergleichen

Vergleiche die Preise mit Hilfe von Minitabellen.

(1) 6 Äpfel der Sorte „Braeburn" kosten im Supermarkt 2,49 €.
4 Äpfel der Sorte „Pink Lady" kosten im Supermarkt 1,80 €.

(2) 10 Eier aus Bodenhaltung kosten 1,99 €.
6 Bio-Eier kosten 1,67 €.

22 Geschwindigkeiten auf verschiedenen ICE-Strecken

Vergleiche die durchschnittliche Geschwindigkeit der Züge auf diesen drei Strecken:

Strecke	Entfernung	Fahrzeit laut Fahrplan
Hamburg – Karlsruhe	ca. 650 km	305 min
Stuttgart – München	ca. 250 km	135 min
Frankfurt(Flughafen) – Siegburg/Bonn	ca. 150 km	40 min

Verwende den Lösungsplan P A D E K.

23 Dreisatz

6 Brötchen kosten 2,70 €
1 Brötchen kostet 0,45 €, denn 270 : 6 = 45
9 Brötchen kosten 4,05 €, denn 9 · 45 = 405

a) Schreibe Pias Dreisatzrechnung in Form einer Minitabelle.
Vergleiche die beiden Schreibweisen.

b) Berechne mit dem Dreisatzverfahren wie Pia.
(1) 8 Kiwis kosten 3,12 €. Wie viel kosten 14 Kiwis?
(2) Ein Hotelzimmer kostet für 3 Tage 261 €. Wie viel kostet es für 5 Tage?

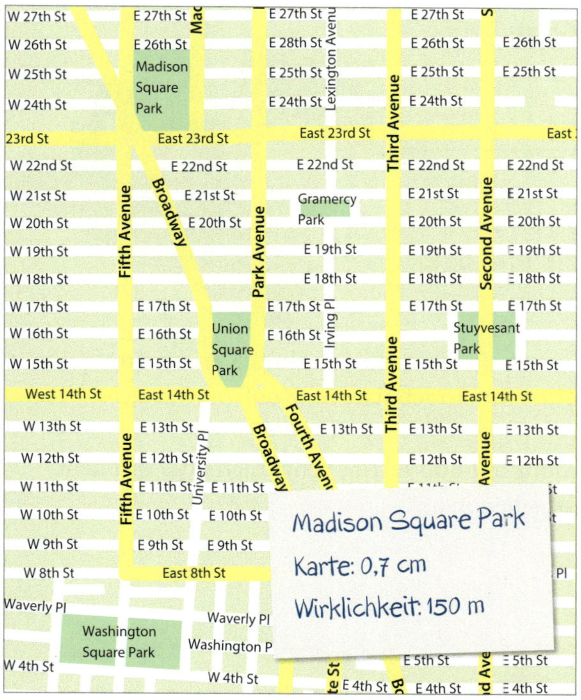

24 Maßstab

Auf dem Stadtplan von Manhattan fehlt der Maßstab. Till weiß, dass der Madison Square Park 150 m breit ist. Damit kann er auch alle anderen Entfernungen ausrechnen.

a) Paula möchte vom Madison Square Park bis zum Union Square zu Fuß gehen. Wie weit ist das?

b) Suche dir einen eigenen Weg und bestimme seine Länge.

c) Till möchte höchstens 2 Kilometer zu Fuß gehen. Wie lang sind 2 km auf der Karte?

d) Paula meint: „Dann ist das der Maßstab Eins zu Einhundertfünfzig“ und schreibt „1 : 150“. Wie lautet der Maßstab der Karte richtig?

25 Entfernungen in den USA

Im Reiseführer findet Till, dass man für die 1320 km von San Francisco bis zum Yosemite Park ziemlich genau 15 Stunden Fahrzeit braucht. Nun will er sich einen Überblick über die Fahrtzeiten und Kosten anderer Reiseziele verschaffen.

Ziel	Fahrtstrecke	Fahrtzeit	Verbrauch Kleinwagen	Verbrauch Wohnmobil
Yosemite National Park	1320 km			
Mono Lake	840 km		58,8 Liter	
Geisterstadt Bodie		4 Stunden		
Las Vegas	1860 km			195,3 Liter

a) Übertrage die Tabelle in dein Heft. Berechne die fehlenden Werte.

b) Entscheide, welche Ausflüge du mit dem Kleinwagen oder dem Wohnmobil machen würdest. Begründe deine Entscheidungen.

c) Suche vergleichbare Entfernungen aus einer Deutschlandkarte heraus. Was fällt dir auf?

d) Tills Onkel erzählt ihm, dass die Fernstraßen in den USA meist schnurgerade und nicht sehr stark befahren sind. Außerdem gibt es ein Tempolimit, das streng überwacht wird.

- Begründe, warum die Faustregel „doppelte Entfernung bedeutet doppelte Fahrzeit“ für Fahrten auf den Fernstraßen in Kalifornien sinnvoll ist.
- Funktioniert die Berechnung für das Fahren in Deutschland ähnlich oder anders? Begründe.

Vertiefen 5

Hoch- und Runterrechnen im Kopf

Training

26 Preisvergleich

a) Um zu einer Entscheidung zu kommen, kannst du einfachere Rechnungen im Kopf lösen. Schreibe diese Rechnungen auf und berechne ihre Ergebnisse im Kopf.

b) Schreibe die Rechnungen ohne Vereinfachung auf und rechne schriftlich oder mit dem Taschenrechner. Überprüfe damit dein Vorgehen in a).

Training

27 Im Kopf überschlagen

Rechne wie Till im Kopf, wie viel Kilometer es jeweils sind.
Schreibe die Ergebnisse in dein Heft.
Notiere daneben, wie du gerechnet hast.

(1) 100 miles
(2) 50 miles
(3) 5 miles
(4) 105 miles

Wie schnell darf man in km/h fahren, wenn folgende Geschwindigkeitsbegrenzungen in Meilen pro Stunde (mph) gelten? Wie kann man das im Kopf rechnen?

(1) 10 mph
(2) 60 mph
(3) 45 mph
(4) 65 mph

28 Kraftstoff sparen

Je nach Fahrzeugtyp und Fahrweise verbrauchen Autos für die gleiche Fahrtstrecke unterschiedliche Mengen an Kraftstoff.

Reiseplanung
Große Rundreise:
5400 Meilen
Kleine Rundreise:
1000 Meilen
1 Meile ≈ 1,61 km
1 km ≈ 0,621 Meilen

Kleinwagen
Normalverbrauch:
7 Liter pro 100 km
Verbrauch bei sparsamer Fahrweise:
6,5 Liter pro 100 km

Mittelklassewagen
Normalverbrauch:
8,5 Liter pro 100 km
Verbrauch bei sparsamer Fahrweise:
7,5 Liter pro 100 km

a) Überschlage zunächst im Kopf, wie viel Kraftstoff der Kleinwagen auf den Rundreisen weniger verbraucht. Finde dazu eine einfachere Rechnung.

b) Lege verschiedene Tabellen an und berechne damit die Aufgabe a) genauer. Vergleiche die Lösungen mit deinen Kopfrechnungen.

29 Kraftstoff tanken

Kraftstoffe wie Benzin und andere Flüssigkeiten werden in den USA in Gallonen gemessen. Im Reiseführer steht: 1 gallon ≈ 3,785 Liter

a) Ein Geländewagen hat einen 25 Gallonen-Tank. Wie viele Liter fasst er ungefähr? Berechne im Kopf.

b) Berechne im Kopf, wie viel die folgenden Betankungen ungefähr kosten, und schreibe die Ergebnisse in dein Heft.
- 10 Gallonen Regular
- 12 Gallonen Premium
- 15 Gallonen Plus

c) Rechne die Aufgabe b) schriftlich oder mit Taschenrechner und überprüfe damit deine Überschlagsrechnungen.

30 Trinkgeld heißt „tip"

Wenn man in Deutschland in einem Restaurant isst, ist die Bedienung im Preis bereits enthalten. Mit einem Trinkgeld drückt der Gast aus, dass er zufrieden war.
In den USA ist das Bedienungspersonal auf ein Trinkgeld angewiesen, weil der Grundlohn sehr gering ist. Dort heißt das Trinkgeld im Restaurant „**tip**". Als **tip** sind 15 % des Rechnungspreises üblich.

wiederholen

Wissensspeicher aus vorigen Schuljahren: *Brüche 9*

a) Berechne im Kopf das Trinkgeld für einen Rechnungsbetrag von …
(1) 20 Dollar.
(2) 36 Dollar.
(3) 24 Dollar.
Verwende Oles Rechentrick und erkläre.

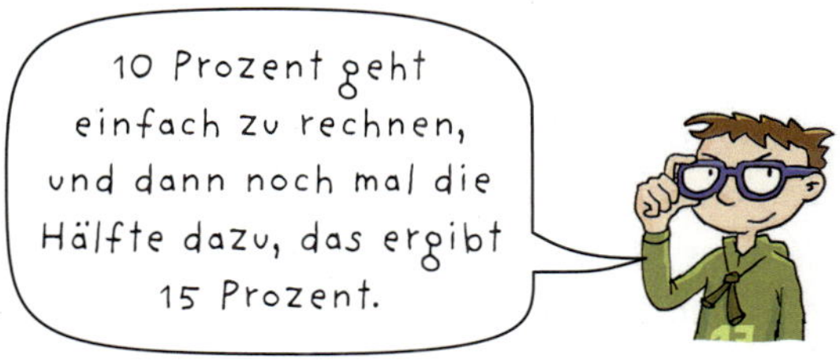

b) Nicht immer sind die Beträge so einfach. Dann kann man eine einfachere Aufgabe rechnen, um den „**tip**" zu überschlagen.

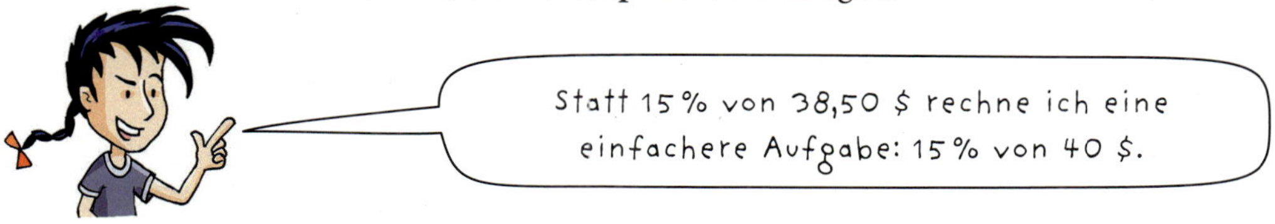

Rechne die folgenden Anteile im Kopf. Schreibe dazu zuerst eine einfachere Aufgabe auf. Überlege auch, ob eine einfachere Aufgabe nötig ist.
(1) 18 % von 100 $
(2) 25 % von 19,95 $
(3) 18 % von 22 $

c) Vergleicht eure Aufgaben und Lösungen bei a) und b). Berechnet auch mit dem Taschenrechner und vergleicht.

Checkliste

Reisen und Rechnen – Hochrechnen und Runterrechnen

Ich kann … *Ich kenne …*	*Hier kann ich üben …*

Ich kann bei proportionalen Zuordnungen fehlende Werte in Tabellen ergänzen.
Berechne die fehlenden Werte.
Wie könnte man den Rechenweg nennen…
Rechnen mit einem festen Faktor?
direkt Hoch- oder Runterrechnen?
Zusammenrechnen?
Rechnen mit einem Zwischenschritt?

Anzahl der Tage	Kosten in Euro
3	
5	
10	360
15	
20	

S. 16 Nr. 1, 2
S. 17 Nr. 3, 5
S. 18 Nr. 7

Ich kann bei proportionalen Zusammenhängen gesuchte Werte schriftlich bestimmen
Löse diese Aufgabe mit Hilfe einer Minitabelle:
15 kg Farbe kosten 10,50 €. Wie viel muss ich für 100 kg bezahlen?

S. 18 Nr. 8
S. 19 Nr. 9
S. 20 Nr. 10, 11
S. 21 Nr. 14
S. 24 Nr. 21, 23

Ich kann in einer Tabelle erkennen, wenn eine Zuordnung nicht proportional ist.
Zeige an der Tabelle, warum die Zuordnung nicht proportional ist.

Anzahl	Kosten in Euro
1	40
2	75
3	105
6	200
8	270
10	340
15	500

S. 22 Nr. 15, 16
S. 24 Nr. 22

Ich kann bei Zusammenhängen im Alltag einschätzen, ob sie proportional sind, also ob etwas „pro Portion" berechnet wird.
Welcher Zusammenhang ist proportional, welcher nicht? Erkläre.
- Für eine Glasflasche erhält man 15 ct Pfand.
- Eine Taxifahrt kostet 3,90 € zuzüglich 15 ct für jeden Kilometer.

S. 22 Nr. 17
S. 23 Nr. 18, 19
S. 25 Nr. 25

Ich kann im Kopf näherungsweise hoch- und runterrechnen.
10 Eier kosten 4,50 €.
Berechne im Kopf die ungefähren Kosten für 11 Eier, für 15 Eier und für 25 Eier.

S. 26 Nr. 26–28
S. 27 Nr. 29

Ich kann überschlagen, indem ich im Kopf eine einfachere Aufgabe rechne.
Wie viel sind 75 · 4,99 € ungefähr?
Rechne zuerst im Kopf, erkläre dann, wie du vorgegangen bist.

S. 27 Nr. 30

▸ *Hinweis:* Im Materialblock auf Seite 6 findest du diese Checkliste für deine Selbsteinschätzung.
Zusätzliche Übungsaufgaben findest du im Internet unter www 028-1.
(www.cornelsen.de/mathewerkstatt, Buchkennung: MWS040248, Mediencode: 028-1)

Leistungskurven im Sport – Zusammenhänge zwischen Größen untersuchen

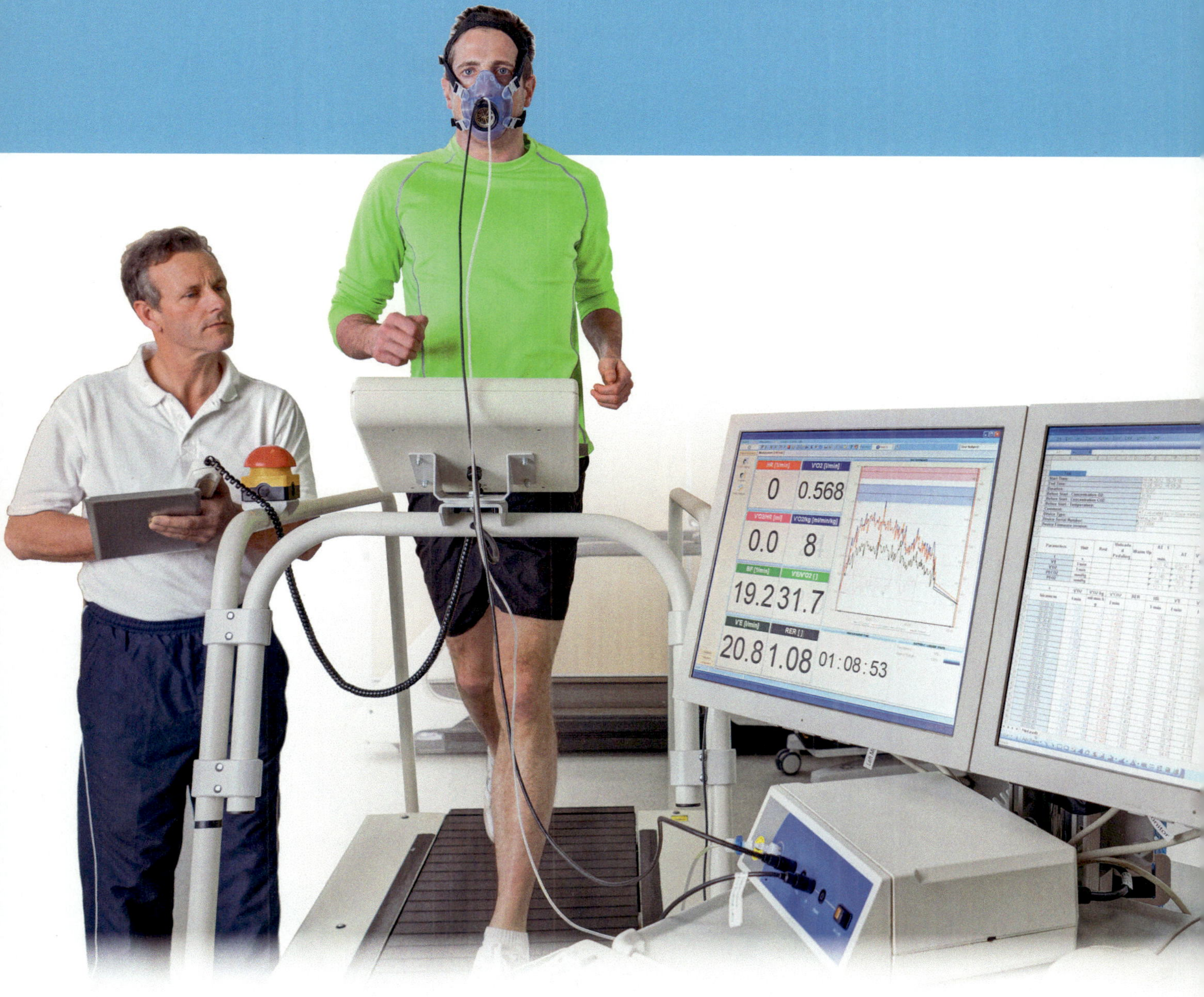

In diesem Kapitel …

- beschreibst du Zusammenhänge zwischen Größen in einem Graphen.
- ziehst du Informationen aus einem Graphen.
- erkennst du an einem Graphen, wie zwei Größen zusammenhängen.

Merve ist ja topfit.
Ja, z. B. Beweglichkeit und Ausdauer sind ganz wichtig. Ihr seht ja, Merve ist in beidem besser geworden. Beim Parcours ist sie schneller geworden. Beim Ausdauertest, bei dem man in zwölf Minuten möglichst weit laufen soll, hat sie sich auch gesteigert.
STRECKE IN KM
MERVE
ZEIT IN WOCHEN

Super – wie schnell Merve hin und her läuft. Und was sie alles trainieren muss zum Fußballspielen.
Aber zum Fußball gehört ja noch mehr als nur Beweglichkeit und Ausdauer.

Erkunden A

Wie kann ich Zusammenhänge zwischen Größen erfassen, beschreiben und darstellen?

1 Die Leistungsfähigkeit eines Sportlers

a) Die Abbildungen zeigen einen Sprinter, einen Gewichtheber und einen Tischtennisspieler. Kannst du die Sportler den einzelnen Sportgeräten zuordnen? Begründe deine Entscheidungen.

①

②

③

Ⓐ

Ⓑ

Ⓒ

b) Welche Eigenschaften und Fähigkeiten braucht man, um erfolgreich in den Sportarten Tischtennis, Gewichtheben und Sprint zu sein?
Übertrage die untenstehende Tabelle in dein Heft und ergänze sie.
Versuche, zu jeder Sportart mindestens vier Eigenschaften und/oder Fähigkeiten zu finden.

Sportart	Der Sportler oder die Sportlerin sollte ...
Tischtennis	■ sich schnell bewegen und reagieren können. ■ …
Gewichtheben	■ nicht zu groß sein. ■ …
Sprint	■ eine gute Reaktionsfähigkeit haben. ■ …

c) Welche Sportart könnte hier gemeint sein? Gib verschiedene Möglichkeiten an.

Sportart	Der Sportler oder die Sportlerin sollte ...
?	■ eine gute Übersicht auf dem Spielfeld haben. ■ eine gute Kondition haben. ■ fair spielen und den Schiedsrichter akzeptieren.

nachgedacht

d) Beim Trainieren werden oft bestimmte Eigenschaften und Leistungen gemessen, um sich sportlich zu verbessern.
(1) Welche der Eigenschaften und Fähigkeiten aus b) und c) lassen sich messen, also in Zahlen beschreiben oder ausdrücken?
(2) Bei welchen Eigenschaften gelingt das nicht?

2 Die Kraft in den Beinen messen

In vielen Sportarten wie Weitsprung oder Basketball sind die Krafteigenschaften der Beine besonders wichtig.
Mit den folgenden Standsprung-Tests kann man die Kraft in den Beinen messen:

Standweitsprung
Es wird gemessen, wie weit man beidbeinig aus dem Stand springen kann.

Standhochsprung
Es wird gemessen, wie hoch man beidbeinig aus dem Stand springen kann. Man misst den Unterschied, wie hoch man mit den Fingerspitzen kommt, wenn man sie im Stand nach oben streckt, und wie hoch man kommt, wenn man nach oben springt.

Gut zu wissen
Standweitsprung gab es lange bei Olympia. Im Jahr 1904 stellte Ray Ewry einen Rekord auf. Er sprang 3,47 m weit.

a) Wie kräftig seid ihr? Führt die beiden Tests durch und prüft, ob Ole Recht hat. Haltet dazu eure Messergebnisse in einer Tabelle im Heft fest.

Die Kraft in den Beinen messen

Name der Person	Körpergröße	Standweitsprung	Standhochsprung
...	...	...	...

Welche Informationen könnt ihr der Tabelle entnehmen?

b) Wenn man die Zusammenhänge zwischen Körpergröße, Standweitsprung und Standhochsprung beurteilen will, sollte man sich einen Überblick verschaffen. Tragt dazu eure Werte jeweils in ein Koordinatensystem ein.

**** Neues Wort***
*Trägt man die Werte von zwei Größen als Punkte in ein Koordinatensystem ein, so nennt man sie einen **Graphen**.*

c) Vergleicht Tabelle und *Graph**. Mögliche Fragen wären z. B.
(1) Hat Ole recht?
(2) Sind die, die im Standweitsprung gut sind, auch im Standhochsprung gut?
(3) Wer hat die meiste Kraft in den Beinen?
(4) Was sieht man besser am Graphen?
(5) Was sieht man besser an der Tabelle?

d) Untersucht die folgende Frage: Wenn ich weiß, wie groß jemand ist, kann ich dann eindeutig sagen, wie weit er springt?

nachgedacht

e) Bei welchen der folgenden Fragen erhalte ich immer genau eine Antwort und bei welchen Fragen kann es auch mehrere Antworten geben?
(1) Wie groß ist eine bestimmte Person?
(2) Wer hat 30 cm beim Standhochsprung erreicht?
(3) Wer hat eine Körpergröße von 1,65 m?
(4) Wie groß ist jemand, der Tim heißt?
(5) Wie weit springt jemand, wenn er 25 cm hoch gesprungen ist?
(6) Wie weit springt jemand, der 1,70 m groß ist?

3 Die Ausdauer messen

Gut zu wissen
Im Alter von 6–14 Jahren gilt für den Puls in Ruhe ca. 80–100, bei Belastung (z. B. Sport) ca. 140–170 Schläge pro Minute. Beim Erholen nach einer Minute sind es ca. 30–40 Schläge unter dem Belastungspuls.

Ausdauer ist wichtig bei vielen Sportarten. Sie kann bei jedem gesunden Menschen durch Training verbessert werden. Bei guter Ausdauer steigt der Pulsschlag bei Belastung nicht so stark an und fällt nach der Belastung schneller wieder ab.

a) Messt mit der Aufsteh-Übung (zehnmal hinsetzen und aufstehen) eure Ausdauer. Messt den Puls zu Beginn (Zeitpunkt 0), zwischendurch und am Ende.
So messt ihr den Puls:
15 Sekunden lang die Pulsschläge zählen. Diesen Wert mit 4 multiplizieren.

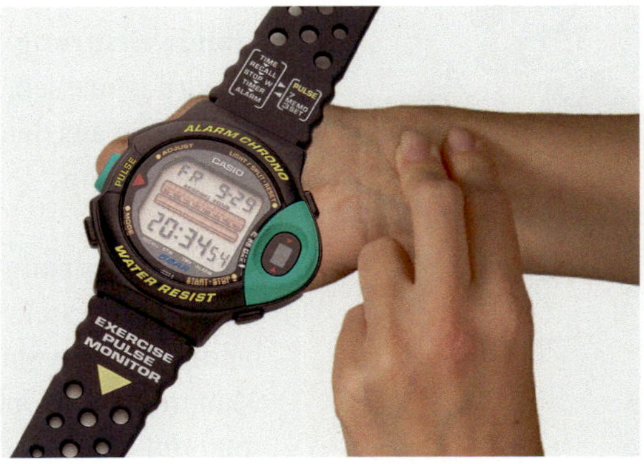

▶ Materialblock S. 10
Arbeitsmaterial
Ausdauer messen

Tragt den Wert für den Puls direkt in der Tabelle im Materialblock ein.

Bitte beachtet:
- Macht das Hinsetzen und Aufstehen zügig, aber nicht hektisch.
- Denkt immer an die Ruhezeit von 30 Sekunden.
- Führt die Übung insgesamt 8-mal durch.
- Messt am Ende nach weiteren 1, 2, 3 und 4 Minuten nach dem Erholen euren Puls.

b) Tragt die Werte in ein Koordinatensystem ein. Beschriftet die Achsen sinnvoll mit Zahlen.

c) Oft wird die Ausdauer auch mit dem „Cooper-Test“ gemessen. Dabei muss man in zwölf Minuten so weit wie möglich laufen. Merves Fußball-Trainerin hat einen solchen Graphen erstellt. Untersuche den Graphen und beachte dabei die folgenden Aspekte:
- Lies einzelne Werte ab.
- Warum meint die Trainerin, dass Merve besser geworden ist?
- Merve war einmal krank. Welchen Wert kann man für diesen Zeitpunkt einsetzen?
- Macht es Sinn, die Punkte zu verbinden?

Merves Ausdauertest

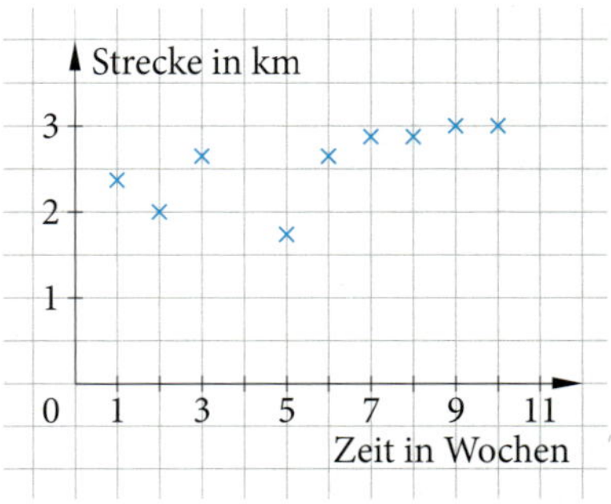

nachgedacht

d) Entscheidet, was leichter mit der Tabelle und was leichter mit dem Graphen gelingt:
- einen Überblick gewinnen, wie sich die Werte verändern
- den höchsten Wert und den niedrigsten Wert bestimmen
- Unterschiede zwischen den Werten schnell erkennen bzw. genau bestimmen
- einen einzelnen Wert genau ablesen

4 Bewegungen aufzeichnen und interpretieren

Bei vielen Sportarten ist es wichtig, Bewegung genau zu analysieren.
Man kann zum Beispiel Entfernungen mit einem Entfernungs-Messgerät aufzeichnen und dann analysieren.

a) Dieser Graph ist mit einem Messgerät entstanden.

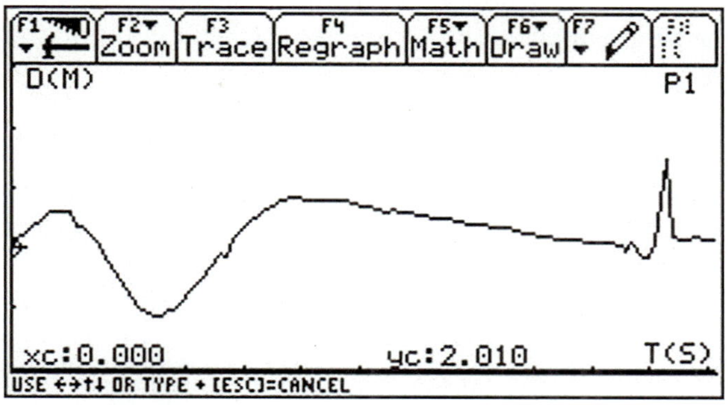

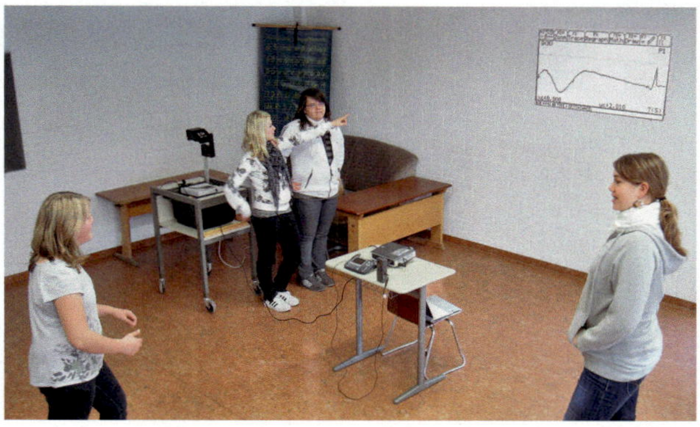

Er zeigt den Abstand zum Gerät, wenn man sich auf das Gerät zu und davon weg bewegt.
Erklärt den entstandenen Graphen.
Dabei können folgende Fragen helfen:

- Welche Stelle im Graphen zeigt an, wo man am weitesten vom Gerät entfernt war?
- Wann ist man besonders gleichmäßig gegangen?
- Woran erkennt man, dass man langsamer oder schneller gegangen ist?

Wenn ihr ein solches Messgerät habt, könnt ihr selbst Graphen von solchen Bewegungen erzeugen.

b) Beschreibt und skizziert die Graphen, die bei den folgenden Bewegungen entstehen:

- langsames und gleichmäßiges Entfernen vom Gerät
- schnelles und gleichmäßiges Entfernen vom Gerät
- beim Entfernen vom Gerät immer schneller werden
- langsam und gleichmäßig auf das Gerät zu bewegen

Wenn ihr ein Messgerät habt, findet weitere solche Bewegungsaufgaben und probiert sie aus.

c) Versucht die folgenden Graphen zu erzeugen. Beschreibt jeweils eure Bewegungen und woran man diese im Graphen erkennen kann.

(1)

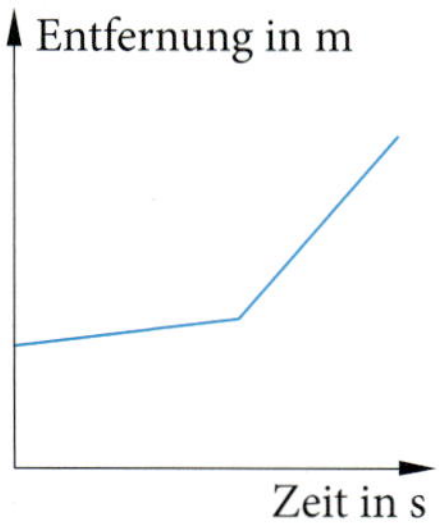

(2)

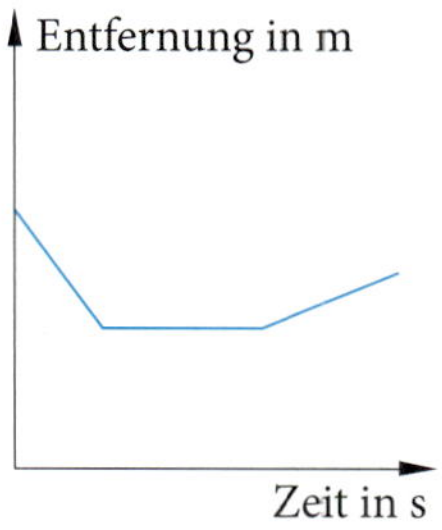

(3)

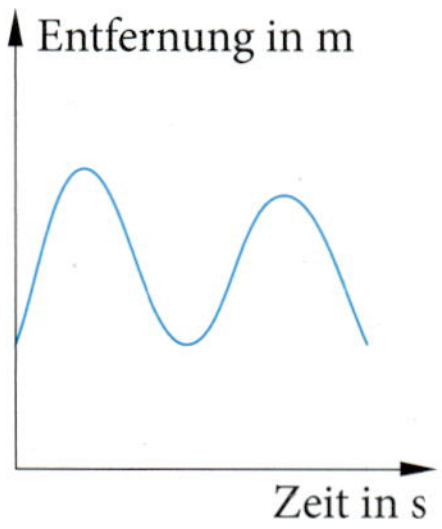

(4)

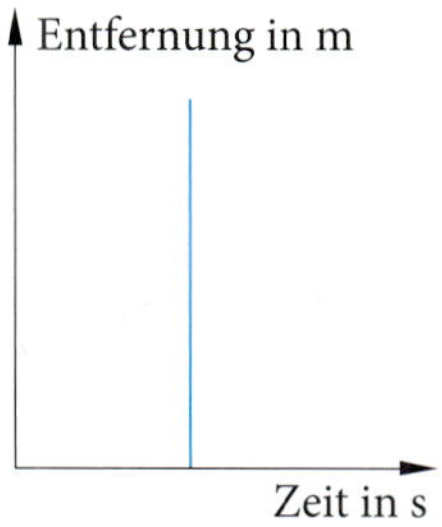

nachgedacht

d) Was kann man alles an einem Bewegungsgraphen ablesen?
Was kann man nicht ablesen?

Ordnen A

Wie kann man Zusammenhänge zwischen Größen erfassen, beschreiben und darstellen?

1 Die Abhängigkeit von Größen beschreiben

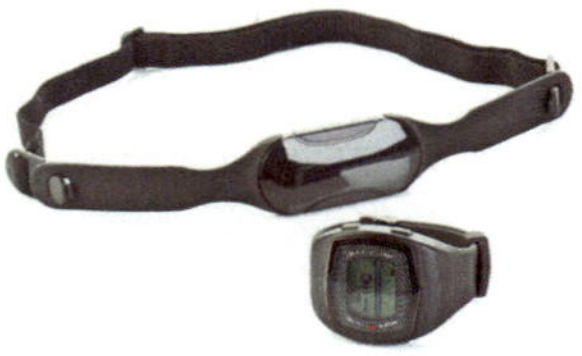

a) Beim Sport interessiert, wie sich der Pulsschlag verändert.
Wenn man Zusammenhänge zwischen zwei Größen (hier Zeit und Puls) beschreiben will, kann man sie in einer Tabelle eintragen. Dann muss man festlegen, welche Größe die erste und welche die zweite ist.
Die Tabelle zeigt den Zusammenhang „Anzahl der Pulsschläge in Abhängigkeit von der Zeit“:

erste Größe → Zeit in s
zweite Größe → Anzahl der Pulsschläge

Zeit in s	0	30	60	90	120	150
Anzahl der Pulsschläge	65	73	85	100	105	110

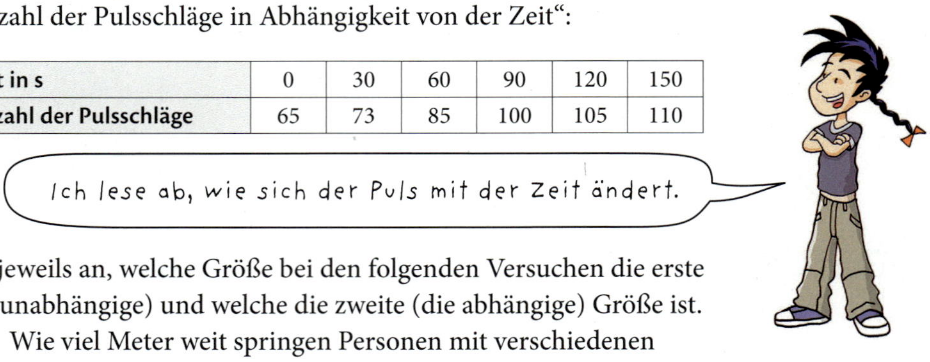

Gut zu wissen
Man schreibt die Werte zu einer Größe entweder in eine Spalte oder wie hier in eine Zeile.

Gib jeweils an, welche Größe bei den folgenden Versuchen die erste (die unabhängige) und welche die zweite (die abhängige) Größe ist.
(1) Wie viel Meter weit springen Personen mit verschiedenen Körpergrößen beim Standweitsprung?
(2) Wie viel Kilometer weit ist man in einer bestimmten Zeit gelaufen?
(3) Welchen Puls hat man bei einer bestimmten Laufgeschwindigkeit?

b) Warum wurde in der Tabelle in a) die Zeit als erste Größe festgelegt?
Überlege dir, wonach gefragt ist und wie man fragen müsste, wenn Puls die erste Größe wäre.

► Materialblock S. 8
Wissensspeicher
Zusammenhänge mit einem Graphen darstellen

c) Vergleicht eure Antworten zu b) und übertragt sie in den Wissensspeicher.

2 Werte mit einem Graphen darstellen und betrachten

Hinweis
Statt „Pulsschläge in Abhängigkeit von der Zeit“ kann man kürzer schreiben: Puls(Zeit)

Zusammenhänge wie die aus Aufgabe 1 lassen sich übersichtlich mit einem Graphen darstellen.
An den Achsen stehen Größen mit Einheiten.
Den Wert der ersten Größe liest man an der ersten Achse ab, z. B. 60.
Den Wert der zweiten Größe liest man an der zweiten Achse ab, z. B. 85.

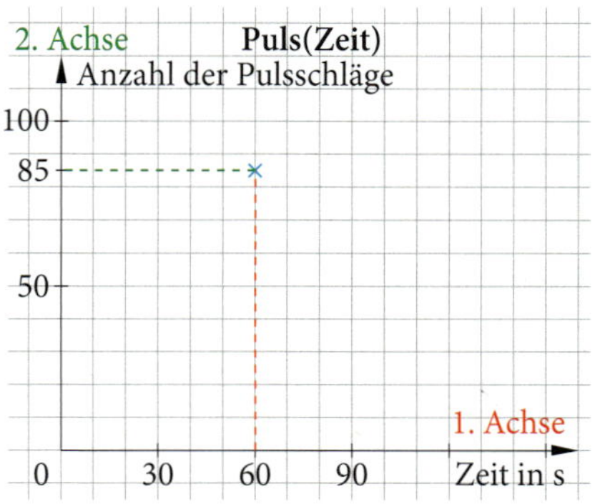

a) Zeichne den Graphen zur Tabelle in Aufgabe 1 und trage alle Wertepaare ein.
Lies am Graphen ab, wie sich der Puls entwickelt. Welche Sportart könnte es sein?

b) Wählt euch einen der Zusammenhänge (1) bis (3) aus Aufgabe 1 a) aus.
Zeichnet die Achsen, schreibt die Größen an die Achsen und tragt einige sinvolle selbst gewählte Werte ein.

► Materialblock S. 8
Wissensspeicher
Zusammenhänge mit einem Graphen darstellen

c) Vergleicht eure Ergebnisse zu a) und übertragt den Graphen in den Wissensspeicher.

3 Das Koordinatensystem passend mit Zahlen beschriften

Bei einer Messung entstand die folgende Tabelle:
Entfernung vom Startpunkt in Abhängigkeit von der Zeit

Zeit in s	10	20	30	40	50	60
Entfernung in m	2	6	12	20	10	0

Ole, Till und Merve wollen einen Überblick über die Messwerte gewinnen, deshalb tragen sie die Werte in ein Koordinatensystem ein. Jeder hat einen anderen Graphen gezeichnet, jedoch sind sie alle drei unzufrieden.

Ole:

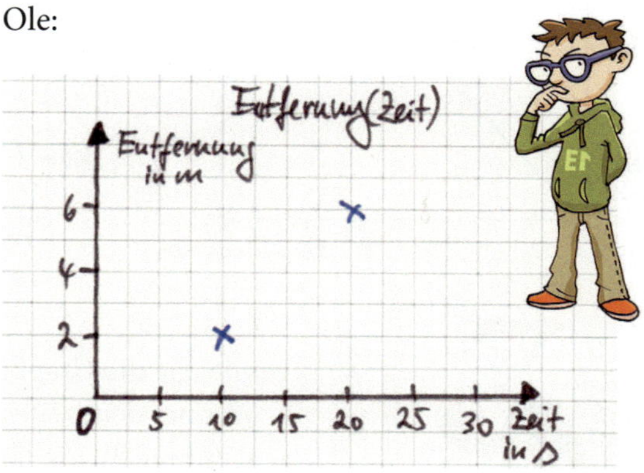

Till:

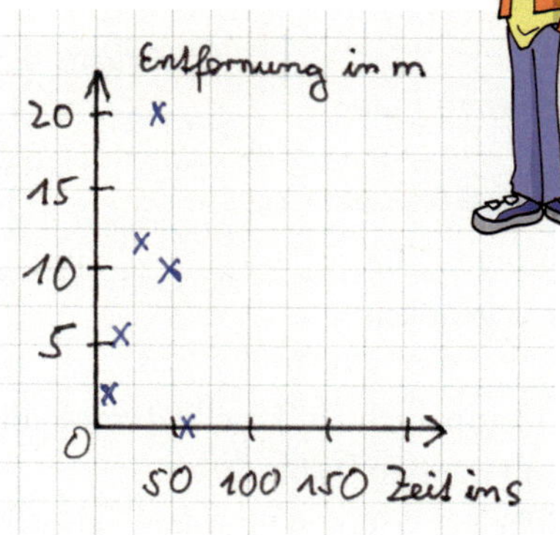

Merve:

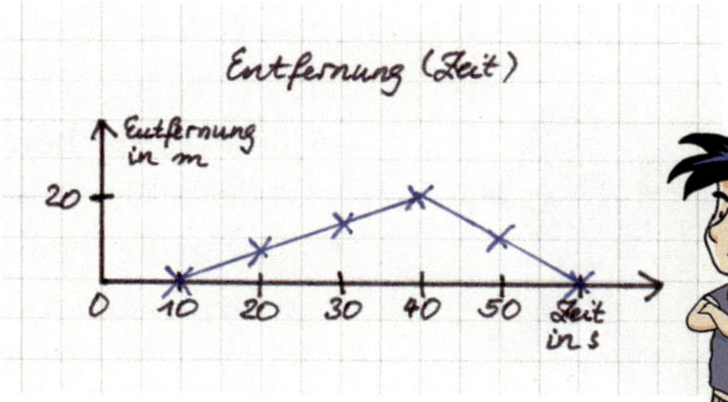

a) Sprecht über die Einteilungen der Achsen bei Ole, Till und Merve.
Prüft dabei zu jedem der Graphen folgende Fragen:
- Kann man die Werte gut ablesen?
- Kann man alle Werte ablesen? Woran liegt es, wenn das nicht gelingt?
- Kann man gut erkennen, wo der größte oder der kleinste Wert liegt?
- Ist der Graph übersichtlich? Kann man den Verlauf gut erkennen?

b) Zeichne einen Graphen, für den du alle Prüffragen aus a) mit „ja" beantworten kannst.

c) Merve hat angefangen aufzuschreiben, worauf man achten muss, wenn man die Achsen mit Zahlen beschriftet.
Vervollständige die Sätze.
- Der höchste Wert in der ersten Zeile der Tabelle entscheidet darüber, …
- Der höchste Wert in der zweiten Zeile der Tabelle entscheidet darüber, …

► Materialblock S. 8
Wissensspeicher
Zusammenhänge mit einem Graphen darstellen

d) Schreibe auf, wann man eine Linie durchzeichnen darf.

e) Vergleicht eure Ergebnisse zu c) und d) und übertragt sie in den Wissensspeicher.

4 Zusammenhänge zwischen Größen verschieden darstellen

a) Die Schülerinnen und Schüler der Klasse 7 haben für ihren Schulweg den Zusammenhang „Weg in Abhängigkeit von der Zeit" – kurz: Weg(Zeit) – aufgezeichnet.
Dabei entstanden die folgenden drei Graphen:

① Weg (Zeit)

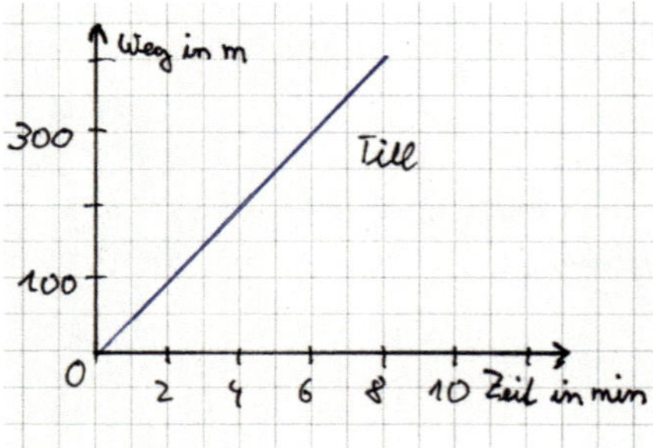

② Weg (Zeit)

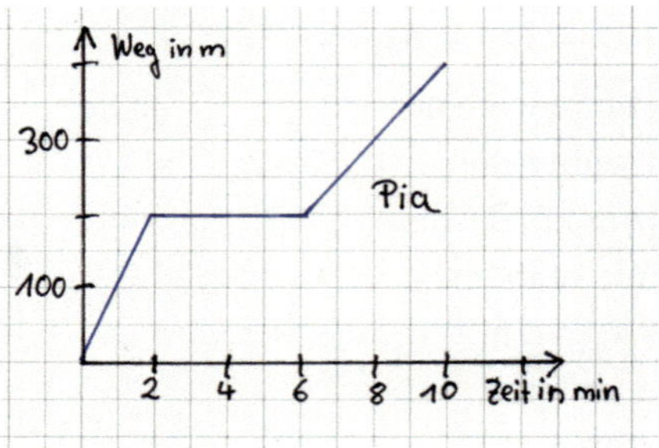

③ Weg (Zeit)

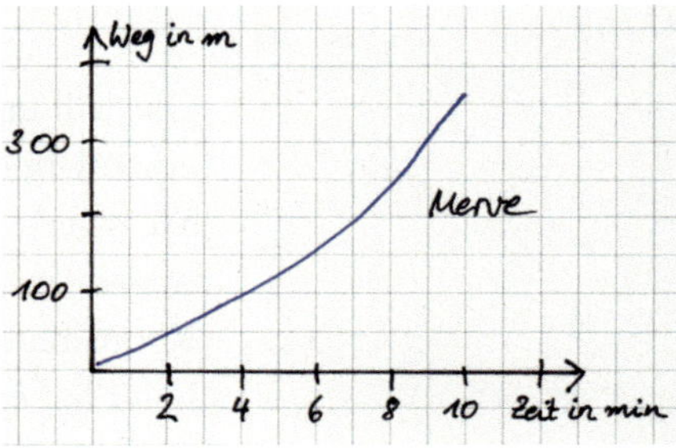

Vergleiche die Graphen ① bis ③, indem du folgende Fragen beantwortest:
- Wer hat den weitesten Weg?
- Wer braucht am längsten?
- Wer hat eine Pause eingelegt und wie lang war die Pause?
- Wann hat Pia 100 m Weg zurückgelegt?

Woran erkennst du das jeweils im Graphen?

b) Die Bewegungen beim Schulweg kann man auch in Worten beschreiben.
- Welcher Graph aus a) passt dazu?
- Beschreibe ebenso die Bewegungen, die zu den anderen Graphen aus a) gehören.

„Ich bin ganz schnell bis zur Straßenecke gegangen. Dort musste ich vier Minuten warten, bis meine Freundin auftauchte. Zusammen sind wir dann die letzten 200 m bis zur Schule gegangen."

c) Der Zusammenhang Weg (Zeit) kann auch als Tabelle dargestellt werden.
Ordne die Tabellen Ⓐ bis Ⓒ den Graphen ① bis ③ zu.
Woran erkennst du, welche Tabelle zu welchem Graphen gehört?

Ⓐ

Zeit in min	0	2	4	6	8	10
Weg in m	0	200	200	200	300	400

Ⓑ

Zeit in min	0	2	4	6	8
Weg in m	0	100	200	300	400

Ⓒ

Zeit in min	0	2	4	6	8	10
Weg in m	0	50	100	160	240	360

d) Man kann Zusammenhänge mit einer Tabelle, mit einem Graphen und mit Worten beschreiben.
Wozu ist eine Tabelle gut, wozu ein Graph, wozu ein Text? Entscheide bei jeder Karte.

- den Unterschied zwischen Werten schnell erkennen
- einzelne Werte ablesen
- etwas über die Situation erfahren
- einen schnellen Überblick gewinnen
- größten Wert ablesen
- den Verlauf erkennen
- kleinsten Wert ablesen

► Materialblock S. 9
Wissensspeicher
Zusammenhänge zwischen Größen

e) Vergleicht eure Ergebnisse zu b) bis d) und übertragt eines der Beispiele als Tabelle, als Graph und als Text in den Wissensspeicher.

5 Funktionale Zusammenhänge erkennen

Ihr habt in Aufgabe 2 auf S. 33 Fragen zu Zusammenhängen zwischen Größen gestellt. Manchmal ist genau eine, manchmal sind mehrere Antworten möglich.
Z. B. bei Körpergröße (Person): Wie groß ist eine Person?
Hier wird einem Wert der ersten Größe genau ein Wert der zweiten Größe zugeordnet.
Z. B. Person (Gewicht): Welche Person wiegt 45 kg?
Hier können einem Wert der ersten Größe mehrere Werte der zweiten Größe zugeordnet werden.

*✱ **Neues Wort** Zusammenhänge, bei denen es zu einem Wert der ersten Größe genau einen Wert der zweiten Größe gibt, nennt man **funktionale Zusammenhänge** oder **Funktionen**.*

a) Welche der folgenden Beispiele sind *funktionale Zusammenhänge*✱, wird also einem Wert der ersten Größe genau ein Wert der zweiten Größe zugeordnet?

(1) Preis (Kilo)

1	2	3	4	…
2	4	6	8	…

(2) Schuhgröße abhängig von der Person

(3)

1	1	3	4	…
2	4	6	8	…

(4)

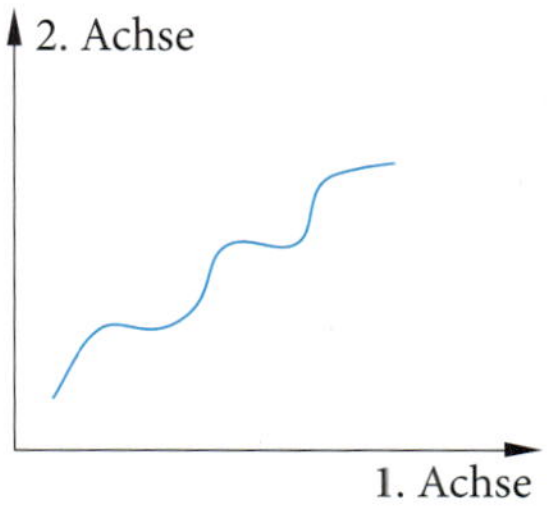

(5) Person abhängig vom Geburtstag (Tag und Monat)

(6)

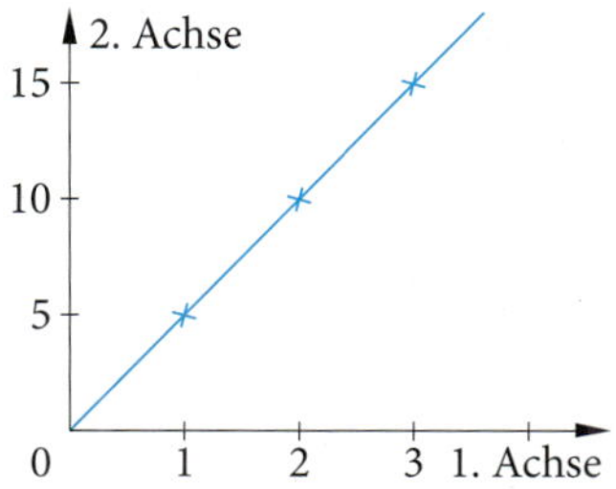

b) Gib jeweils an, woran man im Graphen, in der Tabelle oder in der Situation erkennt, ob der Zusammenhang funktional ist oder nicht.

► Materialblock S. 9 Wissensspeicher *Zusammenhänge zwischen Größen*

c) Vergleicht eure Ergebnisse zu a) und b) und übertragt sie in den Wissensspeicher.

6 Sachlich begründete Zusammenhänge erkennen

wiederholen

Wissensspeicher *Proportionales 1 (MB 2)*

Es gibt Funktionen, bei denen man die Abhängigkeit von der Situation her begründen kann. Dazu muss man prüfen, ob das eine der Grund für das andere ist.

① Einnahmen in Abhängigkeit von der Anzahl der verkauften Kuchenstücke oder: Einnahmen(verkaufte Kuchenstücke)
Prüfsatz: Die Einnahmen sind hoch, weil so viele Stücke verkauft wurden.

② Körpergröße in Abhängigkeit von der Person oder: Körpergröße(Personenname)
Prüfsatz: Die Person ist so groß, weil sie Timo heißt.

a) Stimmen die Prüfsätze? Begründe.

b) Überprüfe, bei welchen der beiden unten genannten funktionalen Zusammenhänge schon von der Situation her die Abhängigkeit der Größen zu erklären ist. Begründe.
(1) Sprunghöhe (Körpergröße)
(2) Telefonkosten in Abhängigkeit von der Anzahl der Telefonate

► Materialblock S. 9 Wissensspeicher *Zusammenhänge zwischen Größen*

c) Vergleicht eure Ergebnisse aus b) und übertragt sie in den Wissensspeicher.

Vertiefen 1

Zusammenhänge darstellen

Training

1 Zusammenhänge in Sportarten benennen

Erstelle für eine Sportart deiner Wahl eine Tabelle wie in Aufgabe 1 c) auf der Seite 32.
Schreibe dabei nur Aspekte auf, die man mit Zahlen messen kann.
Lasse von deinem Sitznachbarn oder deiner Sitznachbarin erraten, um welchen Sport es sich handelt.

Training

2 Achsen festlegen

a) Welche Situation gehört zu welcher Bezeichnung der Achsen?
Erkläre schriftlich, wie du zu deinem Ergebnis gekommen bist.

① Ich trage ein, wie viel Euro ich nach jedem Monat habe.

Ⓐ 1. Achse: Zeit in Monaten
2. Achse: Betrag in Euro

② Ich trage ein, wie viele Monate ich zum Sparen brauche, je nachdem wie viel Euro ich sparen will.

Ⓑ 1. Achse: Betrag in Euro
2. Achse: Zeit in Monaten

b) Du möchtest zu folgenden Zusammenhängen einen Graphen zeichnen.
Entscheide jeweils, welche Größe du auf der ersten Achse und welche Größe du auf der zweiten Achse einträgst.

- Ein Drogeriemarkt erfasst jeden Abend die Einnahmen des Tages.
- Einen Tag lang wird jede Stunde die Temperatur gemessen.
- Ayse hat an der Küchentür seit dem zweiten Lebensjahr jedes Jahr ihre Körpergröße markiert.
- Beim 500-m-Lauf wird alle 50 m gemessen, wie lange man bis dahin braucht.
- Bei einem Prepaid-Vertrag fürs Handy hängt es vom Guthaben (Prepaid) ab, wie lange man noch telefonieren kann.
- In einem gefällten Baumstamm gehört zu jedem Lebensjahr ein Jahresring.

Training

3 Tabellen und Koordinatensysteme erstellen

a) Die in der Tabelle angegebenen Temperaturwerte wurden an einem Sommertag in Rostock gemessen.

0 Uhr	3 Uhr	6 Uhr	9 Uhr	12 Uhr	15 Uhr	18 Uhr	21 Uhr
18 °C	18 °C	17 °C	18 °C	22 °C	25 °C	23 °C	21 °C

Zeichne die Werte in ein Koordinatensystem.
Wähle dabei eine sinnvolle Einteilung der Achsen.

b) Erstelle eine Tabelle mit sinnvollen Werten zu einer der Situationen aus Aufgabe 2 b).

c) Zeichne zu der Tabelle aus Aufgabe b) ein Koordinatensystem, beschrifte die Achsen und trage die Werte ein.

4 Kerzen beim Abbrennen messen

a) Wie brennen wohl zwei so unterschiedliche Kerzen ab?
Bedenkt dabei, wie lange die Kerzen brennen und ob sie gleichmäßig abbrennen.
Diskutiert gemeinsam und haltet eure Vermutungen schriftlich fest.
Skizziert zu beiden Kerzen einen Graphen in ein gemeinsames Koordinatensystem.

b) Vergleicht eure Ergebnisse untereinander. Falls ihr Unterschiede feststellt, erklärt die Gründe dafür.

Problemlösen

5 Zwischenwerte bestimmen

Paula fährt mit dem Fahrrad jeden Tag 5 km auf einem Feldweg zur Schule.
Sie hat gemessen, wie lange sie bei bestimmten Geschwindigkeiten bis zur Schule braucht:

Geschwindigkeit in km/h	10	15	20	24	25
Zeit in min	30	20	15	12,5	12

a) Kann Paula, ohne eine Messung zu machen, ungefähr sagen, wie lange sie bei 12 km/h unterwegs ist? Gib Möglichkeiten an, wie sie vorgehen kann.

b) Paula hat mit ihren Werten einen Graphen gezeichnet. Ole wundert sich beim Betrachten:

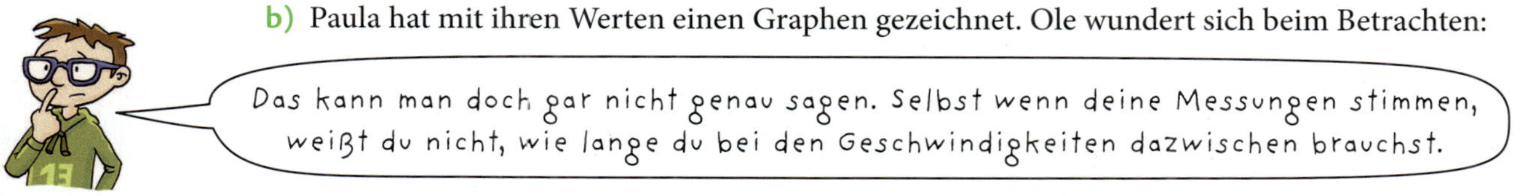

Zeichne den Graphen und schreibe eine Antwort an Ole.

6 Messbecher mit Wasser füllen

Manche Messbecher haben die Form eines Kegelstumpfs.

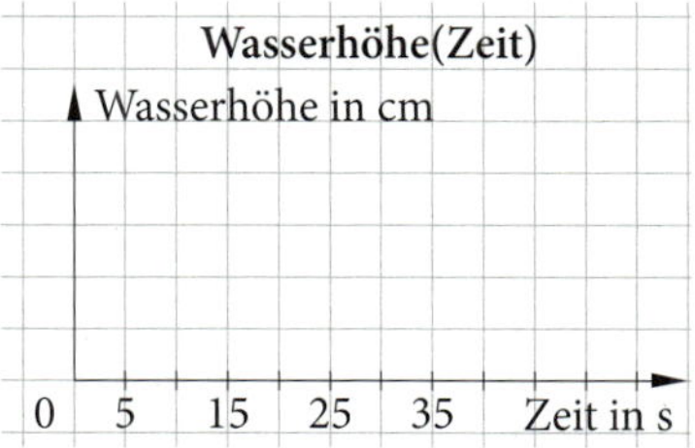

a) Stell dir einen solchen 1-Liter-Messbecher vor, der mit einem gleichmäßig dünnen Wasserstrahl gefüllt wird. Dieser Vorgang dauert eine Minute.
Lies in Gedanken die Wasserhöhe alle fünf Sekunden ab und trage die Punkte in ein Koordinatensystem ein.

b) Stelle dir einen Messbecher mit anderer Form vor. Mache dazu eine Skizze, wie der Graph aussieht, wenn dieser Messbecher auch gleichmäßig mit einem dünnen Wasserstrahl gefüllt wird. Skizziere die Form des Messbechers.

Problemlösen

c) Der Messbecher wird unten angebohrt, wenn die Hälfte der Einfüllzeit verstrichen ist. Wie verändert sich der Graph, wenn dann genau so viel Wasser unten ausläuft wie oben eingefüllt wird?

Skizziere den neuen Graphen für einen zylindrischen Messbecher.

Skizziere den neuen Graphen für den kegelförmigen Messbecher.

7 Füllhöhen messen

a) Füllt zwei Gefäße mit verschiedenen Formen schrittweise mit 200 mℓ Wasser.
Messt nach jeweils 20 mℓ die Füllhöhen.
- Haltet die Werte in einer Tabelle fest.
- Tragt eure gemessenen Ergebnisse in ein Koordinatensystem ein.
  Dürft ihr die Punkte verbinden? Schreibt die Gründe für eure Entscheidung auf.

b) Vergleicht eure Tabellen und Koordinatensysteme miteinander und diskutiert mögliche Unterschiede.

8 Situationen auswählen

a) Wähle eine der Situationen aus, bei der es Sinn macht, die Punkte zu verbinden, und eine, bei der es keinen Sinn macht.
Begründe deine Entscheidung.

① Beim Kuchenverkauf will man wissen, wie groß der Gewinn ist, je nachdem wie viele Kuchenstücke man verkauft hat.

② Till fährt mit dem Fahrrad ca. 20 km mit fast gleichbleibender Geschwindigkeit. Wie weit ist er nach einer bestimmten Zeit gefahren?

① Merve überlegt, wie viele Tanzstunden sie bezahlen kann, je nachdem wie viel Euro sie gespart hat.

② Im Schwimmverein wird bei einer Trainingseinheit, die insgesamt zwei Stunden dauert, alle fünf Minuten notiert, wie weit man geschwommen ist.

b) Überlege dir selbst zwei Beispiele, einmal für eine Situation, bei der es Sinn macht, die Punkte zu verbinden, und eine Situation, bei der es keinen Sinn macht, die Punkte zu verbinden.
Überprüft gegenseitig eure Beispiele.

9 Punkte verbinden

a) Überlege dir einen Zusammenhang zwischen zwei Größen, den man grafisch darstellen kann. Als Hilfe kann die Aufgabe 2 auf Seite 16 dienen. Erstelle dazu einen Graphen.

b) Tauscht eure Graphen aus und diskutiert, ob ihr bei den Graphen die Punkte verbinden solltet oder nicht. Schreibt Gründe für eure Entscheidungen auf.

c) Bei welchem Zusammenhang kann man bei den Graphen die Punkte verbinden? Begründe deine Antwort.
- Preis pro Person bei verschiedenen Personenzahlen, wenn die Busreise 1800 € kostet
- Wassermenge beim Füllen eines Schwimmbeckens in Abhängigkeit von der Zeit
- Temperatur an einem Tag zu verschiedenen Tageszeiten

Vertiefen 2

Informationen aus Darstellungen entnehmen

Training

10 Werte ablesen

a) Lies in den Koordinatensystemen ab:
- Auf der ersten Achse ist der Wert 1. Welcher Wert auf der zweiten Achse gehört dazu?
- Bei welchem Wert auf der ersten Achse wird der Wert auf der zweiten Achse 1?

(1)
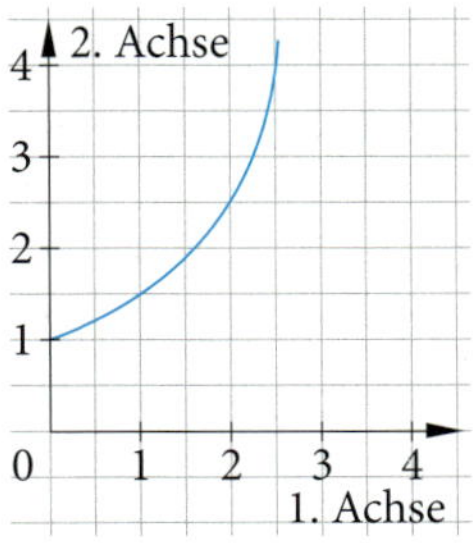

(2)
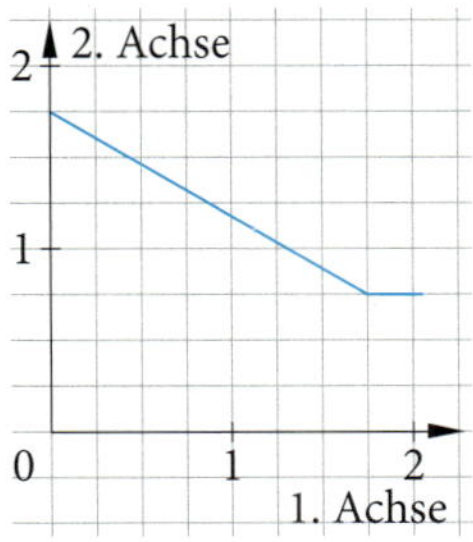

(1)
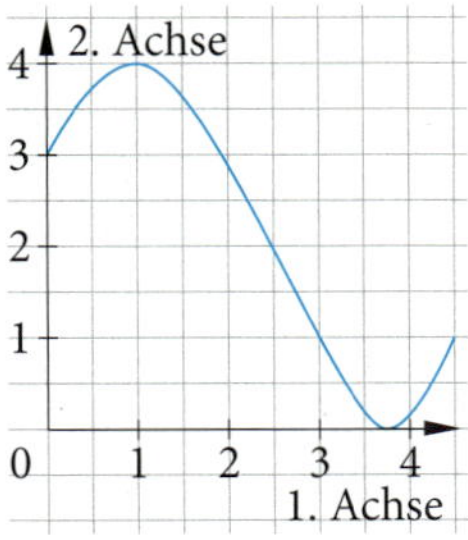

(2)
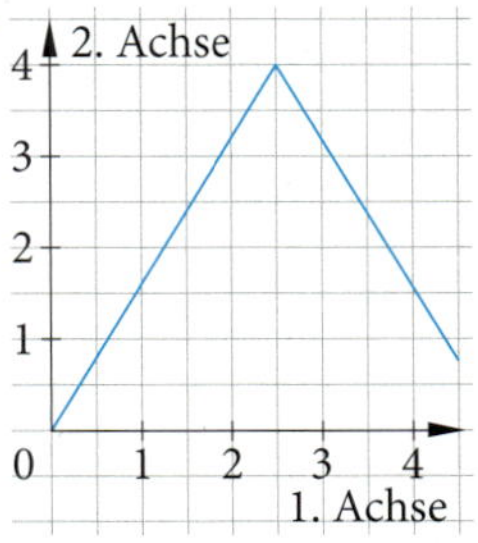

b) Überlege dir weitere Aufgaben dieser Art und stelle sie deinem Nachbarn.

11 Zusammenhang zwischen Alter und Reaktionszeit untersuchen

Gut zu wissen
Die Einheit ms bedeutet Millisekunde. Tausend Millisekunden entsprechen einer Sekunde.

Die Reaktionszeit ist die Zeitspanne zwischen dem Startschuss und dem tatsächlichen Start des Läufers. Im Diagramm ist die durchschnittliche Reaktionszeit in Abhängigkeit vom Lebensalter dargestellt. (■ Frauen ■ Männer)

Reaktionszeit(Alter)

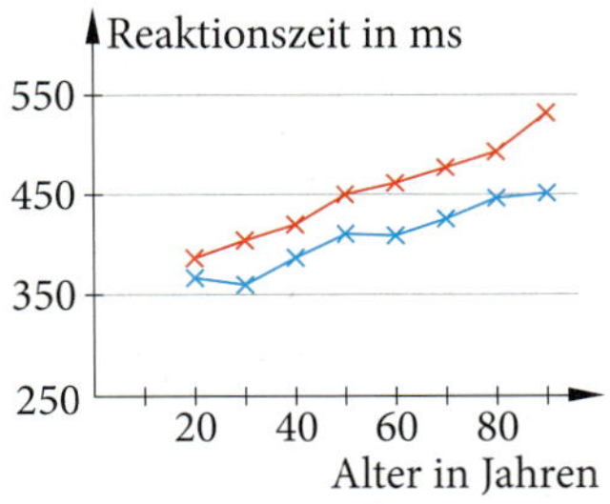

a) Wie lang ist die Reaktionszeit bei 20, 30, …, 90 Jahren? Achte auf den Unterschied zwischen Frauen und Männern. Erstelle mit deinen abgelesenen Daten eine Tabelle.

b) Wie entwickelt sich die Reaktionszeit, wenn man älter wird? Kannst du Gründe angeben, warum sich die Reaktionszeit so entwickelt?

c) Welche Informationen kannst du noch aus der Grafik entnehmen?

d)

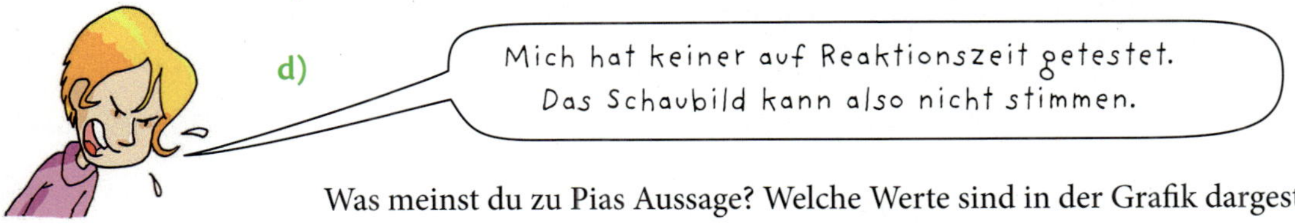

Was meinst du zu Pias Aussage? Welche Werte sind in der Grafik dargestellt?

12 Vorteile der Darstellungsarten benennen

Tipp
Die drei Darstellungsarten kannst du in den Aufgaben 4d) und 4e) auf Seite 38 sowie im dazu gehörenden Wissensspeicher nachschlagen.

Diskutiert gemeinsam die folgenden Fragen:

(1) Wo findet man Zusammenhänge im Alltag, bei denen neben Text auch Tabelle und Graph als Darstellungsart vorkommen?

(2) Wozu braucht man die Darstellungsarten Tabelle und Graph?

(3) Worauf muss man achten, wenn man Informationen aus Tabellen und Graphen entnimmt?

Schreibt eure Erkenntnisse auf.

13 Graphen und Situationen einander zuordnen

In der Abbildung siehst du eine schematische Darstellung der Formel-1-Strecke Autodromo Nazionale di Monza (Italien). Drei Teilstrecken sind in der Abbildung farbig markiert.

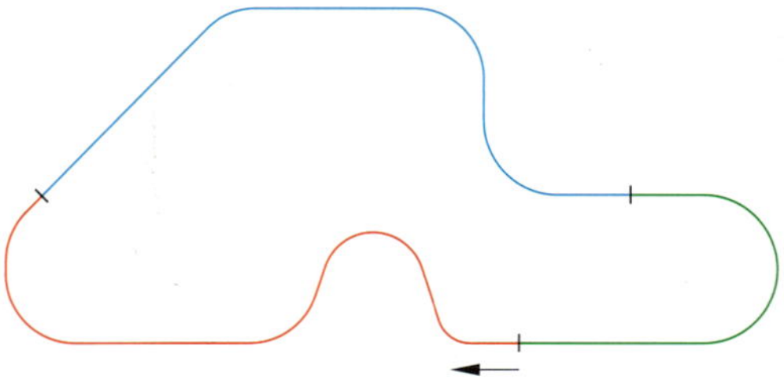

a) Trägt man die Geschwindigkeit in Abhängigkeit von der gefahrenen Streckenlänge in einem Koordinatensystem ein, entstehen diese drei Graphen:

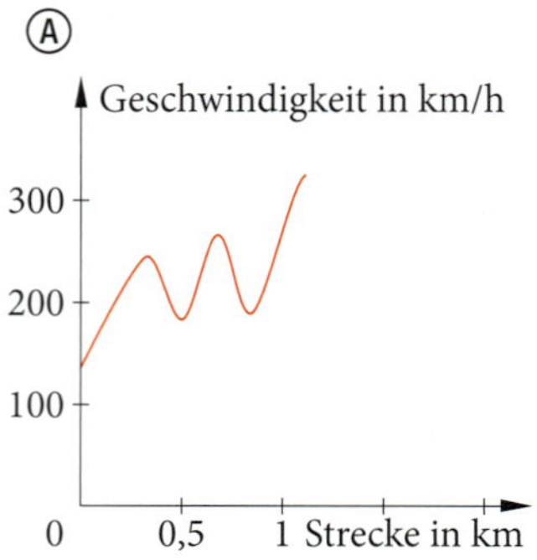

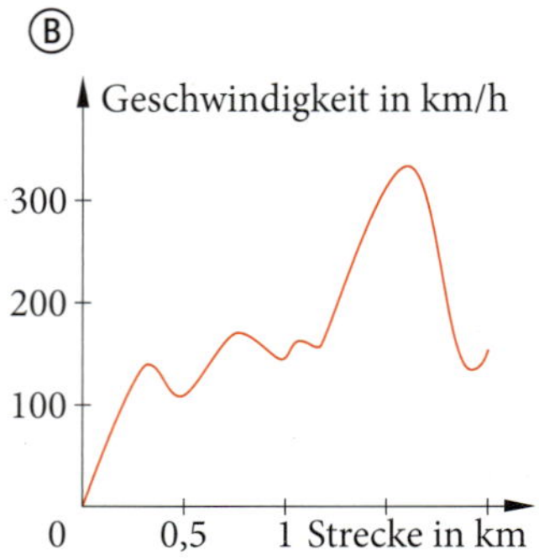

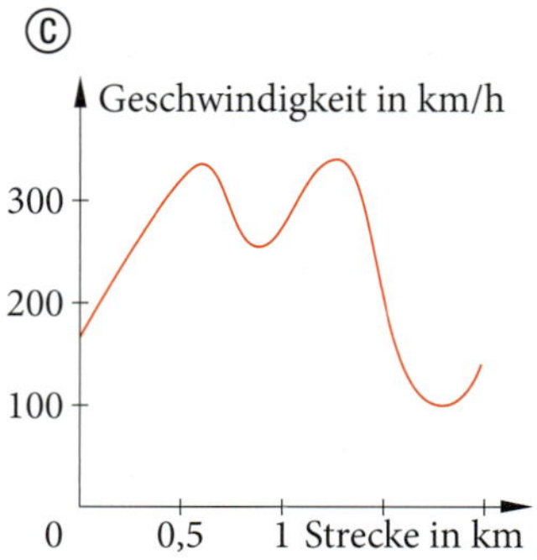

Ordne die Graphen den Teilstrecken zu und begründe deine Entscheidung.

b) Welche Besonderheiten der Rennstrecke lassen sich im Graphen ablesen?

c) Erfindet das Teilstück einer Rennstrecke, zeichnet einen Graphen dazu, tauscht sie aus und lasst den anderen das Teilstück finden.

14 Maßstab und Koordinatensystem vergleichen

Pia schaut sich die Maßstäbe der drei Karten an und stellt fest:

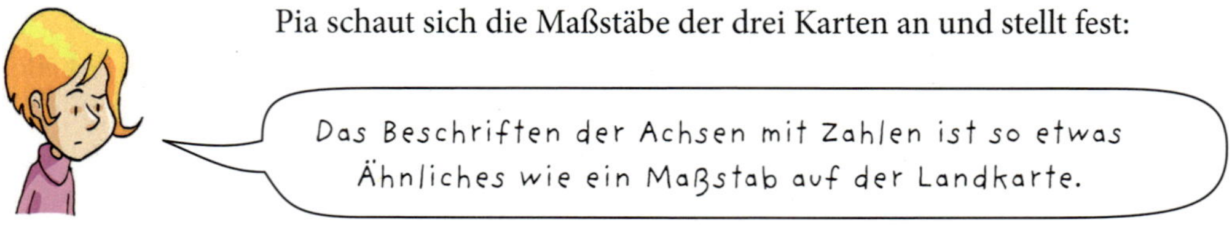

Erkläre, was Pia meint.

15 Das Darstellungsarten-Spiel

▶ Materialblock S. 11–13
Arbeitsmaterial
Darstellungsarten-Spiel

Mit den Spielkarten im Materialblock lassen sich unterschiedliche Spiele spielen. Damit kannst du üben, verschiedene Darstellungsarten einander zuzuordnen. Du brauchst dazu mindestens einen Mitspieler oder eine Mitspielerin.

a) Spielt mit den Karten „Memory".
Wählt zwei Darstellungsarten aus. Spielt nur mit den Karten zu diesen beiden Darstellungsarten.
Ziel des Spiels ist es, möglichst viele Kartenpaare zu finden. Zwei Karten sind ein Paar, wenn sie den gleichen Zusammenhang darstellen.

Tipp
Wer sich gut merkt, welche Karte wo liegt, kann schneller Kartenpaare finden.

Spielregeln:

1. Mischt die Karten und legt sie mit der Rückseite nach oben nebeneinander.
2. Immer zwei Karten werden von einem Spieler aufgedeckt.
   - Passen die beiden Karten zusammen, erhält man das Kartenpaar.
   - Passen die Karten nicht zueinander, so dreht man sie wieder um.
     Dann ist der oder die nächste dran.

Gewonnen hat am Ende, wer die meisten Paare gesammelt hat.

b) Spielt mit den Karten „Set". Findet jeweils drei Karten, die zusammengehören: einen Graphen, eine Tabelle und einen Text.

Spielregeln:

1. Alle Karten werden gut durchgemischt und nach Größe sortiert auf einen Stapel gelegt.
2. Jeweils drei Karten werden in einem 3 × 3-Gitter ausgelegt.
3. Wer ein Set entdeckt, nimmt die Karten zu sich.
   Die Lücken werden dann wieder mit Karten vom Stapel gefüllt.
4. Es wird solange gespielt, bis die Stapel leer sind.

Findet niemand ein Set, wird pro Reihe eine Karte ergänzt.

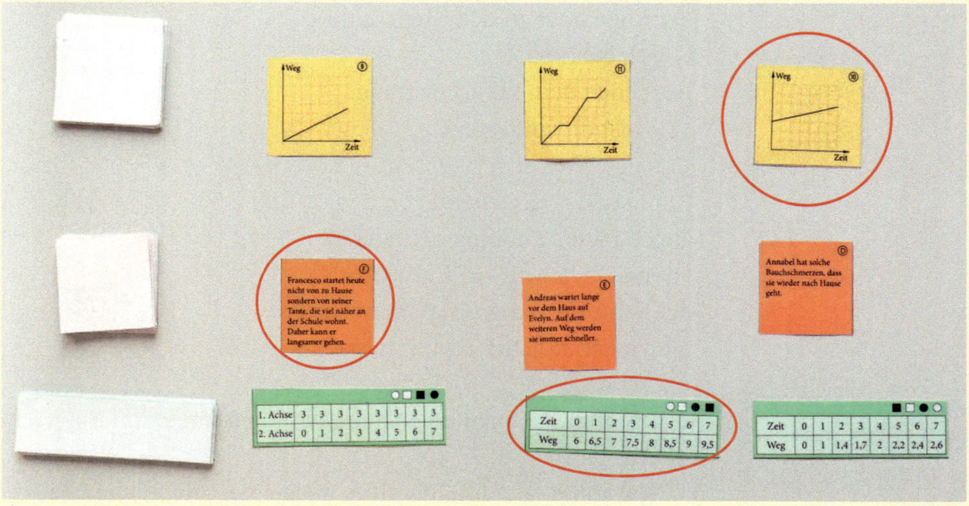

Training

16 Überblick übers Sparen

Sandro erhält von seiner Oma jede Woche 1,50 € für sein Sparschwein.

a) Erstelle eine Tabelle, die zeigt, welche Summe er wann im Sparschwein hat.

b) Sandro will einen Überblick über seine Ersparnisse haben. Er überlegt sich folgende Koordinatensysteme.
Welche Größe sollte auf der ersten Achse und welche auf der zweiten Achse stehen?
Übertrage alle vier Graphen mit richtiger Achsenbeschriftung in dein Heft.
Trage jeweils die Werte ein.

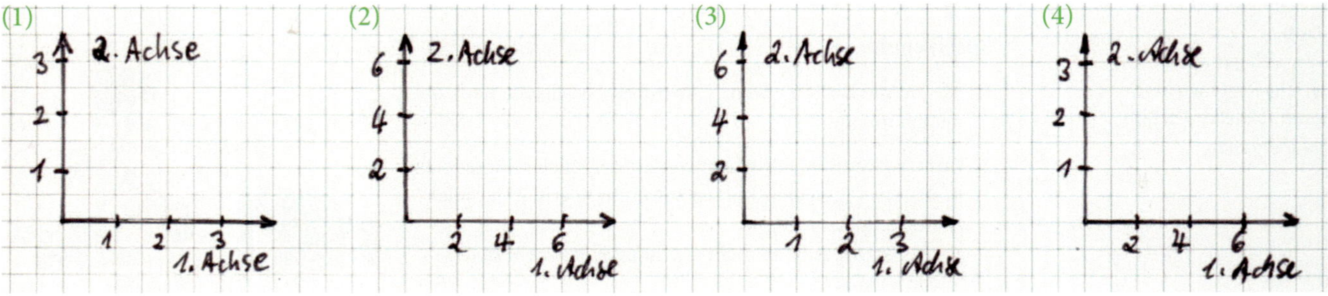

c) Bei welchem Graphen hat man spontan den Eindruck, dass man am meisten gespart hat? Wovon hängt der Eindruck ab?

d) Darf Sandro die Punkte im Graphen mit einer Linie verbinden?
Begründe deine Meinung schriftlich. Diskutiert anschließend gemeinsam.

17 Graphen kritisch betrachten

a) In der Friedensschule gibt es einen Shop, in dem man Schulkleidung kaufen kann. In den beiden Grafiken haben Schüler den Umsatz veranschaulicht.
Welcher Shop läuft besser – zu dem der linke oder zu dem der rechte Graph gehört?
Begründe deine Entscheidung.
Wie bist du vorgegangen?

b) Kannst du – ausgehend von den abgebildeten Graphen – ungefähr voraussagen, wie viel Euro Umsatz der Schulkleidung-Shop im nächsten Jahr/in den nächsten Jahren machen wird?

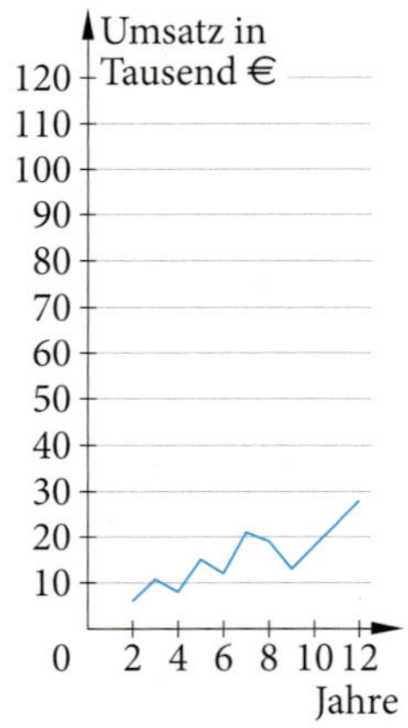

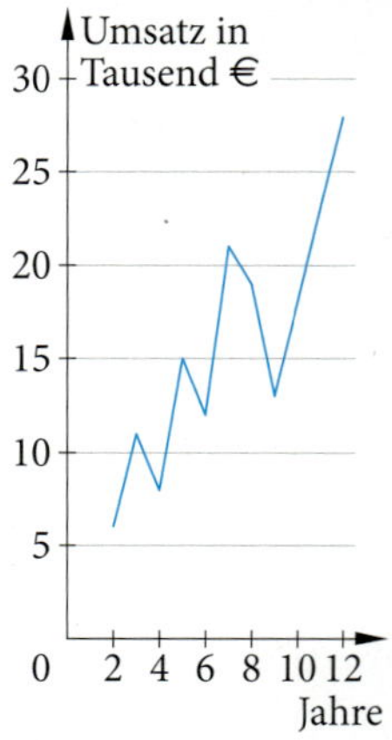

weitergedacht

c) Beschreibe, wie man eine Grafik gestalten muss, um unterschiedliche Wirkungen zu erzielen:
- Was muss man tun, damit es nach einem deutlichen Anstieg aussieht?
- Was muss man tun, damit es nur nach einem geringen Anstieg aussieht?

Vertiefen 3 Veränderungen beschreiben

Training

18 Veränderungen am Graphen beschreiben

Beschreibe bei den folgenden Graphen, wie sich der Wert auf der zweiten Achse verändert, wenn der Wert auf der ersten Achse wächst.

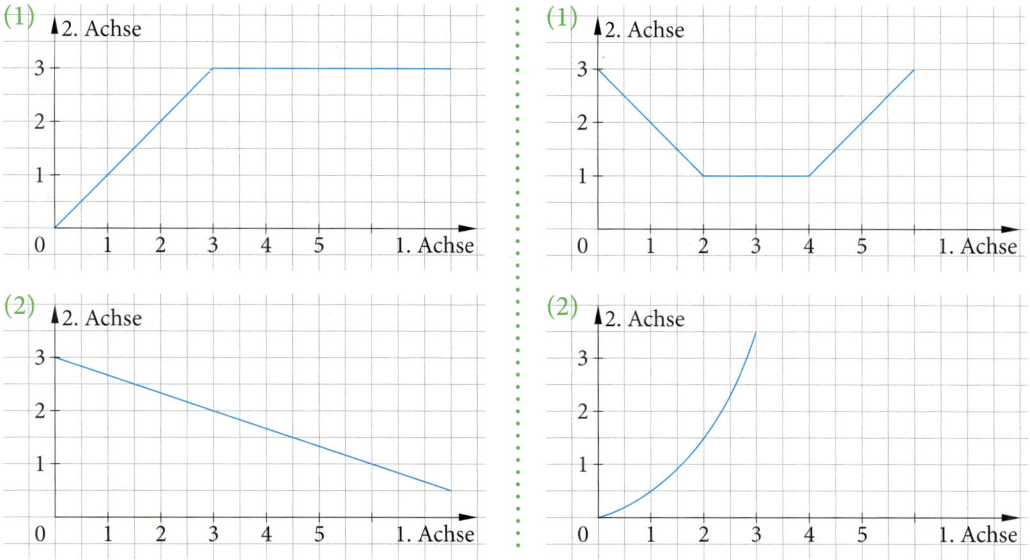

19 Rennstrecken beschreiben

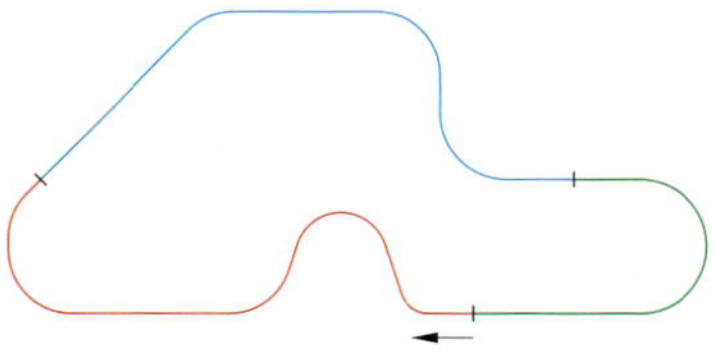

Betrachte die Rennstrecken aus Aufgabe **13** und die zugehörigen Graphen zur Geschwindigkeit in Abhängigkeit von der gefahrenen Streckenlänge. Till hat begonnen, zu beschreiben, wie sich bei einer Fahrt die Geschwindigkeit im Laufe der roten Teilstrecke verändert:

Am Startpunkt gibt der Rennfahrer kurz Gas und bremst gleich wieder ab wegen der Rechtskurve, dann gibt er wieder kurz Gas und bremst vor der zweiten Kurve ab. ...

Vervollständige den Text oder schreibe einen ähnlichen für eine Teilstrecke deiner Wahl.

20 Crashtest beschreiben

Das Auto fährt in Pfeilrichtung. Der Graph zeigt die Geschwindigkeit zum jeweiligen Zeitpunkt an.
Welcher Graph gehört zu dem Crashtest? Begründe deine Wahl.

① **Geschwindigkeit(Zeit)**

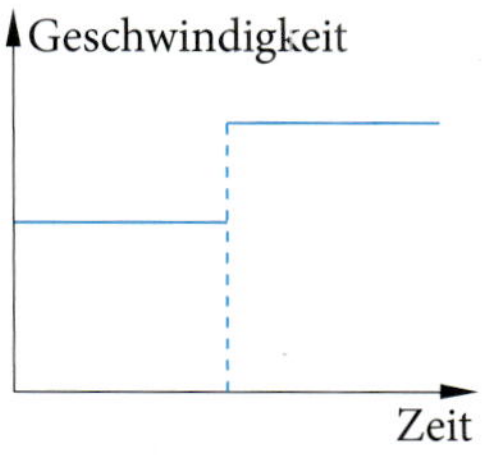

② **Geschwindigkeit(Zeit)**

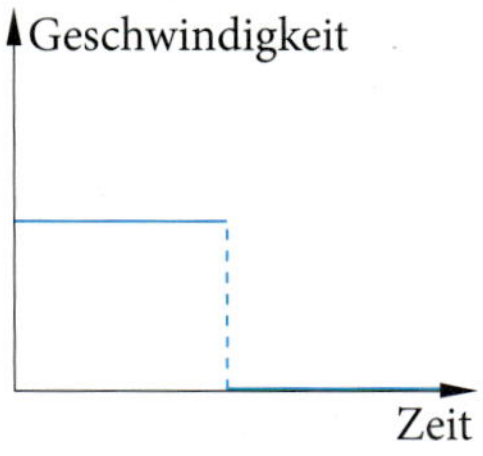

③ **Geschwindigkeit(Zeit)**

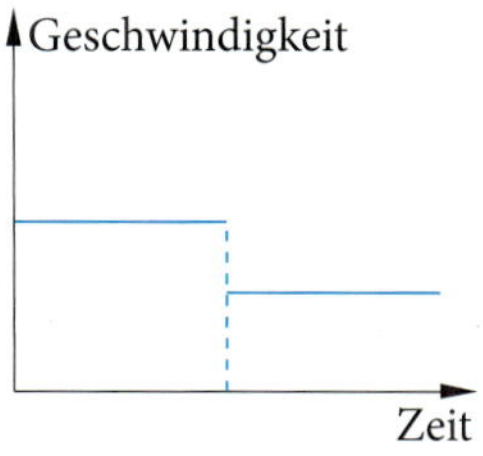

21 Gefäße füllen

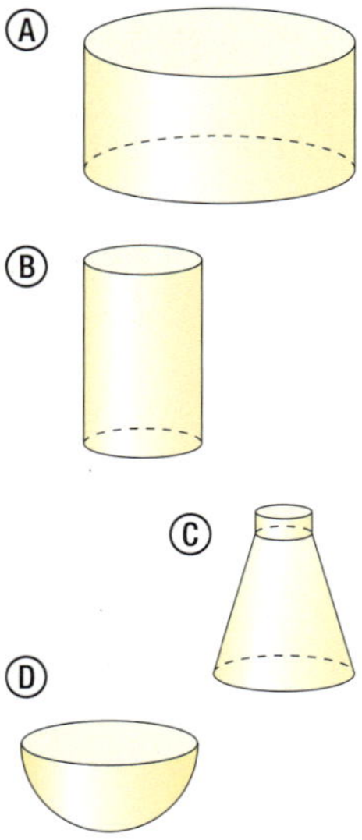

a) Die Gefäße links werden mit Wasser gefüllt. Welcher Graph gehört zu welchem Gefäß?

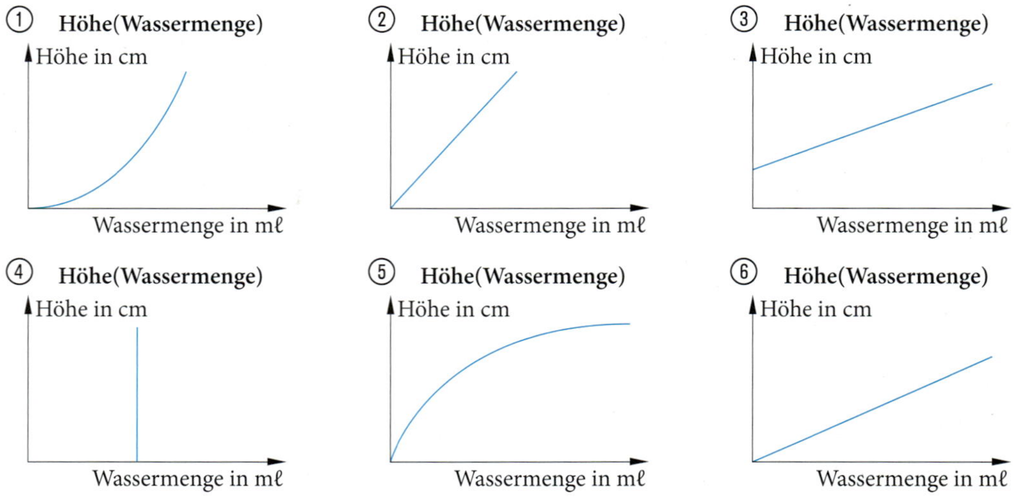

b) Wie sieht das Gefäß zu dem Graphen rechts aus?

c) Was bedeutet es für die Durchführung des Experiments, wenn der Graph am Ende waagrecht ist?

d) Auf dem Bild links ist ein Gefäß abgebildet. Wie sieht der Füllgraph dazu aus?

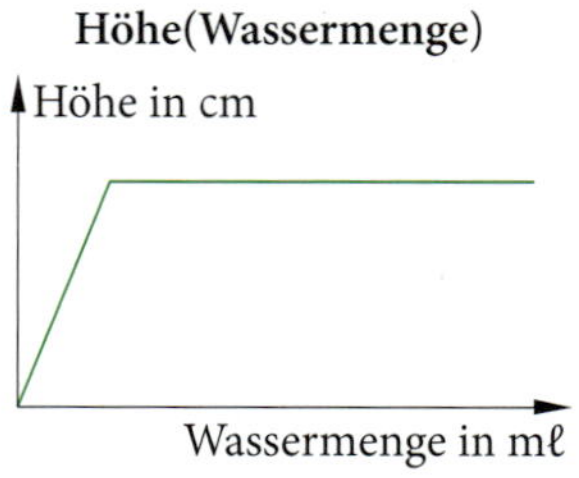

22 Geschwindigkeiten untersuchen

Die folgenden Graphen zeigen Bewegungsabläufe, manche sind zum Beispiel bei einer Achterbahnfahrt entstanden. Beschreibe bei den Graphen, wie sich der Wert auf der zweiten Achse verändert, wenn der Wert auf der ersten Achse wächst.

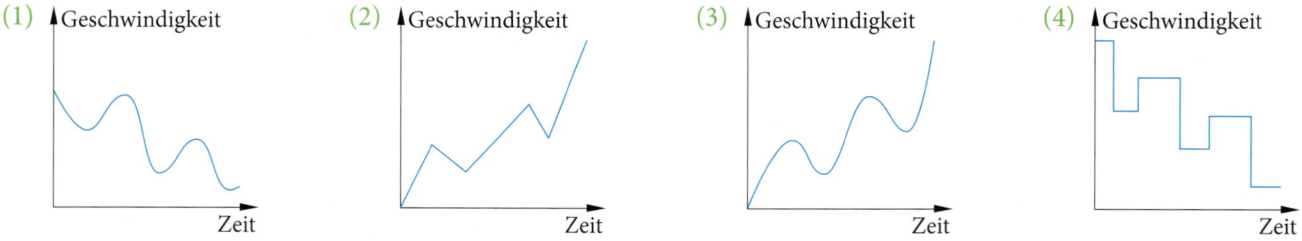

Hinweis
Ein Applet findest du unter 048-1.

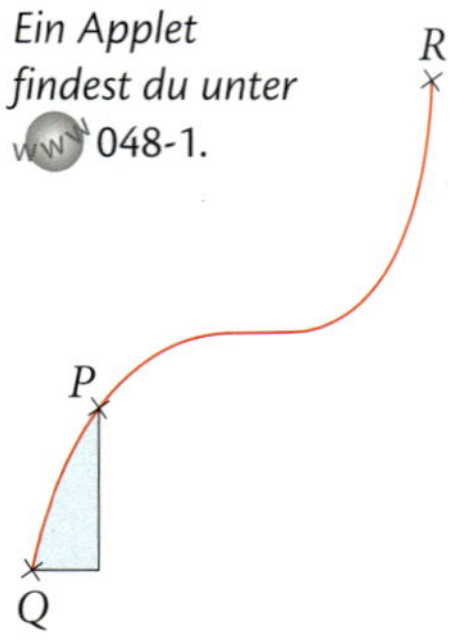

23 Flächenveränderung untersuchen

Der Punkt P wandert auf der roten Linie von Q nach R, dabei vergrößert sich der Inhalt der blauen Fläche. Welcher der vier Graphen zeigt, wie der Inhalt der blauen Fläche wächst?

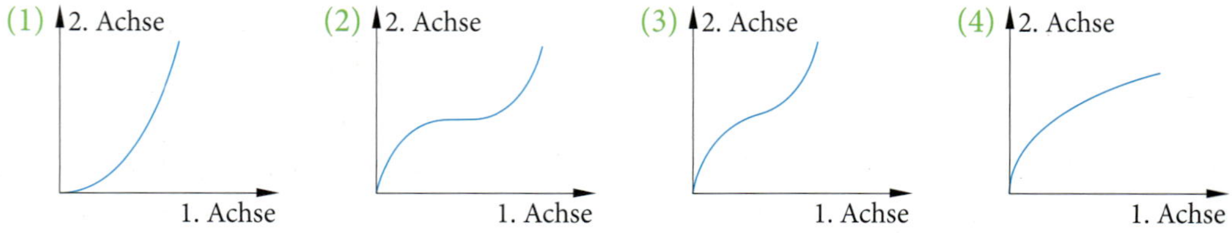

24 Um den Stuhl bewegen

a) Anne sitzt auf einem Stuhl in der Mitte eines leeren Raumes. Sie steht auf und entfernt sich mit gleichbleibender Geschwindigkeit vom Stuhl. Dann bleibt sie stehen und geht wieder genauso schnell zum Stuhl zurück.
Zeichne einen Graphen „Entfernung vom Stuhl in Abhängigkeit von der Zeit“.

b) Hier siehst du Graphen Entfernung (Zeit) zu verschiedenen Bewegungen um den Stuhl. Beschreibe die Bewegungen mit deinen eigenen Worten.

(1)
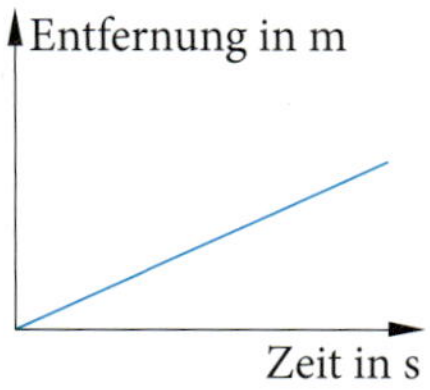

(2)
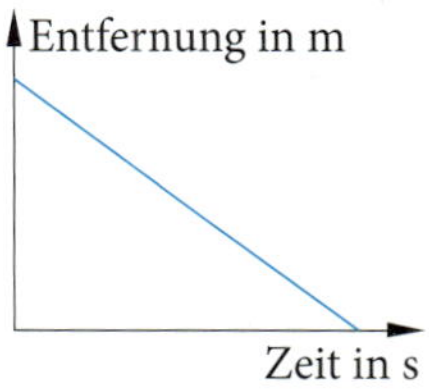

(3)
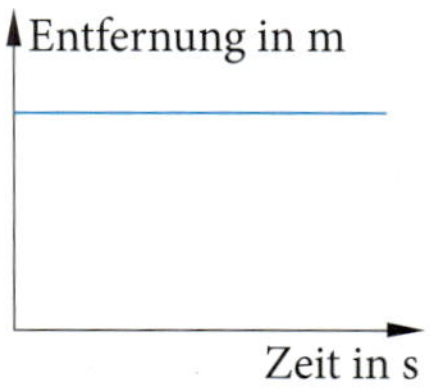

(4)
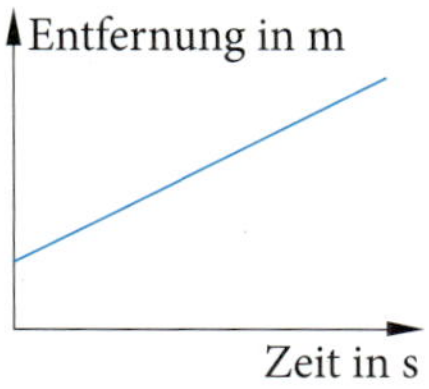

(5)
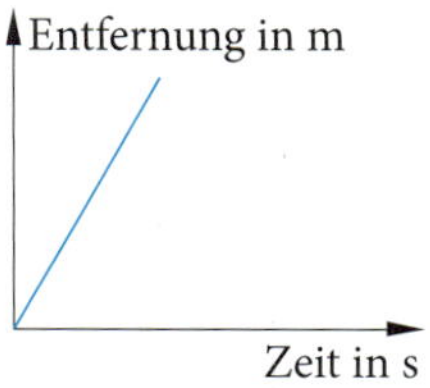

(6)
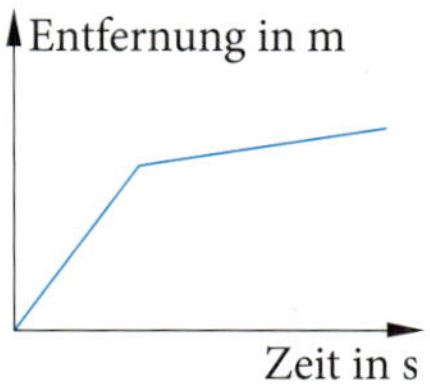

(7)
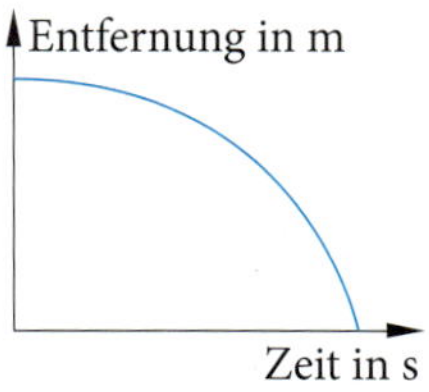

(8)
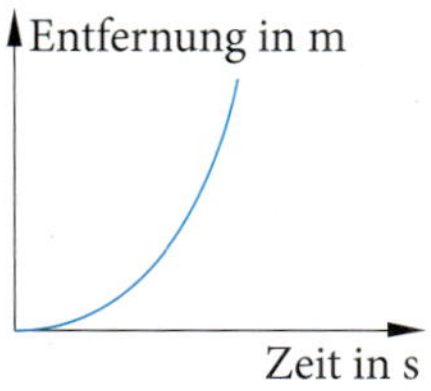

(9)
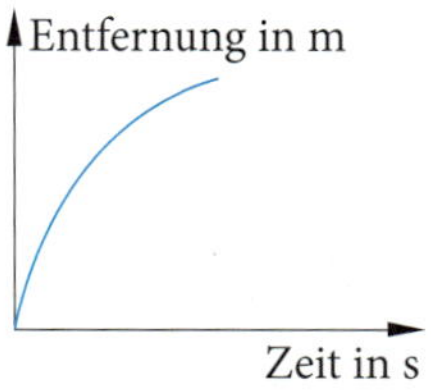

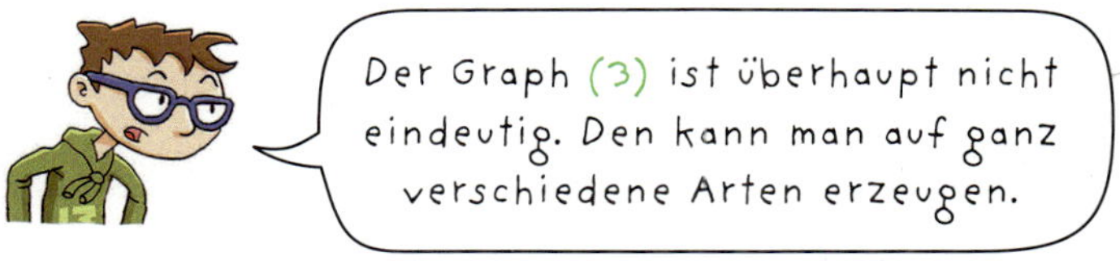

c) Was meint Ole damit?

d) Lassen sich auch andere Graphen auf verschiedene Arten erzeugen?

e) Erfinde selbst weitere Graphen und schreibe dazu eine Bewegung auf.
- Zeige deinem Nachbarn nur den Graphen und lasse ihn eine mögliche Beschreibung dazu verfassen.
- Vergleicht eure Bewegungsbeschreibungen.

25 Bewegungsgraphen erkennen

(1)
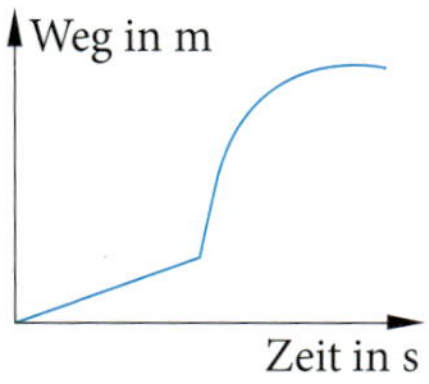

(2)
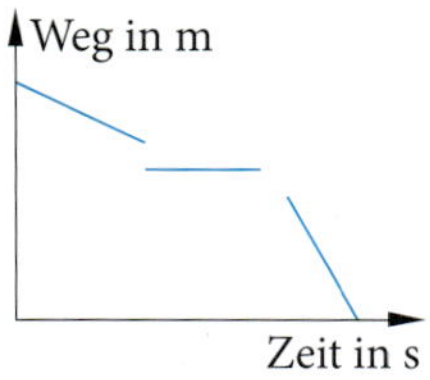

a) Untersuche die Graphen nach folgenden Fragen:
- Welche Graphen können keine Bewegungen darstellen?
- Welche Graphen können Bewegungen darstellen?
- Woran erkennt man, dass die Bewegung an einem bestimmten Ort beginnt?
- Woran erkennt man am Graphen, dass die Bewegung immer langsamer wird?
- Welche wichtigen Punkte lassen sich an den Bewegungsgraphen ablesen?

Tipp: Die Graphen aus Aufgabe 24 können dir eventuell helfen.

b) Zeichne einen weiteren Graphen, der nicht durch Bewegungen erzeugt werden kann. Schreibe auf, warum das nicht geht.

c) Es ist nicht möglich, bei Bewegungen einen Graphen mit Lücken zu erzeugen. Warum ist das so?

Vertiefen 4

Funktionale Zusammenhänge untersuchen

Training

26 Funktionale Zusammenhänge mit Graphen erkennen

a) Entscheide, welche der Graphen einen funktionalen Zusammenhang darstellen und welche nicht. Begründe deine Entscheidungen schriftlich.

(1)

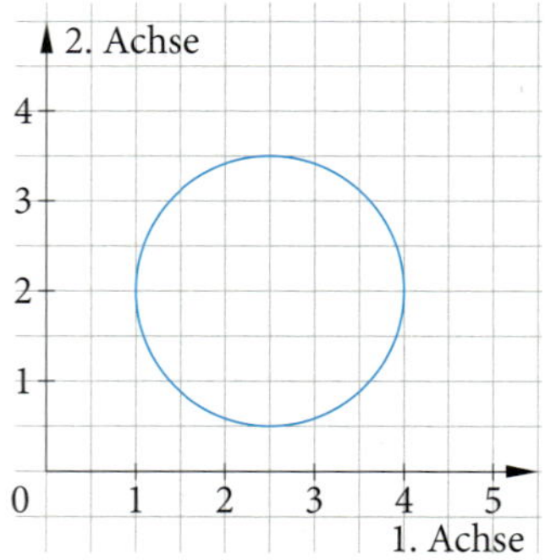

(2)

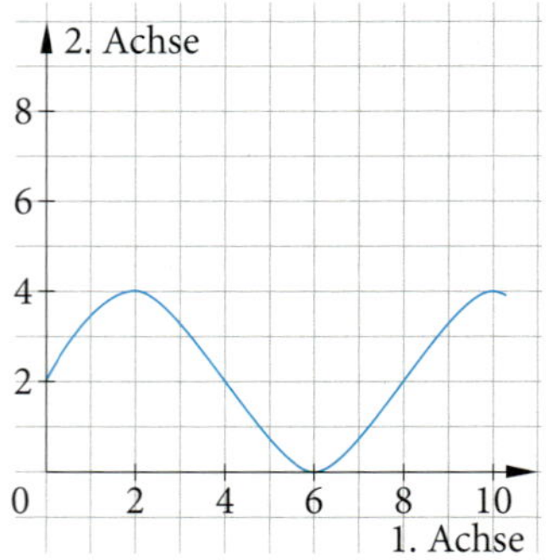

(3)

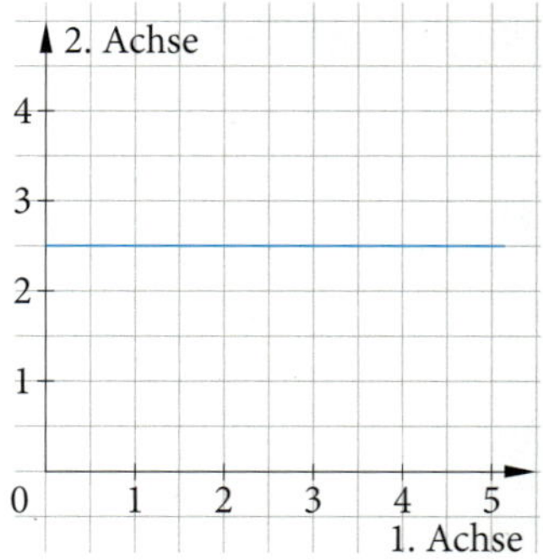

(4)

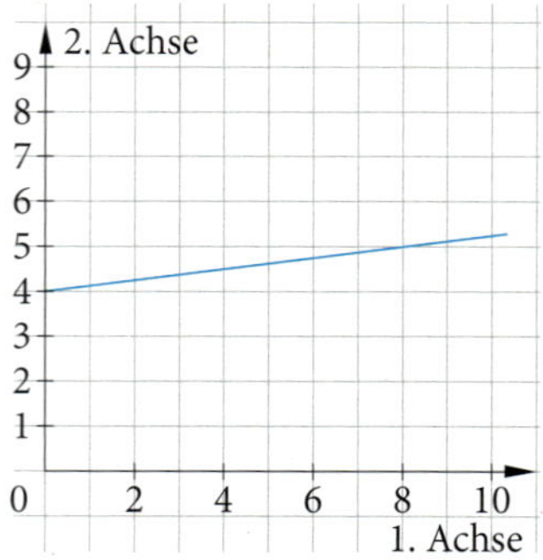

(5)

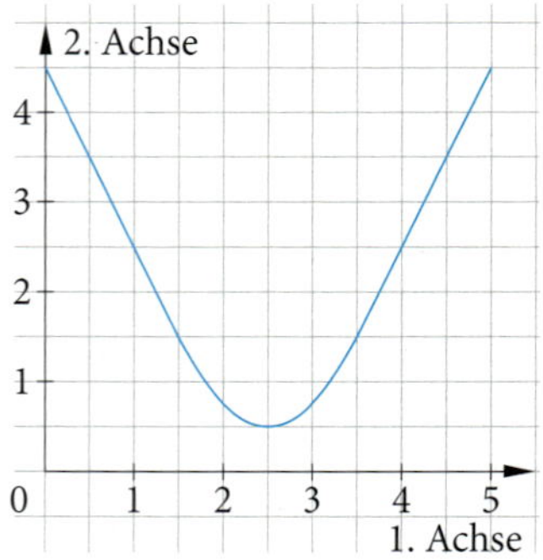

(6)

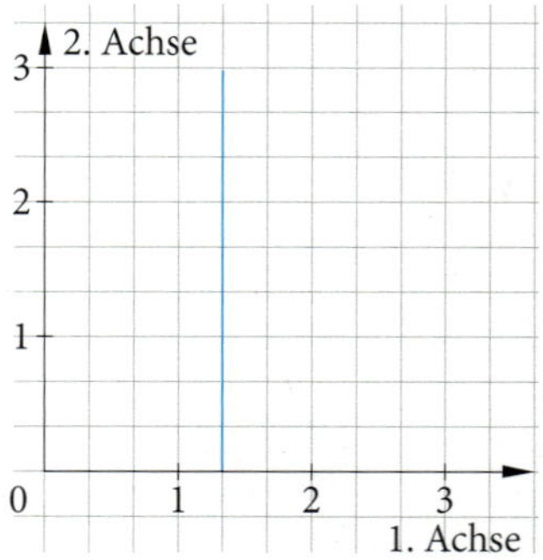

b) Finde selbst ein geeignetes Beispiel für einen Graphen, der einen funktionalen Zusammenhang darstellt, und einen, der keinen funktionalen Zusammenhang darstellt. Zeige anderen Mitschülern deine Graphen und tauscht euch über die Ergebnisse aus.

Training

27 Funktionale Zusammenhänge in Tabellen erkennen

a) Entscheide, welche der Tabellen einen funktionalen Zusammenhang darstellen und welche nicht.
Begründe deine Entscheidungen schriftlich.

(1)

1. Achse	0	1	2	3	4
2. Achse	1	1	1	1	1

(2)

1. Achse	3	5	7	9	11
2. Achse	5	7	9	11	13

(3)

1. Achse	0	2	4	6	8
2. Achse	2	3	5	8	12

(4)

1. Achse	5	6	5	7	5
2. Achse	2	10	3	10	4

b) Finde selbst ein geeignetes Beispiel für eine Tabelle mit Werten, die einen funktionalen Zusammenhang darstellt, und eine, die keinen funktionalen Zusammenhang darstellt. Zeige anderen Mitschülern deine Tabellen und tauscht euch über die Ergebnisse aus.

28 Gemeinsam laufen

a) Beim sogenannten Gruppenlaufen wird eine vorgegebene Strecke von 20 km in gleich große Teilstrecken zerlegt und auf die einzelnen Gruppenmitglieder verteilt. Erstelle eine Wertetabelle für die Zuordnung Streckenlänge pro Person in Abhängigkeit von der Anzahl der Personen.

b) Zeichne dazu den Graphen.

c) Beschreibe den Zusammenhang zwischen der Anzahl der Personen und der Streckenlänge pro Person.

29 Passende Situationen auswählen

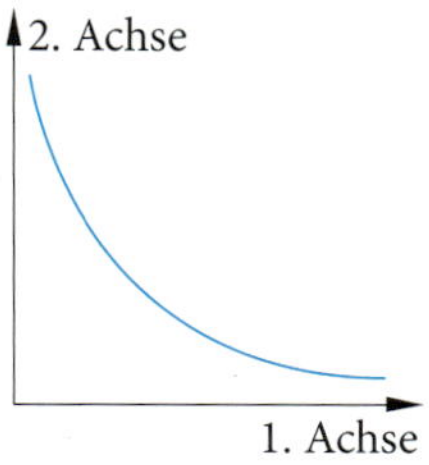

Welche der folgenden Zusammenhänge passen zum nebenstehenden Graphen?
(1) Die Gesamtlänge des Schwarzwaldradweges beträgt ca. 350 km: Tageskilometer abhängig von der Länge der Fahrradtour in Tagen
(2) in 15 min zurückgelegte Strecke abhängig von der Laufgeschwindigkeit in km/h
(3) Anzahl der Bagger abhängig von der Arbeitszeit eines Baggers beim Ausheben einer Baugrube
(4) Kosten eines Flatrate-Telefonanschlusses abhängig von der telefonierten Zeit
Begründe jeweils deine Entscheidung.

30 Funktionale Zusammenhänge finden

a) Welche der folgenden Zusammenhänge zwischen Größen sind funktionale Zusammenhänge?

(1) Geburten von Kindern abhängig von der Anzahl von Störchen
(2) Preis der Tapete abhängig von der Anzahl der Rollen
(3) Schuhgröße abhängig von der Körpergröße
(4) Höhe der Geldstrafe abhängig von der gefahrenen Geschwindigkeit
(5) Kaufpreis eines Autos abhängig von der Größe eines Autos
(6) Preis für den gekauften Käse abhängig vom Gewicht des Käses
(7) Sprungweite abhängig von der Anlaufgeschwindigkeit beim Weitsprung

b) Erkläre, wie man bei der Überprüfung von funktionalen Zusammenhängen am besten vorgehen kann.

31 Sich funktionale Zusammenhänge ausdenken

Denke dir drei Situationen aus, die zu diesem Graphen passen könnten.
Beschreibe die Situationen ausführlich in deinem Heft.
Tauscht eure Beschreibungen aus und vergleicht sie miteinander.

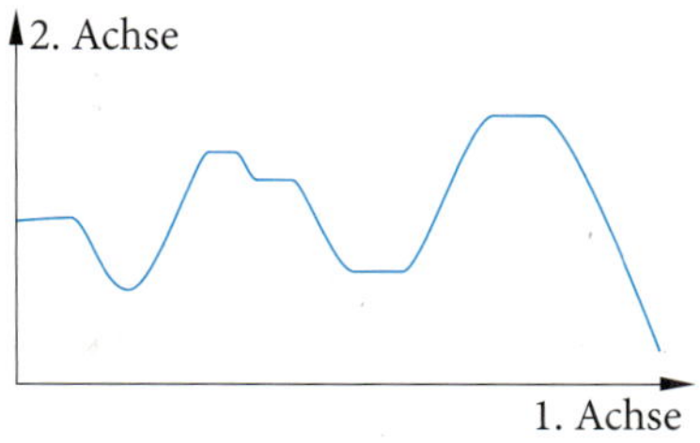

Checkliste

Leistungskurven im Sport – Zusammenhänge zwischen Größen untersuchen

Ich kann … *Ich kenne …*	*Hier kann ich üben …*
Ich kann bei Zusammenhängen begründen, warum die eine Größe auf der 1. Achse und die andere auf der 2. Achse abgetragen wird. Bei einer Radtour wird jeden Tag wird die bisher gefahrene Gesamtstrecke eingetragen.	S. 40 Nr. 2 S. 46 Nr. 16
Ich kann zu den Messwerten einer Situation eine Tabelle erstellen. Die alte Dampflok fährt konstant 60 km/h. Welche Entfernung hat die Lok nach einer, zwei, …, sechs Stunden zurückgelegt? Erstelle eine Tabelle.	S. 40 Nr. 1, 3 S. 41 Nr. 4, 6, 7 S. 43 Nr. 11
Ich kann zu einer Zuordnung, die durch eine Tabelle gegeben ist, einen Graphen erstellen. Zeichne einen Graphen zu der Tabelle: **1. Achse**: 1, 5, 10, 20, 50 **2. Achse**: 1, 3, 4, 6, 12	S. 40 Nr. 3 S. 41 Nr. 5, 6 S. 42 Nr. 7
Ich kann Werte aus einem Graphen ablesen und beschreiben, wie sich der Graph verändert, wenn die Größe auf der 1. Achse wächst. ▪ Welcher Wert auf der 2. Achse gehört zu dem Wert 3 auf der 1. Achse? ▪ Beschreibe, wie sich die abhängige Größe verändert, wenn die Größe auf der 1. Achse wächst. 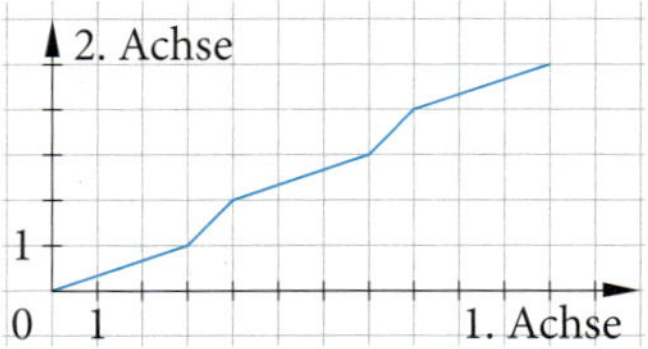 	S. 43 Nr. 10, 11 S. 47 Nr. 18 S. 48 Nr. 21–23 S. 49 Nr. 24, 25
Ich kann begründen, bei welchen Zusammenhängen es Sinn macht, die Werte in einem Graphen zu verbinden, und wann nicht. Gib eine Situation an, bei der es Sinn machen würde, die Werte im Graphen zu verbinden, und eine Situation, bei der es keinen Sinn machen würde.	S. 42 Nr. 7–9 S. 46 Nr. 16
Ich kann erkennen, welche Darstellungen (Tabelle, Graph, Text) zusammengehören, und die Vorteile der Darstellungen benennen. Welche Darstellung würdest du wählen, wenn du einen Überblick gewinnen willst, wie sich die Geschwindigkeit bei einer Fahrt verändert?	S. 43 Nr. 12 S. 44 Nr. 13 S. 45 Nr. 15 S. 47 Nr. 20
Ich kann an einem Beispiel erklären, wie sich das Aussehen des Graphen verändert, wenn ich die Achsen anders mit Zahlen beschrifte. Wie müsste man in einer Grafik zum Gewinn einer Firma in Abhängigkeit von der Zeit die Achsen verändern, sodass es aussieht, als wäre der Gewinn nicht so stark gestiegen?	S. 46 Nr. 16, 17
Ich kann an einem Graphen erkennen und begründen, ob ein Zusammenhang funktional ist oder nicht. Begründe, welcher der Graphen einen funktionalen Zusammenhang darstellt. 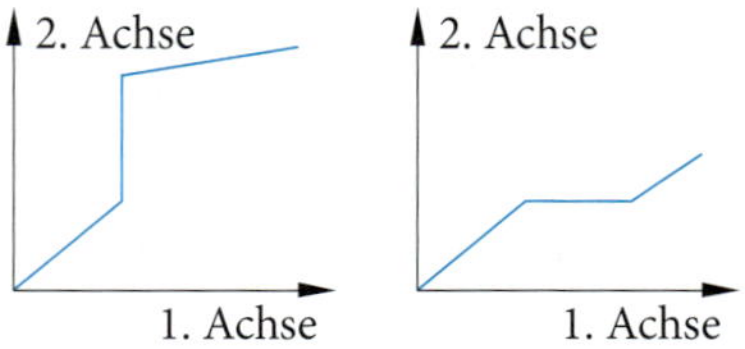 	S. 49 Nr. 24 S. 50 Nr. 26, 27

► *Hinweis:* Im Materialblock auf Seite 14 findest du diese Checkliste für deine Selbsteinschätzung.
Zusätzliche Übungsaufgaben findest du im Internet unter 052-1.
(www.cornelsen.de/mathewerkstatt, Buchkennung: MWS040248, Mediencode: 052-1)

Spielen, Wetten, Voraussagen – Den Zufall einschätzen

In diesem Kapitel ...

- suchst du möglichst sichere Wetten.
- untersuchst du die Regelmäßigkeiten des Zufalls.
- lernst du Mathematik, die dir beim Wetten und Spielen helfen kann.

WETTEN
Wir wetten, dass Jan schneller rennt als seine kleine Schwester.
Ich wette, dass 1 + 1 gleich 2 ist, dann werden wir Wettsieger.
HEUTE SCHULFES

DAS ETWAS ANDERE WETT-BÜRO
Solche Wetten sind nicht erlaubt. Es muss eine echte Wette sein, bei der man auch verlieren kann.
Wenn der Zufall eine Rolle spielt, würde ich lieber nicht wetten.
Wetten
YOLO
AUSWERTUNG HEUTE 19.00!
Welche Wette ist die sicherste?
Wettregeln:
1. Gewettet wird in Gruppen.
2. Pro Gruppe werden sechs Wetten angenommen.
3. Jede Wette muss demnächst entscheidbar sein.
4. Wettsieger ist die Gruppe, die bei den meisten Wetten gewonnen haben.

Erkunden A

Wie kann ich möglichst sicher wetten?

► Materialblock S. 18/19 Arbeitsmaterial *Wettkönig* und 056-1.

Hinweis
Das Material für dieses Spiel kann auch anders aussehen als hier dargestellt ist.

1 Wettkönig – Wetten auf Sieg

Beim Spiel „Wettkönig – Wetten auf Sieg“ laufen vier Tiere gegeneinander.
Drei bis fünf Spieler versuchen möglichst gut vorauszusagen, welches Tier am weitesten kommen wird.

Spielanleitung:

Ihr benötigt:
1 Stoppschild,
1 Wurfzähler,
4 runde Spielsteine,
1 Wettstein je Spieler,
1 Farbwürfel, ein Zwanziger-Würfel mit farbigen Klebepunkten in Rot (7-mal), in Grün (5-mal), in Gelb (5-mal) und in Blau (3-mal)

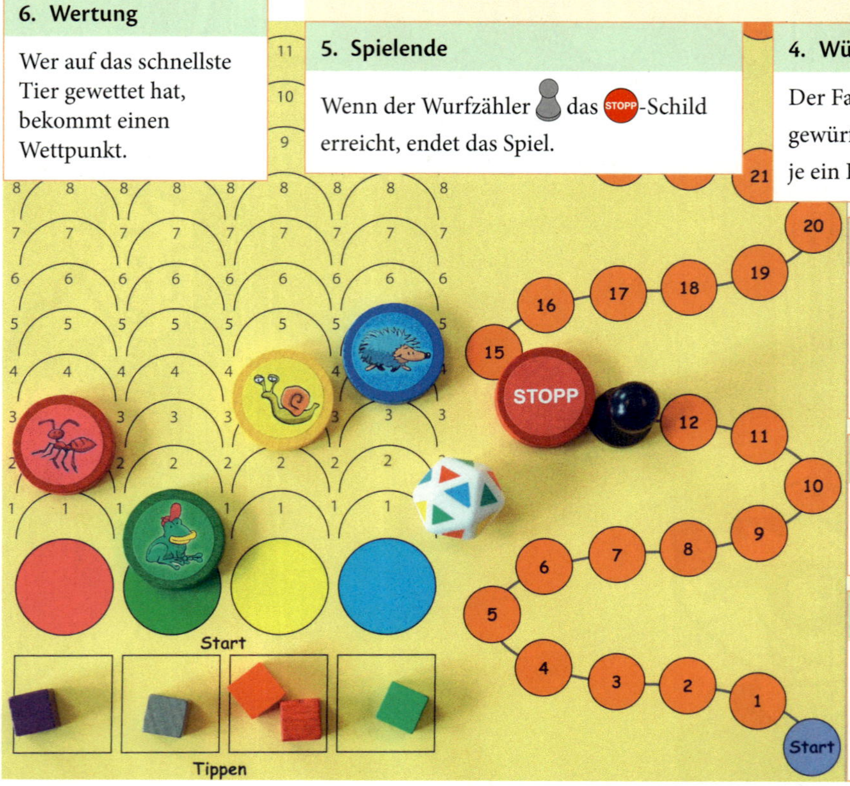

1. Spielbeginn vorbereiten

Der Wurfzähler wird auf Start gestellt und die vier runden Spielsteine auf ihre Startpositionen.

2. Wurfanzahl festlegen

Gemeinsam legen alle mit dem STOPP-Schild fest, wie oft gewürfelt wird.

3. Wetten auf Sieg

Alle Spieler nehmen einen Wettstein und stellen ihn zu einem Tier.
Damit wetten sie, dass dieses Tier am weitesten kommen wird.

4. Würfeln

Der Farbwürfel wird geworfen. Das Tier der gewürfelten Farbe und der Wurfzähler rücken je ein Feld vor. Dann wird wieder gewürfelt.

5. Spielende

Wenn der Wurfzähler das STOPP-Schild erreicht, endet das Spiel.

6. Wertung

Wer auf das schnellste Tier gewettet hat, bekommt einen Wettpunkt.

a) Spielt mehrfach das Spiel „Wettkönig – Wetten auf Sieg“.
Der Spielplan befindet sich im Materialblock.

b) Auf welches Tier wettest du, welches Tier hat die höchste Chance, zu gewinnen? Wieso gerade dieses Tier?

nachgedacht

c) Wetten sind unterschiedlich sicher.
Vergleicht die Wette dieses Spiels mit anderen Wetten:
- Warum ist das Wetten in diesem Spiel weniger sicher?
- Welche Rolle spielt dabei der Zufall?

Gut zu wissen
Eine Wettstrategie ist ein Plan, mit dem man versucht, möglichst erfolgreich zu wetten.

2 Spiel untersuchen und Wettstrategie entwickeln

In dieser Aufgabe untersuchst du das Spiel „Wettkönig – Wetten auf Sieg".
Das hilft dir, eine gute Wettstrategie zu finden.

► Materialblock S. 20 Arbeitsmaterial *Wettprotokoll 1*

a) Spielt mehrfach das Spiel mit festen Wurfanzahlen (1 – 2 – 5 – 10 – 20) durch. Notiert eure Ergebnisse im Wettprotokoll oder in einer Tabelle im Heft.

Oles Wettprotokoll

Wurfanzahl	Ich wette auf …	schnellstes Tier	Punkte
1	Schnecke	Igel	0
2	Igel	Frosch, Ameise	0
5	Igel	Igel	1
10	Ameise	Ameise	1
20	Ameise	Schnecke	0
		Gesamtpunktzahl:	2

b) Mit welcher Strategie hast du gewettet?
Schreibe deine Wettstrategie in dein Protokoll.

Hinweis
Ein Applet zu dem Spiel „Wettkönig" findest du unter www 057-1.

c) Spiele das Computerspiel „Wettkönig" mit den Wurfanzahlen 1, 10, 100 und 1000. Schreibe alle Ergebnisse in das Wettprotokoll.

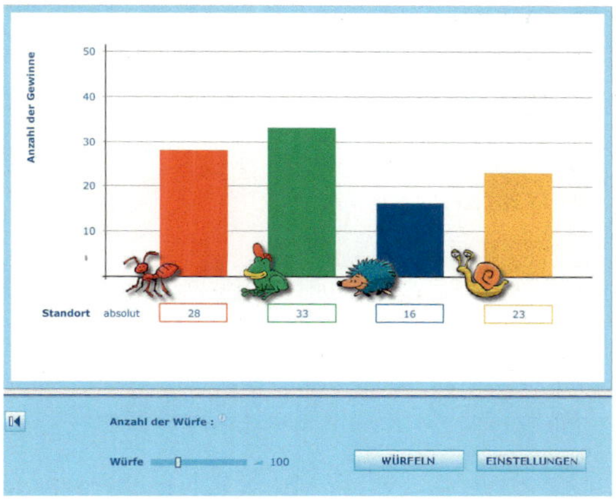

► Materialblock S. 21 Arbeitsmaterial *Wettprotokoll 2*

d) Untersuche nun die Ergebnisse des Computerspiels genauer.
- Welches Tier hat am häufigsten gewonnen?
- Wie geeignet war deine Wettstrategie?
- Für welche Wurfanzahl ist sie sicherer: 1, 10, 100 oder 1000?

nachgedacht

3 Günstige Wurfanzahlen

Um gut zu wetten, sucht man Tiere mit einer hohen Gewinnchance.
Trotzdem kann man sich nie ganz sicher sein.
Bei einigen Wurfanzahlen kann man aber sicherer wetten als bei anderen.
Findet günstige Wurfanzahlen, indem ihr die Ergebnisse aller Spiele vergleicht.

- Welches Tier hat bei welcher Wurfanzahl mindestens einmal gewonnen? Erstelle eine Tabelle zur Zusammenfassung.
- Vergleicht eure Zusammenfassungen.
- Bei welcher Wurfanzahl kann man sicherer wetten? Begründet eure Antwort. Schreibt eure Gedanken hierzu auf.

Wurfanzahl	Ameise	Frosch	Schnecke	Igel
1				
10			X	
100				
1000				

Erkunden B

Welche Regelmäßigkeiten finde ich beim Zufall?

▶ Materialblock S. 22
Arbeitsmaterial
Wetten auf Standorte

Hinweis
Das Applet zu dem Spiel „Wettkönig" findest du unter www 058-1.

4 Wetten auf Standorte: Wie weit kommen die Tiere?

Beim Spiel „Wettkönig – Wetten auf Sieg" hast du darauf gewettet, welches Tier am weitesten kommt. Beim neuen Spiel „Wettkönig – Wetten auf Standorte" wettest du darauf, bis zu welchen Feldern die einzelnen Tiere kommen. Gespielt wird zu zweit.

a) Lest gemeinsam die Spielregeln durch.
Erklärt in eigenen Worten die Punkteverteilung.

Spielregeln:

Es wird ohne Wettsteine, dafür mit Wettprotokoll gespielt.

Wer die Standorte der Tiere am besten voraussagen kann, gewinnt das Spiel.

Der Spielverlauf ist bis auf zwei Änderungen wie bei „Wettkönig – Wetten auf Sieg":
1. „Wetten auf Sieg" wird zu „Wetten auf Standorte".
2. Die Wertung wird geändert.

2. Wertung

Für jedes Tier wird einzeln verglichen:
Welche Wette ist näher dran?
Wer besser gewettet hat, bekommt einen Punkt.
Sind beide Wetten gleich weit entfernt, bekommen beide einen Punkt.

1. Wetten auf Standorte

Beide schreiben in das Wettprotokoll für jedes Tier eine Wette, wie weit das Tier kommen wird.

Wurf-anzahl	mein Name *Merve*					meine Punkte
20	meine Wette	10	3 ✓	3 ✓	4 ✓	3
	Wette von *Till*	8 ✓	2	2	8	
	Standort	6	5	6	3	

b) Spielt mehrmals das Spiel „Wettkönig – Wetten auf Standorte" zu zweit gegeneinander und nutzt das neue Wettprotokoll.
Bei großen Wurfanzahlen hilft euch das Computerspiel „Wettkönig".

c) Überlege dir eine Wettstrategie und schreibe sie ins Heft.

nachgedacht

d) Warum sind im Wettprotokoll meist hohe Wurfanzahlen vorgesehen?

5 Standorte des Froschs untersuchen

Untersuche die Standorte der Tiere genauer mit Hilfe des Computerspiels „Wettkönig".

a) Lass die Tiere mehrmals rennen. Kannst du Regelmäßigkeiten erkennen?

▶ Materialblock S. 22
Arbeitsmaterial
Standorte untersuchen

b) Merve spielt immer wieder mit der Wurfanzahl 200 und schaut dabei auf den Frosch.
- Untersuche wie Merve den Standort des Froschs.
- Erkennst du Regelmäßigkeiten in den Zahlen?
- In welchem Bereich liegen die Zahlen?

6 Standorte im Diagramm untersuchen

Ole und Ronja untersuchen die Standorte für unterschiedliche Wurfzahlen im Computerspiel und betrachten die Diagramme.

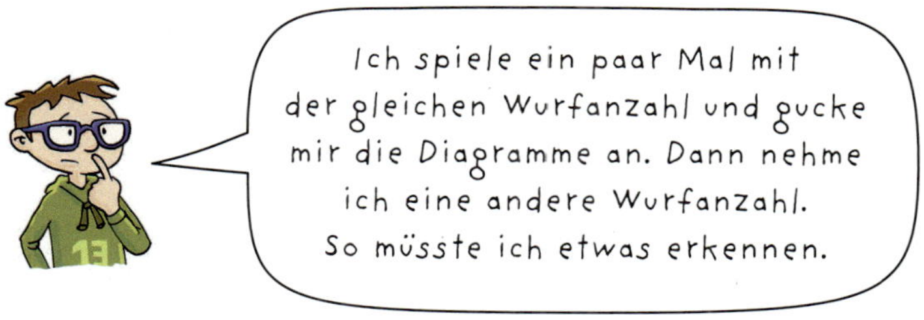

a) Probiere selbst aus: Was kann Ole wohl in seinen Bildern erkennen?

b) Ronja erinnert sich an Papierkorbball. Erkläre, was die Streifen dort bedeuteten.

c) Die absolute Häufigkeit für Blau ist bei 100 Würfen anders als bei 200 Würfen. Was aber bleibt bei 100 Würfen und 200 Würfen ungefähr gleich? Woran kann man das im Diagramm erkennen?

wiederholen

Wissensspeicher aus vorigen Schuljahren: *Brüche 4*

d) Erinnere dich, was Pia mit relativer Häufigkeit meint. Nimm dazu die Seite des ausgefüllten Wissensspeichers zur Hilfe. Probiere mit dem Computerspiel: Welche Regelmäßigkeit sieht Pia, wenn sie auf relative statt absolute Häufigkeiten schaut?

nachgedacht

e) Wettest du lieber auf absolute oder auf relative Häufigkeiten? Begründe.

7 Regelmäßigkeiten zum Wetten nutzen

Till will die Standorte für große Zahlen voraussagen. Dazu schaut er sich die Entdeckungen von Merve, Ronja, Ole und Pia an.

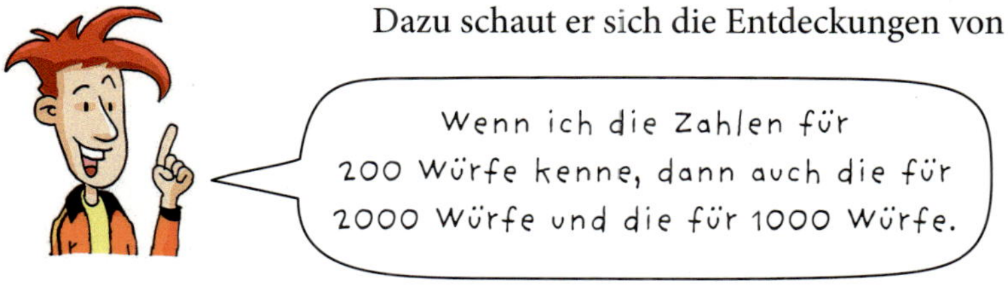

a) Was meint Till damit? Wie kann er die Zahlen für 1000 Würfe vorhersagen?

b) Welche der entdeckten Regelmäßigkeiten helfen dir für das Wetten auf Standorte? Erkläre deine Antwort.

c) Spielt mehrere Runden „Wettkönig – Wetten auf Standorte“ und nutzt dabei die entdeckten Regelmäßigkeiten für gute Wetten. Für welche Wurfanzahlen kann man beim Wetten auf Standorte sicherer wetten?

nachgedacht

d) Die Standorte der Tiere haben etwas mit der Farbverteilung auf dem Würfel zu tun. Erkläre den Zusammenhang.

Ordnen A

Wie kann man möglichst sicher wetten?

1 Möglichst sicher auf Sieg wetten

Merve hat sich ihre Zusammenfassung des Spiels „Wettkönig – Wetten auf Sieg“ genauer angesehen.
Sie hat ein Kreuz gesetzt, wenn ein Tier bei einer Wurfanzahl mindestens einmal gewonnen hat.

Wurfanzahl	Ameise	Frosch	Schnecke	Igel
1	X	X	X	X
10	X	X	X	X
100	X	X	X	
1000	X			

a) Überlege, worauf Merve wetten sollte: Welches Tier hat die höchste Gewinnchance? Auf welches Tier würdest du wetten, wenn du deine eigene Zusammenfassung betrachtest?

b) Bei welchen Wurfanzahlen kann man möglichst sicher wetten? Bei welchen Anzahlen ist das Wetten am unsichersten?

c) Du hast im Spiel „Wettkönig“ einiges über den Zufall gelernt. Das lässt sich auch bei anderen Spielen anwenden, in denen der Zufall eine Rolle spielt.
Ole hat ein Glücksrad gebaut.

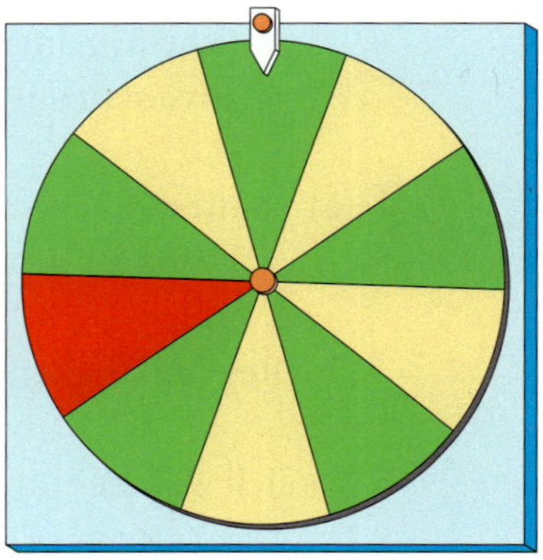

- Das Glücksrad wird einmal gedreht. Welche Farbe hat die höchste Gewinnchance?
- Bei wie vielen Drehungen könntest du möglichst sicher wetten?

► Materialblock S. 16 Wissensspeicher *Sicher wetten*

d) Vergleicht eure Antworten aus c) und übertragt sie in den Wissensspeicher.

weitergedacht

e) Was sagst du zu den Meinungen von Till und Pia? Haben die beiden Recht?

Schreibe auf, was an Tills und Pias Aussagen falsch ist.
Ändere die Aussagen so ab, dass sie richtig werden.

Ordnen B

Welche Regelmäßigkeiten findet man beim Zufall?

2 Vorhersagen auf unterschiedlichen Wegen

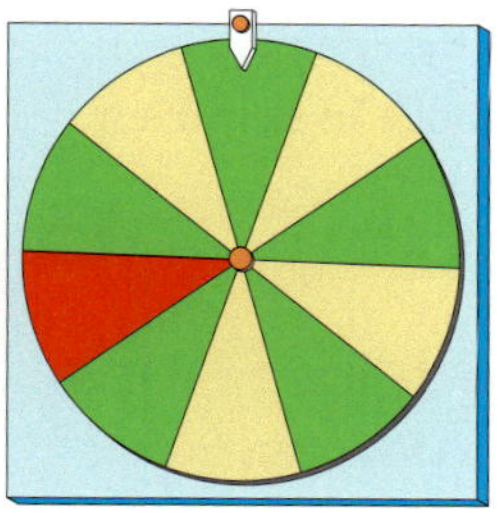

a) Ole hat das Computerspiel „Wettkönig“ auch für sein Glücksrad genutzt und unterschiedlich oft gedreht.
Welches seiner Bilder gehört zu welcher Drehzahl? Ordne die Bilder den Kärtchen zu.

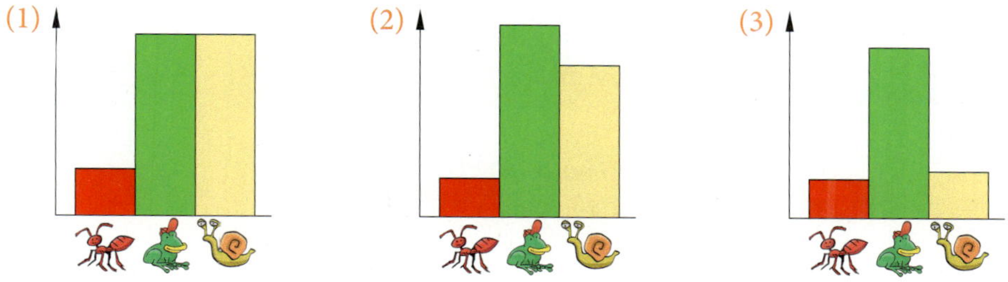

Ⓐ 10-mal gedreht | Ⓑ 100-mal gedreht | Ⓒ 1000-mal gedreht

Tipp
Du kannst im Computerspiel die Farbverteilung für die Farben einstellen.

Wenn du dir bei deiner Zuordnung nicht sicher bist, versuche die Bilder mit dem Computerspiel zu erzeugen.

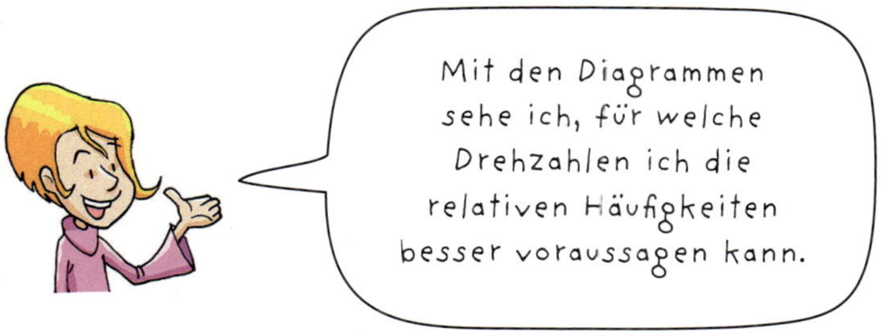

b) Ergänze im Heft die Zahlen in Pias Tabelle.
Welche Zeile passt am besten zur Farbverteilung auf dem Glücksrad? Begründe deine Antwort.

wie oft?	Rot in %	Grün in %	Gelb in %
10			
100			
1000	10%		

c) Ergänze Tills Tabelle im Heft und erkläre, wie er rechnet.

wie oft?	Rot	Grün	Gelb
10	2	6	2
100	10		
1000			

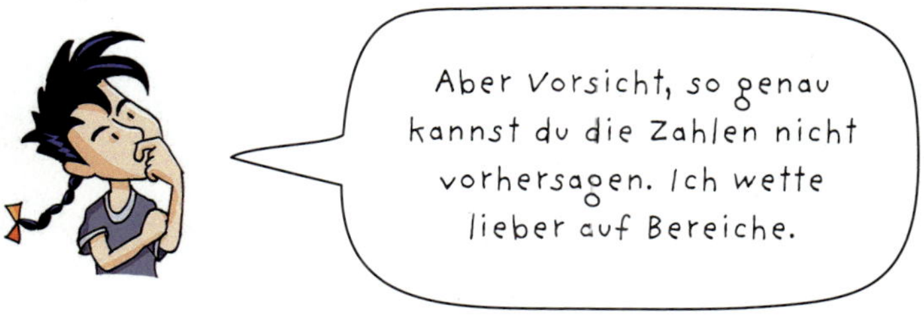

d) Welche Bereiche könnte Merve für Tills Zahlen angeben? Du kannst die Bereiche auch mit dem Computer überprüfen.

wie oft?	Rot	Grün	Gelb
10			
100	8 – 12		
1000	80 – 120		

▶ Materialblock S. 17
Wissensspeicher
Auf Häufigkeiten wetten

e) Vergleicht eure Antworten und übertragt sie in den Wissensspeicher.

Vertiefen 1

Welche Wetten sind sicherer?

Training

1 Sicherer oder unsicherer?

a) Du hast schon einige Wetten kennengelernt. Sortiere die folgenden Wetten danach, ob man sie meistens gewinnt oder eher verliert. Übertrage dazu die Tabelle in dein Heft.

Regen:
Ich wette, dass es morgen regnen wird.

Würfeln 1:
Ich wette, dass im nächsten Wurf eine Sechs gewürfelt wird.

Ameise:
Ich wette, dass nach 500 Würfen die Ameise gewinnt.

Rechnung:
Ich wette, dass 1 + 1 gleich 2 ist.

Würfeln 2:
Ich wette, dass dreimal hintereinander eine Sechs gewürfelt wird.

Zahnarzt:
Ich wette, dass der Zahnarzt ein Loch in Tills Eckzahn rechts oben findet. Der tut ihm schon weh.

Fußball:
Ich wette, dass Saudi-Arabien die nächste Fußballweltmeisterschaft gewinnt.

eher sichere Wette (Wette, die man meistens oder sogar immer gewinnt)	irgendwo dazwischen	eher unsichere Wette (Wette, bei der man nicht weiß, ob man gewinnen wird)
Zahnarzt		

b) Manchmal ist die Zuordnung eines Zettels nicht so leicht zu entscheiden. Diskutiert eure Entscheidungen untereinander.
Wo seid ihr euch nicht einig? Warum seid ihr euch nicht einig?
Schreibt eure Gedanken dazu ins Heft.

c) Überlegt euch Ereignisse, die ihr für absolut sicher haltet, und welche, die ihr für unmöglich haltet.

2 Sicherere und unsicherere Wetten selbst erfinden

Finde verschiedene Beispiele für sicherere und nicht so sichere Wetten.
Du kannst die abgebildeten Situationen nutzen.

Übertrage die Tabelle in dein Heft und sortiere damit deine Bespiele:

Sicherer	teils-teils	unsicherer

Vertiefen 2

Wetten auf Sieg

3 Wetten auf Sieg

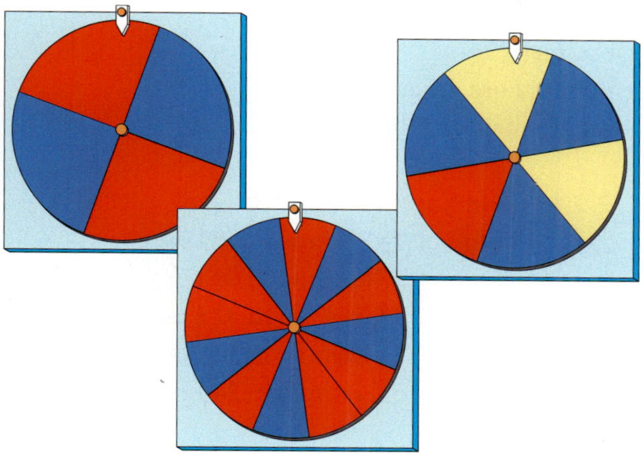

a) Links sind drei Glücksräder dargestellt.
- Bei welchem Glücksrad ist die Wette auf Blau am besten?
- Bei welchem Glücksrad würdest du auf Rot wetten?

Begründe deine Entscheidungen.

b) Was haben diese Fragen mit dem Wetten auf Sieg im Spiel „Wettkönig" zu tun?

4 Wettkönig

a) Till und Merve haben das Spiel „Wettkönig – Wetten auf Sieg" gespielt.
Sie haben bemerkt, dass bei großen Wurfanzahlen immer die rote Ameise gewinnt.
Was meinen Till und Merve mit ihren Aussagen?
Erkläre es mit deinen eigenen Worten.

b) Hat Ronja Recht?
Versuche, zu argumentieren.

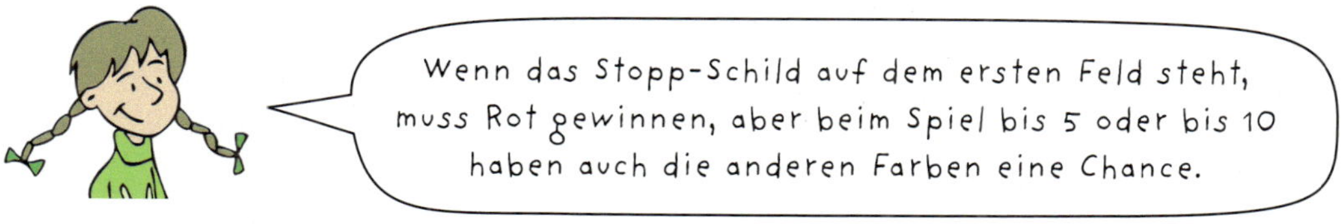

5 Was weiß man über den nächsten Wurf?

Was meint Ole mit seiner Aussage?
Versuche, es Pia genauer zu erklären:
Inwiefern hilft die Information von großen Wurfanzahlen auch bei kleinen?

Vertiefen 3

Absolute und relative Häufigkeiten angeben

wiederholen

Wissensspeicher aus vorigen Schuljahren: *Brüche 4*

6 Glück sortieren

Familie Speckstein ist versessen auf Glücksspiele.
Jedes Familienmitglied hat sich auf der Kirmes Lose gekauft.
Ordne die Familienmitglieder danach, wer am meisten Glück hatte.

Samstag:
Tom: 5 Gewinne in 50 Losen
Jana: 1 Gewinn in 10 Losen
Chris: 4 Gewinne in 20 Losen
Vater: 3 Gewinne in 12 Losen
Mutter: 4 Gewinne in 24 Losen

Sonntag:
Tom: 7 Gewinne in 50 Losen
Jana: 7 Gewinne in 66 Losen
Chris: 4 Gewinne in 32 Losen
Vater: 3 Gewinne in 33 Losen
Mutter: 5 Gewinne in 24 Losen

Training

7 Häufigkeiten umrechnen und Würfel prüfen

a) Bei einem Spiel mit einem Farbwürfel wurde insgesamt 400-mal gewürfelt.
Kannst du die Tabelle vervollständigen?

	● (rot)	● (grün)	● (gelb)	● (blau)
absolute Häufigkeit (Anzahlen)	20	■	240	■
relative Häufigkeit (in Prozent)	■	15 %	60 %	■

	● (rot)	● (grün)	● (gelb)	● (blau)
absolute Häufigkeit (Anzahlen)	15	■	■	■
relative Häufigkeit (in Prozent)	■	15 %	42 %	■

b) Vergleiche die Farbverteilung in a) mit der Farbverteilung beim Spiel „Wettkönig".
Sind die Verteilungen ähnlich oder gibt es Unterschiede?

Training

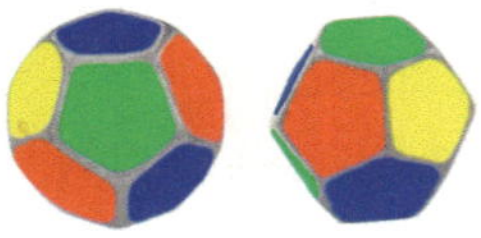

8 Welcher Würfel ist für Rot der beste Würfel?

Mit fünf verschiedenen Farbwürfeln wurde gewürfelt und für jeden Würfel gezählt, wie oft Rot fiel.

	Würfel A	Würfel B	Würfel C	Würfel D	Würfel E
Würfelanzahl insgesamt	200	25	25	■	■
absolute Häufigkeit von Rot	34	10	■	45	■
relative Häufigkeit von Rot	■	■	16 %	90 %	15 %

a) Überlege, mit welchem der fünf Würfel man die größte Chance hat, Rot zu würfeln.
- Um dies herauszufinden, übertrage die Tabelle in dein Heft.
- Welche Werte musst du unbedingt berechnen, um dich für einen Würfel zu entscheiden? Begründe deine Entscheidung im Heft.

b) Erkläre an dem Beispiel noch einmal den Unterschied zwischen relativer und absoluter Häufigkeit.

Vertiefen 4 Häufigkeiten voraussagen

Training

9 Voraussagen beim Glücksrad

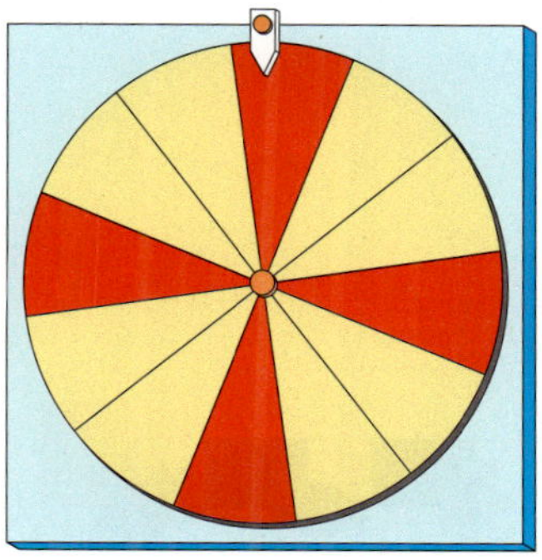

a) Wie oft gewinnt Gelb ungefähr, wenn das abgebildete Glücksrad 1200-mal gedreht wird? Gib eine Zahl oder einen Bereich an.

b) Wie oft gewinnt Gelb ungefähr, wenn das abgebildete Glücksrad 600-mal gedreht wird? Gib eine Zahl oder einen Bereich an.

c) Wie oft gewinnt Rot ungefähr, wenn 150-mal gedreht wird?

d) Wie oft gewinnt Rot ungefähr, wenn 1500-mal gedreht wird?

Problemlösen

10 Sonntagskinder

Sonntagskinder sind Menschen, die an einem Sonntag geboren wurden.

- Wie viele Sonntagskinder würdet ihr bei 28 Kindern ungefähr erwarten?
- Findet heraus, wie viele Sonntagskinder bei euch in der Klasse tatsächlich sind.
- Wie viele Sonntagskinder habt ihr wohl ungefähr an der Schule?

11 Farbwürfel

Jonas hat einen zwanzigseitigen Farbwürfel so eingefärbt, wie in der Tabelle angegeben ist.

2-mal	4-mal	6-mal	8-mal

a) Wie oft wird wohl jede Farbe fallen, wenn 200-mal gewürfelt wird? Wie oft wird wohl jede Farbe fallen, wenn 1000-mal gewürfelt wird? Welche relativen Häufigkeiten (in Prozent) erwartest du?

b) Was meinst du zu Pias Überlegung?

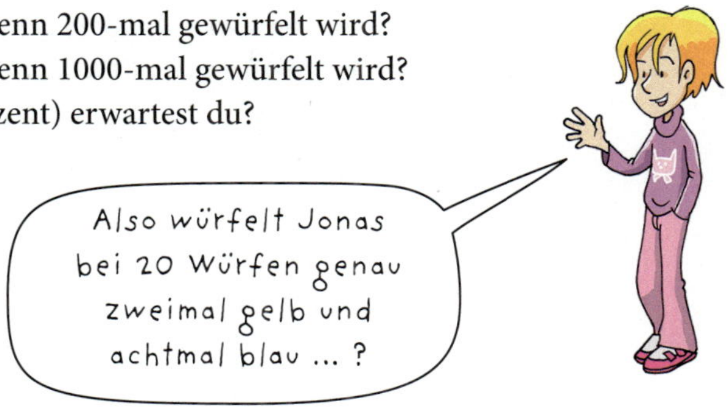

weitergedacht

12 Neue Farbwürfel

a) Stell dir vor, du beklebst einen zwanzigseitigen Würfel mit farbigen Klebepunkten. Überlege dir eine Farbverteilung und schreibe sie auf. Gib nun einen Tipp ab: Wie oft würde welche Farbe fallen, wenn du 3000-mal würfelst?

b) Tauscht eure Tipps aus a) untereinander aus und versucht, die Farbverteilung des jeweils anderen Würfels herauszubekommen.

Training

13 Farbwürfel

a) Aus dem Computerspiel „Wettkönig“ sind die folgenden Ergebnisse entstanden.

🔴	🟢	🟡	🔵
7-mal	5-mal	5-mal	3-mal

(1)

(2)

(3)

Welches Bild gehört zur Wurfanzahl 3, welches zur Wurfanzahl 10 und welches zur Wurfanzahl 1000?

b) Begründe deine Entscheidungen aus a).

Problemlösen

14 Andere Würfel

Ole hat einen zwanzigseitigen Würfel wie rechts angegeben gefärbt.

🟡	🔴	🟢	🔵
2-mal	9-mal	4-mal	5-mal

a) Wie oft könnte bei Oles Würfel jede der Farben fallen, wenn 200-mal gewürfelt wird?
Wie oft könnten die Farben vorkommen, wenn 1000-mal gewürfelt wird?
Fülle die Tabelle in deinem Heft aus.

Wurfanzahl	🟡	🔴	🟢	🔵
200	■	■	■	■
1000	■	■	■	■

b) Kann es sein, dass bei 200 Würfen mit Oles Würfel überhaupt kein Rot vorgekommen ist?

c) Welchen Bereich für Grün hältst du bei 200 Würfen mit Oles Würfel für unwahrscheinlich?
Begründe deine Antwort.

d) Pia hat bei 200 Würfen mit einem zehnseitigen Würfel die folgende Tabelle erhalten.

Wurfanzahl	🔴	🟢	🟡	🔵
200	42	63	78	17

Wie ist Pias Würfel vermutlich gefärbt?

e) Bei Tills Würfel ist die Hälfte von 20 Flächen rot gefärbt, ein Viertel der Seiten ist blau, 10 % der Würfelflächen sind gelb, der Rest ist grün.
Berechne, wie viele Seiten rot, wie viele blau, wie viele gelb und wie viele grün gefärbt sind.
Schreibe das Ergebnis übersichtlich auf.

Problemlösen

15 Farbverteilung und Häufigkeitsverteilung

a) Ⓐ bis Ⓓ sind Farbverteilungen von zwanzigseitigen Würfeln und ① bis ④ sind Häufigkeitsverteilungen nach 500 Würfen.
Welche gehören wohl zusammen?

Ⓐ

4-mal	4-mal	5-mal	7-mal

Ⓑ

7-mal	1-mal	8-mal	4-mal

Ⓒ

4-mal	2-mal	4-mal	10-mal

Ⓓ

4-mal	2-mal	3-mal	11-mal

①

172	22	200	106

②

19 %	9 %	18 %	54 %

③

116	104	127	153

④

18 %	9 %	21 %	52 %

b) Diskutiert untereinander über eure Zuordnungen. Haben alle das gleiche Ergebnis?

nachgedacht

c) Warum passen die angegebenen Häufigkeitsverteilungen nicht perfekt zu den Farbverteilungen?

16 Alles ein bisschen falsch

Korrigiere die falschen Aussagen zum Computerspiel „Wettkönig“.

17 2000 Würfe

a) Sarah und Hasan haben für 2000 Würfe im Computerspiel „Wettkönig“ Protokoll geführt. Entscheide jeweils, ob die Einträge stimmen können.

Wurfanzahl	Name				
2000	Sarah	551	514	532	403
2000	Hasan	734	468	490	310

weitergedacht

b) Was meinst du zu Sarahs Aussage?

Vertiefen 5

Entwicklungen von Häufigkeiten untersuchen

18 Wie sehr schwanken die relativen Häufigkeiten?

Untersuche im Computerspiel „Wettkönig“ die relativen Häufigkeiten für die Farbe Grün genauer.

a) Beobachte den grünen Streifen des Frosches. Spiele zehnmal mit der Wurfanzahl 200. Schreibe die niedrigste und höchste relative Häufigkeit auf, die der Frosch erreicht.

b) Zeichne die beiden Streifen wie rechts abgebildet.

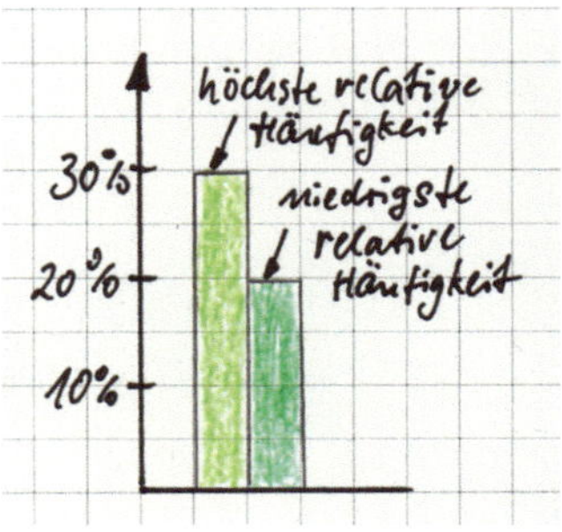

c) Zeichne daneben zwei Streifen mit der niedrigsten und höchsten relativen Häufigkeiten für zehn Spiele mit der Wurfanzahl 1000.
Was fällt dir auf?

19 Wie entwickeln sich relative Häufigkeiten?

▸ Materialblock S. 24 Arbeitsmaterial *Häufigkeiten*

a) Führe im Computerspiel „Wettkönig“ eine neue Versuchsreihe durch.
- Würfele immer weiter: 1 – 2 – 5 – 7 – 10 – 15 – 20 – 30 – 50 – 100 – 150 – 200.
- Schreibe die absoluten und relativen Häufigkeiten des Frosches in die Tabelle aus dem Materialblock.

▸ Materialblock S. 25 Arbeitsmaterial *Häufigkeit darstellen*

b) Skizziere die Streifen für die relativen Häufigkeiten des Frosches in einem Bild nebeneinander.

c) Beschreibe den Verlauf der Höhe der Streifen in deinem Heft. Was fällt dir auf?

d) Vergleicht die Verläufe der relativen Häufigkeiten untereinander.

20 Kann das sein?

▸ Materialblock S. 26 Arbeitsmaterial *Oles Häufigkeiten*

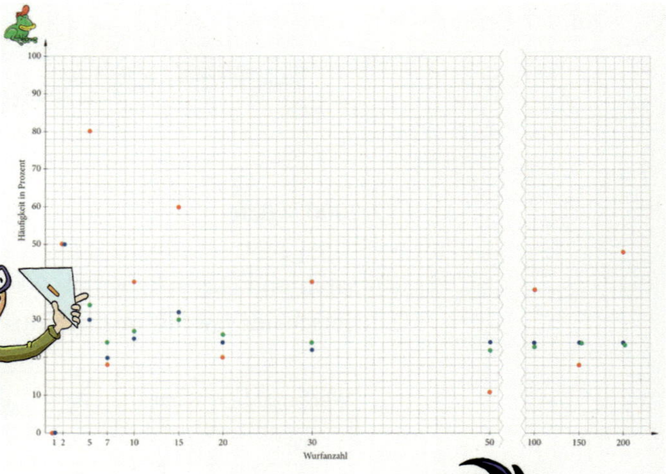

Ole hat die Werte von drei Versuchsreihen für den Frosch in drei Farben in ein Diagramm eingetragen.

Warum ist Merve skeptisch?
Betrachte das Diagramm im Materialblock.

Hat sich Ole die Versuchsreihe nur ausgedacht?
Was meinst du?

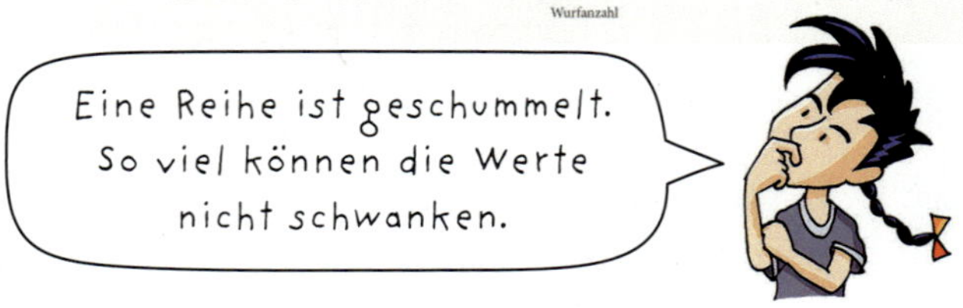

Vertiefen 6 Den Zufall im Griff haben

weitergedacht

21 Wer hat geschummelt?

Tim, Lara und Tobias sollten als Hausaufgabe mit einem normalen Würfel 10-, 20-, 50-, 100-, 200- und 500-mal würfeln und aufschreiben, wie häufig die Sechs gewürfelt wurde.

Ihre Ergebnisse haben sie in einer Tabelle festgehalten.

	10	20	50	100	200	500
Tim	4	9	12	18	35	87
Lara	2	4	10	20	40	100
Tobias	1	3	5	7	64	81

a) Was glaubst du? Wer von den Dreien hat tatsächlich gewürfelt, wer hat sich die Ergebnisse nur ausgedacht? Womit begründest du deine Vermutung?

b) Bestimme für die drei Versuchsreihen die relativen Häufigkeiten (in Prozent). Überprüfe noch einmal, wer von den Dreien tatsächlich gewürfelt hat.

c) Erkläre mit eigenen Worten, wie sich Häufigkeiten während der Versuchsreihe langsam verändern.

22 Was kann man voraussagen?

Paula und ihr Vater unterhalten sich über den Zufall.

Vater: Ihr habt jetzt also gelernt, dass ihr bei 1000-mal Würfeln den Zufall in den Griff bekommen könnt. Dann müsstest du mir ja sagen können, was beim 990. Wurf gewürfelt wird?

Paula: Nein, das kann ich nicht.

Vater: Aber was heißt denn dann, ihr kriegt den Zufall in den Griff?

Hilf Paula, ihrem Vater zu erklären, wie man den Zufall in den Griff bekommt.

nachgedacht

23 Zum Abschluss: Den Zufall im Griff?

Denkt euch noch einmal eigene Wetten aus für „Das etwas andere Wettbüro“ auf Seite 54 und 55. Könnt ihr nun besser entscheiden, welche Wetten sicherer sind, selbst wenn der Zufall im Spiel ist?

Checkliste

Spielen, Wetten, Voraussagen – Den Zufall einschätzen

Ich kann … *Ich kenne …*	*Hier kann ich üben …*
Ich kann Alltagsbeispiele angeben für nicht sichere und sicherere Wetten.  Welche der beiden Wetten ist sicherer? Begründe deine Antwort. (1) Ich wette, dass das Baby schon nächste Woche laufen kann. (2) Ich wette, dass das Baby nicht sprechen kann.	S. 62 Nr. 1, 2
Ich kann die besten Gewinnchancen herausfinden.  Der Sechser-Würfel hat zwei rote, drei blaue und eine gelbe Seite. Auf welche Farbe würdest du wetten?	S. 63 Nr. 3
Ich kann bei Spielen mit Würfeln, Münzen oder ähnlichem beurteilen, welche Wette sicherer ist. 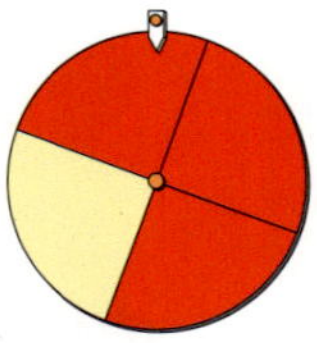 Erkläre, welche der beiden Wetten sicherer ist. (1) Wetten, dass beim nächsten Mal Rot gedreht wird? (2) Wetten, dass bei 100-mal Drehen Rot am häufigsten gedreht wird?	S. 63 Nr. 4, 5
Ich kann absolute Häufigkeiten in relative Häufigkeiten umrechnen, um zu vergleichen. Wie viel Prozent sind 40 Treffer von 200 Würfen?	S. 64 Nr. 7, 8 S. 67 Nr. 15 S. 69 Nr. 21
Ich kann erklären, warum ich bei großen Wurfzahlen besser wetten kann. Erkläre, welches der beiden Ergebnisse bei einem Zufallsversuch (Wurf einer Münze) mit einer großen Wurfanzahl entstanden ist. ① Kopf 41 % und Zahl 59 % oder ② Kopf 49 % und Zahl 51 %	S. 66 Nr. 13, 14 S. 67 Nr. 16, 17 S. 69 Nr. 21
Wenn ich die Farbverteilung auf einem Würfel kenne, kann ich vorhersagen, wie häufig etwa jede Farbe bei einer großen Wurfanzahl erscheinen wird. Denke dir eine Farbverteilung für einen Zwanziger-Würfel aus und sage die absolute Häufigkeit jeder Farbe bei 600 Würfen voraus. Gib auch die relativen Häufigkeiten an.	S. 64 Nr. 7, 8 S. 65 Nr. 9–12

► *Hinweis:* Im Materialblock auf Seite 27 findest du diese Checkliste für deine Selbsteinschätzung.
Zusätzliche Übungsaufgaben findest du im Internet unter 070-1.
(www.cornelsen.de/mathewerkstatt, Buchkennung: MWS040248, Mediencode: 070-1)

Raus aus den Schulden – Mit negativen Zahlen rechnen

In diesem Kapitel ...

- rechnest du mit Schulden und Guthaben.
- lernst du die negativen Zahlen kennen.
- rechnest du mit negativen Zahlen.

Das ist ein super Angebot, da ist alles Wichtige dabei!
Kannst du dir das denn leisten?
Klar, ich bekomme jeden Monat 30 Euro Taschengeld und dazu such ich mir noch 'nen Job.
Wenn du das für 2 Jahre ausrechnest, ist das total teuer.

Ab wie viel Jahren darf man eigentlich arbeiten? Wenn du keinen Job findest, hast du jeden Monat immer mehr Schulden.
Surf-Fix
Surfen, Mailen mit 1-GB-Flat
mit bis zu 50 MBit/s
SMSen und Telefonieren mit Flatrate
JETZT für 2 Jahre abschließen!
mtl. nur 43,79€
2000 Mrd. Euro Schulden!!!
Unser Staat hat auch viele Schulden. Jedes Jahr müssen wir 35,5 Mrd. Euro Zinsen zahlen.

Erkunden A

Wie kann ich rechnen, wenn ich mehr wegnehme, als ich habe?

1 Raus aus den Schulden

Hinweis
Das Spiel findest du im Internet unter 074-1.

► Materialblock S. 33
Arbeitsmaterial
Protokollbogen

Bei diesem Spiel für 2 bis 5 Personen starten alle mit einem negativen Kontostand und monatlichen Einnahmen und Ausgaben. Ziel des Spiels ist es, das eigene Haushaltsziel als Erster zu erreichen.
Spielt das Spiel „Raus aus den Schulden" mehrmals durch.

Spielanleitung:

Ihr benötigt für jeden Mitspieler eine Spielfigur.

3. Aktionen durchführen

Die Karten für Luxusgüter und Aktionen werden verdeckt auf einen Stapel gelegt.
Jede Spielrunde steht für einen Monat. Man kann pro Runde eine der folgenden Aktionen durchführen:
- eine Aktionskarte ziehen und ausführen,
- ein Luxusgut nehmen oder abgeben,
- mit einem Mitspieler Luxusgüter tauschen oder ein Luxusgut verkaufen (dazu werden die Anzahl bzw. der Preis der Luxusgüter zwischen den beiden Spielern ausgehandelt).

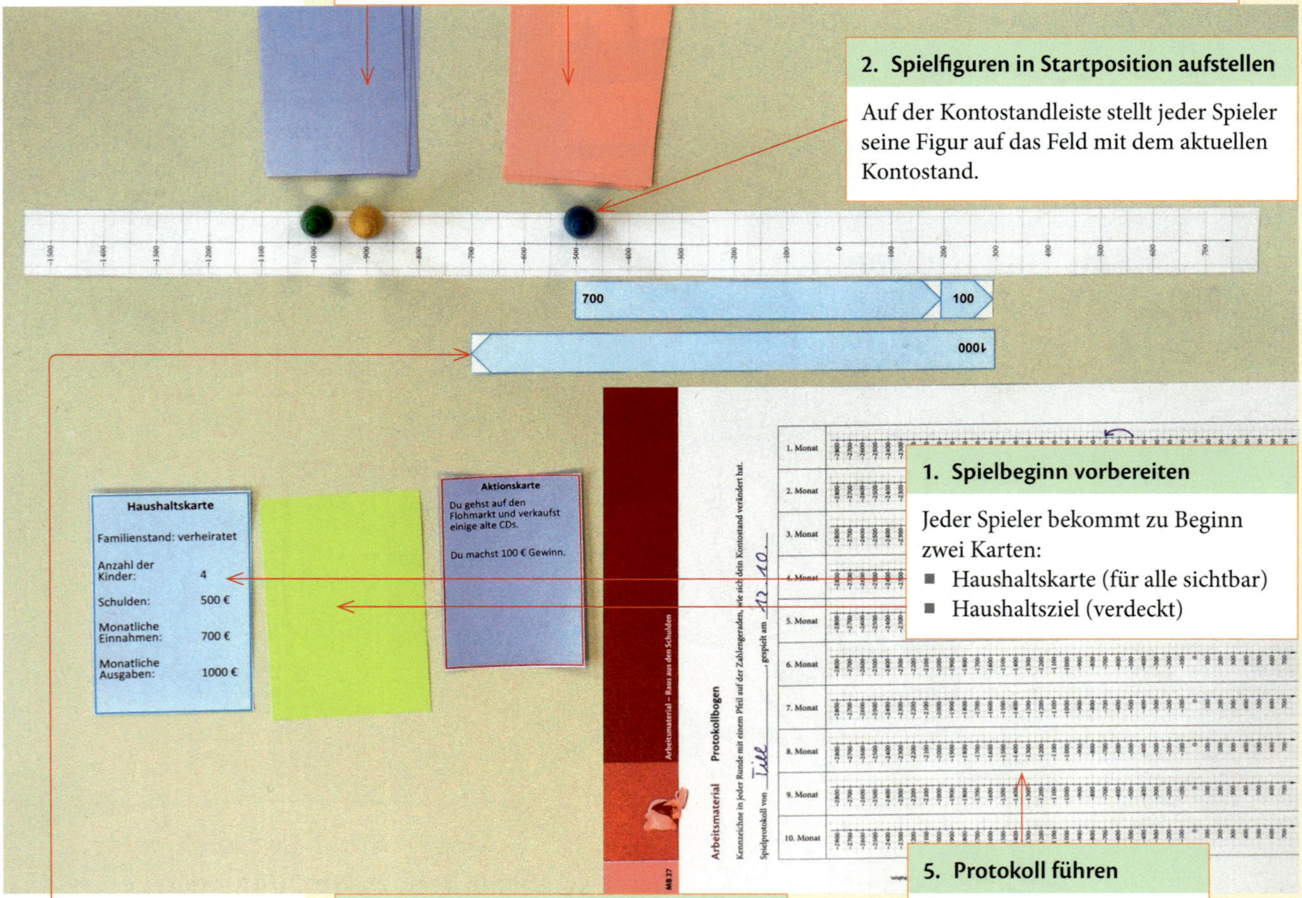

2. Spielfiguren in Startposition aufstellen

Auf der Kontostandleiste stellt jeder Spieler seine Figur auf das Feld mit dem aktuellen Kontostand.

1. Spielbeginn vorbereiten

Jeder Spieler bekommt zu Beginn zwei Karten:
- Haushaltskarte (für alle sichtbar)
- Haushaltsziel (verdeckt)

5. Protokoll führen

Zuletzt wird der Zug im Spielprotokoll protokolliert.

4. Neuen Kontostand bestimmen

Am Ende des Spielzuges verschiebt man seine Figur auf der Kontostandleiste auf den neuen Kontostand. Dazu kann man die Pfeile als Hilfe nutzen.

2 Weniger oder mehr Schulden

In den nächsten Aufgaben untersuchst du das Spiel „Raus aus den Schulden“ genauer.

a)

Die Haushaltskarten von Till und Ole zeigen unterschiedliche Schulden. Till hat 300 € Schulden und Ole hat 400 € Schulden.

Was sagst du zu Oles Kommentar? Wer von beiden besitzt mehr?

b) Zeichne eine Kontostandleiste von –500 € bis +500 € ins Heft und trage Tills und Oles Kontostände darauf ein.
Erkläre an der Zeichnung, wer mehr auf dem Konto hat.

c) Trage auch die Kontostände der anderen Kindern auf der Kontostandleiste ein.

Pia	Till	Nina	Emre	Ole	Merve
200 € Schulden	– 300 €	100 €	200 € Guthaben	– 400 €	300 € Guthaben

nachgedacht

d) Erkläre, was das Minuszeichen vor Tills und Oles Zahlen bedeutet.
Warum steht bei Nina und Pia kein Zeichen vor der Zahl?

3 Einnahmen und Ausgaben zusammenrechnen

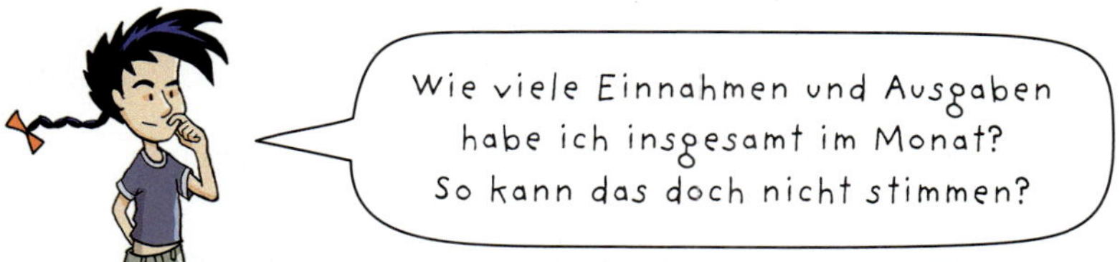

Haushaltskarte

Familienstand: verheiratet	
Anzahl der Kinder:	0
Schulden:	200 €
Monatliche Einnahmen:	1000 €
Monatliche Ausgaben:	800 €

Gut zu wissen
Wenn man alle monatlichen Ausgaben und Einnahmen zusammenrechnet, erhält man den monatlichen Geldfluss.

a) Bestimme den monatlichen Geldfluss von Merve.
- Erkläre dazu, welche Bedeutung die Richtungen der Pfeile haben.
- Was hat Merve falsch gemacht?

b) Mit welchem Term kann Merve ihren monatlichen Geldfluss bestimmen?
Erkläre die Zahlen und die Rechenzeichen in deinem Term.

Erinnere dich
Ein Term stellt eine Rechnung ohne Ergebnis dar.

c) Wie viel Geld hat Merve nach drei Monaten mehr oder weniger, wenn sich an ihrer Situation nichts ändert?
Bestimme dazu den Geldfluss erst für einen Monat, dann für zwei Monate und dann für drei Monate.

d) Zeichne weitere Pfeilbilder zu anderen Geldflüssen und schreibe passende Terme dazu.
Dazu kannst du auch die Werte auf den Haushaltskarten aus dem Spiel nehmen.

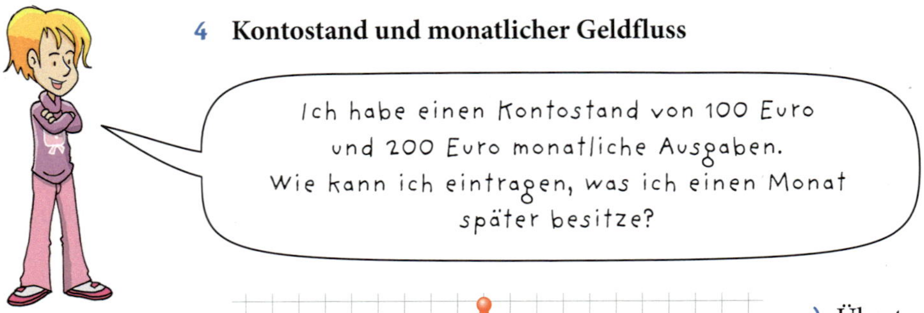

4 Kontostand und monatlicher Geldfluss

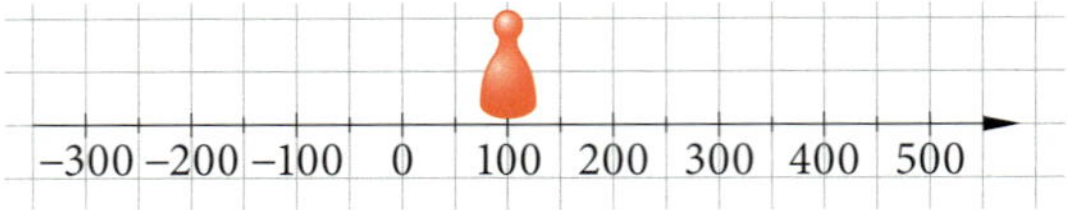

a) Übertrage die Zahlengerade ins Heft und trage den neuen Kontostand ein.

b) Mit welchem Term kann Pia ihren neuen Kontostand aus a) ausrechnen?

c) Ole schaut mit Till auf sein Spielprotokoll und denkt zurück in die Vergangenheit:

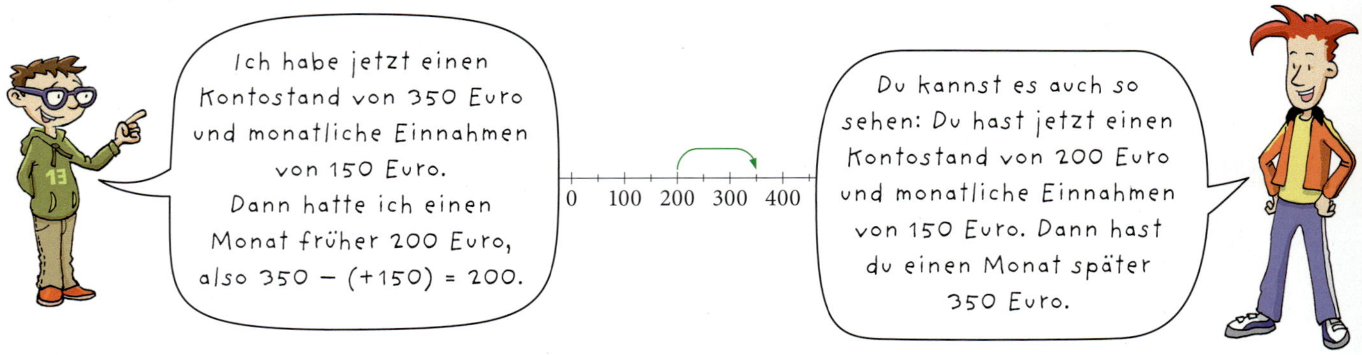

Gut zu wissen
Wenn kein Zeichen vor einer Zahl steht, dann ist die Zahl immer positiv. Deswegen kann man bei Guthaben oder Einnahmen auch das Pluszeichen weglassen: 350 – 150 = 200

- Warum passt Oles Rechnung zu seiner Aussage? Erkläre dazu, was das Pluszeichen und was das Minuszeichen in Oles Rechnung bedeuten.
- Schreibe eine passende Rechnung zu Tills Aussage auf und erkläre zum jedem Pluszeichen und jedem Minuszeichen die Bedeutung.
- Wenn Ole zurück in die Vergangenheit denkt, in welche Richtung denkt Till? Woran kann man die Richtung in der Rechenaufgabe erkennen?

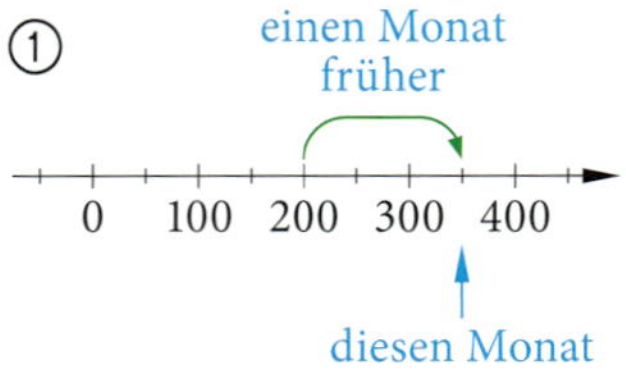

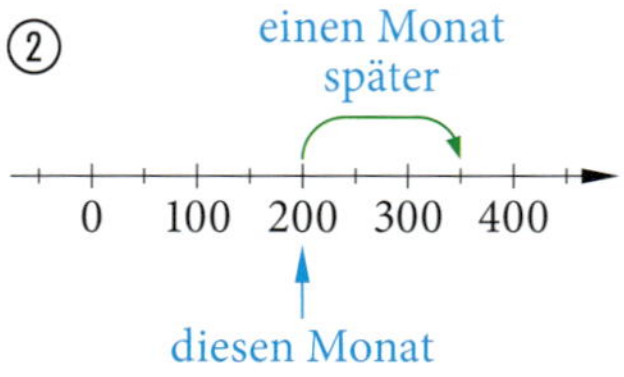

d) Entscheide, bei welchem der beiden Bilder links in die Vergangenheit und bei welchem in die Zukunft gedacht wird. Gib auch an, woran du die Richtung im Bild erkannt hast.

e) Welche Rechnungen passen zu diesem Bild? Formuliere zu dem Bild zwei passende Aussagen wie Ole und Till in Aufgabe c).

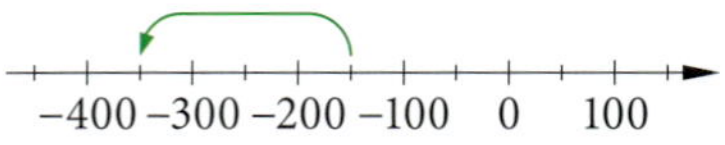

f) Sucht unterschiedliche Bilder in euren Spielprotokollen. Überlegt euch je eine Aufgabe mit Blick in die Zukunft und eine mit Blick in die Vergangenheit, so wie Till und Ole.

nachgedacht

g) Wie viele verschiedene Typen von Rechnungen mit Kontostand und Geldfluss gibt es? Welche Bilder gehören zu diesen Typen?

Erkunden B

Wie kann ich mit negativen Zahlen wiederholt dasselbe rechnen?

5 Über mehrere Monate den Geldfluss berechnen

a) Pia hat einen Kontostand von 0 € und jeden Monat des Jahres 100 € Einnahmen. Sie möchte wissen, um wie viel Euro sich ihr Kontostand in 8 Monaten verändert. Schreibe eine Rechnung auf und stelle die Rechnung an der Zahlengeraden dar.

b) Um ihr Haushaltsziel zu erreichen, muss Pia noch ein Luxusgut anschaffen. Um wie viel Euro wird sich ihr Kontostand in 8 Monaten verändern und um wie viel Euro in 10 Monaten?

Luxusgut
Musikunterricht
Monatliche Kosten: 150 €

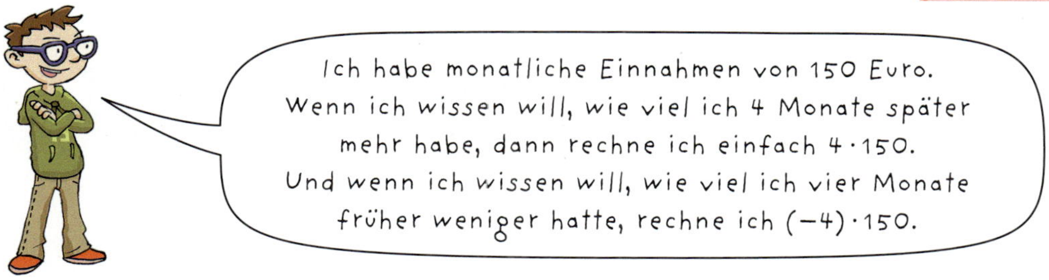

c) Zu welchem Term passt Oles Bild? Erkläre dazu, wieso Ole einmal ein Minuszeichen vor die 4 setzt und einmal nicht. Zeichne das Pfeilbild zu dem anderen Term von Ole.

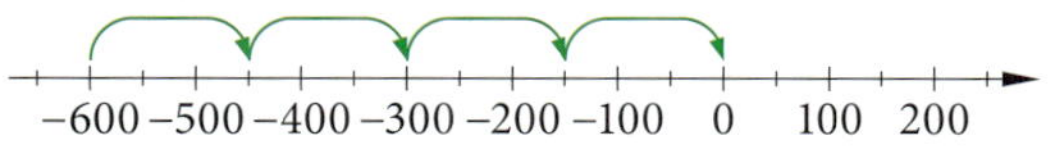

d) Welche Terme passen zu diesem Bild?

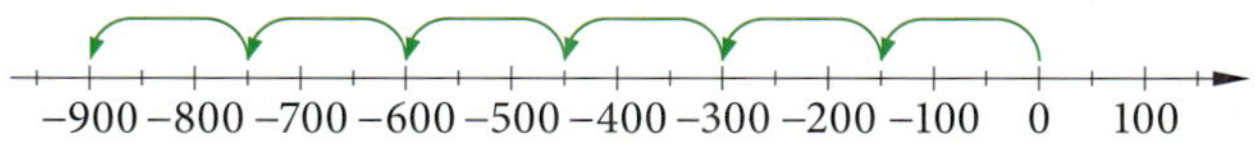

e) Nun zu zweit: Jeder überlegt sich drei eigene Terme und dazugehörige Bilder. Variiert dazu den monatlichen Geldfluss und die Anzahl der Monate. Blickt dabei mehrere Monate in die Zukunft aber auch mehrere Monate in die Vergangenheit. Tauscht die Bilder dann aus und lasst den anderen die zugehörigen Terme finden. Vergleicht danach eure Ergebnisse.

f) Untersucht nun Rechenaufgaben und Bilder, wenn der Kontostand zu Beginn nicht 0 €, sondern 700 € beträgt:
- Um wie viel Euro verändert sich Pias Kontostand in den 8 Monaten, wenn sie jeden Monat 50 € Ausgaben hat?
- Wie viel Euro hat sie nach 8 Monaten auf dem Konto?

g) Denkt euch selbst Aufgaben mit Kontostand, festem monatlichen Geldfluss und einer Monatsanzahl aus, tauscht sie und beantwortet die beiden Fragen aus f).

nachgedacht

h) Wie viele verschiedene Typen von Multiplikationsaufgaben gibt es? Lasst dazu den monatlichen Geldfluss und die Anzahl der Monate mal eine positive und mal eine negative Zahl sein. Welche Bilder und welche Situationen gehören zu diesen Typen?

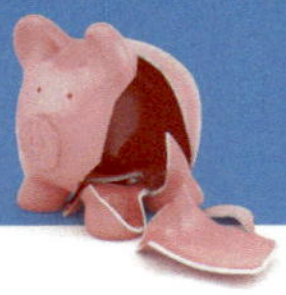

6 Schuldenabbau planen

Haushaltskarte

Familienstand: verheiratet

Anzahl der Kinder:	0
Schulden:	1000 €
Monatliche Einnahmen:	1000 €
Monatliche Ausgaben:	800 €

Luxusgut

Dauerkarte für ein Fitnessstudio

Monatliche Kosten:	50 €
Mindestlaufzeit:	3 Monate

① ② ③

a) Untersucht die folgenden Fragen zu Merves Haushaltskarte:

(1) Merve will in vier Monaten keine Schulden mehr haben. Kann sie das schaffen, wenn sich ihre finanzielle Situation nicht ändert?

(2) Wie groß müsste ihr monatlicher Geldfluss sein, damit sie in vier Monaten schuldenfrei wäre?

b) Merve bekommt zu der Haushaltskarte aus a) ein Luxusgut hinzu.
Untersucht zu der neuen Situation die folgenden Fragen:

(1) Wie viele Monate braucht sie nun, um schuldenfrei zu sein?

(2) Wie groß müssten ihre monatlichen Einnahmen sein, damit sie in vier Monaten keine Schulden mehr hat?

c) Mit welchen Rechnungen habt ihr die Fragen in a) und b) beantwortet?
Erklärt, wie man rechnen muss, wenn man die Schulden und den monatlichen Geldfluss kennt und die Anzahl der Monate zum Abbau der Schulden bestimmen möchte.

d) Erklärt euch gegenseitig, was Pia meint.
Überlegt dazu auch:

- Die 1200 steht für die Schulden, die Merve abbauen will, aber wofür steht das Minuszeichen vor der 1200?
- Die 5 steht für die Anzahl der Monate, doch warum teilt man die Schulden durch die Anzahl der Monate?
- Wofür steht das Ergebnis?

Tipp
Man kann sich auch die Umkehrrechnung ansehen, um es besser zu verstehen.

e) Schaut euch auch die anderen Terme an und beantwortet dieselben Fragen wie in d).

(1) 1200 : 5 (2) 1200 : (−5) (3) −1200 : (−5)

f) Erstellt zu den vier Divisionsaufgaben aus d) und e) passende Pfeilbilder an der Zahlengeraden und erklärt, warum die Bilder gut passen.

g) Überlegt euch weitere Divisionsaufgaben und tauscht sie aus.
Beschreibt zu diesen Divisionsaufgaben passende Situationen und erstellt Pfeilbilder.

7 Päckchen mit Muster

a) ▪ Übertrage das Päckchen ins Heft und ergänze die fehlenden Werte und Pfeilbilder.
▪ Welche Muster kannst du erkennen? Erkläre die Muster.

5 − (+2) = 3

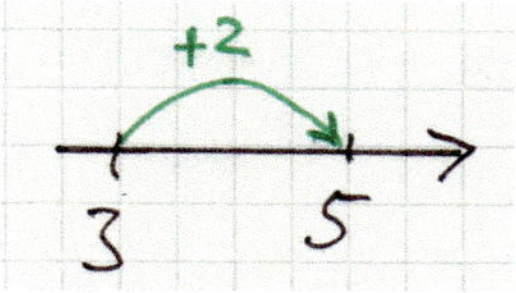

5 − (+1) = 4
5 − 0
5 − (−1)
5 − (−2)

b) ▪ Warum ist der Wert des Terms 5 − (−2) größer als 5, obwohl eine Zahl subtrahiert wird? Nutze zur Erklärung alle Zeilen des Päckchens.
▪ Erfinde selbst ein ähnliches Päckchen, an dem man auch gut erkennen kann, dass Subtrahieren vergrößern kann.

c) Solche Päckchen mit Muster gibt es auch für die anderen Rechenarten.

(1) Addieren	(2) Multiplizieren	(3) Dividieren
5 + (+2)	(−5) · (+2)	18 : 6
5 + (+1)	(−5) · (+1)	12 : 6
5 + 0	(−5) · 0	6 : 6
5 + (−1)	(−5) · (−1)	0 : 6
5 + (−2)	(−5) · (−2)	−6 : 6

Gehe für jede Rechenart in folgenden Schritten vor:
▪ Übertrage das Päckchen ins Heft.
▪ Ergänze die fehlenden Werte.
▪ Ergänze zwei weitere Zeilen.
▪ Ergänze die Pfeilbilder für jede Zeile.
▪ Erkläre alle Muster, die du erkennen kannst.
▪ Überlege dir selbst ein weiteres Päckchen zu einem Muster.

weitergedacht

d) Überprüfe mit Hilfe der Päckchen mit Muster die Aussagen der vier Freunde.

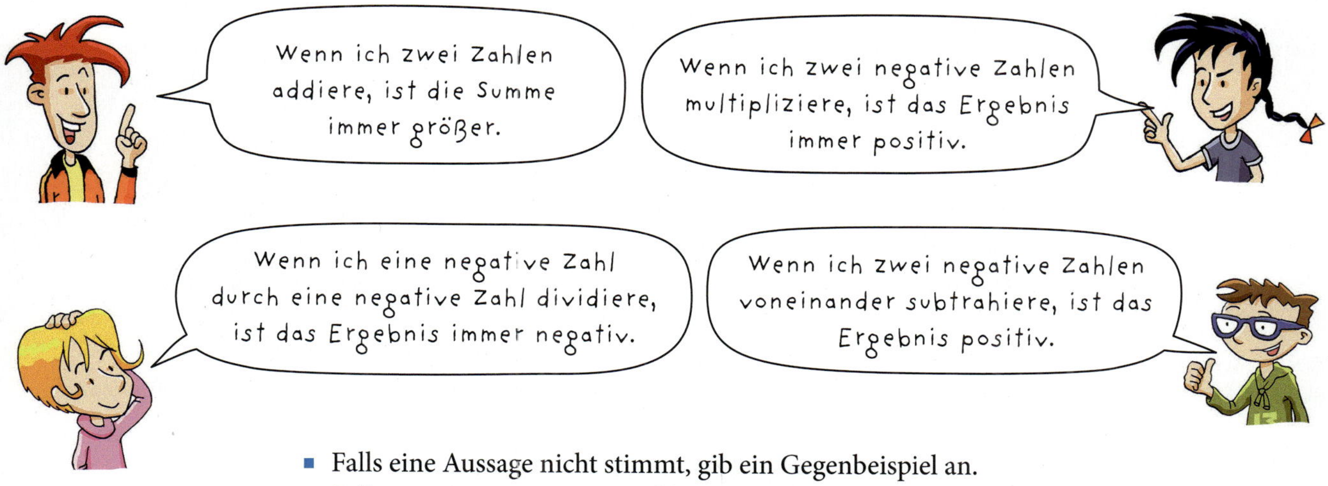

▪ Falls eine Aussage nicht stimmt, gib ein Gegenbeispiel an.
▪ Falls eine Aussage stimmt, erkläre mit Hilfe eines Päckchen.
▪ Formuliere alle falschen Aussagen so um, dass sie richtig werden.

Ordnen A

Wie kann man rechnen, wenn man mehr wegnimmt, als man hat?

1 Links von der Null

Das Ergebnis von 6 – 8 soll bestimmt werden. Till und Ole haben unterschiedliche Wege und Vorschläge.

a) Was hat sich Till dazu gedacht? Schreibe eine Rechnung auf und erkläre das Ergebnis.

b) Was meint Ole? Überlege dir, was Ole tun muss, damit er auch Aufgaben wie 6–8 an seinem Zahlenstrahl darstellen kann. Zeichne einen passenden Zahlenstrahl.

c) Die Zahlen unter der Null nennt man auch negative Zahlen. Warum werden diese Zahlen wohl so genannt? Schreibe Beispiele für positive und negative Zahlen auf.

► Materialblock S. 29 Wissensspeicher *Positive und negative Zahlen*

d) Vergleicht eure Lösungen und übertragt sie in den Wissensspeicher.

2 Positive und negative Zahlen vergleichen

a) Vergleiche die Kontostände und erkläre mit Hilfe der Zahlengeraden:
(1) 7 € und 4 € (2) 7 € und –4 €

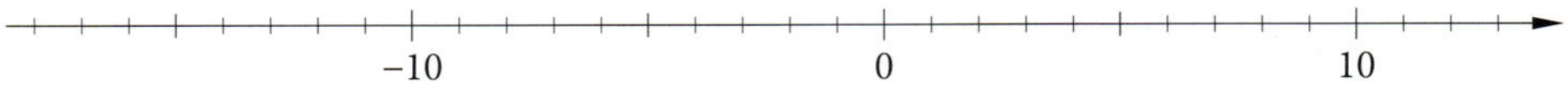

b) Erkläre, warum –7 kleiner ist als 4.

c) Statt als Kontostand kann man sich die Zahlen 4, 7, –4 und –7 auch als Messwerte am Thermometer vorstellen.
Erkläre die Reihenfolge der Zahlen in a) mit Hilfe der Fragen „Wer ist reicher?“ und „Was ist wärmer?“
Kontrolliere damit deine Ergebnisse in a).

*** Neues Wort Gegenzahl**

d) Die Zahl +4 nennt man auch die Gegenzahl von –4 und –4 nennt man die *Gegenzahl** von 4. Warum heißen die Zahlen so?
Erkläre einmal an der Zahlengeraden und dann mit Schulden und Guthaben.

► Materialblock S. 29 Wissensspeicher *Positive und negative Zahlen*

e) Vergleicht eure Ergebnisse aus a) bis d) und übertragt sie in den Wissensspeicher.

3 Situationen, Bilder, Rechnungen

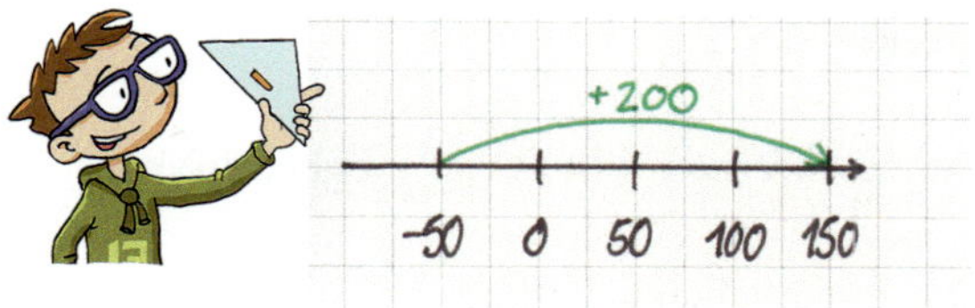

a) Ole hat einen Geldfluss aus dem Spiel gezeichnet.
- Überlege dir eine passende Situation aus dem Spiel.
- Erkläre an der Situation die Bedeutung der Zahlen auf der Zahlengeraden, der Pfeillänge, der Pfeilspitze und des Pfeilanfangs.

b)

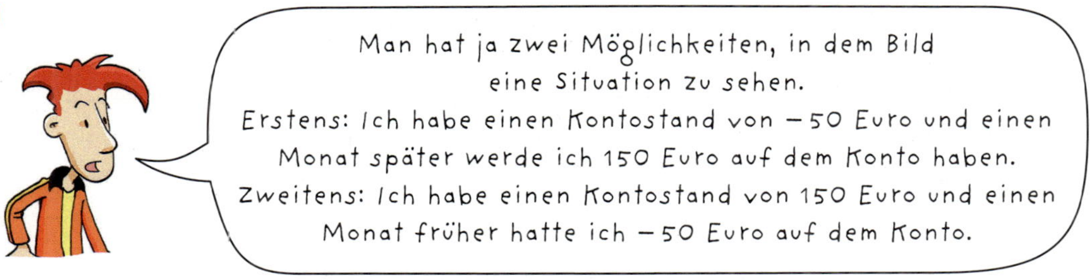

Warum passen die beiden Möglichkeiten?
Überprüfe damit deine Erklärung aus Aufgabe a).

c) Merve hat sich die Spielsituationen systematisch aufgeschrieben:

Ⓐ −50 bedeutet: aktueller Kontostand
+200 bedeutet: monatlicher Geldfluss (Einnahmen)
\+ bedeutet: Welchen Kontostand habe ich einen Monat später?

Ⓑ +150 bedeutet: aktueller Kontostand
+200 bedeutet: monatlicher Geldfluss (Einnahmen)
− bedeutet: Welchen Kontostand hatte ich einen Monat früher?

Ordne Merves Situationen den zwei Möglichkeiten zu, die Till gefunden hat.

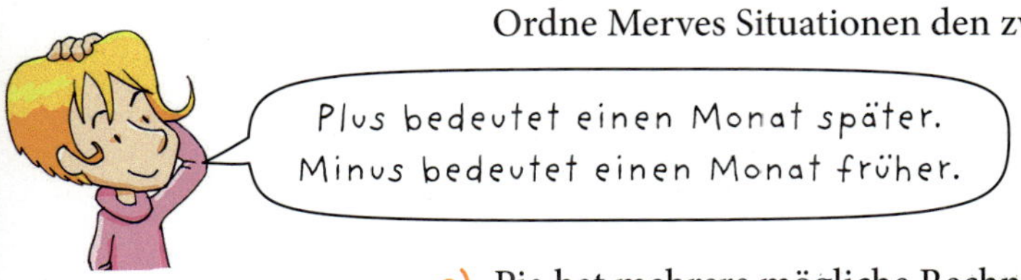

d) Pia merkt sich die Bedeutung der Rechenzeichen.
Erkläre, was sie meint.

e) Pia hat mehrere mögliche Rechnungen für den Geldfluss von Ole aufgeschrieben:

$-50-(-200)=150$ $-50+(+200)=150$ $+150-(+200)=-50$ $+150+(-200)=-50$

Welche Rechnung passt zur Situation Ⓐ, welche zu Ⓑ?
Kontrolliere deine Wahl, indem du die Aufgabe mit dem zugehörigen Bild vergleichst.

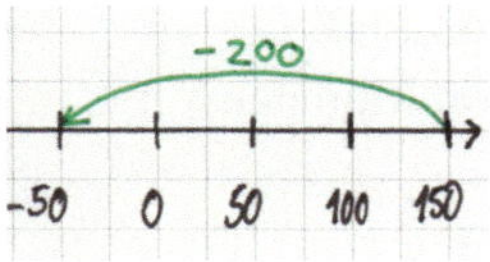

f) Ole hat noch ein Bild gezeichnet.
Wie passen die Situationen Ⓒ und Ⓓ dazu?

Ⓒ −50 bedeutet: aktueller Kontostand
−200 bedeutet: monatlicher Geldfluss (Ausgaben)
− bedeutet: Welchen Kontostand hatte ich einen Monat früher?

Ⓓ +150 bedeutet: aktueller Kontostand
−200 bedeutet: monatlicher Geldfluss (Ausgaben)
\+ bedeutet: Welchen Kontostand habe ich einen Monat später?

► Materialblock S. 30
Wissensspeicher
Addieren und Subtrahieren

Erkläre, welche der Rechnungen aus Aufgabe e) zu den beiden Situationen passen.

g) Vergleicht eure Lösungen zu a) bis f) und übertragt sie in den Wissensspeicher.

Ordnen B

Wie kann man mit negativen Zahlen wiederholt dasselbe rechnen?

4 Positive und negative Zahlen multiplizieren

Um die Veränderung des Kontostandes zu beschreiben, gibt es vier mögliche Typen von Multiplikationsaufgaben.
Hier ist ein Beispiel für 6 Monate und 50 € monatlichen Geldfluss.

$(+6) \cdot (+50)$ $(+6) \cdot (-50)$ $(-6) \cdot (+50)$ $(-6) \cdot (-50)$

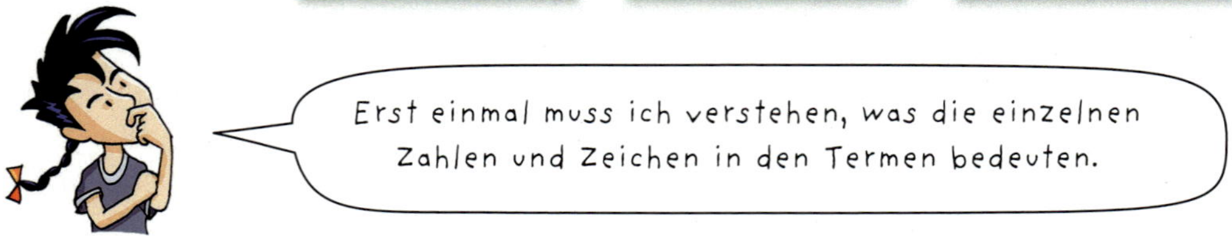

► Materialblock S. 31 Wissensspeicher *Multiplizieren mit negativen Zahlen*

a) ▪ Fülle im Wissensspeicher die Tabelle für jede Rechnung mit Bleistift aus. Achte auch auf die Vorzeichen der Zahlen.
▪ Warum gibt es nur vier Terme?

Rechnung	(+6) · (+50) =	
Situation	+50 bedeutet:	*monatliche Einnahmen*
	+6 bedeutet:	*sechs Monate später*
	(+6) · (+50) = ____ bedeutet:	*Ich habe sechs Monate später ____ € mehr*

b) Ole hat zu den Termen Pfeilbilder gezeichnet.
Zu welchem Term auf den grünen Karten passt welches Bild?

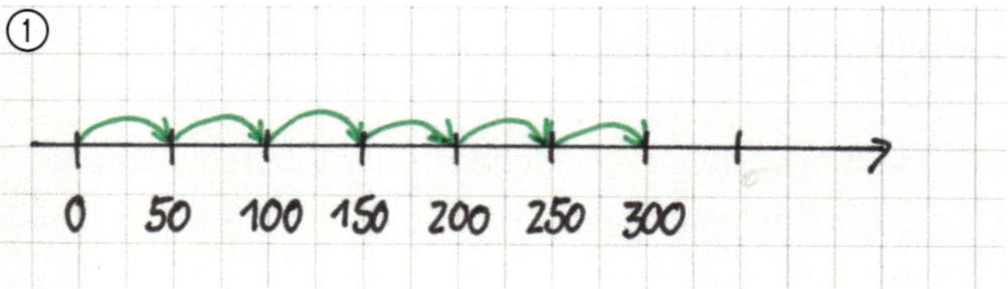

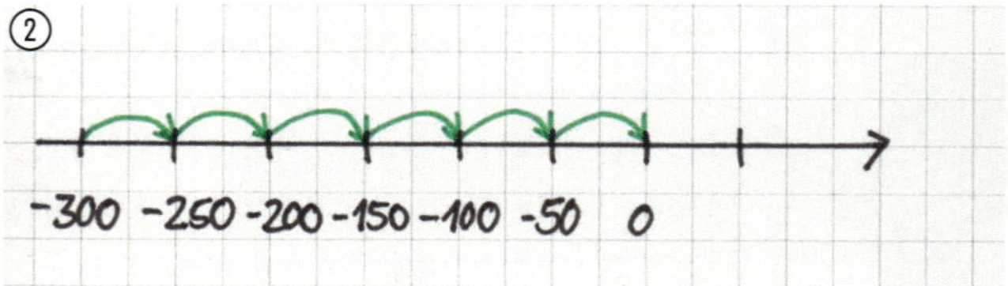

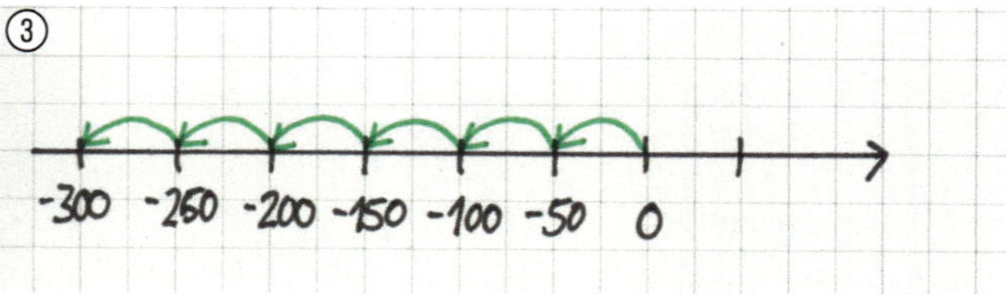

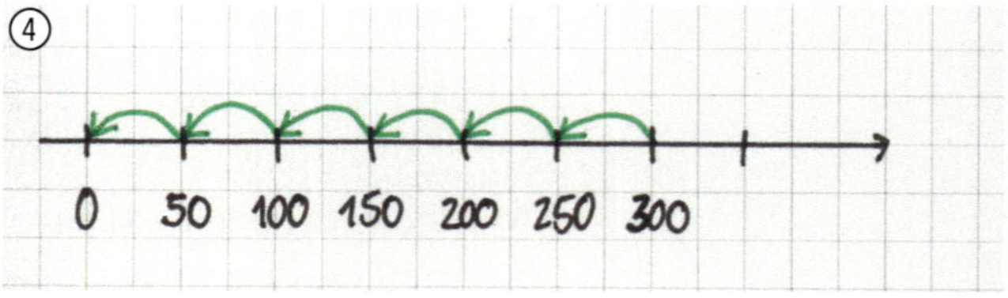

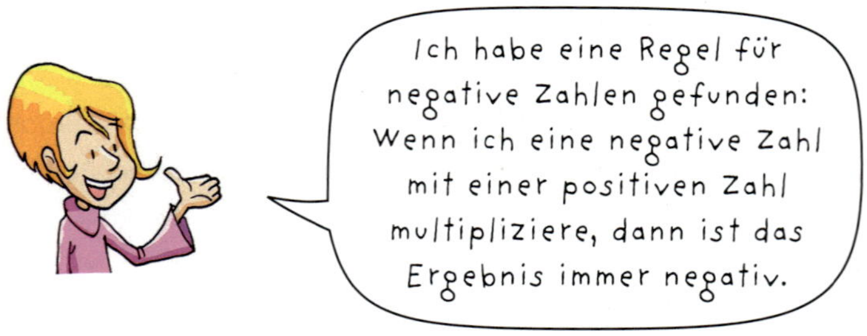

c) ▪ Stimmt die Regel von Pia? Erkläre mit Hilfe von Monaten und Einnahmen.
▪ Formuliere noch weitere allgemeine Regeln, die zu den vier Multiplikationsaufgaben in a) passen, und überprüfe sie.

► Materialblock S. 31 Wissensspeicher *Multiplizieren mit negativen Zahlen*

d) ▪ Vergleicht eure Einträge zu a) im Wissensspeicher und korrigiert sie, wenn nötig.
▪ Vergleicht eure Ergebnisse zu b) und c), übertragt die Bilder und Regeln in den Wissensspeicher.

5 Positive und negative Zahlen dividieren

Aus der Veränderung des Kontostandes und dem monatlichen Geldfluss kann man die Anzahl der Monate bestimmen. Hier sind Beispiele mit einer Veränderung von 300 € und einem monatlichen Geldfluss von 50 €.

(+300) : (+50) | (+300) : (-50) | (-300) : (-50) | (-300) : (+50)

▶ Materialblock S. 32 Wissensspeicher *Dividieren mit negativen Zahlen*

a) ▪ Fülle im Wissensspeicher die Tabelle für jede Rechnung mit Bleistift aus. Achte auch auf die Vorzeichen.
▪ Zeichne zu jeder Rechnung ein Pfeilbild wie Ole in Aufgabe 4b) in dein Heft.

Rechnung	(+300) : (+50) =	
Situation	+300 bedeutet:	______
	+50 bedeutet:	______
	(+300) : (+50) = ______ bedeutet:	______

b) Formuliere wie Pia in Aufgabe 4c) allgemeine Regeln zu den vier Divisionsaufgaben und überprüfe sie.

c) Vergleiche die Rechnungen und Pfeilbilder mit denen in Aufgabe 4. Was fällt dir auf? Vergleiche auch die allgemeinen Regeln mit denen in Aufgabe 4.

▶ Materialblock S. 32 Wissensspeicher *Dividieren mit negativen Zahlen*

d) ▪ Vergleicht eure Einträge zu a) im Wissensspeicher und korrigiert sie, wenn nötig.
▪ Vergleicht eure Ergebnisse zu b), übertragt die Bilder und Regeln in den Wissensspeicher.

6 Päckchen mit Muster

a) Um sicher rechnen zu können, helfen manchmal Merkregeln. Mit Päckchen mit Mustern kann man die Regeln erklären.
Führe jede grüne Karte mit einer gelben Karte zu einer Regel zusammen.
Eine gelbe Karte kommt doppelt vor.
Rechne dazu auch die Aufgaben in den Päckchen.

① Wenn man zwei negative Zahlen addiert,

② Wenn man zwei negative Zahlen multipliziert,

Ⓐ so erhält man eine positive Zahl.

Ⓑ so wird das Ergebnis größer als die Ausgangszahl.

③ Wenn man von einer Zahl eine negative Zahl subtrahiert,

④ Wenn man zwei negative Zahlen dividiert,

Ⓒ so erhält man eine negative Zahl.

(1)	(2)	(3)
3 - (+2) =	(−3) · (+2) =	(−1) + (+2) =
3 - (+1) =	(−3) · (+1) =	(−1) + (+1) =
3 - 0	(−3) · 0	(−1) + 0
3 - (−1)	(−3) · (−1)	(−1) + (−1)
3 - (−2)	(−3) · (−2)	(−1) + (−2)

b) Für eine Regel fehlt jedoch ein Päckchen. Erstelle für die Regel das fehlende Päckchen.

Vertiefen 1

Überschuldung – ein ernsthaftes Problem

wiederholen

Methodenspeicher aus vorigen Schuljahren: *Arbeitstechniken 2*

1 Schulden haben – Hintergründe

a) Lies den Text und schreibe auf, was du beim ersten Lesen verstanden hast. Notiere Fragen zu Begriffen und Formulierungen, die dir Schwierigkeiten bereitet haben.

► Materialblock S. 34 Arbeitsmaterial *Überschuldung und ihre Ursachen*

Überschuldung und ihre Ursachen

Viele Menschen in Deutschland haben Schulden. Wer überschuldet ist, kann sich Hilfe bei einer Schuldnerberatung holen. Der Schuldnerberater verschafft sich gemeinsam mit dem Klienten einen Überblick über die Einnahmen und Ausgaben des Schuldners. Dann wird man beraten, wie die Schulden wieder abgebaut werden können: Man bekommt Tipps, wie man sich das Geld anders einteilen kann, und entwickelt einen Plan zum Schuldenabbau.
Arbeitslosigkeit ist der häufigste Grund dafür, dass Menschen sich überschulden. Weitere Gründe für eine Überschuldung sind zum Beispiel Trennung, Scheidung oder der Tod des Partners. Auch eine Erkrankung, eine Sucht oder Unfälle können zur Überschuldung führen. Oft konnten diese Menschen außerdem nicht gut mit ihrem Geld haushalten.
Fast 30 % der überschuldeten Menschen sind jünger als 30 Jahre, das sind über 1,7 Millionen Menschen. Manchmal summieren sich die Schulden auf weit über 1000 €. Viele haben Anschaffungen gemacht oder Verträge abgeschlossen (z. B. bei Mobilfunkfirmen oder Fitnessstudios), ohne sich diese Ausgaben wirklich leisten zu können. Auch für junge Leute ist Arbeitslosigkeit häufig ein Grund für Überschuldung.
Viele überschuldete Personen haben ihre Schulden bei Banken, junge Leute noch häufiger bei Telefongesellschaften.

Tipp
Den Text findest du auch im Materialblock. Dort kannst du die Fragen und die passenden Informationen im Text farbig unterstreichen.

b) Beantworte mit dem Text die folgenden Fragen:
(1) Wobei hilft eine Schuldnerberatung?
(2) Welche Gründe hat eine Überschuldung häufig?
(3) Welche Gründe hat eine Überschuldung bei jungen Leuten besonders oft?

c) Zu folgenden Fragen gibt es im Text keine Information. Versuche sie trotzdem zu beantworten.
- Warum sind Arbeitslosigkeit und auch eine unwirtschaftliche Haushaltsführung so oft der Grund für eine Überschuldung?
- Wie viele Schulden können sich durch einen Handy-Vertrag über 5 Jahre anhäufen?
- Bei Schulden auf dem Girokonto muss man oft 10 % Schuldenzinsen pro Jahr bezahlen. Wie viel Zinsen zahlt also jemand pro Jahr, der 10 000 € Schulden hat?
- Ein Verbraucherkredit kostet nur halb so viel Zinsen, wie viel Euro sind das? Wieso macht es also Sinn, nicht das Girokonto zu überziehen?

2 Den Gürtel enger schnallen

Wegen eines gesundheitlichen Leidens musste Frau Weiß vor zwei Monaten eine neue Stelle annehmen. Hier verdient sie nur 890 € – das sind gut 400 € weniger als bei ihrem vorherigen Job. Jetzt befürchtet sie, mit ihrem Geld nicht mehr auszukommen.
Überlege dir einen Plan für Frau Weiß, damit sie sich nicht verschulden muss.

Ausgaben pro Monat	
Handy-Flatrate	39 €
Miete/Strom	560 €
Essen/Trinken	ca. 200 €
Telefon/Internet/TV	39 €
Zigaretten	ca. 100 €
Zeitungs-Abo	15 €
Raten für Möbel	79 €
Fitnessstudio	29 €

Vertiefen 2

Positive und negative Zahlen darstellen und vergleichen

Training

3 Positive und negative Zahlen

Positive Zahlen: 4,
Negative Zahlen:

a) Entscheide, ob die Zahlen auf den Kärtchen positive oder negative Zahlen sind. Schreibe sie in eine Liste.

−9	4	+13	−100	8	90	−5	−10	7	−0,1
+6	1	+17	−80	15	$\frac{1}{2}$	$-\frac{7}{8}$	+0,6	$1\frac{3}{4}$	−3,8

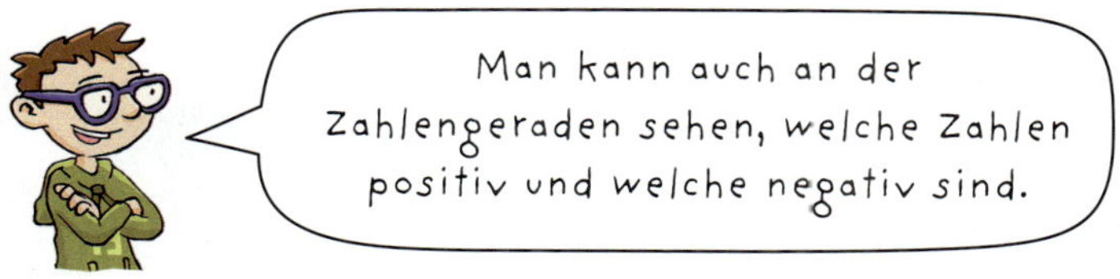

b) Woran kann man positive und negative Zahlen erkennen?

c) Erkläre an der Zahlengeraden, was Ole meint.

Training

4 Zahlen an der Zahlengeraden ablesen

▶ Materialblock S. 35
Arbeitsmaterial
Zahlen ablesen

a) Trage die passenden Zahlen in die Kästchen im Materialblock ein.

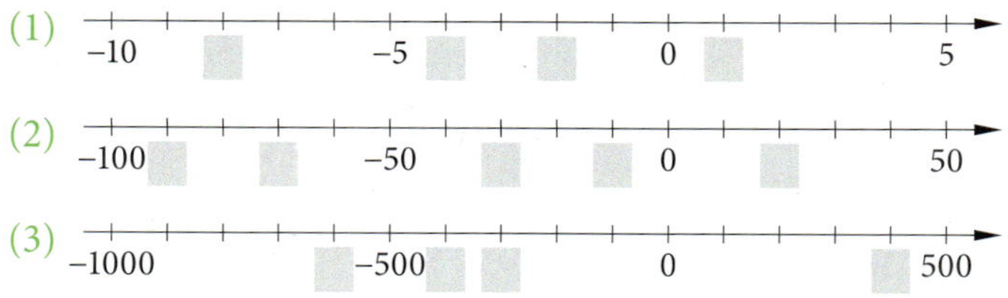

b) Auf Tills Zahlengeraden ist es gar nicht so einfach, die fehlenden Zahlen zu finden. Beschrifte die 10er-Striche auf der Zahlengeraden im Materialblock.

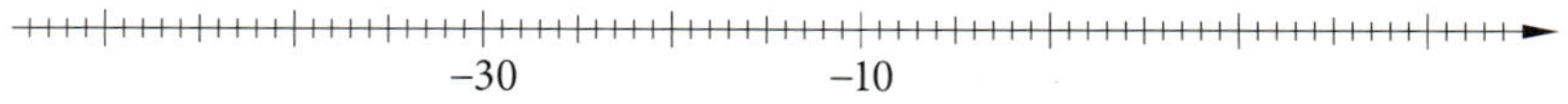

c) Lies die markierten Zahlen an der Zahlengeraden im Materialblock ab.

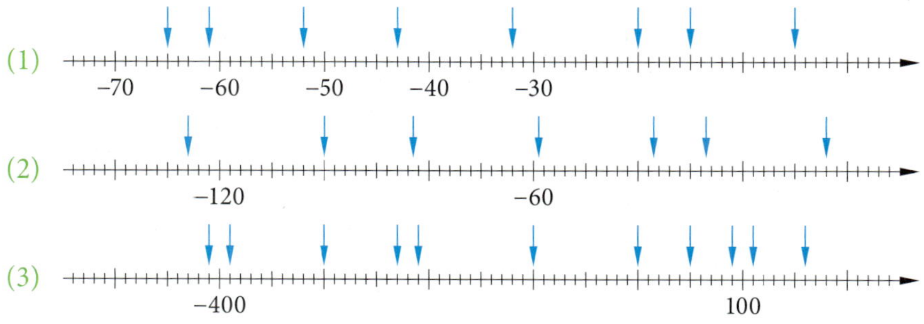

5 Kontostände darstellen

Trage die folgenden Kontostände auf einer Kontostandleiste ein.
Welcher Kontostand ist der höchste, welcher der niedrigste?

(1) 50 € Schulden, 120 € Guthaben, 30 € Guthaben, 85 € Schulden ⋮ 5000 € Schulden, 1200 € Guthaben, 350 € Guthaben, 1999 € Schulden

(2) −15 €, 75 €, +90 €, −80 € ⋮ −1,5 €, 7,05 €, +9,01 €, −5,12 €

6 Wo liegt die Null?

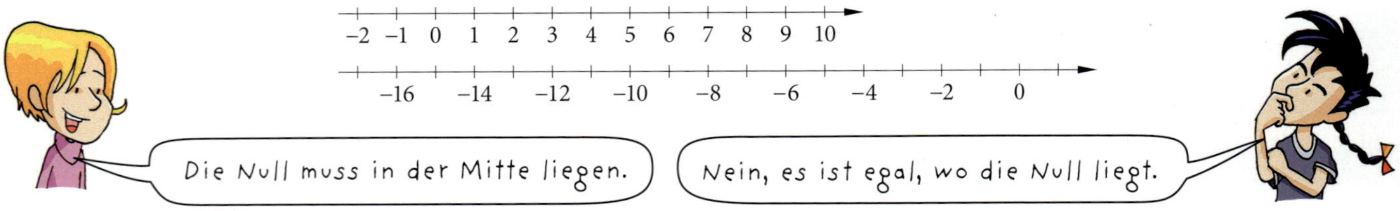

Wer hat Recht? Begründe.

Problemlösen

7 Zahlengeraden beschriften

a)

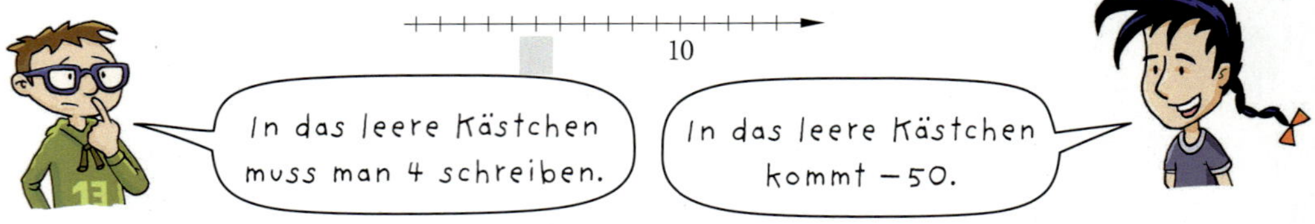

Erkläre, warum Ole und Merve auf unterschiedliche Lösungen kommen.
Wie könnte man die Aufgabe verändern, damit es eine eindeutige Lösung gibt?

b) Überlegt euch selbst weitere Zahlengeraden, auf denen ihr eine Zahl und ein leeres Kästchen eintragt. Tauscht sie untereinander aus und tragt die fehlenden Zahlen ein.

8 Die Mitte finden

Training

a) Welche Zahl liegt genau in der Mitte von −60 und 40?

- Übertrage die Zahlengerade in dein Heft und ergänze die Zahl in der Mitte.
- Wie hast du die gesuchte Zahl gefunden?

Problemlösen

b) Auch bei der Zahlengeraden rechts ist die Mitte gesucht.
Warum ist es hier schwerer, die Mitte zu finden, als in a)?

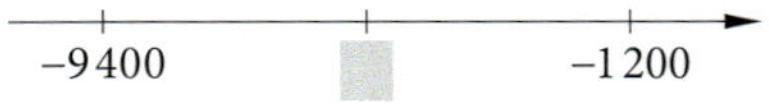

Training

9 Zahlen vergleichen

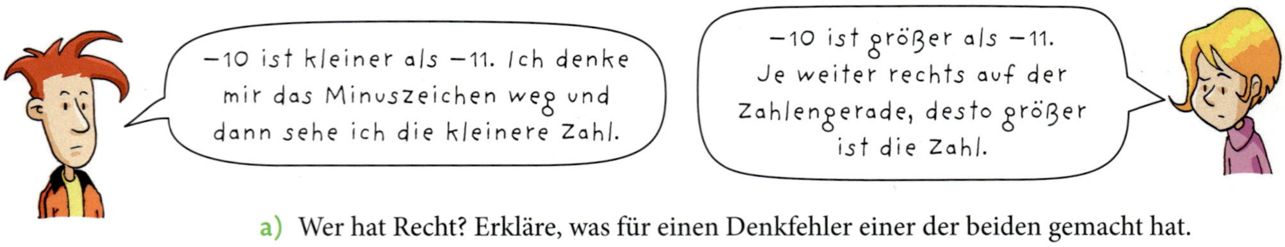

a) Wer hat Recht? Erkläre, was für einen Denkfehler einer der beiden gemacht hat.

b) Schreibe in dein Heft. Benutze < für „kleiner als“ und > für „größer als“.

(1) −3 ■ −2 (2) 0 ■ −3
(3) 3 ■ 2 (4) −2 ■ 3

(1) −3,9 ■ 2,1 (2) 3,4 ■ −2,7
(3) −3,9 ■ −3,09 (4) −2,12 ■ −2,7

Training

10 Kontostände vergleichen

Die vier Freunde vergleichen ihre Kontostände im Spiel „Raus aus den Schulden".

a) Gib an, wie hoch der Kontostand des anderen jeweils ist.

(1)

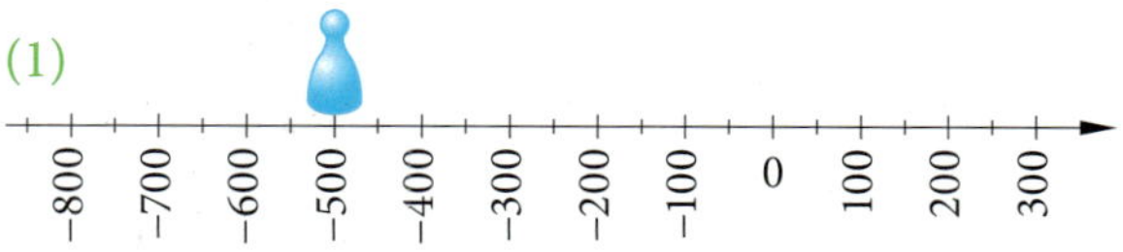

(2)

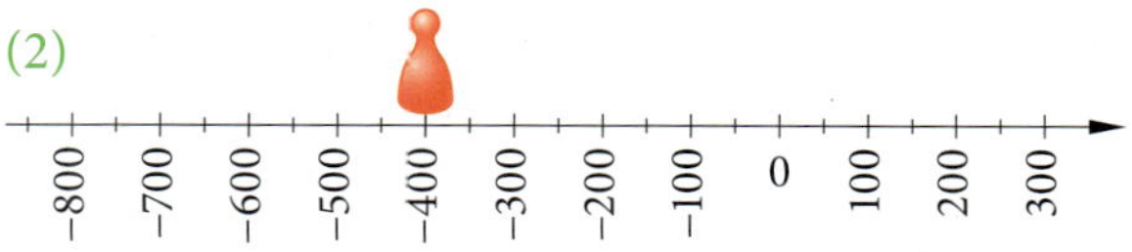

b) Wie hoch sind hier die Kontostände der beiden anderen?

(1)

(2)

Problemlösen

c) Wer von den vier Freunden sagt was? Ordne hier richtig zu.

① Ich habe −900 €. Mit 400 € mehr habe ich genauso viel wie Till.

② Wenn ich 100 € ausgebe, habe ich so viel wie Merve.

③ Ich stehe bei −600 €. Wenn ich 200 € abziehe, habe ich so viel wie Ole.

④ Wenn ich 200 € hinzuzähle, habe ich so viel wie Merve.

11 Den Geldfluss bestimmen

a) Wurde der Geldfluss richtig bestimmt? Überprüfe, ob die Pfeile richtig liegen.

	①	②	③	④	⑤
Einnahmen	600 €	800 €	300 €	400 €	500 €
Ausgaben	500 €	400 €	600 €	200 €	0 €

①

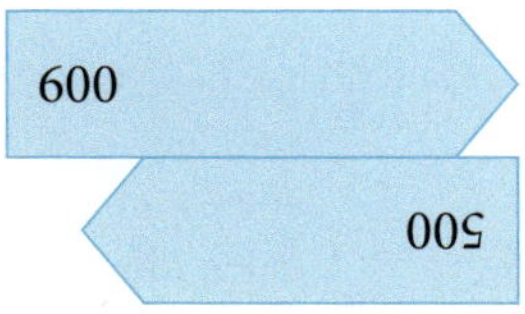

②

③

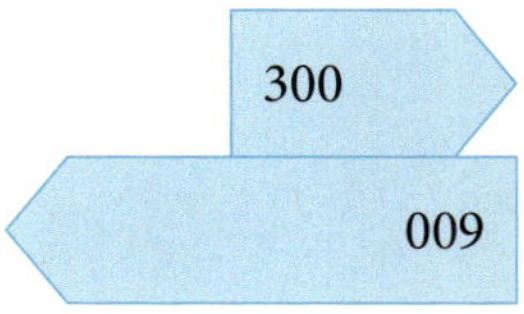

④

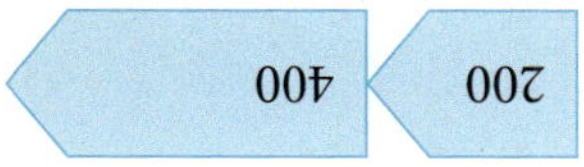

⑤

b) Zeichne Bilder, um zu erklären, wie …

(1) zwei Einnahmen-Pfeile aneinander gelegt werden müssen.

(2) ein Einnahmen- und ein Ausgaben-Pfeil aneinander gelegt werden müssen.

(3) zwei Ausgaben-Pfeile aneinander gelegt werden müssen?

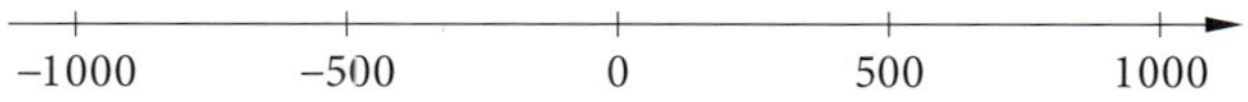

Vertiefen 3

Addieren und Subtrahieren mit der Zahlengeraden

Training

12 Rechengeschichten laufen

a) Klebt ein Kreppband auf dem Fußboden auf und beschriftet es wie oben in der Grafik.

b) Ole überlegt sich zu einer Spielsituation, wie er an der Zahlengeraden entlanglaufen muss.

Ich habe 100 Euro Guthaben und habe jeden Monat Ausgaben von 200 Euro. Welchen Kontostand habe ich einen Monat später?

100 € Guthaben	Ich starte bei 100.
Ausgaben	Ich schaue Richtung Minusbereich.
Einen Monat später	Ich gehe vorwärts.

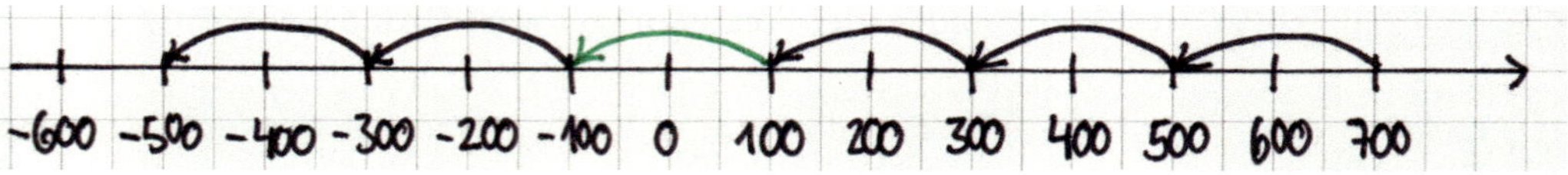

Gehe entlang der Zahlengeraden und löse die Aufgabe. Wo landest du?

c) Wie viel hatte Till vor einem Monat?

Ich habe 700 Euro Schulden und 300 Euro Einnahmen jeden Monat. Wie viel hatte ich einen Monat früher?

700 € Schulden	Ich starte bei -700.
Einnahmen	Ich schaue Richtung Plusbereich.
Einen Monat früher	Ich gehe rückwärts.

Gehe an der Zahlengeraden. Wo landest du?

d) Zeichne für jede Situation ein Pfeilbild und bestimme das Ergebnis.

Blick in die Zukunft

① Ich habe 300 € Guthaben und 200 € Ausgaben jeden Monat. Wie viel habe ich einen Monat später?

② Ich habe 100 € Guthaben und 500 € Einnahmen jeden Monat. Wie viel habe ich einen Monat später?

③ Ich habe 100 € Schulden und 600 € Ausgaben jeden Monat. Wie viel habe ich einen Monat später?

④ Ich habe 700 € Schulden und 400 € Einnahmen jeden Monat. Wie viel habe ich einen Monat später?

Blick in die Vergangenheit

⑤ Ich habe 500 € Schulden und 300 € Einnahmen jeden Monat. Wie viel hatte ich einen Monat früher?

⑥ Ich habe 400 € Schulden und 200 € Ausgaben jeden Monat. Wie viel hatte ich einen Monat früher?

⑦ Ich habe 300 € Guthaben und 200 € Einnahmen jeden Monat. Wie viel hatte ich einen Monat früher?

⑧ Ich habe 200 € Guthaben und 400 € Ausgaben jeden Monat. Wie viel hatte ich einen Monat früher?

13 Addieren und Subtrahieren durch Laufen entlang der Zahlengeraden

a) Merve hat sich aufgeschrieben, wie sie zum Lösen der Aufgabe $-400 + (-200) =$ an der Zahlengeraden entlanglaufen kann.

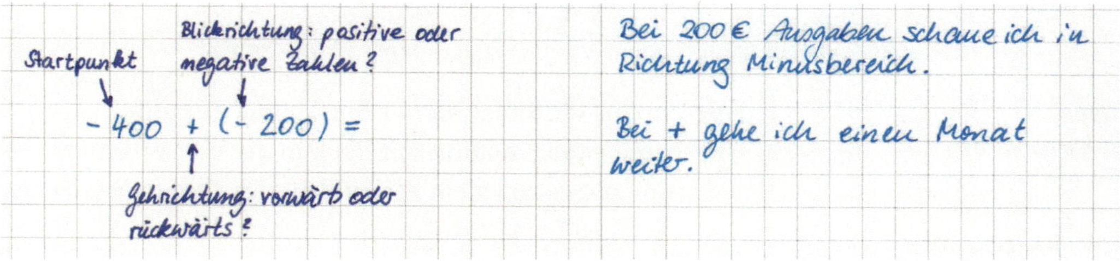

Löse die Aufgabe an der Zahlengeraden.

b) Gehe zum Lösen der Aufgaben an der Zahlengeraden entlang oder rechne im Kopf.

(1) $-300 - (+400)$ (2) $-700 - (-500)$ (3) $400 - (+300)$ (4) $200 - (-900)$

(1) $-1500 + (-2000)$ (2) $-8{,}05 + (+8{,}5)$ (3) $10{,}2 + (-10{,}20)$ (4) $1999 - (-7)$

14 Bilder und Situationen – Blick in die Zukunft

Tipp
Beim Blick in die Zukunft startet man am Pfeilanfang und geht bis zur Pfeilspitze.

Ordne die Bilder den Situationen zu.

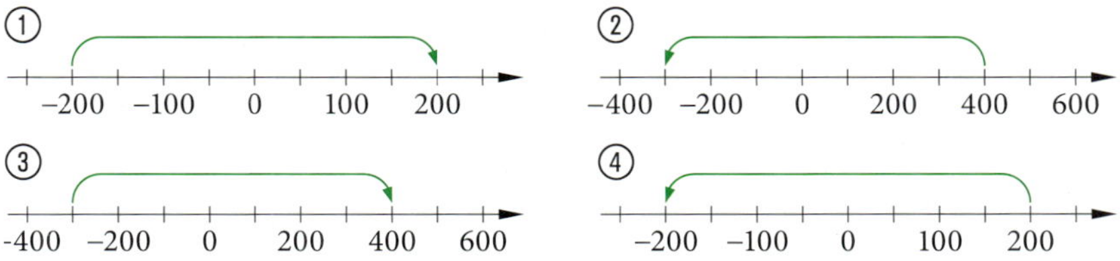

Ⓐ Ich habe 400 € Guthaben und monatliche Ausgaben von 700 €. Wie viel habe ich in einem Monat?

Ⓑ Ich habe 200 € Guthaben und monatliche Ausgaben von 400 €. Wie viel habe ich in einem Monat?

Ⓒ Ich habe 200 € Schulden und monatliche Einnahmen von 400 €. Wie viel habe ich in einem Monat?

Ⓓ Ich habe 300 € Schulden und monatliche Einnahmen von 700 €. Wie viel habe ich in einem Monat?

15 Bilder und Situationen – Blick in die Vergangenheit

Tipp
Beim Blick in die Vergangenheit startet man an der Pfeilspitze und geht bis zum Pfeilanfang.

Ordne die Bilder den Situationen zu.

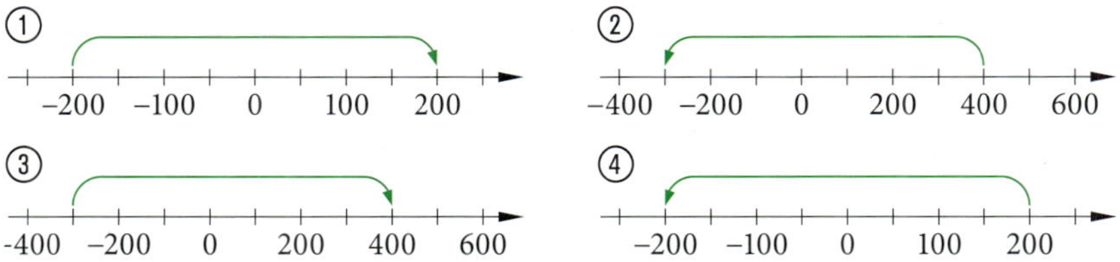

Ⓐ Ich habe 200 € Guthaben und monatliche Einnahmen von 400 €. Wie viel hatte ich vor einem Monat?

Ⓑ Ich habe 400 € Guthaben und monatliche Einnahmen von 700 €. Wie viel hatte ich vor einem Monat?

Ⓒ Ich habe 200 € Schulden und monatliche Ausgaben von 400 €. Wie viel hatte ich vor einem Monat?

Ⓓ Ich habe 300 € Schulden und monatliche Ausgaben von 700 €. Wie viel hatte ich vor einem Monat?

Training

16 Zukunft und Vergangenheit

a) Zu jedem Bild im Spielprotokoll kann man zwei Situationen finden: Einmal mit Blick in die Zukunft und einmal mit Blick in die Vergangenheit.

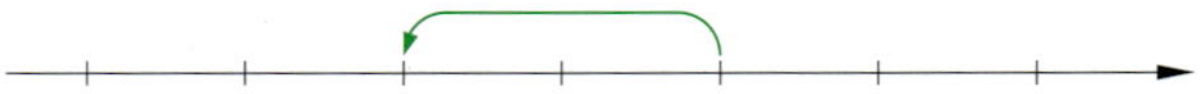

Tipp
So kann man die Beschreibung beginnen:

(1) Ich habe 300 € ...
(2) Ich habe 100 € ...

(1) Beschreibe die Situation mit Blick in die Zukunft.
(2) Beschreibe die Situation mit Blick in die Vergangenheit.
(3) Warum gibt es zu jedem Pfeilbild an der Zahlengeraden zwei Situationen?

b) Finde zu den folgenden Bildern die passenden Situationen.

(1)
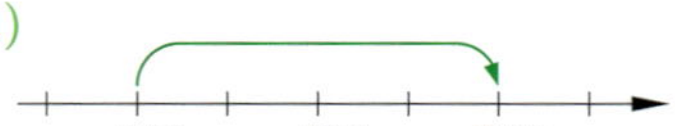

(2)

(3)

(4)
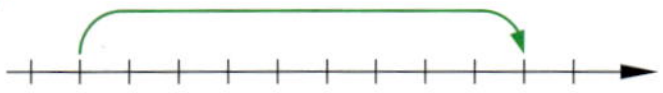

17 Bilder und Rechenaufgaben

a) Zu einem Bild kann man die beiden passenden Rechenaufgaben finden, wenn man nur auf den Pfeil schaut.

Dazu muss man einmal mit dem Pfeilanfang beginnen und einmal mit der Pfeilspitze. Erkläre am Beispiel des Bildes, wie die beiden Rechenaufgaben lauten?

b) Jetzt umgekehrt, zeichne zu den Rechenaufgaben passende Bilder.
(1) –100 – (+80) = (2) –100 – (–80) = (3) –100 + (–80)

18 Bilder und Terme zuordnen

► Materialblock S. 35
Arbeitsmaterial
Bilder und Terme

a) Die Striche auf den Zahlengeraden bedeuten Zehnerschritte.
Ordne die Terme den Bildern zu.
Schreibe neben jedes Bild im Materialblock die passenden Terme.

-110 + (-320) | -430 + (+320) | -110 - (-320) | -430 - (+320) | -110 - (+320) | -110 + (+320)

Tipp
Beschrifte die Zahlengeraden zur besseren Orientierung mit einigen zusätzlichen Zahlen.

(1)

(2)

(3)

(4)
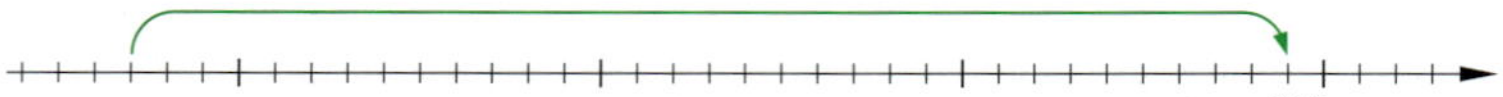

b) Zu einem Term in a) gibt es kein Bild. Zeichne das Bild zu diesem Term.

Vertiefen 4

Addieren und Subtrahieren in Situationen

Training

19 Rechenaufgaben zu Situationen finden

a) Schreibe zu den folgenden Situationen Rechenaufgaben auf und löse sie.
(1) Du hast diesen Monat 85 € Schulden und monatliche Ausgaben von 60 €. Welchen Kontostand wirst du nächsten Monat haben?
(2) Du hast diesen Monat 85 € Schulden und monatliche Einnahmen von 60 €. Welchen Kontostand hattest du letzten Monat?
(3) Du hattest letzten Monat ein Guthaben von 85 € und du hast monatliche Ausgaben von 60 €. Welchen Kontostand hast du diesen Monat?
(4) Du hattest letzten Monat ein Guthaben von 85 € und du hast monatliche Einnahmen von 60 €. Welchen Kontostand hast du diesen Monat?

b) Stelle zu den Situationen aus Aufgabe 12 d) Rechenaufgaben auf.

c) Du hast diesen Monat −600 € und monatliche Einnahmen von 45 €.
Wie viel Euro hattest du vor 1, 2, 5, 10 oder 20 Monaten?
Finde mehrere Terme für diese Situation.
Nach wie vielen Monaten bist du im Plusbereich?

d) Jetzt umgekehrt: Schreibe zu den folgenden Rechenaufgaben jeweils eine Situation zu dem Spiel „Raus aus den Schulden“ auf.
(1) $120 - (+75) =$ (2) $-120 - (-75) =$ (3) $120 + (-75) =$

weitergedacht

20 Plus minus oder minus plus

a) (1) Was meinen Till und Merve?
(2) Überlege dir jeweils wie Till zwei Möglichkeiten, wie man 50 − 130, −60 − 60 und −1000 − 700 berechnen kann, und erkläre dazu die Situationen wie Merve und Ole.

b) (1) Wie geht die Antwort von Pia weiter?
Schreibe eine Erklärung ähnlich wie bei Ole und Merve in a).
(2) Überlege dir jeweils wie Till zwei Möglichkeiten, wie man 50 + 130, −60 + 60 und −1000 + 700 berechnen kann, und erkläre dazu die Situationen wie Pia.

Vertiefen 5 Addieren und Subtrahieren mit Mustern und Regeln

21 Addition und Subtraktion kontrollieren

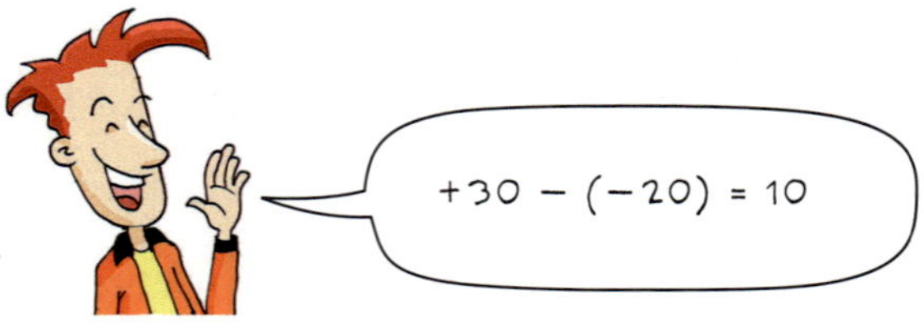

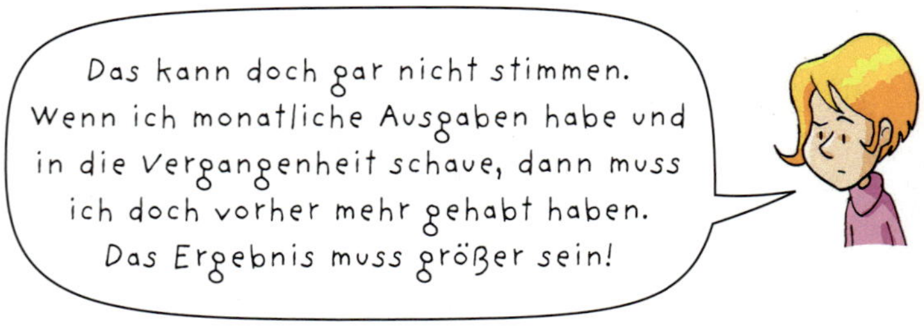

a) Was meint Pia? Erkläre, warum Pia recht hat.

P A D E K

b) K Kontrolliere mit Situationen, ob die Ergebnisse stimmen können.

(1) 50 – (–60) = –10
(2) 50 + (–60) = –10
(3) –50 + (–40) = 10
(4) –50 + (+40) = 10
(5) –20 – (+40) =–60
(6) 20 + (+40) = 60
(7) –20 – (+20) = 0
(8) –20 – (–20) = 0

weitergedacht

22 Kann die Regel stimmen?

- Was sagst du zu den folgenden Behauptungen? Stimmen sie oder nicht?
- Suche weitere Beispiele.

① Wenn ich zwei negative Zahlen addiere, dann ist das Ergebnis immer größer als die beiden Zahlen.
(–80) + (–60) = …

② Wenn ich zwei negative Zahlen addiere, dann ist das Ergebnis immer kleiner als die beiden Zahlen.
(–60) + (–90) = …

③ Wenn ich eine negative Zahl von einer Zahl subtrahiere, dann ist das Ergebnis immer größer als die Zahl, von der ich subtrahiert habe.
90 – (–60) = …

④ Wenn ich eine negative Zahl zu einer Zahl addiere, dann ist das Ergebnis immer größer als die Zahl, zu der ich addiert habe.
50 + (–70) = …

Training

23 Päckchen mit Muster

Setze die Päckchen um jeweils drei Aufgaben fort.
Was fällt dir auf?

(1)
–7 + 2 =
–7 + 1 =
–7 + 0 =
–7 + (–1) =

(2)
–3 – 10 =
–13 – 0 =
–23 – (–10) =
–33 – (–20) =

(3)
5 + 2 =
3 + 4 =
1 + 6 =
–1 + 8 =

(4)
12 – (–12) =
14 – (–14) =
16 – (–16) =
18 – (–18) =

(1)
–7 – (–2) =
–7 – (–1) =
–7 – 0 =
–7 – 1 =

(2)
–3,5 + 1 =
–4 + 0,5 =
–4,5 + 0 =
–5 + (–0,5) =

(3)
–10 – 10 =
–20 + 15 =
–30 – 20=
–40 + 25 =

(4)
–0,5 – (–0,5) =
1,5 + 1,5 =
–2,5 – (–2,5) =
3,5 + 3,5 =

Training

24 Plus-Zahlenmauern

► Materialblock S. 36 Arbeitsmaterial *Plus-Zahlenmauern mit negativen Zahlen*

a) In den folgenden Zahlenmauern steht im oberen Stein immer die Summe der beiden Zahlen aus den Steinen darunter.
Ergänze in den Zahlenmauern im Materialblock die fehlenden Zahlen.

(1) (2)

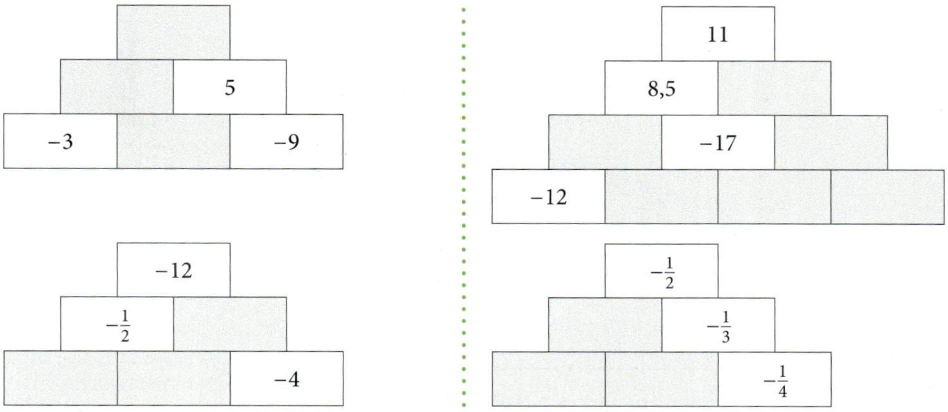

b) Erfinde selbst nur zum Teil ausgefüllte Zahlenmauern und tausche sie mit deinem Nachbarn aus.

Problemlösen

25 Zahlenrätsel

Löse die Zahlenrätsel.

(1) Welche Zahl muss man von 23 subtrahieren, um 30 zu erhalten?
(2) Von welcher Zahl muss man 78 subtrahieren, um −34 zu erhalten?
(3) Du subtrahierst von einer gedachten Zahl 28 und addierst zum Ergebnis erst −45 und subtrahierst dann die Zahl −45. Zum Schluss addierst du 28.
Du erhältst 13.
Wie lautet die gedachte Zahl?
(4) Denk dir eine Zahl, addiere zweimal die Zahl −43 hinzu und addiere zu dem Ergebnis 86. Du erhältst die gedachte Zahl.
Warum erhältst du die gedachte Zahl?

Training

26 Rechenpfade zum Addieren und Subtrahieren

► Materialblock S. 36 Arbeitsmaterial *Rechenpfade zum Addieren und Subtrahieren*

a) Rechne den Pfad entlang.

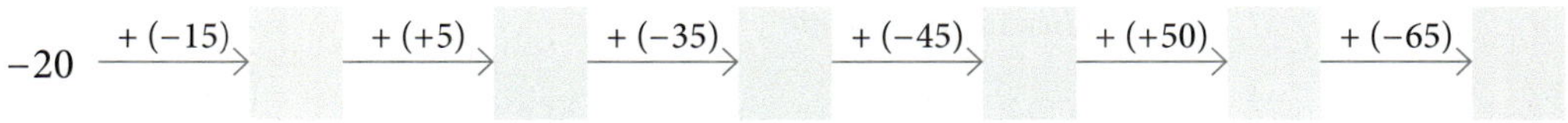

b) Ersetze nun die Startzahl −20 durch eine andere Zahl, z. B. 0, −40 oder eine Zahl deiner Wahl. Betrachte die Startzahlen und die Zielzahlen.
Was fällt dir auf?

c) Ersetze jetzt alle Plus-Rechenzeichen im Rechenpfad durch ein Minus-Rechenzeichen.
Rechne wieder mit den Startzahlen 0, −20 und −40 den Pfad entlang.

d) Was fällt dir beim Vergleich der Zielzahlen aus b) und c) auf?

Vertiefen 6

„Früher und später“ – Multiplikation und Division

Training

27 Multiplikation laufen

a) Merve überlegt sich zu einer Spielsituation, wie sie an der Zahlengeraden entlanglaufen muss.

Ich habe einen Kontostand von 0 Euro und monatliche Ausgaben von 200 Euro. Wie viel Euro werde ich vier Monate später mehr oder weniger haben?

Kontostand 0 €	Ich starte bei 0.
Ausgaben	Ich drehe mich Richtung Minusbereich.
später	Ich gehe in die Richtung, in die ich schaue (vorwärts).
4 Monate später	Ich gehe 4mal 200 € vorwärts

Wie viel Euro wird Merve vier Monate später mehr oder weniger haben?
Gehe so wie Merve auf der Zahlengeraden. Wo landest du?

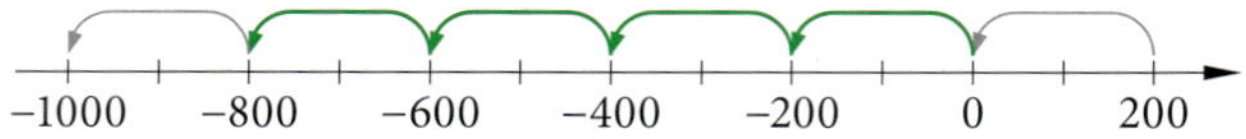

b) Wie viel Euro hatte Pia 4 Monate früher mehr oder weniger?

Ich habe einen Kontostand von 0 Euro und monatliche Einnahmen von 200 Euro. Wie viel Geld hatte ich vier Monate früher mehr oder weniger?

Kontostand 0 €	Ich starte bei 0.
Einnahmen	Ich drehe mich Richtung Plusbereich.
früher	Ich gehe in die Richtung, in die ich nicht schaue (rückwärts).
4 Monate früher	Ich gehe 4-mal 200 € rückwärts.

Gehe an der Zahlengeraden. Wo landest du?

c) Zeichne für jede Situation ein Pfeilbild und bestimme das Ergebnis.

Blick in die Zukunft

① Ich habe jetzt einen Kontostand von 0 € und monatliche Einnahmen von 200 €. Wie viel Geld werde ich 4 Monate später mehr oder weniger haben?

② Ich habe jetzt einen Kontostand von 0 € und monatliche Ausgaben von 250 €. Wie viel Geld werde ich 6 Monate später mehr oder weniger haben?

Blick in die Vergangenheit

③ Ich habe einen Kontostand von 0 € und monatliche Einnahmen von 400 €. Wie viel Geld hatte ich 3 Monate früher mehr oder weniger?

④ Ich habe jetzt einen Kontostand von 0 € und monatliche Ausgaben von 200 €. Wie viel Geld hatte ich 4 Monate früher mehr oder weniger?

Training

28 Multiplikation an der Zahlengeraden darstellen

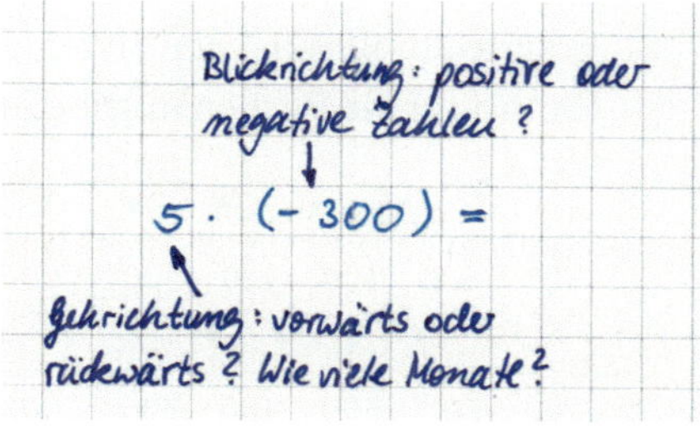

(1) 5 · (−300) (2) - 5 · 300
(3) 5 · 300 (4) - 5 · (−300)

a) Merve hat sich aufgeschrieben, wie sie zum Lösen der Aufgabe 5 · (-300) = an der Zahlengeraden entlanglaufen kann. Welche Lösung hat die Aufgabe?

b) ▪ Löse die Aufgaben an der Zahlengeraden.
▪ Notiere die Aufgaben so wie Merve in deinem Heft. Notiere auch die Lösung.
(1) −5 · 40,2 (2) 5 · 40,2
(3) −5 · (−40,2) (4) 5 · (−40,2)

Training

29 Rechenaufgaben zu Situationen finden

a) Schreibe zu den folgenden Situationen Rechenaufgaben auf und löse sie:
(1) Dein Kontostand beträgt 0 €. Du hast monatliche Einnahmen von 60 €. Welchen Kontostand hast du neun Monate später?
(2) Dein Kontostand beträgt 0 €. Du hast monatliche Ausgaben von 60 €. Welchen Kontostand hattest du neun Monate früher?

b) Wandle die Situationen aus Aufgabe 27 c) in Rechenaufgaben um.

c) Beschreibe zu den folgenden Rechenaufgaben immer zwei Situationen, eine Situation zu dem Spiel „Raus aus den Schulden" und eine Situation aus einem anderen Bereich.
(1) 5 · 55 = (2) 5 · (−55) = (3) −5 · 55 = (4) −5 · (−55) =

30 Die Multiplikation erklären

P A D E K

a) Erkläre die Aufgabe mit Guthaben und Schulden, z. B.:

Ich habe monatliche Ausgaben von 300 €.
Wie viel Euro hatte ich vor …

Kann das Ergebnis von Pia stimmen?

b) E rkläre mit dem Kontext Guthaben und Schulden, ob die Ergebnisse stimmen.
(1) −4 · (−300) = −1200 (2) 4 · (−300) = −1200
(3) −4 · 300 = 1200 (4) 4 · 300 = 1200

Training

31 Päckchen mit Muster

Setze die Päckchen um jeweils zwei Aufgaben fort und berechne die Lösungen. Was fällt dir auf?

(1)	(2)	(3)	(4)
−10 · (−800)	−3 · (−4)	1500 : (−50)	−600 : (−100)
−20 · (−400)	−4 · (−5)	1500 : (−30)	−600 : (−60)
−40 · (−200)	−5 · (−6)	1500 : (−10)	−600 : (−20)
−80 · (−100)	−6 · (−7)	1500 : 10	−600 : 20

Training

32 Bilder und Rechenaufgaben

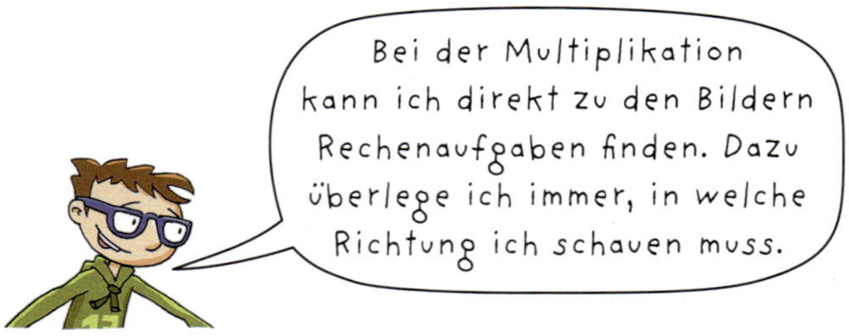

a) Erkläre am Beispiel der Bilder, was Ole meint. Kannst du die Rechenaufgabe finden?

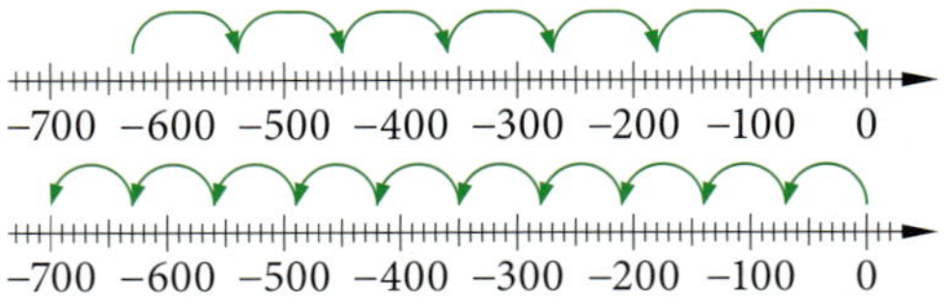

b) Jetzt umgekehrt, zeichne zu den Rechenaufgaben passende Bilder.

(1) $-7 \cdot 60 =$ (2) $-6 \cdot (-100) =$ (3) $(-4) \cdot 45 =$

(4) $0{,}5 \cdot (-4) =$ (5) $-6 \cdot 1{,}5$ (6) $4 \cdot \left(-\frac{1}{2}\right)$

Training

33 Sich wiederholende Veränderungen bei Kontoständen

Haushaltskarte

Familienstand: verheiratet

Anzahl der Kinder:	3
Schulden:	400 €
Monatliche Einnahmen:	1000 €
Monatliche Ausgaben:	1000 €

Luxusgut

Musikunterricht

Monatliche Kosten:	150 €

a) Nachdem Ole im Spiel „Raus aus den Schulden" seine Schulden abgebaut hatte, hat er sich für Musikunterricht als Luxusgut entschieden. Seine Geldsituation wird durch folgendes Protokoll beschrieben:

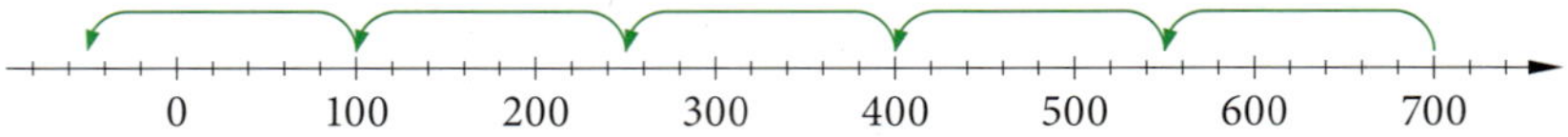

Ole hat für das Bild die Rechnung $700 + 5 \cdot (-150) = -50$ notiert.

Kannst du dir vorstellen, wie er darauf gekommen ist?
Beantworte dazu die folgenden Fragen:

- Wie war der Kontostand zu Beginn?
- Um wie viel sinkt oder steigt der Kontostand monatlich?
- Wie viele Monate sinkt oder steigt der Kontostand?
- Wie ist der Kontostand am Ende?

b) Wie viel Euro wird Ole in 10, 15 oder 30 Monaten haben? Finde passende Terme.

c) Zeichne selbst Bilder wie in a) an der Zahlengeraden und schreibe jeweils eine Rechnung wie Ole auf.

Training

34 Päckchen mit Muster an der Zahlengeraden

a) Ole hat die Aufgaben $6 \cdot 20$ und $5 \cdot 20$ an zwei Zahlengeraden angezeichnet:

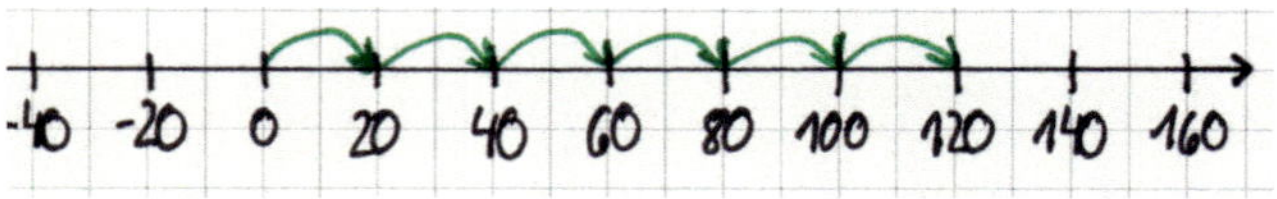

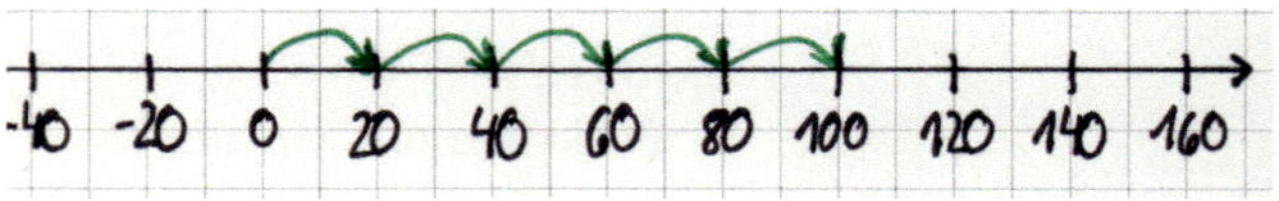

Was hat sich Ole dabei gedacht? Wie kann man die Ergebnisse der Aufgaben an der Zahlengeraden sehen?

$6 \cdot 20 =$

$5 \cdot 20 =$

b) Ole hat angefangen, ein Päckchen mit Muster aufzuschreiben.
Setze das Päckchen fort und erkläre die Ergebnisse, indem du die Aufgaben an der Zahlengeraden zeichnest.

Training

35 Division im Kontext Guthaben-Schulden

Haushaltskarte

Familienstand: verheiratet	
Anzahl der Kinder:	1
Schulden:	1200 €
Monatliche Einnahmen:	800 €
Monatliche Ausgaben:	800 €

a)

Stell dir vor, du hast mit deiner Familie die Schulden von der Haushaltskarte abgebaut und ein Guthaben von 400 € auf der hohen Kante. Dann ziehst du diese unerfreuliche Aktionskarte.
Wie lange dauert es, bis du kein Geld mehr auf dem Konto hast?

- Löse die Aufgabe an der Zahlengeraden.
- Welcher Term passt dazu?

Aktionskarte

Per Einschreiben erreicht dich die 3. Mahnung eines Versandhauses, bei dem du vor einigen Monaten eine Waschmaschine gekauft hast.

Monatliche Ratenzahlung: 50 €

Mindestlaufzeit: 10 Monate

① ② ③ ④ ⑤
⑥ ⑦ ⑧ ⑨ ⑩

b) Finde heraus, wie lange das Geld bei dieser Situation reicht.

- Löse die Aufgabe an der Zahlengeraden.
- Notiere auch den passenden Term.
- Welche Genauigkeit ist hier sinnvoll? Begründe deine Antwort.

Ich habe jetzt einen Kontostand von 350 €, monatliche Einnahmen von 20 € und monatliche Ausgaben von 60 €.

weitergedacht

36 Kann die Regel stimmen?

a) Was sagst du zu den folgenden Behauptungen? Stimmen sie oder stimmen sie nicht?

① Wenn ich zwei negative Zahlen multipliziere, dann ist das Ergebnis immer negativ.

② Wenn ich zwei negative Zahlen dividiere, dann ist das Ergebnis immer positiv.

b) Begründe deine Antwort aus a), indem du Situationen mit Einnahmen und Ausgaben beschreibst.

Training

37 Rechenpfade querbeet

▸ Materialblock S. 37 Arbeitsmaterial *Rechenpfade querbeet*

a) Rechne den Pfad entlang.

$-15 \xrightarrow{:(-3)} \square \xrightarrow{+5} \square \xrightarrow{\cdot(-3)} \square \xrightarrow{:5} \square \xrightarrow{-(-3)} \square \xrightarrow{\cdot 5} \square$

Tipp
Schreibe Zwischenergebnisse gegebenenfalls als Bruch auf.

b) Ersetze nun die Startzahl −15 durch eine andere Zahl, z. B. 12 oder −20 oder eine Zahl deiner Wahl.

c) Ersetze in a) jetzt die −3 und die 5 durch andere Zahlen und rechne noch einmal.

Problemlösen

d) Kann man einige Rechenoperationen vertauschen, ohne dabei das Resultat zu verändern? Erkläre, woran das liegt.

Training

38 Mal-Mauern mit negativen Zahlen

In einer Mal-Mauer steht über zwei Zahlen immer das Ergebnis der Multiplikation der beiden Zahlen.

▶ Materialblock S. 37 Arbeitsmaterial *Mal-Mauern mit negativen Zahlen*

a) Ergänze in den Zahlenmauern im Materialblock die fehlenden Zahlen.

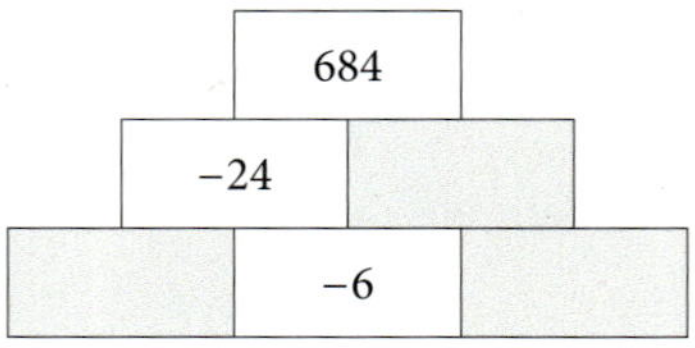

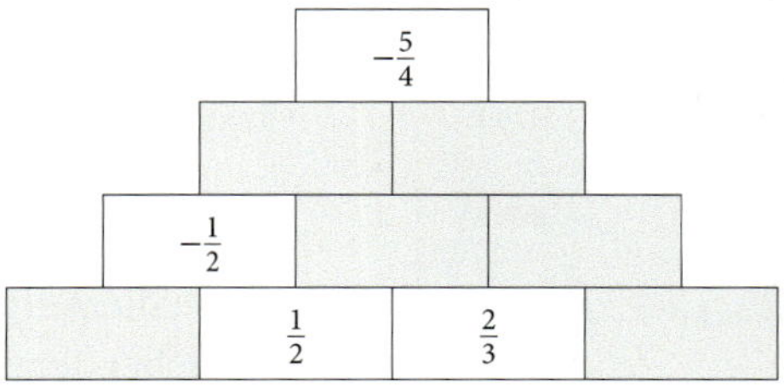

b) Erfinde selbst Zahlenmauern und tausche sie mit deinem Nachbarn aus.

Training

39 Päckchen mit Muster

- Setze die Päckchen nach oben und unten um eine Aufgabe fort.
- Erkläre mit Hilfe der Päckchen, warum das Produkt von zwei negativen Zahlen immer positiv ist.

(1)		(2)		(3)	
	$-7 \cdot 30$		$-3 \cdot (-100)$		$-6 \cdot \frac{3}{2}$
	$-7 \cdot 20$		$-2 \cdot (-50)$		$-6 \cdot \frac{1}{2}$
	$-7 \cdot 10$		$-1 \cdot 0$		$-6 \cdot 0$
	$-7 \cdot 0$		$0 \cdot 50$		$-6 \cdot \left(-\frac{1}{2}\right)$
	$-7 \cdot (-10)$		$1 \cdot 100$		$-6 \cdot \left(-\frac{3}{2}\right)$

Training

40 Kreuzzahlrätsel

Löse das Kreuzzahlrätsel.

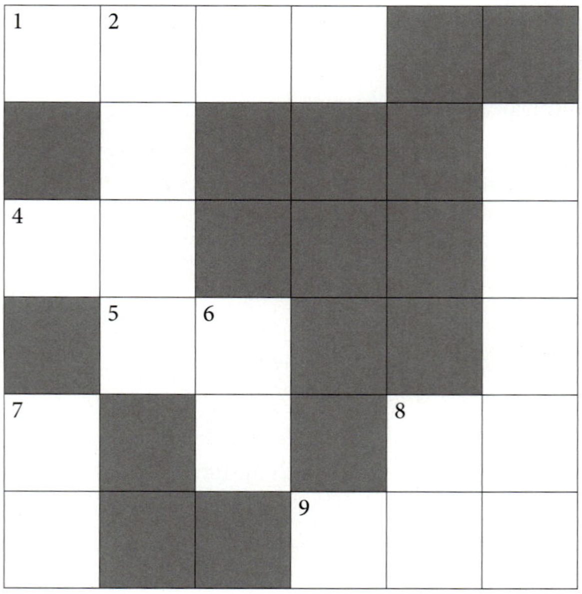

waagerecht:

$1 \rightarrow 27 \cdot (-12)$

$4 \rightarrow 61 + 4 \cdot (-12)$

$5 \rightarrow (-35 - 90) : (-5)$

$8 \rightarrow -6 \cdot 8 : (-4)$

$9 \rightarrow (-2) \cdot 2 \cdot (-2) \cdot (-3)$

senkrecht:

$2 \rightarrow -174 \cdot (-18)$

$3 \rightarrow (3 \cdot 7 - 45) \cdot 76$

$6 \rightarrow -5 \cdot (-11)$

$7 \rightarrow -195 : (-15)$

$8 \rightarrow (-36) \cdot 24 : (35 - 107)$

Vertiefen 7

Negative Zahlen überall

Training

41 Negative Zahlen bei Temperaturen

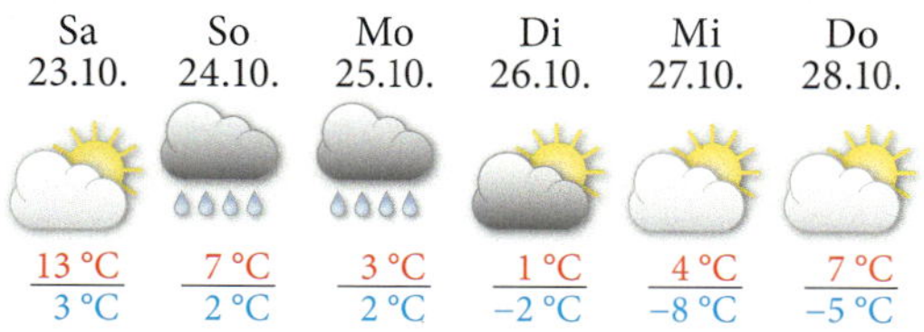

a) Im Internet kann man erfahren, wie sich die Temperaturen in den nächsten Tagen entwickeln können. In Rot sind die Tagestemperaturen und in Blau die Nachttemperaturen abgebildet.
Übertrage die Tages- und Nachttemperaturen auf eine Zahlengerade.

b) Bestimme die größten Temperaturdifferenzen für die Tage und dann für die Nächte.

c) Die tiefste Temperatur auf der Erde ist in der Antarktis gemessen worden. Sie beträgt −91 °C. In der iranischen Wüste wurde als höchste Temperatur 70° Grad gemessen.
In Deutschland wurden auch schon knapp über 41 °C und knapp unter −45 °C erreicht.
(1) Trage die Temperaturen auf einer Zahlengeraden ein.
(2) Wie groß sind die Temperaturunterschiede auf der Welt und in Deutschland?

d) Recherchiere weitere Temperaturrekorde auf der Welt und übertrage sie auf deine Zahlengerade.

e) Finde jeweils eine passende Rechenaufgabe und ein passendes Bild zu den folgenden Aufgaben mit steigenden und sinkenden Temperaturen.
(1) Die Temperatur in München beträgt heute 23,5 °C. Sie ist in den vergangenen 5 Tagen jeweils um 2 °C angestiegen. Wie viel Grad waren es vor vier Tagen?
(2) Die Temperatur in Hamburg beträgt heute −2 °C. Sie soll bis übermorgen um 5,5 °C ansteigen. Wie viel Grad werden es übermorgen sein?
(3) Gestern waren es in Dortmund −5 °C. Die Temperatur fällt derzeit täglich um 1,5 °C. Wie viel Grad sind es heute? Wie viel werden es morgen sein?

f) Jetzt anders herum, zeichne jeweils ein passendes Bild und schreibe eine passende Temperatur-Geschichte zu den folgenden Aufgaben:

(1) $-5 + (-10) =$	(2) $+4 + (-7) =$	(3) $-3 + (+5) =$
(4) $-2 - (-8) =$	(5) $+3 - (-4) =$	(6) $-1 - (+4) =$

Training

42 Temperatursituationen

In einer Wetterstation werden jeden Tag die Tageshöchstwerte gemessen.
Finde ein passendes Bild und eine Rechenaufgabe für die folgenden Situationen und ermittle so die Lösung.
(1) Der Tageshöchstwert von heute liegt bei 15 °C. Er ist in den letzten drei Tagen um 2 °C gestiegen, um 1,5 °C gesunken und dann um 1 °C gestiegen.
Wie viel Grad waren es vorher?
(2) Der Tageshöchstwert von heute liegt bei −8 °C. Er ist in den letzten drei Tagen um 1 °C gestiegen, um 1,5 °C gestiegen und um 2,5 °C gesunken.
Wie viel Grad waren es vorher?
(3) Der Tageshöchstwert von heute liegt bei 2,5 °C. Er soll in den nächsten Tagen um 1 °C sinken, um 1,5 °C steigen und wieder um 3,5 °C sinken.
Wie viel Grad werden es dann voraussichtlich sein?

43 Negative Zahlen bei Höhen

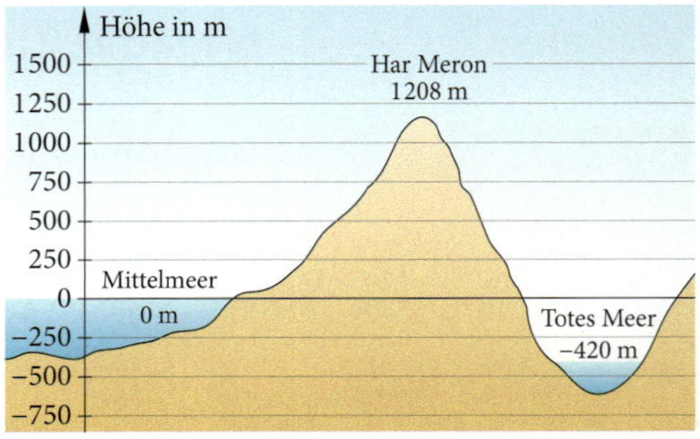

Man kann die Höhe von Städten angeben, dazu braucht man auch einen Nullpunkt. Dieser wird NN genannt.
Die Grafik rechts zeigt das Profil von Israel und dem Westjordanland zwischen dem Mittelmeer und dem Toten Meer.

a) (1) Was meint Ole mit seiner Aussage?
(2) Auf welcher Höhe liegt dein Heimatort?
(3) Suche die Höhenangaben weiterer Städte und trage sie auf einer Zahlengeraden ein.

b)

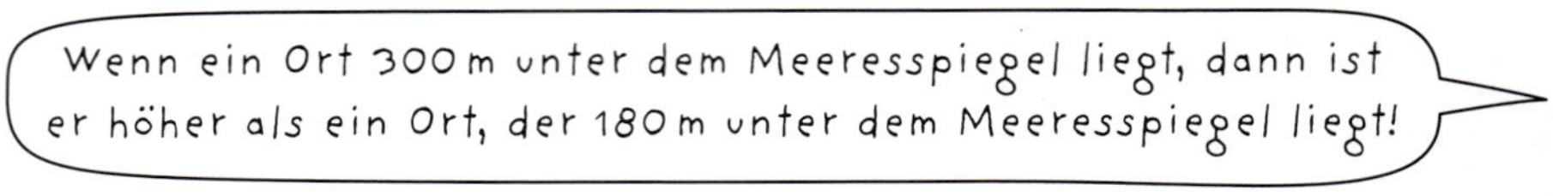

Stimmt das? Erkläre Till, welcher Ort höher liegt.

44 Meerestiefen vergleichen

Genauso wie es berühmte Berge gibt, gibt es auch berühmte Meerestiefen.
- Sortiere die Meerestiefen auf einer Zahlengeraden.
- Lassen sich alle Größen auf einer Zahlengeraden einzeichnen? Beschreibe deine Schwierigkeiten.

Name	Tiefe
Schwedentief (Atlantik)	4846 m
Gotlandtief (Ostsee)	289 m
Emdentief (Pazifik)	10 400 m
Witjastief (Pazifik)	11 034 m
Planettief (Pazifik)	9142 m

Training

45 Im Bergwerk

Kohle wird in Bergwerken oft mit einem Förderkorb in einem Schacht heraufgeholt.

a) Finde jeweils eine passende Rechenaufgabe und die Lösung zu den folgenden Aufgaben.
(1) Der Förderkorb befindet sich 70 m unter der Erde. Jede Sekunde fährt er 5 m aufwärts. Wo war er vor 15 s?
(2) Der Förderkorb befindet sich 200 m unter der Erde. Jede Sekunde fährt er 8 m abwärts. Wo wird er sich in 30 s befinden?

b) Jetzt anders herum, finde passende Bergwerksgeschichten zu den folgenden Aufgaben:
(1) $-50 + 30 \cdot (-8) =$
(2) $-50 + 10 \cdot 5 =$
(3) $-200 - 12 \cdot (-8) =$
(4) $-40 - 90 \cdot 5 =$

46 Beispiele finden

a) Negative Zahlen gibt es überall: Bei Schulden, bei Temperaturen, in Bergwerken, bei Höhenangaben von Orten. Fallen dir noch mehr Beispiele ein?

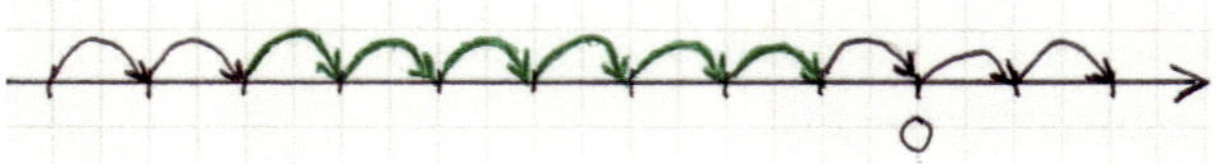

b) Betrachte das Bild und erfinde eine Geschichte dazu. Suche dir das Thema selbst aus.

Vertiefen 8

Staatsschulden – große negative Zahlen

47 Die Staatsschulden Deutschlands

Gut zu wissen
Wenn Staaten Schulden haben, dann spricht man von „Staatsverschuldung".

Nicht nur Privatpersonen können Schulden haben. Auch Staaten haben Schulden, z. B. bei Banken oder Unternehmen im In- und Ausland.
Die Tabelle zeigt die Staatsschulden der Bundesrepublik Deutschland zum Jahresende:

Jahr	Schuldenhöhe in Euro
2011	2 088 000 000 000
2012	2 114 000 000 000

wiederholen
Wissensspeicher
Proportionales 1 (MB 2)

a) Wie viele Schulden sind im Laufe des Jahres 2012 hinzugekommen?

b) Rechne hoch, wie viele Schulden die Bunderepublik Deutschland in 2, 3, 5, 10 Jahren hätte, wenn die Schulden in gleicher Geschwindigkeit weiter wachsen würden?
Nutze dazu Minitabellen.

Jahr	Schuldenhöhe in Milliarden Euro
1950	≈ 10,550
1960	≈ 26,980
1970	≈ 64,370
1980	≈ 239,600
1990	≈ 538,640
2000	≈ 1211,460
2010	≈ 1731,560

fx =-26,98-(-10,55)

	A	B	C
1	1951 bis 1960	1961 bis 1970	1971 bis 1980
2	16,43		
3			
4	1951 bis 1960	1961 bis 1970	1971 bis 1980
5	-16,43		

c) Die Staatsschulden sind bisher nicht gleichmäßig gewachsen. Die Tabelle links zeigt die Schuldenhöhe zwischen 1950 und 2010.
Beschreibe, wie die Schulden tatsächlich gewachsen sind.
- Beschreibe in einem Satz, was der folgende Term aussagt:
  26 980 000 000 € – 10 550 000 000 €
- Statt mit Schulden kann man auch mit negativen Zahlen rechnen: –26 980 000 000 € – (–10 550 000 000 €)
  Berechne den Term und beschreibe, was das Ergebnis bedeutet.
- Berechne die Differenzen zwischen den Werten auf beiden Wegen und erstelle dazu jeweils ein Diagramm. Du kannst dazu eine Tabellenkalkulation verwenden.
- Welche Diagrammarten sind geeignet? Begründe.

wiederholen
Wissensspeicher aus vorigen Schuljahren:
Daten 6

d) 2005 betrug die Schuldenhöhe rund 1500 Milliarden Euro.
Welche Änderung ergibt sich in dem Diagramm zu c), wenn man in der Tabelle die Spalte „2001 bis 2010" durch die beiden Spalten „2001 bis 2005" und „2006 bis 2010" ersetzt?
Worin besteht die unterschiedliche Wirkung beider Diagramme?

48 Schulden „pro Kopf"

Gut zu wissen
Wenn man die Schulden eines Staates auf die Bürger aufteilt, spricht man auch von „Pro-Kopf-Verschuldung".

a) Wie hoch war die Pro-Kopf-Verschuldung Deutschlands Ende 2012?
Die Einwohnerzahl betrug Ende 2012 etwa 80 Millionen.

b) Stell dir vor, jeder Einwohner würde im Monat 50 € zahlen, um die Staatsschulden zu begleichen. Wie viel käme dabei in 1, 2, 5, 10, 20 Jahren zusammen?

c) Erstelle einen Term, der angibt, wie viel Geld zusammen kommt.

Checkliste

Raus aus den Schulden – Mit negativen Zahlen rechnen

Ich kann ... *Ich kenne ...*	*Hier kann ich üben ...*
Ich kann die Bedeutung von Schulden und Guthaben im Alltag beschreiben und damit rechnen. Eine Person hat 20 000 € Schulden. Erkläre, wie so etwas passieren kann, und entwickle einen Plan, wie man in 5 Jahren aus den Schulden raus sein kann.	S. 84 Nr. 1, 2 S. 101 Nr. 47, 48
Ich kann positive und negative Zahlen auf der Zahlengeraden eintragen und ablesen, auch im Kontext. Zeichne die Zahlen 3, −5, −1 auf einer Zahlengeraden ein. Welche Zahlen sind markiert? 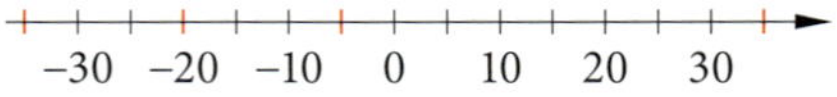 	S. 85 Nr. 3, 4, 5 S. 86 Nr. 6, 7, 8 S. 87 Nr. 10
Ich kann positive und negative Zahlen der Größe nach vergleichen und die Reihenfolge in Sachsituationen erklären. Vergleiche die Zahlen 5 und −11, 11 und −1, −4 und 6. Erkläre mit Hilfe einer Situation, warum −150 kleiner als −120 ist.	S. 86 Nr. 9 S. 87 Nr. 10
Ich kann Situationen (z. B. mit Geldfluss und Kontostand) mit positiven und negativen Zahlen beschreiben und dazu Bilder und Rechenaufgaben finden. Du hast seit 7 Monaten jeden Monat 14 € Ausgaben. Wie viel Geld hattest du vor 7 Monaten mehr oder weniger?	S. 88 Nr. 12 S. 89 Nr. 14, 15 S. 90 Nr. 17, 18 S. 99 Nr. 41, 42 S. 100 Nr. 43–46
Ich kann zu Additions- und Subtraktionsaufgaben mit negativen und positiven Zahlen Bilder zeichnen und Situationen angeben. Welche Situationen passen zu den Termen 400 – (−50) und −400 + (−50)? Stelle die Terme auf einer Zahlengeraden dar.	S. 89 Nr. 13 S. 91 Nr. 19, 20 S. 92 Nr. 21 S. 99 Nr. 41 S. 100 Nr. 45
Ich kann negative und positive Zahlen addieren und subtrahieren. Berechne −6 + (−7), 14 – (−4), −230 – 45.	S. 92 Nr. 22, 23 S. 93 Nr. 24–26
Ich kann Situationen (z. B. mit Kontostand und Monaten) mit positiven und negativen Zahlen beschreiben und dazu Bilder und Rechenaufgaben finden. Du hast −720 € und willst sie monatlich mit einer festen Rate abzahlen. Schreibe mehrere mögliche Rechnungen auf und erkläre sie. Erkläre die Zahlzeichen und die Rechenzeichen in deinen Rechnungen.	S. 94 Nr. 27 S. 95 Nr. 29 S. 96 Nr. 32, 33 S. 97 Nr. 35
Ich kann zu Multiplikations- und Divisionsaufgaben mit negativen und positiven Zahlen Situationen angeben und auf einer Zahlengeraden darstellen. Welche Situationen passen zu den Rechenaufgaben (−6) · 30 und (−540) : (−60)? Stelle die Aufgaben auf der Zahlengerade dar.	S. 95 Nr. 28–30 S. 96 Nr. 32
Ich kann negative und positive Zahlen multiplizieren und dividieren. Berechne (−12) · (−5), 77 : (−11).	S. 96 Nr. 31 S. 97 Nr. 36, 37 S. 98 Nr. 38–40

▸ *Hinweis:* Im Materialblock auf Seite 38 findest du diese Checkliste für deine Selbsteinschätzung.
Zusätzliche Übungsaufgaben findest du im Internet unter 102-1.
(www.cornelsen.de/mathewerkstatt, Buchkennung: MWS040248, Mediencode: 102-1)

Fliesenlegen und Parkettieren – Wie Winkel zusammenpassen

In diesem Kapitel …

- untersuchst du, mit welchen Formen man eine Fläche lückenlos füllen kann und woran man das erkennt.
- erkennst du, wie Winkel zusammenpassen.
- erstellst du ein regelmäßiges Muster.

Meint ihr, die nehmen unseren Entwurf für ein neues Fliesenmuster?
Schulleitung
Diese Form alleine reicht nicht aus.

Mit diesen Sechsecken klappt es bestimmt.
Ist eigentlich jede Form geeignet, um Flächen auszulegen?
tariat
Informationen
NEUGESTALTUNG des BODENS!
BESTER VORSCHLAG gesucht!

Erkunden A

Woran kann ich erkennen, ob Winkel zusammenpassen?

Gut zu wissen
Parkettieren in der Mathematik bedeutet, dass man eine Fläche mit einer oder verschiedenen Figuren lückenlos füllt.

1 Fliesen legen mit sechs Figuren

Wenn Fliesen gelegt werden, will man parkettieren. Man verwendet dazu eine Figur oder mehrere Figuren mit verschiedenen Formen.
Ein Beispiel sind die „Girih-Kacheln" aus dem 15. Jahrhundert, die zusätzlich mit Linien bemalt sind. Das Bild links zeigt den Eingang einer Moschee in Isfahan (Iran), wo man Girih-Kacheln verwendet hat. Die Kacheln sind verschieden in der Form, aber die Seitenkanten sind alle gleich lang.
Till, Ole, Merve und Pia haben aus ähnlichen Kacheln ein Muster gelegt.

Hinweis
Das Applet „Parkette" findest du unter dem Mediencode 106-1.

Erinnere dich
Die Größe eines Winkels wird in Grad gemessen. Man schreibt z. B. 90°.

wiederholen
Wissensspeicher aus vorigen Schuljahren: *Kompass und Winkel*

a) Parkettiere mit den sechs Figuren. Du kannst dafür das Programm „Parkette" nutzen.

b) Untersuche Merves und Pias Anmerkungen:
- Eine Fläche soll nur mit einer Figur parkettiert werden.
  Mit welchen der sechs Figuren klappt das?
  Bei welchen der Figuren bleiben Lücken?
- Eine Fläche soll mit zwei verschiedenen Figuren lückenlos gefüllt werden.
  Mit welchen zwei der sechs Figuren klappt das?

c) Warum kann man mit einigen Figuren parkettieren und mit anderen nicht? Untersuche dazu die Winkelgrößen in den Figuren, mit denen man parkettieren kann.
Dieser Button zeigt im Programm „Parkette" die Winkelgrößen an: 

nachgedacht

d) Vergleicht eure Ergebnisse aus c). Notiert Vermutungen im Heft.

2 Mit Dreiecken parkettieren

▶ Materialblock S. 42
Arbeitsmaterial
Farbdreiecke zum Ausschneiden

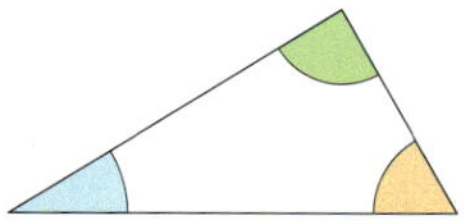

Untersuche, auf welche Weisen man mit Dreiecken parkettieren kann.

a) Schneide die Farbdreiecke im Materialblock aus.
Lege die Dreiecke so aneinander, dass eine Fläche lückenlos gefüllt ist.

b) Untersucht gemeinsam eure Dreiecksparkette. Wie unterscheiden sie sich?
Beschreibt die Parkette mit eigenen Worten.

c) Gibt es noch weitere Möglichkeiten, mit den Dreiecken die Fläche zu parkettieren?
Wie viele Möglichkeiten findet ihr?
Nutzt auch die Farbdreiecke im Applet aus Aufgabe 1.

d) An den zusammentreffenden Eckpunkten entstehen Farbmuster durch die Winkelfarben. Welche Muster können hier entstehen?

nachgedacht

e) Was kannst du über die Winkelgrößen in einem Dreieck deiner Wahl sagen?
Gilt das für alle beliebigen Dreiecke?

3 Zueinander parallele Linien im Parkett finden

Beim Parkettieren entstehen zueinander parallele Linien.
Handwerker nutzen diese, um leichter parkettieren zu können.
Sie legen dazu eine Latte oder spannen eine Hilfsschnur über das Parkett.

a) Welche zueinander parallelen Linien kannst du bei den folgenden Parketten entdecken, an denen du dich orientieren kannst?
Zeichne diese Linien auf den Bildern im Materialblock ein.

▶ Materialblock S. 42
Arbeitsmaterial
Parkette auf zueinander parallele Linien untersuchen

(1)

(2)

Hinweis
Das Applet „Parkette" findest du unter dem Mediencode 107-1.

b) Suche auch zueinander parallele Linien in den Mustern, die du mit dem Programm „Parkette" erstellt hast.
Du kannst dir die Muster ausdrucken und die Linien einzeichnen.

Erkunden B

Wie kann ich ein regelmäßiges Muster beschreiben und herstellen?

Hinweis
Das Spiel findest du im Internet unter dem Mediencode 108-1.

4 Fische wandern

„Fische wandern" ist ein Spiel für zwei bis drei Spieler. Die Fische werden gespiegelt, gedreht oder verschoben, um möglichst schnell vom Startfeld ins Zielfeld zu gelangen.

Spielanleitung:

Ihr benötigt: Spielfeld, 1 Würfel, je Spieler 1 Spielfisch und 1 Spielfigur

Vorbereitung:
- Das Spielfeld befindet sich auf zwei Seiten. An der gestrichelten Linie wird der Rand abgeschnitten und beide Spielfeldteile werden zusammengeklebt.
- Die Spielfische werden an den gestrichelten Linien ausgeschnitten.
- Die Aktionskarten werden ausgeschnitten, in der Mitte gefalzt und zusammengeklebt.

wiederholen

Wissensspeicher aus vorigen Schuljahren: *Symmetrie 2, 3 und 4*

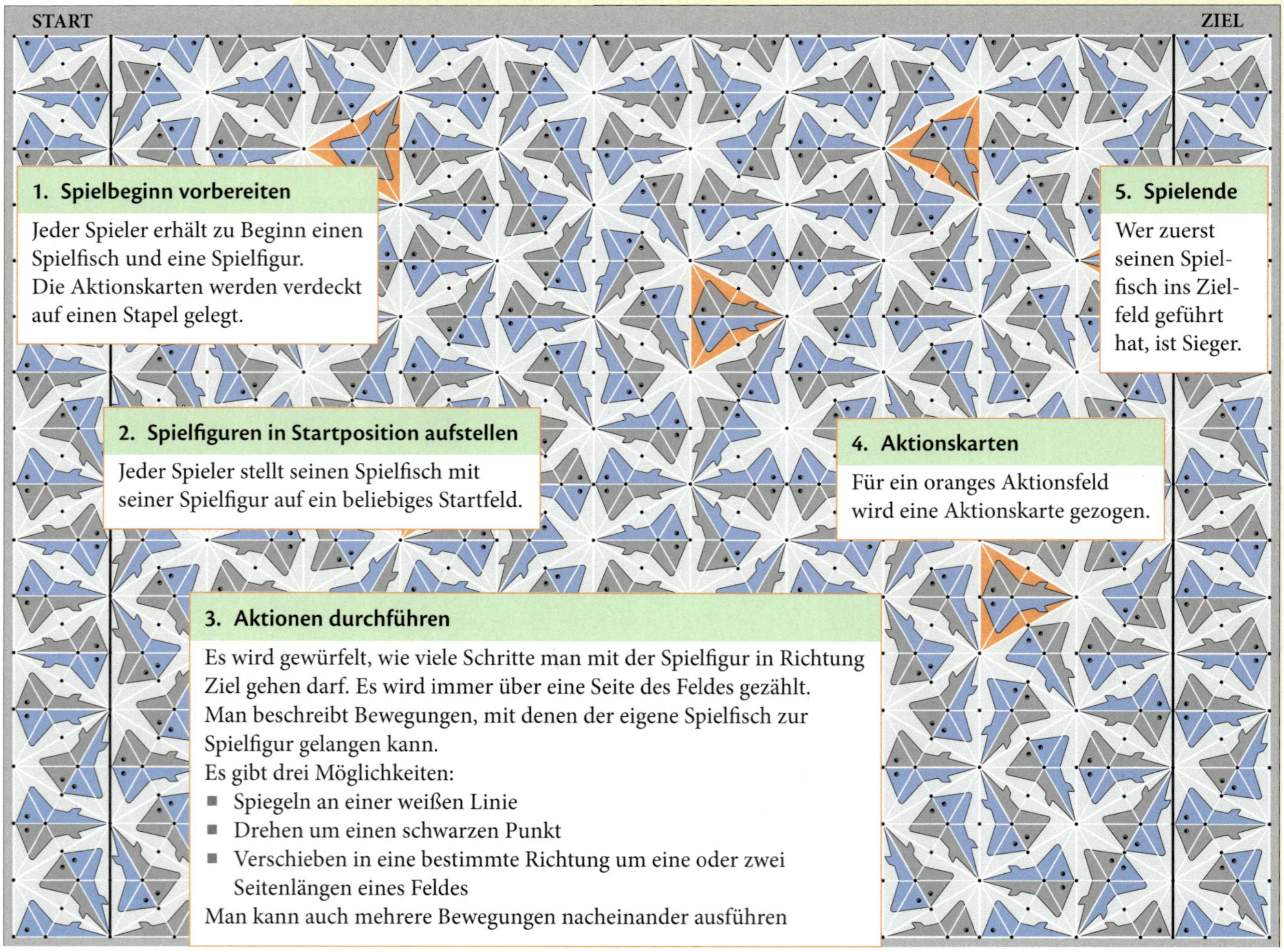

1. Spielbeginn vorbereiten
Jeder Spieler erhält zu Beginn einen Spielfisch und eine Spielfigur.
Die Aktionskarten werden verdeckt auf einen Stapel gelegt.

2. Spielfiguren in Startposition aufstellen
Jeder Spieler stellt seinen Spielfisch mit seiner Spielfigur auf ein beliebiges Startfeld.

3. Aktionen durchführen
Es wird gewürfelt, wie viele Schritte man mit der Spielfigur in Richtung Ziel gehen darf. Es wird immer über eine Seite des Feldes gezählt.
Man beschreibt Bewegungen, mit denen der eigene Spielfisch zur Spielfigur gelangen kann.
Es gibt drei Möglichkeiten:
- Spiegeln an einer weißen Linie
- Drehen um einen schwarzen Punkt
- Verschieben in eine bestimmte Richtung um eine oder zwei Seitenlängen eines Feldes

Man kann auch mehrere Bewegungen nacheinander ausführen

4. Aktionskarten
Für ein oranges Aktionsfeld wird eine Aktionskarte gezogen.

5. Spielende
Wer zuerst seinen Spielfisch ins Zielfeld geführt hat, ist Sieger.

a) Spielt gemeinsam das Spiel „Fische wandern".

nachgedacht

b) Welche Bewegung konntest du am leichtesten durchführen und warum?
Mit welcher Bewegung kommst du am besten voran und warum?

5 Regelmäßige Muster finden und zeichnen

wiederholen

Wissensspeicher aus vorigen Schuljahren: *Symmetrie 1, 2, 3, 4*

a) Erkläre, warum Ole das Muster nicht für ein Parkett hält.
Wie könnte Merves Muster entstanden sein?
Wie könnte man aus dem Muster auch ein Parkett erstellen?

b) Suche Parkette in deiner Umgebung.
Suche auch regelmäßige Muster mit Lücken in deiner Umgebung.
Zeichne jeweils drei Beispiele in dein Heft.

c) Pia, Till und Ole haben aus einem grünen Dreieck ein regelmäßiges Muster begonnen.

Zeichne die Muster in dein Heft.
Führe die Muster fort.

d) Erfinde mit dem grünen Dreieck ein anderes regelmäßiges Muster.

▶ **Ordnen** Wie man Muster schön und genau zeichnen kann, lernst du in Aufgabe 5 (Seite 112) und Aufgabe 6 (Seite 113).

nachgedacht

e) Warum sind die Muster auf dieser Seite alle regelmäßig?

Ordnen A

Woran kann man erkennen, ob Winkel zusammenpassen?

✻ Neues Wort
*Ein **regelmäßiges Vieleck** hat gleich lange Seiten und gleich große Winkel.*

wiederholen

Wissensspeicher aus vorigen Schuljahren: *Symmetrie 2, 3, 4*

1 Winkelgrößen untersuchen

Zum Parkettieren werden oft *regelmäßige Vielecke*✻ benutzt.
Aber nicht alle regelmäßigen Vielecke füllen eine Fläche lückenlos aus.

a) Schreibe zu jedem Bild auf, warum man mit den Figuren parkettieren kann oder warum nicht.
Verwende dabei die markierte Stelle und die angegebene Winkelgröße.

(1)

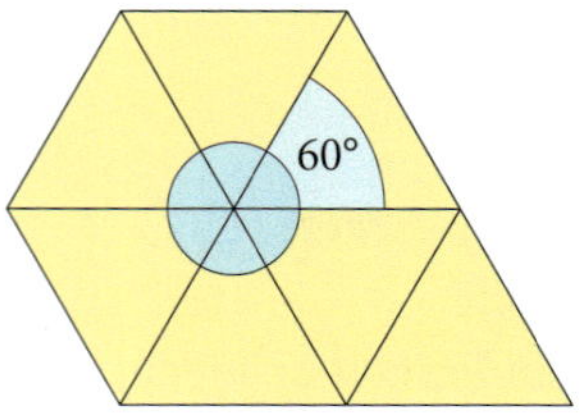

(2)

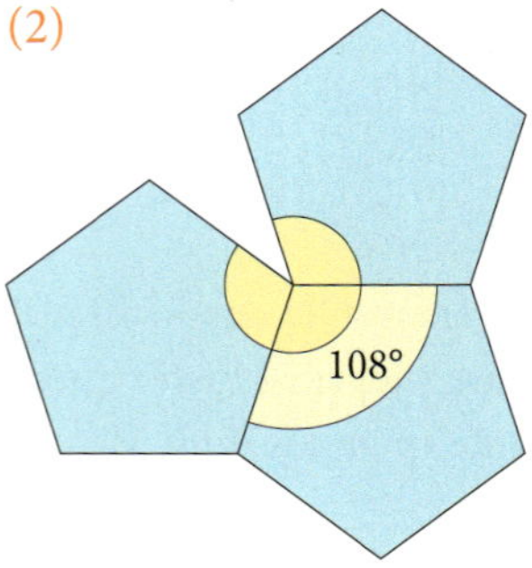

(3)

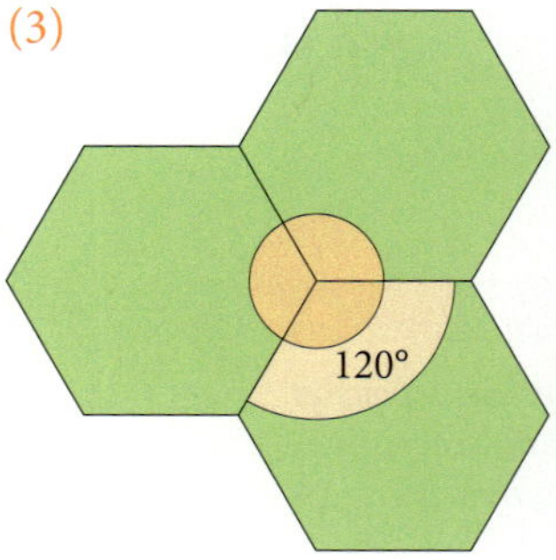

b) In den folgenden Beispielen wurde mit zwei Figuren versucht, eine Fläche zu parkettieren.
Erkläre, warum es bei dem einen Beispiel funktioniert, bei dem anderen aber nicht.

(1)

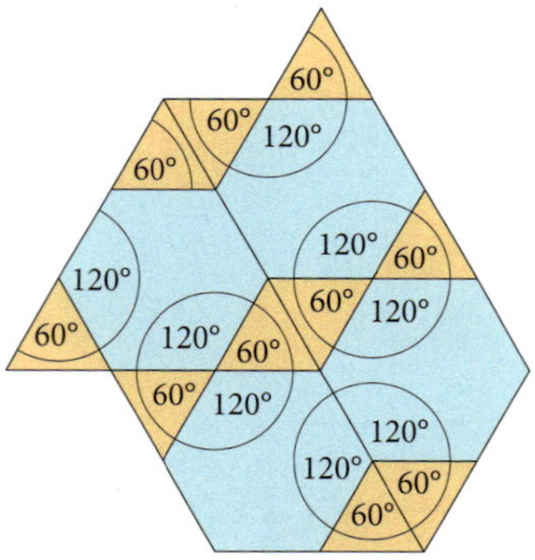

(2)

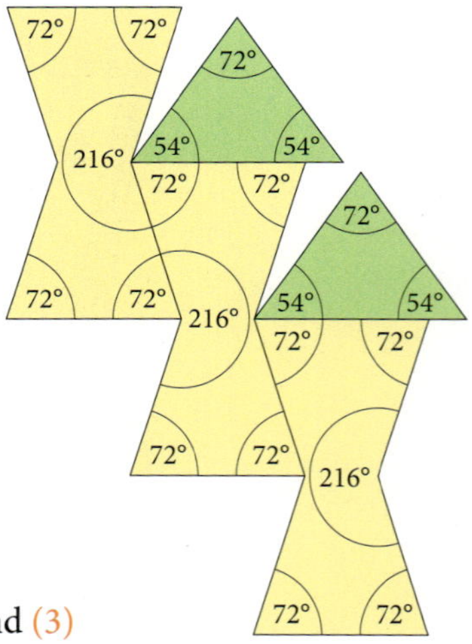

► Materialblock S. 40
Wissensspeicher
Winkelgrößen untersuchen

c) Vergleicht eure Erklärungen zu den Bildern (2) und (3) aus a) und übertragt sie dann in den Wissensspeicher.

2 Winkelsumme im Dreieck bestimmen

✻ Neues Wort
*Die Winkel in einem Vieleck heißen **Innenwinkel**.*

a) Was kannst du über die Summe der *Innenwinkel*✻ in einem Dreieck sagen?

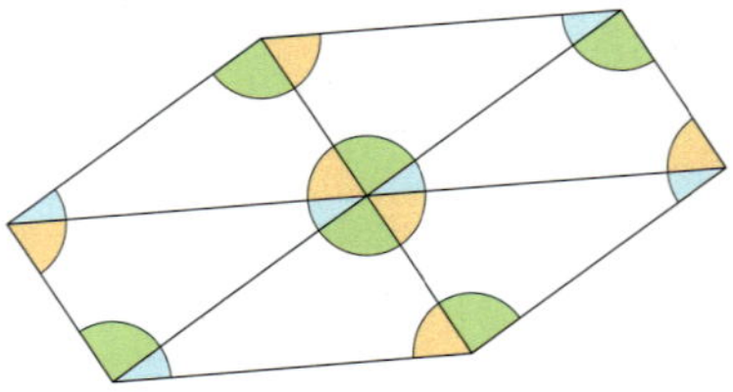

b) Begründe deine Aussage mit Hilfe des Bildes.

► Materialblock S. 40
Wissensspeicher
Winkelgrößen im Dreieck

c) Vergleicht eure Antworten aus a) und b) untereinander und übertragt sie dann in den Wissensspeicher.

3 Winkelpaare finden

Um ein Parkett leichter legen zu können, spannt sich ein Handwerker Hilfsschnüre. Bild ① zeigt eine Skizze von einem Parkett mit roten Schnüren.

a) Zeichne von Bild ① nur die Schnüre ab und markiere dabei gleich große Winkel zwischen den Schnüren in gleicher Farbe. Warum sind die Winkel jeweils gleich groß?

①

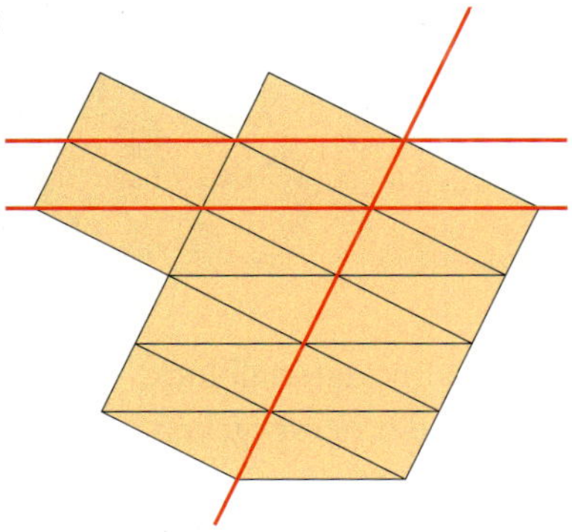

②

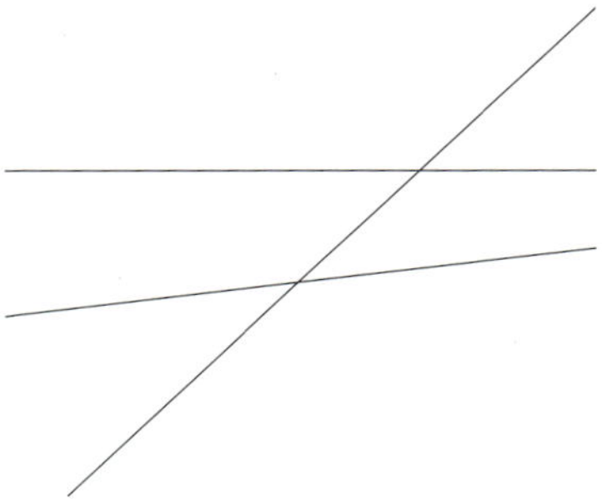

b) Vergleiche Bild ① mit Bild ②.
- Warum kann man sich bei Bild ② kein Dreiecksparkett dahinter vorstellen?
- Warum gibt es im Bild ② weniger gleich große Winkel als im Bild ①?

wiederholen

Wissensspeicher aus vorigen Schuljahren: *Grundbegriffe 4*

*** Neue Wörter Nebenwinkel, Scheitelwinkel, Stufenwinkel** *sind Bezeichnungen für Winkelpaare.*

► Materialblock S. 40 Wissensspeicher *Besondere Winkelpaare*

c) Winkelpaare mit besonderen Eigenschaften erhalten eigene Namen, damit man leichter über sie sprechen kann. Es gibt zum Beispiel *Nebenwinkel**, *Scheitelwinkel** und *Stufenwinkel**.
- Welches Winkelpaar im Bild ③ passt zu welchem Namen?
- Begründe, warum du die Namen passend findest.

③

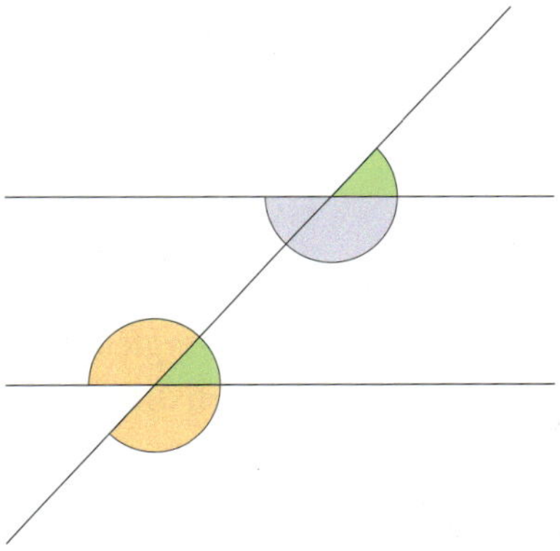

d) Vergleicht eure Lösungen und übertragt sie in den Wissensspeicher.

e) Vergleiche im Bild ③ die Größe der Winkelpaare:
(1) Was kann man über die Größe von je zwei Stufenwinkeln sagen?
(2) Was kann man über die Größe von Scheitelwinkeln sagen?
(3) Was kann man über die Größe von Nebenwinkeln sagen?

f) Welche der Aussagen aus e) gelten auch für Bild ②? Begründe jeweils, warum sie gelten bzw. nicht gelten.

g) Vergleicht eure Lösungen aus e) und f) und übertragt sie in den Wissensspeicher.

Ordnen B

Wie kann man ein regelmäßiges Muster beschreiben und herstellen?

4 Fischpaare finden

Wenn man ein Parkett zeichnet, kann man Figuren verschieben, drehen oder spiegeln. Dann entstehen Bilder der Figuren an anderer Stelle.
So ist auch der Spielplan „Fische wandern“ entstanden.

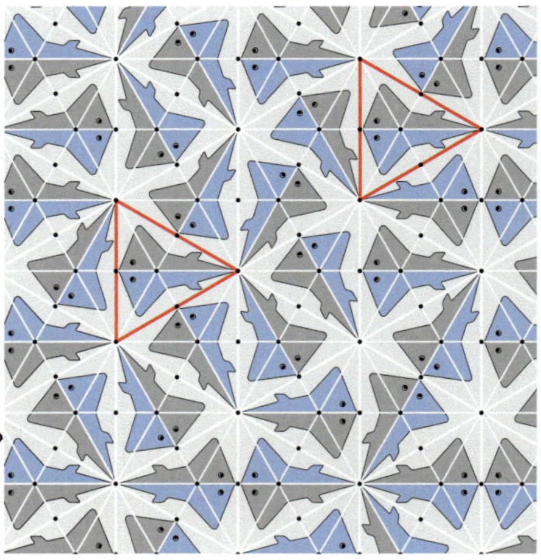

► Materialblock S. 43
Arbeitsmaterial
Verschieben, Spiegeln und Drehen

a) Finde wie Merve Fischpaare auf den verkleinerten Spielplänen im Materialblock.
   (1) Finde weitere Fischpaare, die durch Verschieben auseinander hervorgehen, und markiere die beiden Fische jeweils rot.
   Zeichne den Pfeil, der angibt, wie weit und in welche Richtung verschoben wurde.
   (2) Finde nicht benachbarte Fischpaare, die durch Spiegeln auseinander hervorgehen, und markiere sie blau.
   Zeichne dazu die Spiegelachse ein.
   (3) Finde Fischpaare, die durch Drehen auseinander hervorgehen, und markiere sie grün. Nutze dazu den Blankospielplan und überlege:
   - Wo ist der Drehpunkt, also wo muss man mit einer Zirkelspitze oder einer Stecknadel den Blankospielplan festhalten und drehen?
   - Wie weit muss man drehen, also wie groß ist der Winkel?

wiederholen

Wissensspeicher aus vorigen Schuljahren: *Symmetrie 4*

► Materialblock S. 41
Wissensspeicher
Eine Figur verschieben, drehen oder spiegeln

b) Vergleicht eure Ergebnisse aus a) und übertragt jeweils ein Fischpaar aus (1), (2) und (3) in die Spielpläne im Wissensspeicher.

wiederholen

Wissensspeicher aus vorigen Schuljahren: *Symmetrie 2 und 3*

5 Figuren spiegeln und verschieben

Ein Parkett lässt sich zeichnen, indem man Figuren spiegelt oder verschiebt.

a) Zeichne ein Muster aus diesem Dreieck,
- das nur aus Verschieben entsteht.
- das nur aus Spiegeln entsteht.

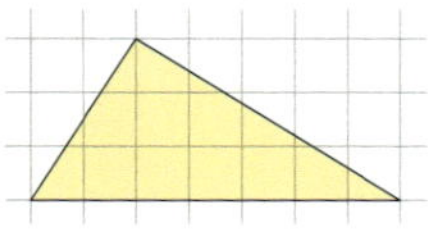

b) Färbe in deinem Muster jeweils zwei Dreiecke so, dass deutlich wird, wodurch das Muster entstanden ist:
- Mit Rot, wenn die beiden Dreiecke durch Verschieben auseinander hervorgehen. Zeichne auch den Verschiebungspfeil rot.
- Mit Blau, wenn die beiden Dreiecke durch Spiegeln auseinander hervorgehen. Zeichne die Spiegelachse blau.

*** Neues Wort**
*Im **mathematisch positiven Sinn** drehen bedeutet entgegen dem Uhrzeigersinn drehen.*

wiederholen

Wissensspeicher
aus vorigen Schuljahren:
Symmetrie 4

6 Mit dem Geodreieck drehen

a) Pia will den grünen Punkt im *mathematisch positiven Sinn** drehen.
Welcher Punkt ist ihr Drehpunkt?
Um wie viel Grad dreht Pia?

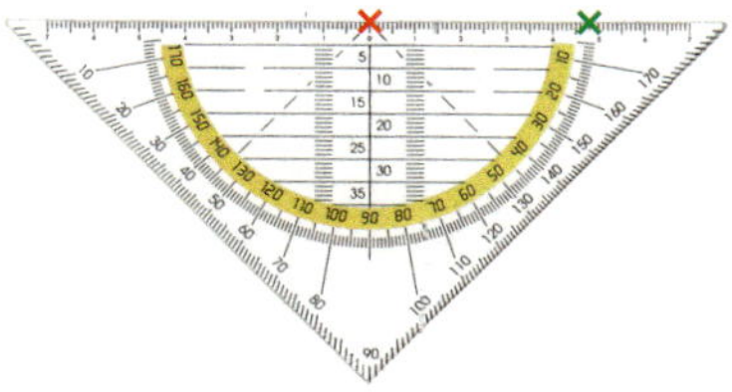

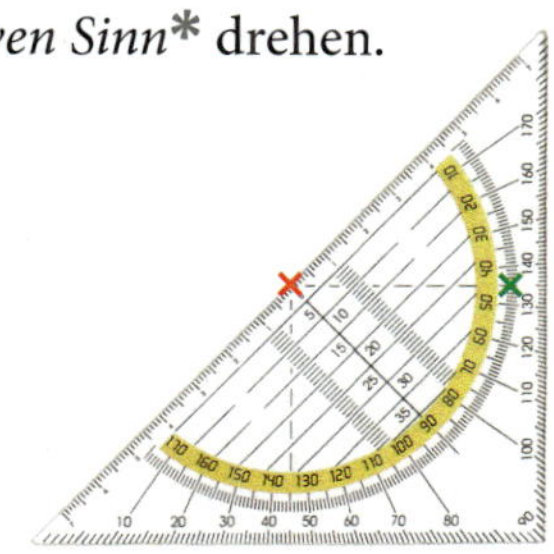

b) Zeichne die beiden Punkte in dein Heft und führe Pias Drehung aus.

c) Pia, Ole und Till ist jeweils ein Fehler unterlaufen. Benenne die Fehler.

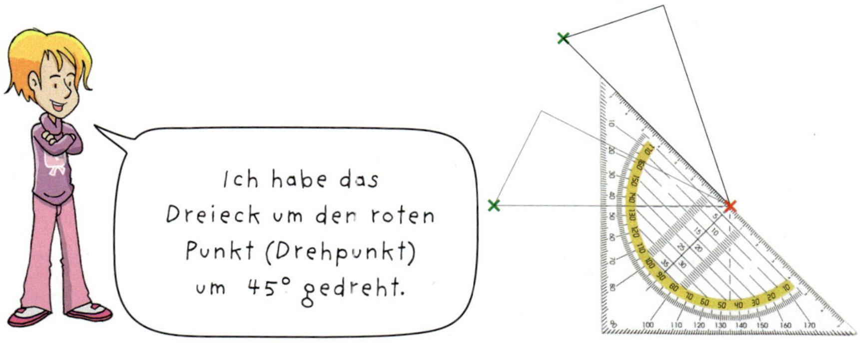

d) Drehe im Wissensspeicher das Dreieck um den Drehpunkt (rot markiert) im mathematisch positiven Sinn um 45°, 90° und 180°.
Zeichne die Dreiecke mit Bleistift.

► Materialblock S. 41
Wissensspeicher
Eine Figur verschieben, drehen oder spiegeln

e) Vergleicht eure Bilder aus d) und kennzeichnet dann die Dreiecke im Wissensspeicher mit unterschiedlichen Farben.

Vertiefen 1

Parkette untersuchen

Training

1 Passende Figuren für Parkette finden

Erkläre mit Hilfe der folgenden Bilder, warum man mit dem Achteck, dem Viereck und dem Zwölfeck eine Fläche lückenlos bzw. nicht lückenlos füllen kann.
Achte dabei auf die markierten Stellen.

(1)
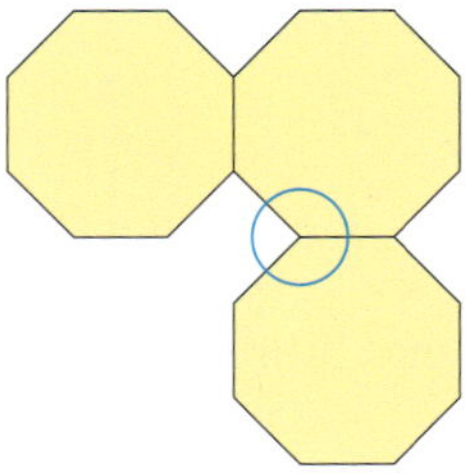

(2)
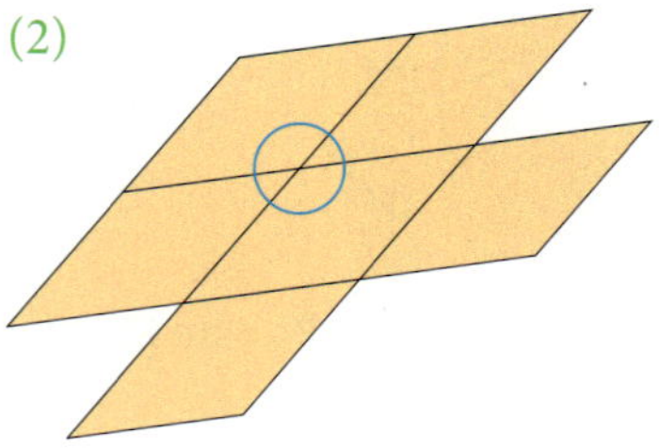

(3)
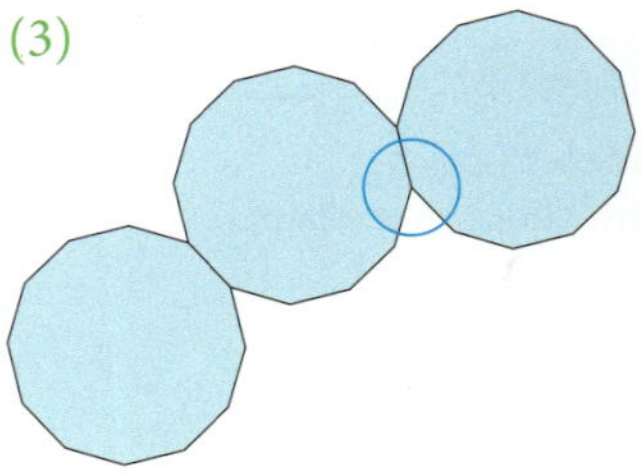

2 Winkelgrößen in Parketten bestimmen

Die Parkette befinden sich in der Kirche Santa Maria Maggiore in Rom.
Bestimme die Winkelgrößen in den folgenden Parketten ohne zu messen.
Schreibe die Winkelgrößen in dein Heft.
Wie groß sind die Winkel, die an der markierten Stelle zusammentreffen?

a)

b)
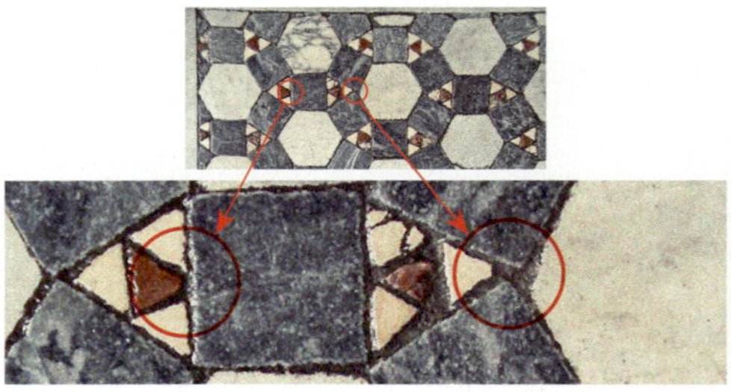

3 Muster im Alltag suchen

a) Suche mindestens zwei Parkette in deiner Umgebung.
Skizziere die Parkette in dein Heft und schreibe dazu, wo du sie gefunden hast.

b) Untersuche die gefundenen Parkette aus a):
- Aus welchen Grundfiguren sind sie aufgebaut?
- Welche Winkelgrößen treffen jeweils in einem Eckpunkt zusammen?

c) Erfinde selbst ein Parkett. Beschreibe, wie du vorgegangen bist.

Training

4 Linien im Parkett untersuchen

a) Skizziere das Parkett in dein Heft.

b) Suche in dieser Skizze nach Parallelen.
Zeichne mindestens drei Paare von Parallelen ein.

Training

5 Muster weiterführen

a) Zeichne ein Quadrat mit 10 cm Seitenlänge. Übertrage in das Quadrat das nebenstehende Fliesenmuster. Setze es so fort, dass das ganze Quadrat gefüllt ist.

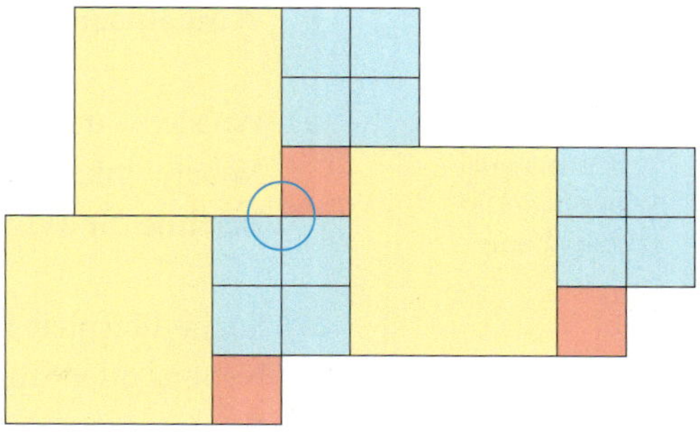

b) Warum bleibt bei dem Muster aus a) keine Lücke?
Betrachte die eingekreiste Stelle und erkläre mit Hilfe der Winkel.

Problemlösen

6 Quadrat-Parkette verändern

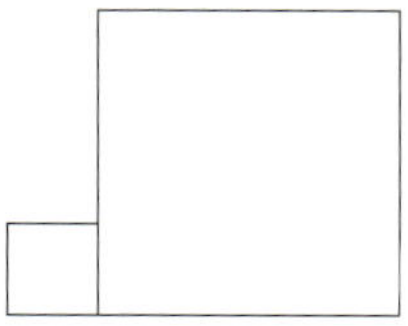

a) Das Parkett im Foto rechts ist aus zwei verschieden großen Quadraten entstanden.
Zeichne das Parkett in dein Heft. Nimm zwei beliebig große Quadrate.

b) Zeichne nun zwei andere, verschieden große Quadrate. Gelingt es wieder, die Fläche damit lückenlos zu füllen?

c) Vergleicht eure Bilder in der Klasse.
Findet Gemeinsamkeiten und Unterschiede.

7 Mit Bienenwaben parkettieren

a) Bienen, Wespen und Hornissen sind wahre Baumeister. Welche Vorteile hat die Bauweise der Waben im Bild rechts? Begründe mit Hilfe der Winkelgrößen.

b) Was ist im Bild links anders als bei den Bienenwaben?

c) Begründe im Bild links mit Hilfe der Winkelgrößen der roten und weißen Formen, warum das Parkettieren klappt.

d) Suche ein Bild von einem Sechseck. Schneide es aus und nutze es als Schablone.
Entwirf ein anderes Parkett mit Sechsecken ähnlich wie in b).
Welche Formen können die Lücken haben?

8 Ein Parkett entwerfen

Entwirf ein Parkett aus einer oder zwei Grundfiguren und zeichne es.
Du kannst das Applet benutzen, um deine Ideen auszuprobieren.

Hinweis
Das Applet „Parkette" findest du unter dem Mediencode 115-1.

Vertiefen 2

Besondere Winkelpaare finden und nutzen

9 Winkelpaare in deiner Umgebung finden

► Materialblock S. 44 Arbeitsmaterial *Winkelpaare im Fachwerkhaus*

a) Wo siehst du im nebenstehenden Bild Scheitelwinkel-, Nebenwinkel- und Stufenwinkelpaare? Zeichne die Winkelpaare farbig im Materialblock ein.

b) Suche Beispiele in deiner Umgebung, wo Scheitel-, Neben- oder Stufenwinkelpaare vorkommen. Fertige von diesen Beispielen eine Skizze an oder fotografiere sie. Markiere dann die Stufenwinkelpaare in deiner Skizze.

c) Erfinde selbst ein Muster aus Geraden und Strecken, in dem Stufen-, Scheitel- und Nebenwinkelpaare vorkommen.

10 Muster mit Winkelpaaren zeichnen

► Materialblock S. 44 Arbeitsmaterial *Winkelpaare finden*

a) Wo findest du in den Bildern rechts besondere Winkelpaare? Färbe die Winkel, die gleich groß sind, mit der gleichen Farbe im Materialblock.

b) Wo findest du weitere besondere Winkelpaare in deiner Umgebung?

c) Entwirf selbst ein Muster mit Winkelpaaren.

11 Parallelen erkennen

Können die Geraden g und h zueinander parallel sein? Entscheide mit Hilfe der Winkelgrößen.

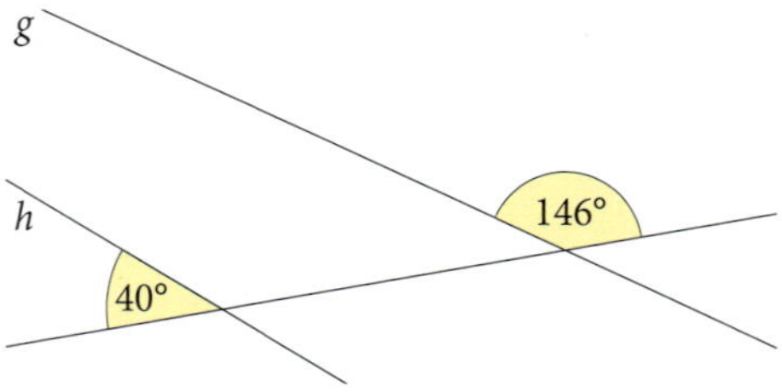

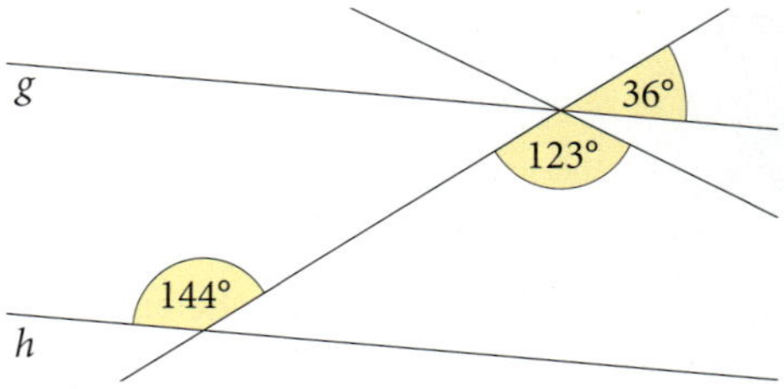

12 Winkel färben

Zeichne mit dem Geodreieck ein Muster aus zueinander parallelen Geraden wie im Bild. Kennzeichne einen Schnittpunkt. Markiere alle Winkel, die an dem Punkt zusammentreffen. Färbe gleich große Winkel mit gleicher Farbe. Was fällt dir auf?

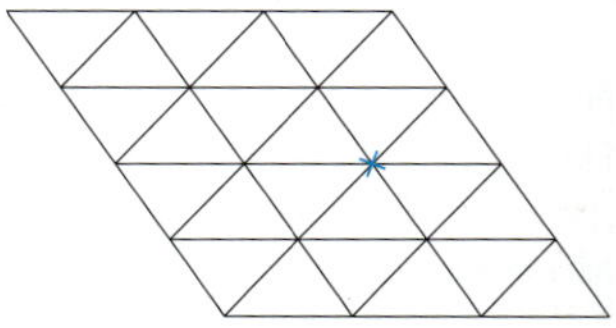

Vertiefen 3

Winkel in Dreiecken bestimmen

13 Winkelsummen überprüfen

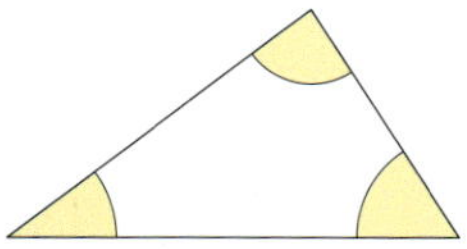

Till und Merve haben Dreiecke in ihren Heften gezeichnet, die Winkel genau gemessen und die drei Winkelgrößen addiert.
Können ihre Ergebnisse stimmen?
Schreibe auf, was du den beiden sagen würdest.

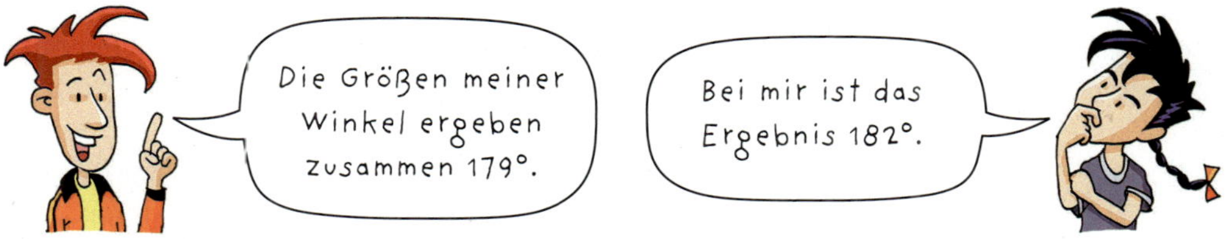

14 Das Dreiecksrommé

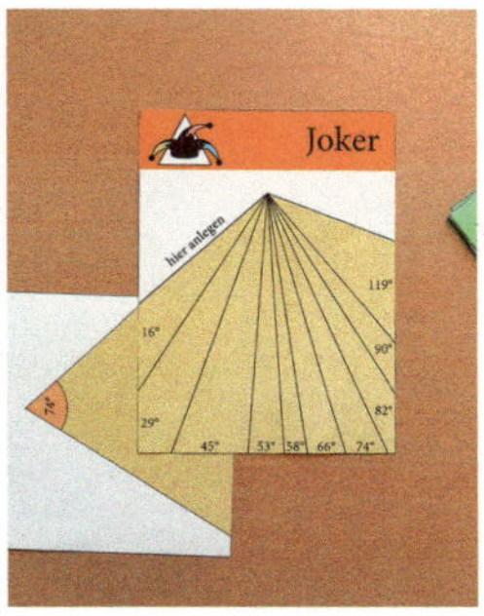

a) Ziel des Spiels ist es, wie im Bild rechts mit den Karten Dreiecke zu legen. Es wird zu dritt reihum gespielt.

Spielregeln:

Alle erhalten jeweils sechs Karten. Die restlichen Karten liegen als Stapel in der Mitte.
Wer an der Reihe ist, führt folgende Spielzüge aus:

- Man zieht eine Karte vom Stapel oder man nimmt die zuletzt abgelegte Karte vom Ablagestapel.
- Kann mit den eigenen Karten wie im Bild rechts ein Dreieck gebildet werden, legt man diese Karten ab.
- Danach wird eine Karte offen auf den Ablagestapel gelegt.

Wer zuerst keine Karten mehr auf der Hand hat, hat gewonnen.

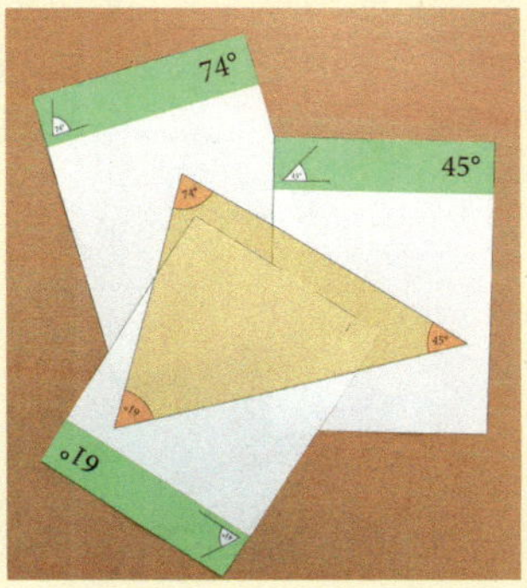

Hinweis
Das Spiel findest du im Internet unter dem Mediencode 117-1.

b) Wie bist du vorgegangen, um drei passende Karten zu finden? Was hat dir dabei geholfen?

15 Winkel suchen

Bei dem Fachwerkhaus im Bild links sollen die Felder mit Glasscheiben versehen werden.
Der Glaser benötigt dazu die Winkelgrößen der farbig markierten Winkel.

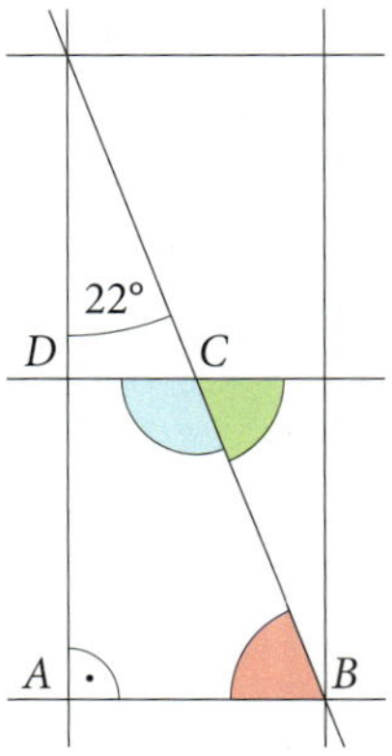

a) Bestimme die Größe der farbig markierten Winkel, ohne zu messen.

b) Zeichne die nebenstehende Figur in beliebiger Größe mit den Winkelgrößen aus a) in dein Heft.

c) Berechne die Summe aller Winkel im Viereck $ABCD$ und vergleiche dein Ergebnis mit dem deines Nachbarn.

Training

wiederholen

Wissensspeicher aus vorigen Schuljahren: *Grundbegriffe 4*

16 Wahr oder falsch?

a) Welche der folgenden Aussagen zu einem beliebigen Dreieck sind richtig, welche sind falsch?
Begründe deine Einschätzung.
Eine Skizze kann dir helfen.

(1) Es gibt Dreiecke mit drei stumpfen Winkeln.
(2) Es gibt Dreiecke mit drei spitzen Winkeln.
(3) In jedem Dreieck gibt es zwei gleich große Winkel.
(4) Es gibt kein Dreieck mit einem stumpfen oder überstumpfen Winkel.
(5) Es gibt ein Dreieck, bei dem ein Winkel doppelt so groß ist wie die anderen beiden Winkel zusammen.
(6) Wenn ein Winkel im Dreieck ein stumpfer Winkel ist, dann muss die Summe der anderen beiden Winkel im Dreieck kleiner als 90° sein.

b) Formuliert selbst solche Aussagen und tauscht sie untereinander aus. Überprüft die Aussagen.

17 Dreiecke zeichnen

a) Durch die folgenden Angaben ist jeweils die Form eines Dreiecks eindeutig bestimmt.
Zeichne zu jeder Aussage ein passendes Dreieck in dein Heft.

(1)	Ein Winkel beträgt 20° und ein anderer 80°.	Ein Winkel beträgt 37° und ein anderer 95°.
(2)	Zwei Winkel im Dreieck sind 45° groß.	Ein Winkel im Dreieck ist 30°, die beiden anderen sind gleich groß.
(3)	Alle Winkel sind gleich groß.	Alle Winkel sind gleich groß.

b) Vergleicht eure Zeichnungen zu a) gegenseitig und korrigiert gegebenenfalls.

c) Erfindet selbst vier solche Aufgaben und tauscht sie untereinander. Es soll auch eine unmögliche Aufgabe dabei sein, für die es keine Lösung gibt.

18 Winkel finden

► Materialblock S. 45 Arbeitsmaterial *Papierstreifen*

a) Drei Papierstreifen wurden wie im Bild rechts übereinandergelegt.
Markiere im Materialblock im oberen Bild alle Winkel gleicher Größe mit der gleichen Farbe.
Begründe deine Wahl mit deinem Wissen über Winkel.

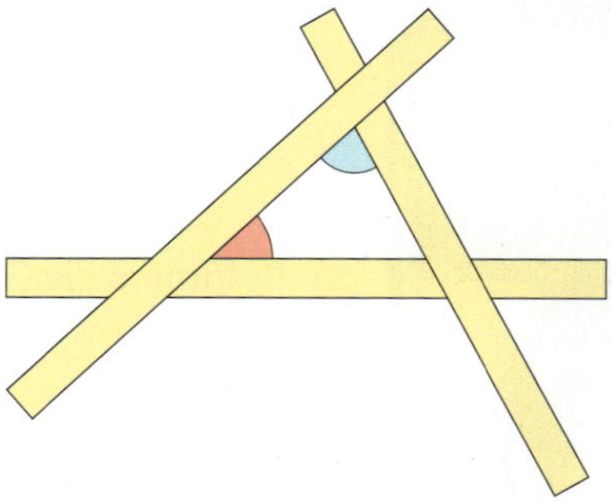

b) Bestimme die Größe aller anderen Winkel, wenn der rot markierte 45° und der blau markierte Winkel 80° betragen.

Vertiefen 4 Figuren verschieben, spiegeln oder drehen

19 Das Fischmuster untersuchen

a) Untersuche das Fischmuster auf Regelmäßigkeiten. Markiere deine Entdeckungen auf dem Fischmuster im Materialblock.

b) Untersuche das Fischmuster und markiere Fischpaare,
(1) die sich anschauen,
(2) die in die gleiche Richtung schauen,
(3) die in die entgegengesetzte Richtung schauen,
(4) die aneinander vorbeischauen
jeweils mit einer Farbe.

c) Gib an, ob die Fischpaare aus b) durch Verschieben, Spiegeln oder Drehen auseinander hervorgehen.

d) Welches System kannst du erkennen, mit dem das Fischmuster aufgebaut ist?

▶ Materialblock S. 46 Arbeitsmaterial *Fischmuster*

20 Fischpaare suchen

a) Ole stellt Till folgendes Rätsel:
Im Fischmuster ist ein Fischpaar gesucht, das sich anguckt, sich nicht berührt, drei Dreiecke voneinander entfernt liegt und nicht achsensymmetrisch ist.
Welches Fischpaar kann das sein?

b) Erfindet eigene Rätsel und stellt sie euch gegenseitig vor.

21 Bilder beschreiben

① *... immer in die gleiche Richtung...*

② *Gleiche Farbe liegt auf gleicher Seite, aber die Figur ist um 60° gedreht.*

③ *... zwei Augen und zwei Flossen ...*

④ *Entsprechende Strecken der Fische sind um den gleichen Winkel gedreht.*

⑤ *... eins ist Spiegelbild vom anderen ...*

⑥ *... der Fisch im Dreieck ...*

⑦ *... mit einem Pfeil beschreiben, wie man von einem Fisch zum anderen kommt.*

⑧ *... ein Drehpunkt ...*

⑨ *... Umklappen eines Fisches ...*

⑩ *... mit Kästchenzählen die Richtung angeben.*

⑪ *... eine Spiegelachse ...*

a) Welche Karten helfen dir beim Beschreiben von Fischpaaren? Gib jeweils ein Beispiel.

b) Zeichne eine Tabelle mit den Spalten „Verschieben“, „Spiegeln“ und „Drehen“ in dein Heft und trage die Kartennummern in die richtige Spalte ein.

22 Fischpaare unterscheiden

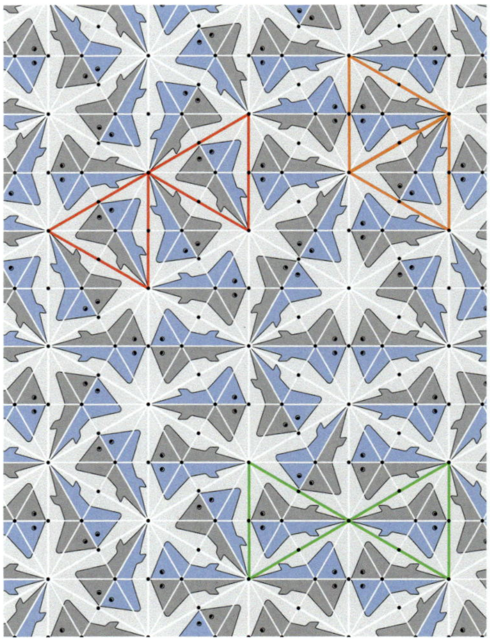

a) Betrachte die markierten Fischpaare. Durch welche Bewegung gehen sie auseinander hervor? Gib entweder einen Verschiebungspfeil, den Drehpunkt oder die Spiegelachse an.

► Materialblock S. 47 Arbeitsmaterial *Fischpaare unterscheiden*

b) Markiere zwei Fische, die entweder durch Verschieben, Drehen oder Spiegeln auseinander hervorgehen. Zeigt euch gegenseitig eure Fischpaare und findet heraus, wie die beiden Fische zusammengehören. Tragt entweder den Verschiebungspfeil, den Drehpunkt oder die Spiegelachse ein.

c) Findest du im Fischmuster zwei Fische, zu denen es sowohl eine Spiegelachse als auch einen Drehpunkt gibt?

23 Das Fischmuster fortsetzen

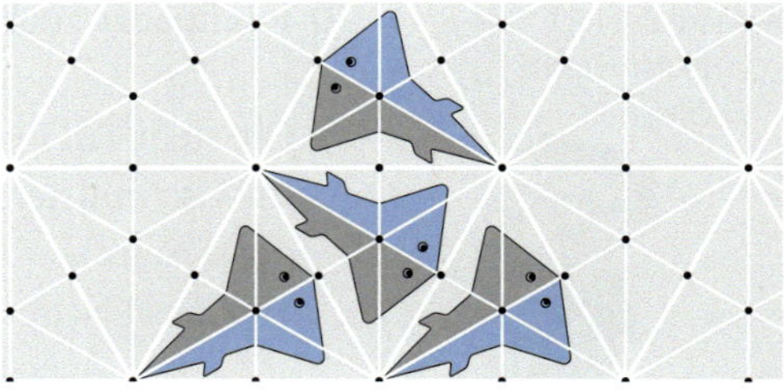

a) Finde heraus, wie die Anordnung im Bild rechts entstanden ist. Beschreibe, wie das Muster weitergeht.

b) Findest du mehrere Möglichkeiten?

► Materialblock S. 48 Arbeitsmaterial *Spielpläne entwerfen*

24 Spielpläne entwerfen

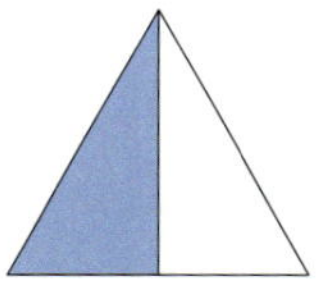

a) Das Dreieck soll einen vereinfachten Fisch darstellen. Entwirf mit Hilfe des Dreiecks einen eigenen Spielplan, bei dem nur
   (1) Achsenspiegelungen durchgeführt werden,
   (2) Drehungen durchgeführt werden,
   (3) Verschiebungen durchgeführt werden.

b) Entwirf eigene Spielregeln, die zu deinem Spielplan passen.

25 Wege finden

a) Finde und markiere einen Weg mit vier Schritten in dem Muster, der nur aus Achsenspiegelungen besteht.

► Materialblock S. 47 Arbeitsmaterial *Wege finden*

b) Finde und markiere einen Weg mit sechs Schritten im Muster,
- der nur aus Verschiebungen besteht.
- der nur aus Drehungen besteht.

Training

26 Muster sortieren

Gut zu wissen
Dieses Parkett ist nach dem englischen Mathematiker Sir Roger Penrose benannt.

Du siehst hier Ausschnitte aus einem sogenannten „Penrose-Parkett". Beschreibe mit welcher Bewegung die Muster aus der blauen und der roten Grundfigur entstanden sind.

(1)

(2)

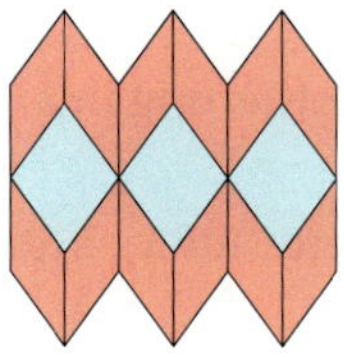

(3)

(1)

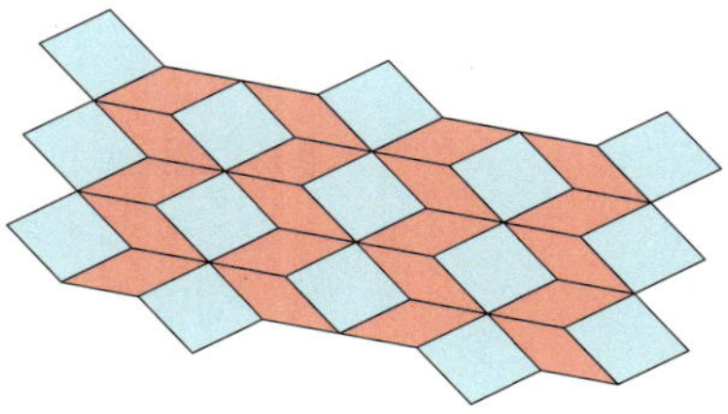

(2)

► Materialblock S. 49 Arbeitsmaterial *Fische färben*

27 Fische färben

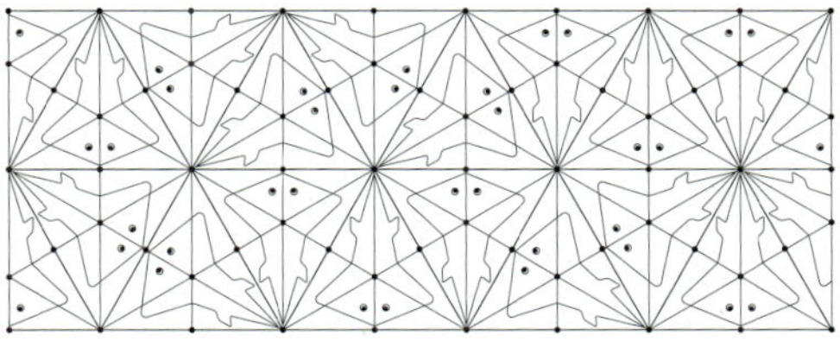

a) Färbe die Fische im Blankospielplan so, dass keine Verschiebungen vorkommen.

b) Färbe die Fische im Blankospielplan so, dass keine Achsenspiegelungen vorkommen.

c) Wiederholt a) und b) und baut einen Fehler ein. Tauscht eure Seiten aus und sucht gegenseitig die Fehler.

28 Eine Grundform – verschiedene Parkette zeichnen

a) Zeichne auf Karopapier ein Quadrat mit 10 cm Seitenlänge. Fülle dieses Quadrat mit einem Dreiecksparkett aus dem nebenstehenden Dreieck als Grundform.

b) Zeichne in deinem Bild aus a) zueinander parallele Linien ein.

c) Finde ein anderes Parkett, das du mit diesem Dreieck legen kannst. Zeichne es in ein neues Quadrat ein.

d) Finde noch ein drittes Parkett.

Training

29 Mit Vierecken parkettieren

a) Übertrage jeweils die Figur in dein Heft und erstelle mit der Figur ein Parkett.

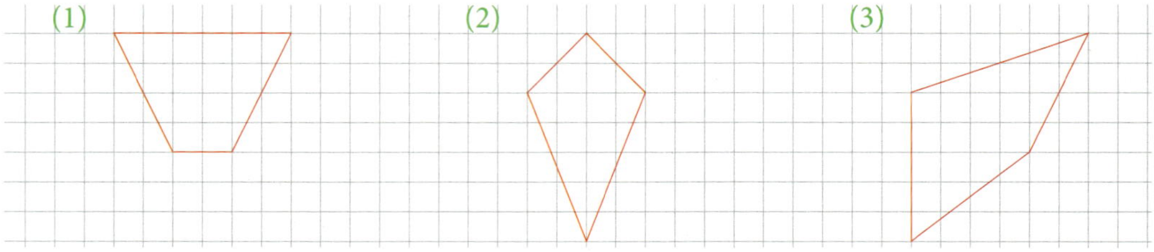

b) Erkläre, warum die Parkettierung in a) jeweils klappt.

c) Vergleiche die drei Parkette aus a). Entstehen immer zueinander parallele Linien? Begründe.

30 Parkette aus Vielecken untersuchen

a) In diesen Parketten lassen sich zusammengesetzte Figuren aus mehreren Grundfiguren erkennen.
Welche Grundfiguren kannst du in den einzelnen Bildern erkennen?

► Materialblock S. 50
Arbeitsmaterial
Parkette aus Vielecken

b) Aus den Grundfiguren kann man neue Figuren, die immer wiederkehren, zusammensetzen. Welche wiederkehrenden Figuren erkennst du?
Färbe in den Mustern im Materialblock gleiche Figuren mit gleicher Farbe.

(1)
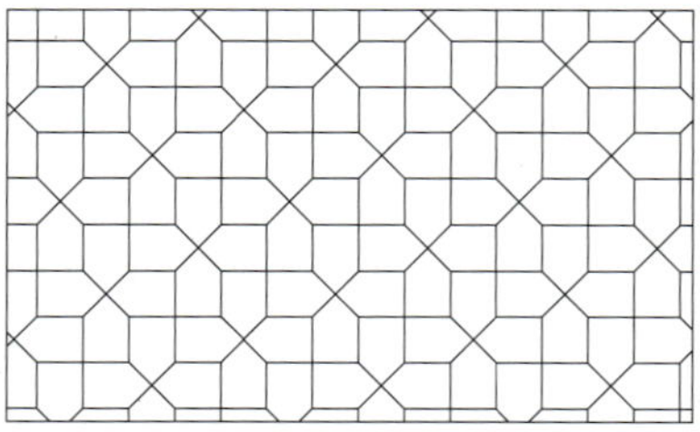
(2)
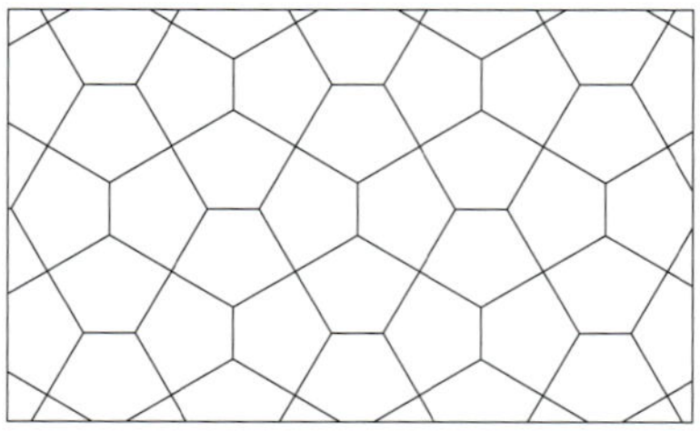
(3)
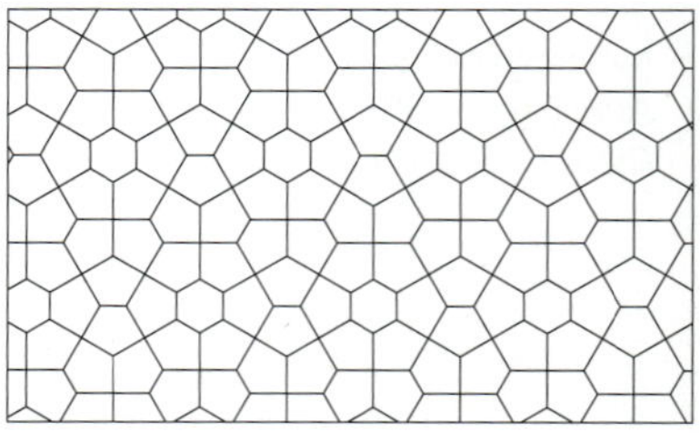

31 Windräder zeichnen

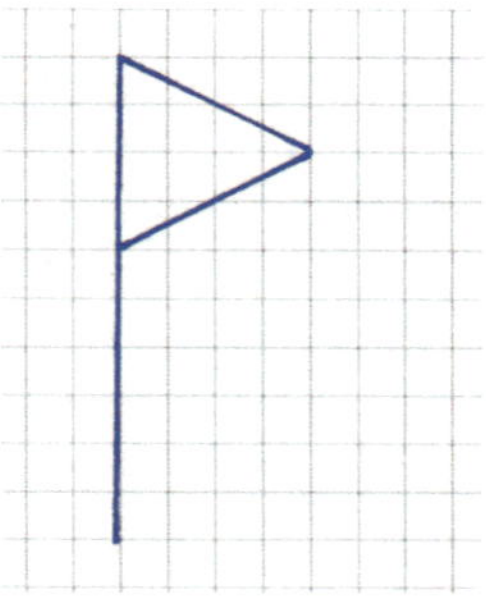

a) Merve will ein Muster aus sechs Fähnchen herstellen.
Sie hat schon eine Skizze erstellt.
Übertrage das einzelne Fähnchen links in dein Heft und zeichne Merves Muster sauber mit dem Geodreieck.

b) Zeichne ein ähnliches Muster aus drei (aus fünf) Fähnchen auf Blankopapier.
Um welchen Winkel musst du jeweils von einem Fähnchen bis zum nächsten drehen, damit die Fähnchen gleichmäßig im Kreis angeordnet sind?

c) Wählt nun einen anderen Drehpunkt und zeichnet ein anderes Muster.
Tauscht das Bild untereinander. Findet heraus, welches der Drehpunkt ist und um welchen Winkel gedreht wurde.

Training

✻ Neues Wort
Punktspiegelung

32 An einem Punkt spiegeln

Drehe eine Figur (z. B. das Windrad aus Aufgabe 31) um 180°.
Die Drehung um 180° heißt auch *Punktspiegelung*✻.
Erkläre diesen Namen an deiner Figur.

33 Drehungen bestimmen

(1)

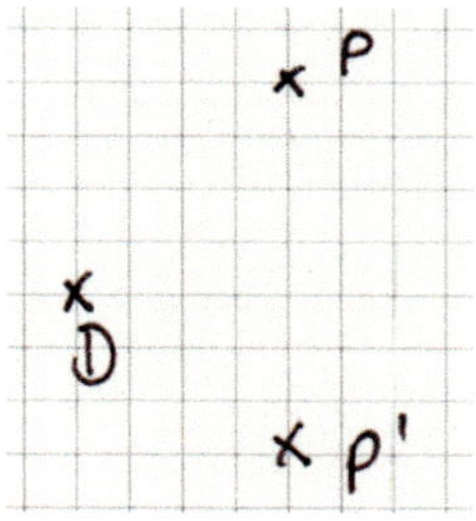

(2)

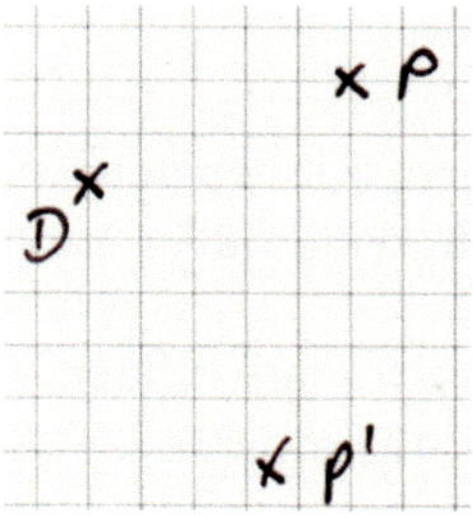

(3)

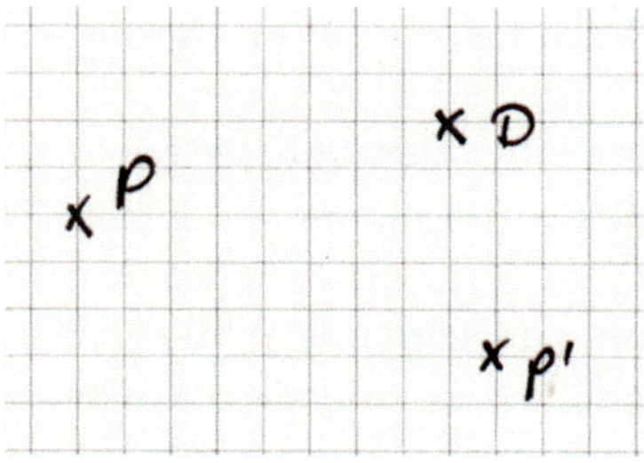

Ole behauptet, er habe jeweils den Punkt P um den Drehpunkt D gedreht.
Kann das stimmen?
Zeichne dazu die Punkte in dein Heft und überprüfe mit dem Zirkel, ob Ole Recht hat.
Bei welcher Zeichnung kann man ohne Nachprüfen sehen, dass nicht richtig gedreht wurde?

34 Figuren verschieben

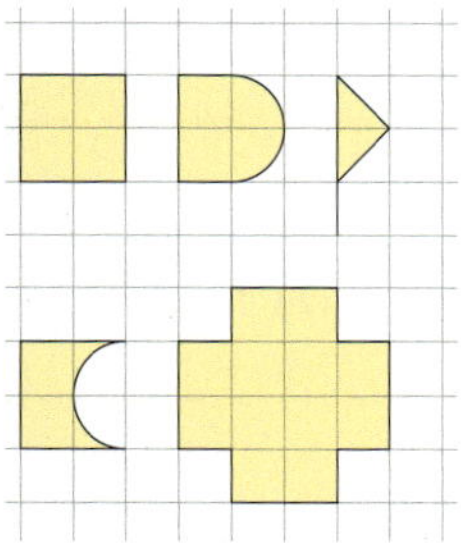

a) Wähle eine der Figuren aus und zeichne sie auf Karopapier in dein Heft.
Verschiebe sie mehrmals so, dass ein Parkett entsteht.

b) Gib an, um wie viele Kästchen du deine Figur in a) senkrecht und waagerecht verschieben musstest.

c) Tauscht eure Ergebnisse aus b) untereinander.
Versucht, das Muster nachzuzeichnen. Vergleicht danach eure Zeichnungen.

35 Parkette entwerfen und untersuchen

Hinweis
Das Applet findest du unter www 123-1.

a) Pia, Ole, Till und Merve haben die Parkette (1) bis (4) mit dem Applet entworfen.
Gib mindestens eine Verschiebung, eine Drehung und eine Spiegelung an.

(1)

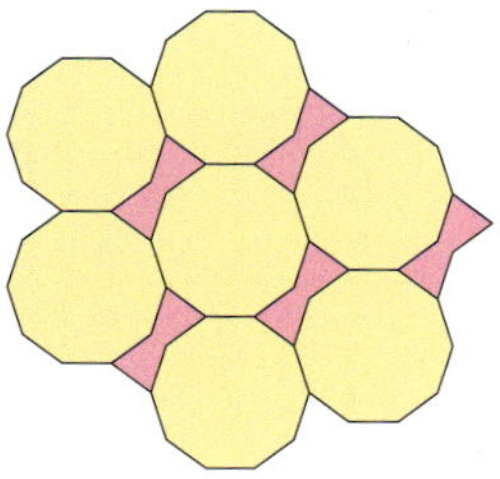

(2)

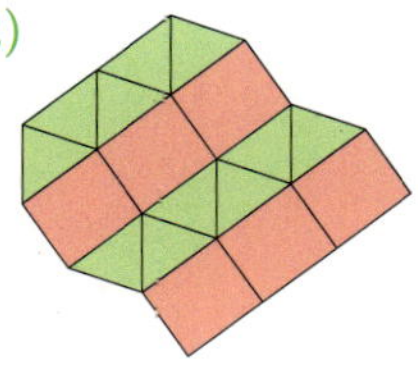

(3)

(4)

b) Entwirf selbst ein Parkett und gib die Bewegung an.

Checkliste

Fliesenlegen und Parkettieren – Wie Winkel zusammenpassen

Ich kann … *Ich kenne …*		*Hier kann ich üben …*
Ich kann erklären, woran es liegt, dass man mit einer oder mehreren Figuren parkettieren kann. Warum kann man aus dieser Figur kein Parkett legen? Erkläre mit Hilfe der Winkelgrößen.	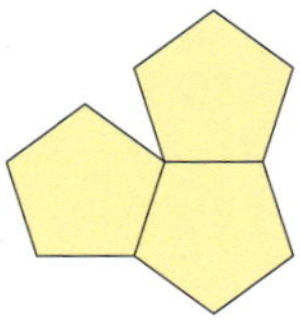	S. 114 Nr. 1, 2, 3 S. 115 Nr. 7
Ich kann eine oder mehrere Formen angeben, mit denen ich parkettieren kann. Zeichne eine Form, mit der du eine Fläche lückenlos füllen kannst.		S. 114 Nr. 3 S. 115 Nr. 5, 7
Ich kann eine fehlende Winkelgröße im Dreieck ausrechnen. In einem Dreieck sind zwei Winkel bekannt: 40° und 90°. Wie groß ist der dritte Winkel?		S. 117 Nr. 14, 15 S. 118 Nr. 18
Ich kann in Figuren mit zueinander parallelen Geraden gleich große Winkel erkennen und die Winkelpaare benennen. Färbe gleich große Winkel mit gleicher Farbe und gib an, ob es Scheitel-, Neben- oder Stufenwinkelpaare sind.	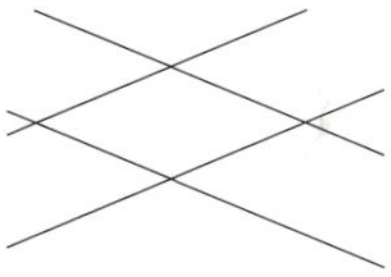	S. 116 Nr. 9–12
Ich kann angeben, ob zwei gleiche Figuren durch eine Verschiebung, eine Spiegelung oder eine Drehung auseinander hervorgehen. Erläutere, wie die Figuren 1, 2, und 3 aus der blauen Figur hervorgegangen sind.	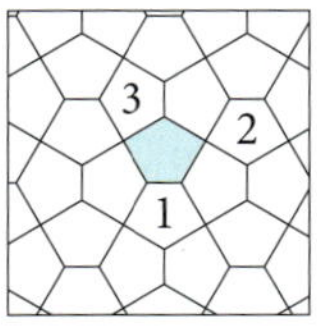	S. 120 Nr. 22, 23, 25 S. 121 Nr. 26, 27
Ich kann eine Drehung um 60° (90°, 180°) zeichnen. Übertrage die folgende Figur auf Blankopapier und drehe die Figur um den angegeben Drehpunkt (×) um 60°, 90° und 180°.		S. 122 Nr. 31 S. 123 Nr. 32, 33
Ich kann eine Verschiebung zeichnen. Verschiebe die Figur, so wie es der Pfeil angibt.	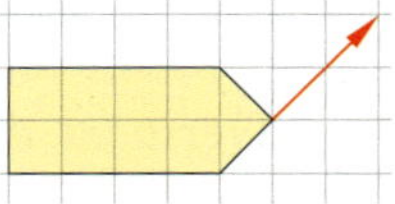	S. 123 Nr. 34
Ich kann Figuren an Geraden spiegeln. Spiegele das Sechseck an der roten Geraden.	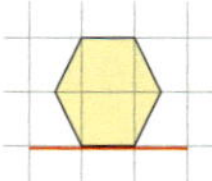	S. 120 Nr. 24, 25

▸ *Hinweis:* Im Materialblock auf Seite 51 findest du diese Checkliste für deine Selbsteinschätzung. Zusätzliche Übungsaufgaben findest du im Internet unter www 124-1. (www.cornelsen.de/mathewerkstatt, Buchkennung: MWS040248, Mediencode: 124-1)

Unser Zahlenlexikon – Zahlenwissen ordnen und vernetzen

In diesem Kapitel ...

- stellst du alles, was du über das Umgehen mit Zahlen weißt, in einem Zahlenlexikon zusammen.
- sammelst du, welche Zahlen man auch anders schreiben kann und wie man die Schreibweisen umwandelt.
- wiederholst und erweiterst du dein Wissen zum Rechnen mit Brüchen und Dezimalzahlen.

Ich brauche einen halben Liter Sprudel. Wir haben aber nur 0,33-Liter-Flaschen.
Zwei Flaschen sind zuviel, aber wie viel muss ich zu 0,33 dazu tun, damit es $\frac{1}{2}$ ist?
Rechnet man da mit Brüchen oder mit Kommazahlen? Auf den Flaschen stehen immer Kommazahlen. Im Rezept steht $\frac{1}{2}$.

Und auf dem Einkaufszettel sind noch ganz andere Zahlen. Bei so vielen verschiedenen Zahlen könnte man ein Zahlenlexikon gebrauchen, in dem man alles nachlesen kann.
Aber wir wissen doch schon eine Menge über Zahlen. Lass uns mal sammeln. Wo könnten wir nachschlagen, was wir schon über Zahlen wissen?

Erkunden A

Welche Situationen werden mit welchen Zahlen beschrieben?

1 Wozu brauchen wir unterschiedliche Zahlen?

Die Freunde wollen ein Zahlenlexikon schreiben. Sie sammeln dazu Zahlen und Situationen aus ihrem Alltag, in denen Zahlen auftauchen.

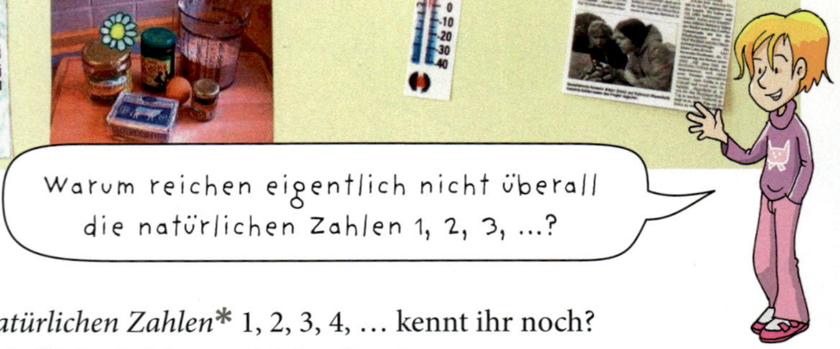

*** Neues Wort**
1, 2, 3, 4, ... sind ***natürliche Zahlen****.*

a) Welche Zahlen außer den *natürlichen Zahlen** 1, 2, 3, 4, … kennt ihr noch? Sammelt möglichst unterschiedliche Zahlen und Schreibweisen.

b) Pia und Merve sind schon einige Situationen eingefallen, in denen Zahlen auftauchen. Finde weitere Situationen, auch mit negativen Zahlen und Brüchen.

c) Wähle drei deiner Situationen aus, in denen verschiedene Schreibweisen von Zahlen vorkommen. Erläutere sie so:
(1) Gib ein möglichst konkretes Beispiel für die Situation mit Zahlen (Brüchen, Prozenten, …).
(2) Wozu genau brauchst du in der Situation die Zahlen?
(3) Reichen natürliche Zahlen? Oder wozu brauchst du auch andere Zahlen?
Schreibe die Antworten wie Till auf. Nimm dabei für jede Situation ein großes Blatt.

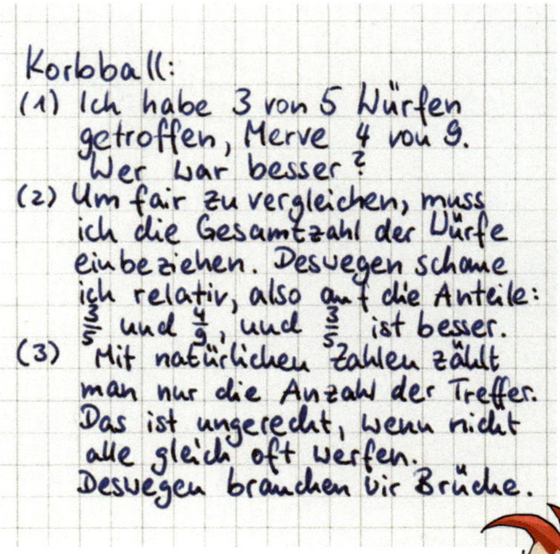

d)
- Tragt eure Situationen und Erklärungen zusammen. Sortiert sie danach, welche Schreibweisen von Zahlen (Brüche, Prozente, negative Zahlen, …) benutzt werden.
- Schaut in den alten Wissensspeicher, um weitere Situationen zu finden.

nachgedacht

e) Wie kannst du Pia helfen, ihre Frage zu beantworten? Erklärt gemeinsam möglichst genau, wozu man in den Situationen andere Zahlen braucht.

2 Passende und unpassende Zahlenschreibweisen

Pia und Till haben konkrete Beispielsituationen zu den verschiedenen Zahlenschreibweisen aufgeschrieben. Merve und Ole sind noch nicht zufrieden.

Pizza: Till teilt drei Pizzen gerecht auf vier Freunde. Wie viel bekommt jeder?

Stunden: Till hat für die Hausaufgabe 5 % Stunden gebraucht.

Temperatur: Das Thermometer zeigt vier Grad unter null an. Welche Temperatur zeigt es an?

Baum: Der Baum vor der Schule hat im Frühjahr −25 Blätter.

Bananen: Ole hat $\frac{25}{5}$ Bananen eingekauft.

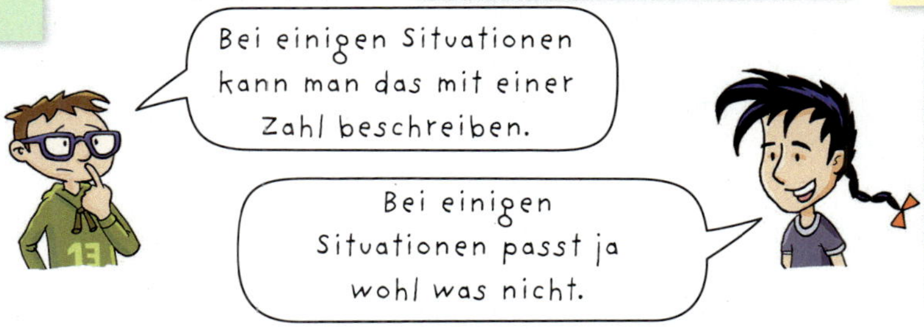

Hundertmeterlauf: Ole und Till sind die 100-Meter-Strecke in rund zwölf Sekunden gelaufen. Wer hat denn nun gewonnen?

► Materialblock S. 60
Methodenspeicher *Zahlenschreibweisen*

a) Ole will die Situationen kurz beschreiben, ergänze dies auf den Karten im Materialblock.

b)
- Was meint Merve damit, dass bei Situationen was nicht passt?
- Wo stehen ganz falsche Zahlen, wo sind sie nur ungewöhnlich aufgeschrieben?
- Ändere die Schreibweise und erkläre, warum deine neue Schreibweise besser passt.

nachgedacht

c)
- Welche Zahlenschreibweise habt ihr für welche Situation ausgewählt?
- Warum passt gerade die am besten?
- Bei welchen passen mehrere Zahlenschreibweisen?
- Begründet eure Antworten.

3 Trinkmengen vergleichen, auch in unterschiedlichen Schreibweisen

a) Die Kinder aus Merves Klasse haben aufgeschrieben, wie viel sie gestern getrunken haben. Jugendliche sollten mindestens einen Liter am Tag trinken, besser wären 1,5 Liter.
- Wer hat genug getrunken?
- Wer hat sogar sehr viel getrunken?
- Trage die Werte in einen Messbecher im Heft ein.

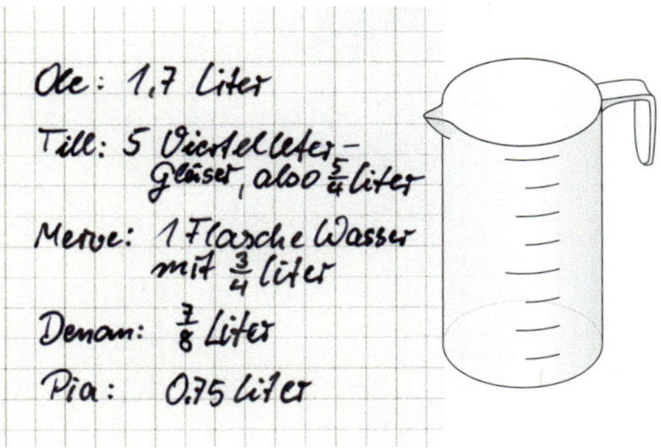

Tipp
27 % bedeutet in diesem Fall 27 % von 1.

b) Auch ohne konkrete Situationen kann man Zahlen vergleichen. Ordne die Zahlen der Größe nach. Trage sie dazu im Heft auf einer Zahlengeraden ein.
27 %; $\frac{16}{5}$; 3,17; 0,26; −0,2: 260 %

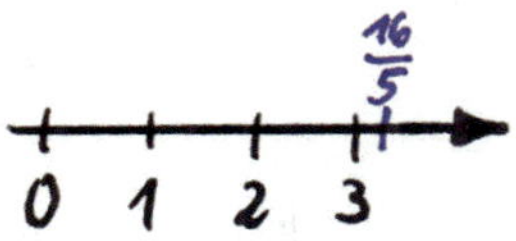

nachgedacht

c) Welche Zahlen aus a) und b) waren einfach zu vergleichen? Wie hast du die komplizierteren Zahlen auf der Zahlengeraden eingeordnet?

weitergedacht

d) Merve sagt, 27 % und 3,17 kann man nicht vergleichen, weil das ganz unterschiedliche Zahlen sind. Was sagst du dazu?

Erkunden B

Wie hängen Brüche, Dezimalzahlen und Prozente zusammen?

4 Welche Schreibweisen kann ich in welche umwandeln?

Die vier wollen im Zahlenlexikon aufschreiben, welche Zahlen man in andere Zahlen umwandeln kann und wie man das macht.
Da man negative Brüche genauso in negative Dezimalzahlen umwandeln kann wie positive Brüche in positive Dezimalzahlen, schauen sie erst einmal nur auf positive Zahlen.

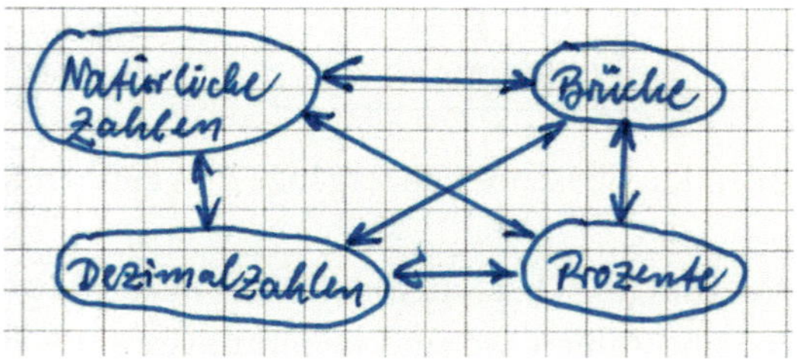

a) Ole hat schon angefangen. Erkläre, wie er umgewandelt hat.
Wozu nutzt er eine doppelt beschriftete Zahlengerade?

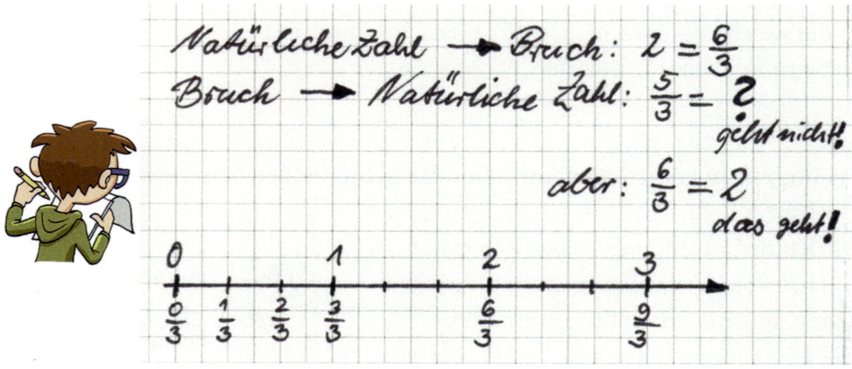

b) Sucht Beispiele für einfach und schwierig umzuwandelnde Zahlen.
Überlegt gemeinsam, wie ihr sie umwandeln könnt.
Eine doppelt beschriftete Zahlengerade kann euch wieder helfen.

c) Warum rechnet Till $\frac{3}{8}$ als 3 : 8?
Erkläre seinen Weg und führe ihn zu Ende.

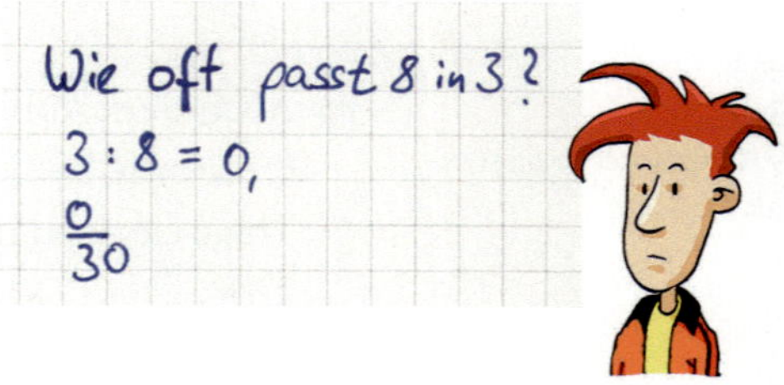

nachgedacht

d) Stellt euch gegenseitig eure Ergebnisse vor.
- Habt ihr für alle Pfeile von Pia Umwandlungswege gefunden?
- Warum lassen sich einige Zahlen nicht umwandeln? Erkläre mit der Zahlengeraden.
- Welche Umwandlungswege gehen immer? Welche Wege gehen nur manchmal?

weitergedacht

e) Probiere die Umwandlungswege von oben auch an negativen Brüchen.

Erkunden C

Wie kann ich mit Brüchen und Dezimalzahlen rechnen?

5 Rechenarten und Rechenwege sammeln

Brüche und Dezimalzahlen braucht man im Alltag nicht nur, um Situationen zu beschreiben, sondern auch zum Rechnen. Daher sollen ins Lexikon auch die Rechenwege zu allen Rechenarten (Addieren, Subtrahieren, Multiplizieren, Dividieren).

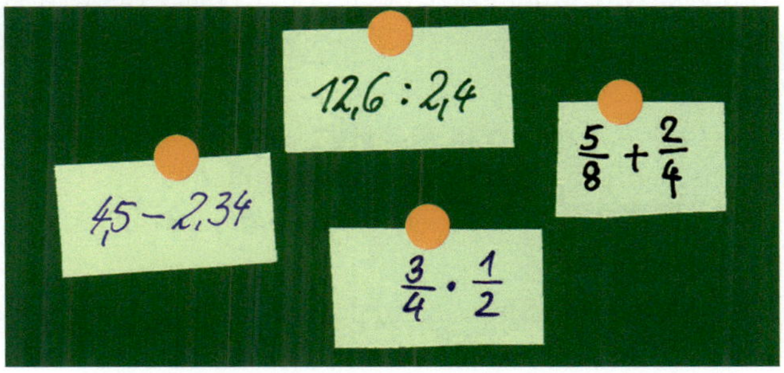

a) Sammelt möglichst verschiedene Aufgaben mit Brüchen und Dezimalzahlen.
- Schreibt auf die Vorderseite einer Karte eine Rechenaufgabe.
- Schreibt auf die Rückseite jeder Karte den Rechenweg und das Ergebnis.
- Wenn Ihr bisher die Aufgaben mit ganz einfachen Zahlen geschrieben habt, dann schreibt auch noch Aufgabenkarten mit etwas schwierigeren Zahlen auf.

b)
- Tauscht zu zweit die Aufgaben aus. Rechnet zunächst selbst und kontrolliert dann auf der Rückseite.
- Kontrolle: Kann das Ergebnis stimmen? Überschlagt gemeinsam eure Ergebnisse, indem ihr die Zahlen in der Aufgabe rundet und rechnet.

P A D E K

c) Prüft, ob ihr schon Aufgaben zu allen Rechenarten habt:
- Übertragt dazu die Tabelle in euer Heft und sortiert eure Aufgaben an die richtigen Stellen.
- Ergänzt Karten mit Aufgaben für leere Zellen und versucht, sie zu rechnen.

Schreibweise / Rechenart	Brüche	Dezimalzahlen
Addition		
Subtraktion		
Multiplikation		
Division		

wiederholen

Wissensspeicher aus vorigen Schuljahren

d) Welche Aufgaben kannst du rechnen, wo hast du noch Schwierigkeiten?
- Markiere die Aufgaben, die dir noch schwer fallen.
- Suche in den Wissensspeichern vom letzten Schuljahr, ob ihr diese Rechenart bereits behandelt habt.
- Wenn ja, versuche den Rechenweg auf deine Aufgabe zu übertragen.

weitergedacht

e) Erweitere die Tabelle aus c) um eine Spalte „Prozent“.
- Ergänze vier Aufgaben und berechne sie. Vorsicht beim Multiplizieren.
- Wandle in Brüche oder Dezimalzahlen um, um deine Ergebnisse zu prüfen.

Dezimalzahlen	Prozent

6 Situationen und Bilder zum Addieren und Subtrahieren

Um die Rechnungen im Alltag richtig anwenden zu können, muss man wissen, welche Rechenart zu welcher Situation passt. Im Lexikon sollen daher Situationen und Bilder gesammelt werden.

a) Schreibe zur Addition und Subtraktion mit Dezimalzahlen und Brüchen je eine einfache Rechenaufgabe mit Lösung auf die Vorderseite einer Karte. Auf die Rückseite schreibe eine dazu passende Situation mit einer Frage oder zeichne ein Bild.

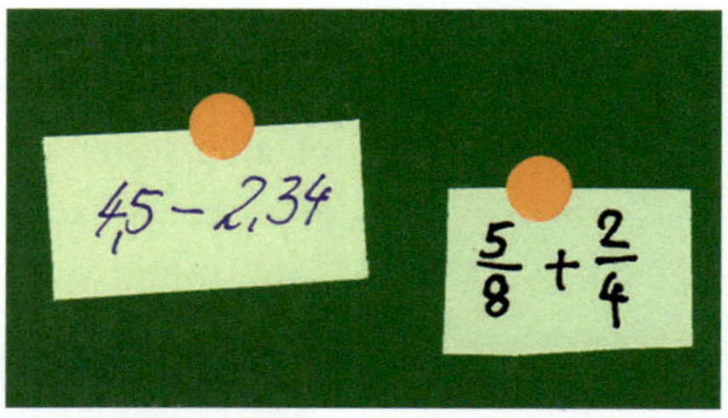

wiederholen

Wissensspeicher aus vorigen Schuljahren: *Brüche 10*

b) Lest und kontrolliert gegenseitig eure selbst geschriebenen Situationen und Bilder.
- Passen Rechenaufgabe und Situation zusammen?
- Wenn die Bilder oder Situationen falsch sind, schreibt auf die Karte, warum sie falsch sind.
- Wenn die Aufgabe und Situationen passen, legt die Karte zu den korrigierten.
- Vergleicht eure Situationen mit denen, die ihr in früheren Schuljahren kennen gelernt habt.

nachgedacht

c) Bei dieser Karte passen Aufgabe und Bild und Situation nicht zusammen. Erkläre warum und verbessere sie.

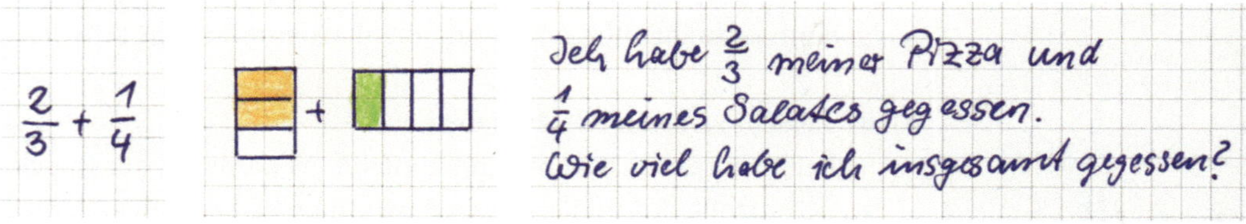

7 Situationen und Bilder zum Multiplizieren und Dividieren

Geht mit Multiplikationen und Divisionen genauso vor wie in Aufgabe 6 mit Addition und Subtraktion.

a) Schreibe auch zu Multiplikation und Division von Brüchen und Dezimalzahlen eine Rechenaufgabe mit Lösung auf die Vorderseite einer Karte. Finde dazu wieder eine passende Situation oder ein Bild und schreibe sie auf die Rückseite der Karte.

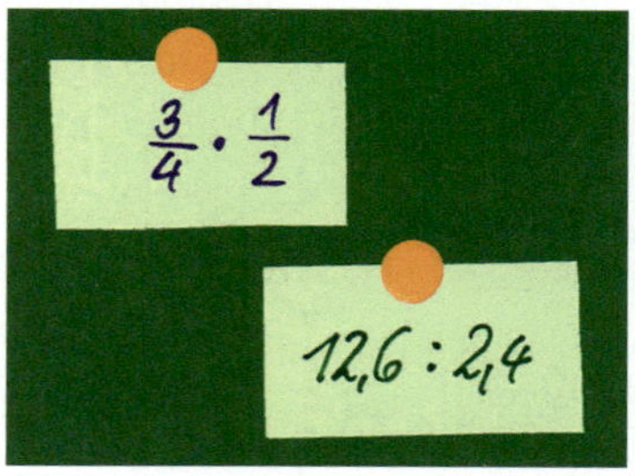

wiederholen

Wissensspeicher aus vorigen Schuljahren

b)
- Kontrolliert gegenseitig eure selbst geschriebenen Situationen und Bilder.
- Kommentiert die falschen und verbessert sie auf einer anderen Karte.
- Vergleicht mit euren ausgefüllten Wissensspeichern aus vorigen Schuljahren.

nachgedacht

c) Zu welchen Rechenarten und Aufgaben findet ihr leicht Situationen und Bilder, zu welchen fällt euch das schwer?

Erkunden D

Wie hängen Multiplizieren und Dividieren bei Brüchen zusammen?

8 Vergrößern und Verkleinern mit „Copystar“

Beim Erstellen des Zahlenlexikons ist beim Dividieren durch Brüche noch eine Lücke geblieben. Um diese Lücke zu schließen, ist es wichtig zu wissen, wie das Multiplizieren und Dividieren für Brüche zusammenhängt.

Hinweis
Das Applet „Copystar“ findest du unter 133-1.

a) Mit „Copystar“ kann man wie beim Kopierer vergrößern und verkleinern, indem man mal oder durch rechnet.
Probiere das Programm aus.

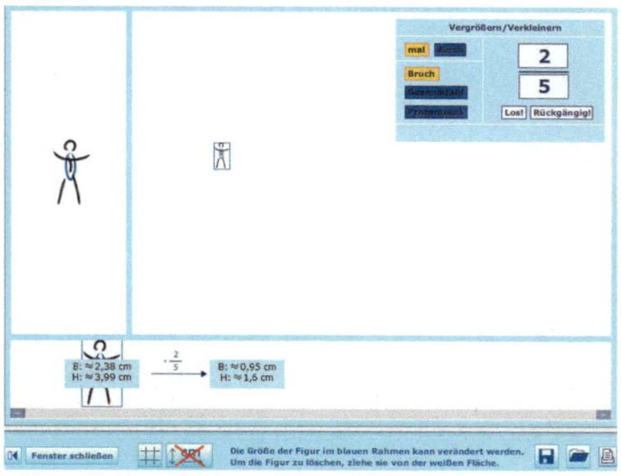

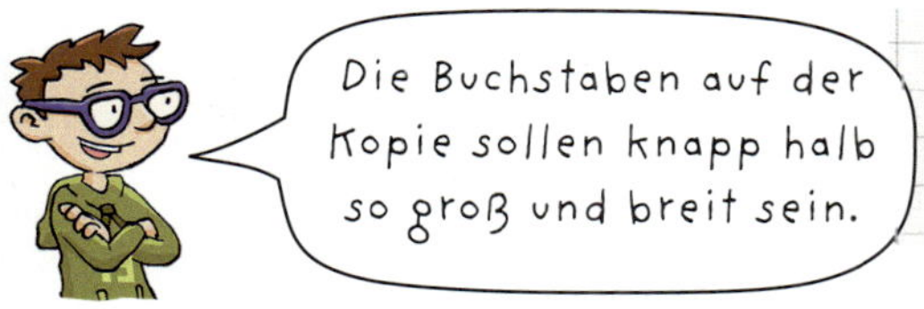

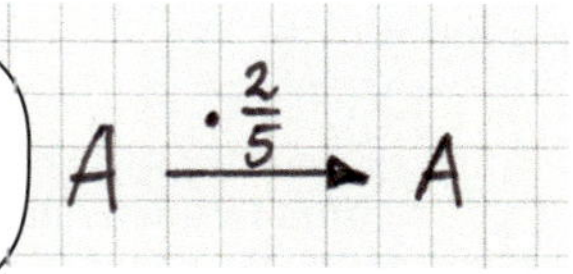

b) Erkunde die Zusammenhänge:
- Mit welchen Rechnungen (mal oder durch) und mit welchen Zahlen kann man vergrößern?
- Mit welchen Rechnungen und Zahlen kann man verkleinern?
- Übertrage die Tabelle in dein Heft und fülle sie mit mehreren Beispielen von Brüchen.

	Vergrößern A → A	Verkleinern A → A
mal		
durch		

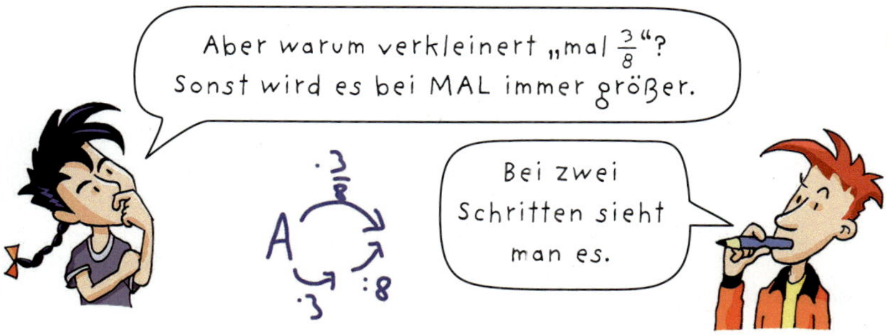

c) Erkläre die Zusammenhänge:
- Warum ist Tills Rechnung dasselbe wie mal $\frac{3}{8}$ und wie erklärt er damit, dass mal $\frac{3}{8}$ verkleinert?
- Zerlege wie Till auch andere Zahlen, die du in b) notiert hast.
- Überprüfe mit Copystar, ob deine zwei Schritte auch alle stimmen.

9 Viele Hin- und Rückwege – ein Gruppenwettkampf

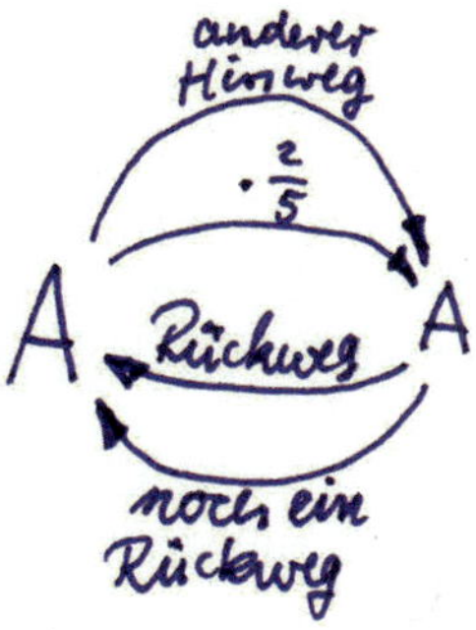

Im Gruppenwettkampf treten immer zwei Gruppen gegeneinander an.

a) Erste Runde: Wer findet die meisten Hinwege und Rückwege zu „mal $\frac{2}{5}$“?
Für jeden anderen Hinweg (auch mit mehreren Schritten) und für jeden Rückweg gibt es einen Punkt, auch für Wege mit mehreren Schritten.
Wer die meisten Punkte hat, gewinnt.

b) Zweite Runde: Sucht zur Vergrößerung „mal $\frac{5}{3}$“ möglichst viele Hin- und Rückwege.

c) Schreibt alle Hin- und Rückwege zu „mal $\frac{2}{5}$“ genau auf, präsentiert sie und vergleicht eure Ergebnisse.
Was war in der zweiten Runde anders? Was war gleich?

Ordnen A

Welche Situationen werden mit welchen Zahlen beschrieben?

1 Ein Überblick fürs Zahlenlexikon

Für das Zahlenlexikon soll die Vielfalt der Zahlen und Situationen geordnet werden.

► Materialblock S. 53
Wissensspeicher
Mit Zahlen beschreiben

a) Mit welchen Zahlen können die Situationen auf den Karten kürzer beschrieben werden und wie heißen solche Zahlen?
Suche passende Namen aus der Wörterliste links und trage die Zahlen und die Namen in die dritte Spalte des Wissensspeichers mit Bleistift ein.

Wörterliste
Bruch
Prozent
Dezimalzahl
negative Zahl
natürliche Zahl

Temperatur: Das Thermometer zeigt vier Grad unter null an. Welche Temperatur zeigt es an?

Treffer: Das Vierer-Mädchenteam hat drei Treffer erzielt, die zehn Jungen haben fünfmal getroffen. Wer hat besser getroffen?

Pizza: Till teilt drei Pizzen gerecht auf vier Freunde. Wie viel bekommt jeder?

Hundertmeterlauf: Ole und Till sind die 100-Meter-Strecke in rund zwölf Sekunden gelaufen. Wer hat denn nun gewonnen?

Schulden: Tills Opa hat 200 € Schulden. Wie lautet sein Kontostand?

Wartezimmer: Ich bin der fünfte im Wartezimmer. Zuerst saßen 13 Leute dort. Wie viele sind schon weg?

KiBa: Merve mischt vier Teile Kirsch mit sechs Teilen Banane. Wie groß ist der Kirsch-Anteil im KiBa?

b) Für die linke Spalte der Tabelle im Wissensspeicher hat Pia Überschriften gesammelt. Welche Überschrift gehört zu welcher Situation und Zahlenschreibweise aus a)? Schreibe sie in die richtigen Zeilen der Tabelle im Wissensspeicher (mit Bleistift, wenn du dir nicht sicher bist). Eine der Überschriften passt zu zwei Situationen.

Angeben von Werten unter einer Vergleichsmarke

Häufigkeiten relativ zur Gesamtzahl betrachten

immer genauer messen

Anteile beschreiben

etwas verteilen

Anzahlen oder Ordnungszahlen beschreiben

c) Vergleicht eure Ergebnisse aus a) und b) und füllt den Wissensspeicher endgültig aus.

d) In der vierten Spalte im Wissensspeicher kannst du für dein Zahlenlexikon eine Art Inhaltsverzeichnis erstellen.
- Suche dazu heraus, auf welchen deiner bisher ausgefüllten und gesammelten Wissensspeicherseiten Informationen zu den verschiedenen Zahlenschreibweisen stehen.
- Trage die Titel und Seitennummern in die Tabelle ein.

e) Habt ihr dieselben Seiten zugeordnet?
Vergleicht und ergänzt den Wissensspeicher.

f) Welche der von Pia zusammengestellten Überschriften passen zu euren Situationen aus Aufgabe 1 auf Seite 128?

Ordnen B

Wie hängen Brüche, Dezimalzahlen und Prozente zusammen?

2 Zwischen Schreibweisen umwandeln – einfache Fälle

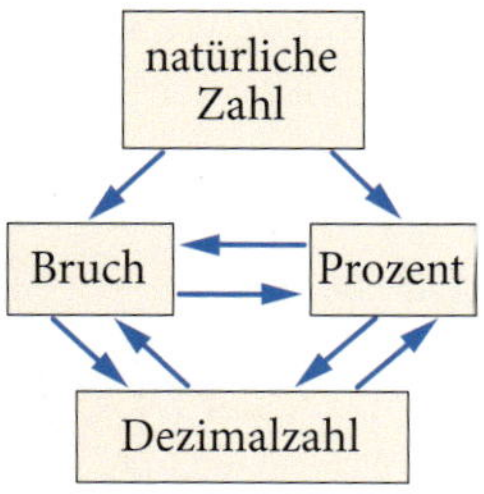

Brüche, Dezimalzahlen und Prozente hängen ganz eng zusammen, denn man kann dieselbe Zahl mit verschiedenen Schreibweisen darstellen. Für das Zahlenlexikon sollen alle Umwandlungswege mit Beispielen aufgeschrieben werden. Dazu werden zunächst leichtere Wege betrachtet.

a) Wandle die Zahlen in die Schreibweisen um, die links mit den Pfeilen angezeigt werden. Nutze dazu den Tipp der Freunde.

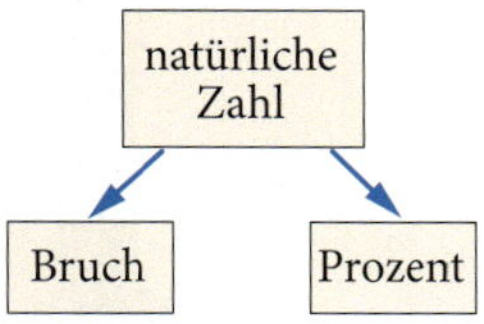

(1) 2

Ich merke mir nur, dass $1 = \frac{4}{4}$ usw. und $1 = 100\,\%$ ist. Dann finde ich auch Wege für die Zahl 2.

(2) 45 %; 10,6 %

Prozent sind Hundertstel, also wandle ich in Hundertstel um.

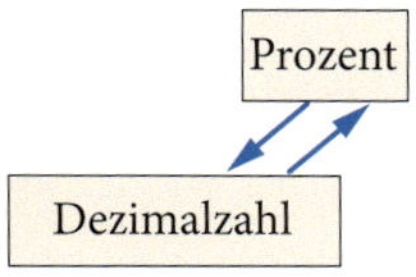

(3) 45 %; 1,56

Prozent sind Hundertstel, die stehen bei den Dezimalzahlen an der zweiten Nachkommastelle.

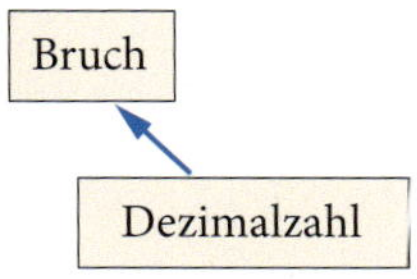

(4) 0,45; 1,7; 0,767

Dezimalzahlen haben Zehntel, Hundertstel, Tausendstel als Nachkommastellen. Für den Bruch braucht man nur die letzte Stelle. Bei 0,767 sind es die Tausendstel.

b) Zeichne eine Zahlengerade mit 20 cm Länge von 0 bis 2. Markiere die Zahlen aus a) auf der Zahlengeraden und erkläre daran deine vier Umwandlungen.

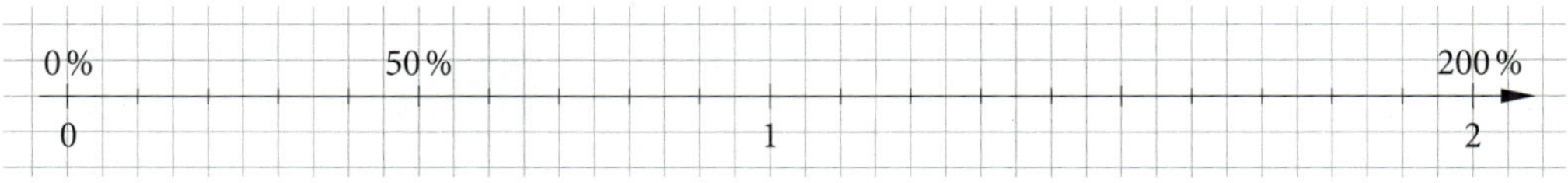

c) Die Zahlengerade hilft auch, um Umwandlungen zu kontrollieren. Erkläre, wie du sehen kannst, dass diese Umwandlungen falsch sind:

(1) $10{,}6 = 106\,\%$ (2) $1{,}7 = \frac{1}{7}$

► Materialblock S. 54 Wissensspeicher *Zahlen umwandeln Teil 1*

d) Vergleicht eure Beispiele und Erklärungen zum Umwandeln und tragt sie in den Wissensspeicher ein.

3 Zwischen Schreibweisen umwandeln – schwierigere Fälle

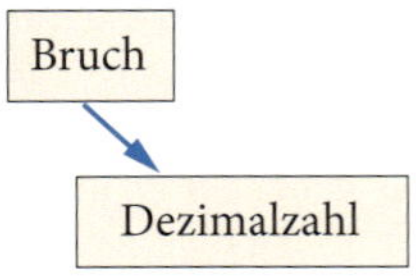

a) Pia und Till wandeln $\frac{3}{20}$ in eine Dezimalzahl um.
- Vergleiche Pias Weg, einen Bruch in eine Dezimalzahl umzuwandeln, mit Tills Weg. Wie gehen sie vor?
- Warum funktionieren ihre Wege?
- Probiere für die zwei Brüche $\frac{15}{4}$ und $\frac{13}{40}$ beide Wege aus.
- In welchen Fällen ist Pias Weg günstig, in welchen Fällen Tills Weg?
- Schreibe wie die Freunde in Aufgabe 2 eine Erklärung.

b) Manche Brüche kannst du nur ungefähr als Dezimalzahl schreiben, weil sie mehr Stellen hätte, als man aufschreiben kann.
Welche Dezimalzahl mit drei Stellen passt ungefähr zu $\frac{4}{15}$?

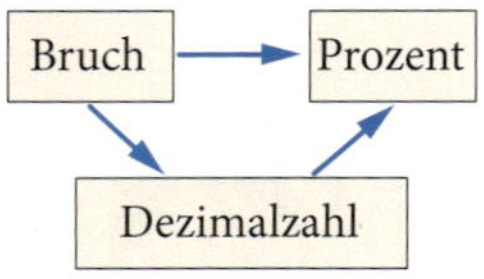

c) Pia und Till wandeln Brüche in Prozente um, indem sie sie erst in eine Dezimalzahl umwandeln.
Wandle mit beiden Wegen $\frac{15}{4}$ und $\frac{13}{40}$ in Prozent um.

▶ Materialblock S. 55
Wissensspeicher
Zahlen umwandeln
Teil 2

d) Vergleicht eure Ergebnisse und ergänzt eure Beispiele im Wissensspeicher.

4 Fachwörter für Zahlbereiche

** **Neue Wörter***
*Positive und negative Brüche zusammen heißen **rationale Zahlen**.*
*Natürliche Zahlen und ihre negativen Gegenzahlen bilden die **ganzen Zahlen**, also zum Beispiel −4, 5, …*

Zahlen werden in verschiedene Zahlbereiche eingeteilt.
In dem Bild sind die Zahlbereiche *rationale Zahlen** und *ganze Zahlen** eingetragen.

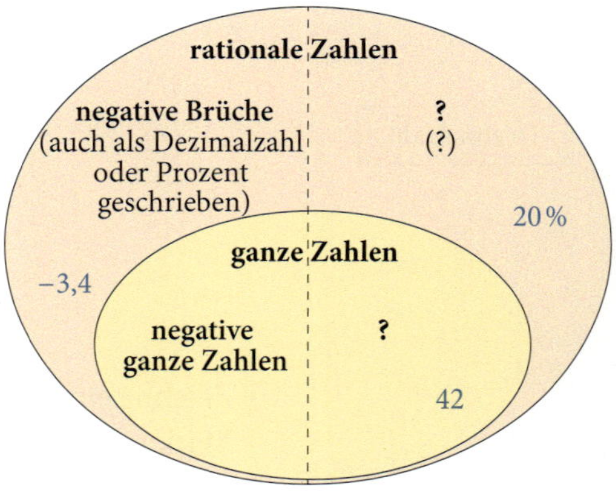

a)
- Schreibe im Wissensspeicher alle aufgeführten Namen für Zahlbereiche mit Bleistift an die richtige Stelle im Bild.
- Füge in jedem möglichen Zahlbereich drei weitere Beispiele für Zahlen ein.

▶ Materialblock S. 55
Wissensspeicher
Zahlbereiche

b)
- Nimm Stellung zu Oles und Merves Aussagen.
- Überprüfe, ob deine Beispiele richtig eingeordnet sind.
- Bildet mit euren Zahlenbeispielen Sätze wie „−3,4 ist ein negativer Bruch und auch eine rationale Zahl".
- Ergänzt die Beispielsätze mit Bleistift im Wissensspeicher.

c) Vergleicht eure Ergebnisse aus a) und b) und füllt den Wissensspeicher zu den Zahlbereichen endgültig aus.

Ordnen C

Wie kann man mit Brüchen und Dezimalzahlen rechnen?

5 Rechenwege beim Rechnen mit Dezimalzahlen

wiederholen

Wissensspeicher aus vorigen Schuljahren

a) Erkläre an folgenden Aufgaben, wie man rechnet.
(Addition) 3,685 + 2,5 (Subtraktion) 3,685 – 2,5
(Multiplikation) 2,34 · 3,5 (Division) 12,48 : 0,12
Finde die zu den Rechnungen passenden ausgefüllten Wissensspeicherseiten aus dem vorigen Schuljahr: Wo sind die Rechenwege erklärt?

► Materialblock S. 56 Wissensspeicher *Mit Dezimalzahlen rechnen*

b) Vergleicht eure Rechenwege und gefundenen Wissensspeicherseiten. Übertragt sie richtig in den Wissensspeicher.
Schreibt dazu, worauf man beim Rechnen achten muss.

6 Rechenwege beim Rechnen mit Brüchen

Hinweis
Das Dividieren durch Brüche wird im Erkunden D und Ordnen D betrachtet.

wiederholen

Wissensspeicher aus vorigen Schuljahren

a) Erkläre an folgenden Aufgaben, wie man rechnet.
Zeichne auch drei Bilder dazu.
(Addition) $\frac{1}{4} + \frac{2}{3}$
(Subtraktion) $\frac{2}{3} - \frac{1}{4}$
(Multiplikation) $\frac{9}{10} \cdot \frac{2}{3}$
Finde die zu den Rechnungen passenden ausgefüllten Wissensspeicherseiten aus dem vorigen Schuljahr: Wo sind die Rechenwege erklärt?

► Materialblock S. 57 Wissensspeicher *Mit Brüchen rechnen*

b) Vergleicht eure Rechenwege und Bilder und übertragt sie richtig in den Wissensspeicher.

7 Situationen für das Addieren und Subtrahieren

a) Welche Situationen passen zu den Rechnungen aus den Aufgaben 5 und 6?
- Ordne die passenden Situationen zu.
- Begründe, warum die anderen Situationen nicht passen.

Situation 1: Das kleinste Auto in Deutschland ist 2,5 m lang, das längste Auto ist 3,685 m länger. Wie lang ist dieses Auto?

Situation 2: Das kleinste Auto in Deutschland ist 2,5 m lang. Als Modellauto nachgebaut ist es 3,685 cm lang. Wie groß ist der Unterschied?

Situation 3: Das kleinste Auto in Deutschland ist 2,5 m lang, das Auto von Merves Eltern 3,685 m. Wie viel länger ist es?

Situation 4: Für die Soße nehme ich $\frac{1}{4}$ Liter Sahne und $\frac{2}{3}$ Liter Wasser. Wie viel Liter sind das zusammen?

Situation 5: Von der Suppe ist $\frac{1}{4}$ Sahne, von der Soße sind $\frac{2}{3}$ Sahne. Wie viel Sahne muss ich insgesamt kaufen?

Situation 6: Für $\frac{2}{3}$ Liter Soße nehme ich $\frac{1}{4}$ Liter Sahne, der Rest ist Wasser. Wie viel Wasser brauche ich?

► Materialblock S. 56/57 Wissensspeicher *Mit Dezimalzahlen/ mit Brüchen rechnen*

b) Vergleicht eure Ergebnisse. Übertragt die passenden Situationen als Beispielsituationen in den Wissensspeicher.

8 Situationen und Bilder für das Multiplizieren

wiederholen

Wissensspeicher aus vorigen Schuljahren: *Brüche 13*

a) Erinnert euch an die Beispiele aus dem bereits ausgefüllten Wissensspeicher und erklärt euch gegenseitig, welche der Bilder und Situationen zur Multiplikation passen und welche nicht.
Begründet eure Entscheidung jeweils.

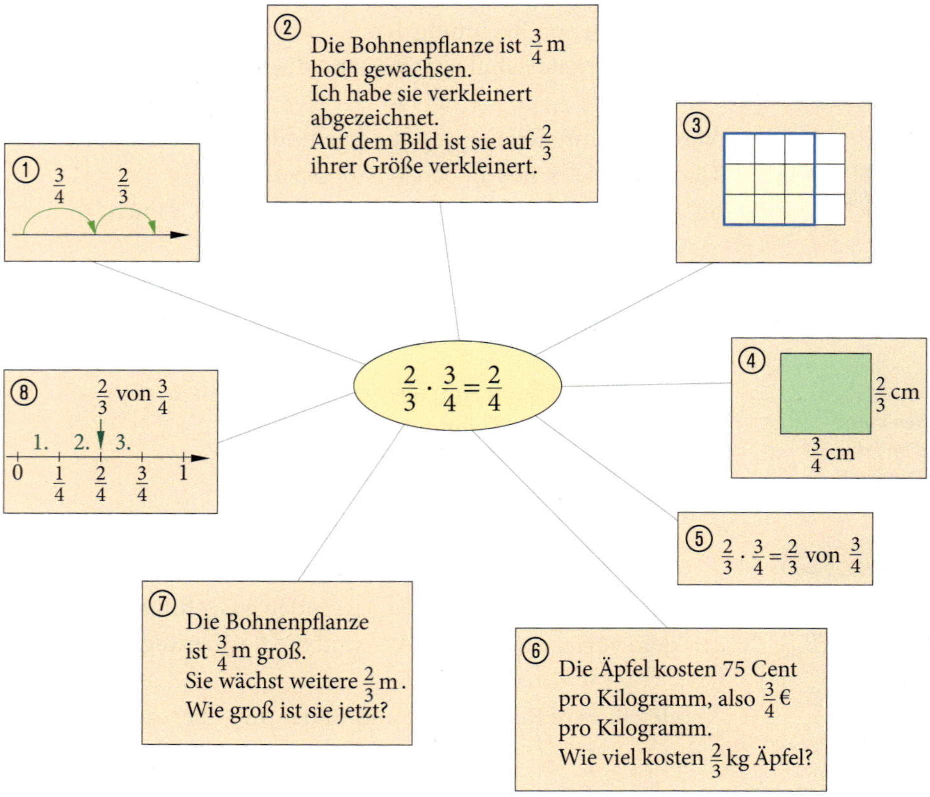

b)
- Erstellt aus dem begonnenen Beispiel 0,7 · 1,3 eine ähnliche Darstellung für die Multiplikation von Dezimalzahlen.
- Schreibt dazu für jede passende Karte ① bis ⑧ aus a) ein ähnliche Situation oder ein ähnliches Bild für die Aufgabe 0,7 · 1,3 auf.
- Bei welchen Karten klappt das nicht? Warum nicht?

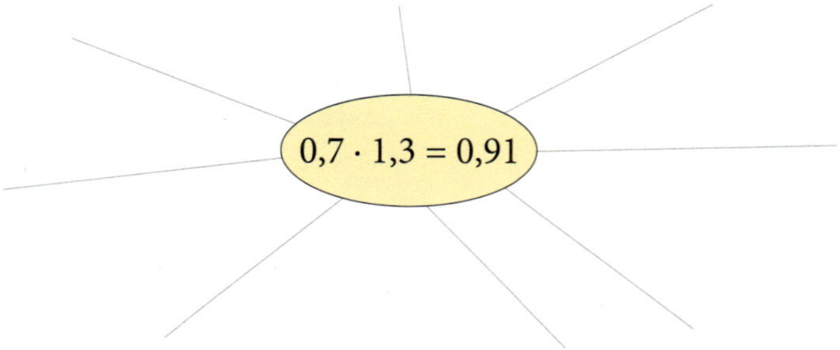

c) Vergleicht eure Bilder und Situationen und eure Einordnungen, ob sie auch zu Dezimalzahlen passen.

► Materialblock S. 56 Wissensspeicher *Mit Dezimalzahlen rechnen*

d) Welche Situation oder welches Bild wollt ihr euch im Wissensspeicher merken? Formuliert sie für die dort gegebene Aufgabe 2,34 · 3,5 um und tragt sie ein.

9 Kontrolle beim Rechnen mit rationalen Zahlen

P A D E K

Wenn man Aufgaben rechnet, kann man immer wieder Fehler machen.
Ins Zahlenlexikon sollen daher auch Kontrollwege aufgenommen werden, denn die K ontrolle ist im Lösungsplan P A D E K ein wichtiger Schritt.

a) Vier der fünf Rechnungen sind falsch.
Schreibe auf, wie du kontrollierst.

(1) $\frac{4}{5} - \frac{2}{3} = \frac{2}{2}$

(2) $1{,}5 \cdot 0{,}010 = 15$

(3) $6 : 0{,}2 = 30$

(4) $\frac{4}{3} + \frac{327}{99} = \frac{4}{99}$

(5) $0{,}9 + 0{,}02 = 0{,}11$

b) Für drei weitere Aufgaben nutzen die Freunde verschiedene Kontrollwege.
Welche Kontrollrechnung kann wem zugeordnet werden?

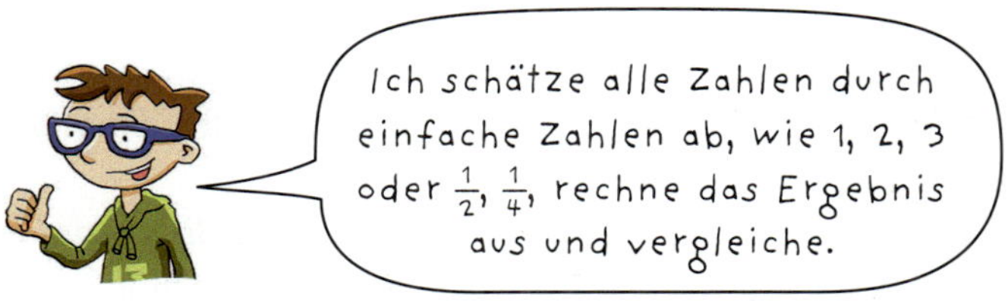

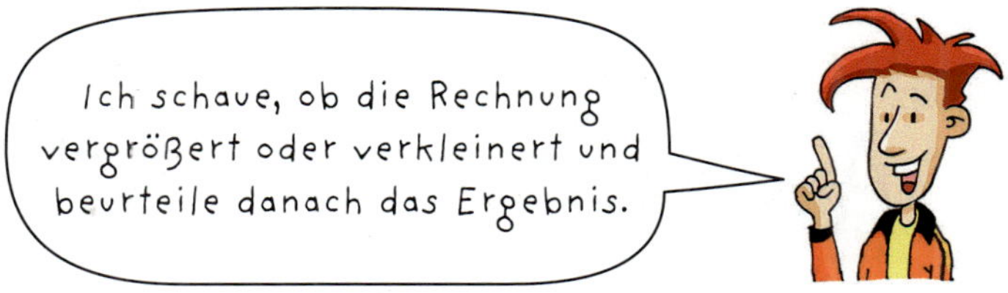

Ⓐ $\frac{9}{5} - \frac{27}{25}$
ungefähr $2 - 1$, also ungefähr 1

Ⓑ $\frac{9}{5} \cdot \frac{7}{15}$
verkleinert, ungefähr halb so groß

Ⓒ $4 - (-5)$
Wenn man Ausgaben getätigt hat, dann hatte man vor einem Monat mehr.

c) Nutze die Kontrollwege von Merve, Till und Ole auch für die Kontrolle der Rechnungen aus a).
- Welcher Kontrollweg passt zu welcher Aufgabe am besten?
- Welchen Weg nutzt du am häufigsten?

► Materialblock S. 59
Methodenspeicher
Kontrolle von Rechnungen

d) Gib den Kontrollwegen der drei Freunde jeweils eine Überschrift.
Schreibe im Methodenspeicher jeweils ein Beispiel und eine Beschreibung des Weges auf.

Ordnen D

Wie hängen Multiplizieren und Dividieren bei Brüchen zusammen?

10 Welche Rechenwege bewirken dasselbe?

Wie kann man „mal $\frac{3}{4}$" rückgängig machen oder anders aufschreiben? Ole und Till haben diese Wege gefunden.

① 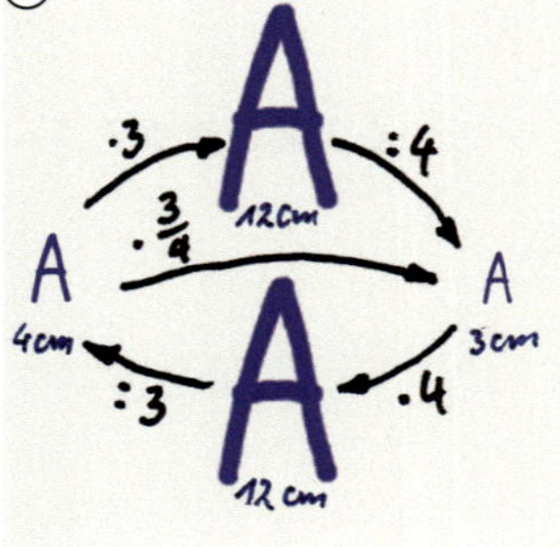

② 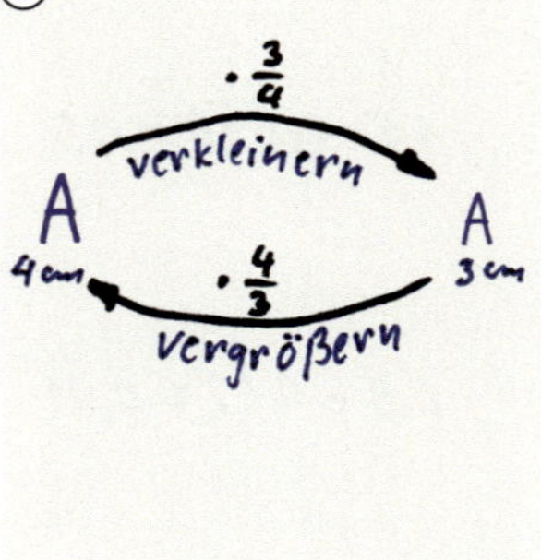

③ 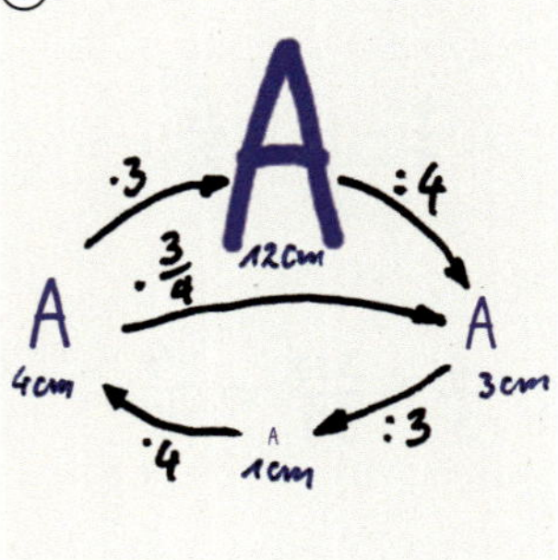

④ 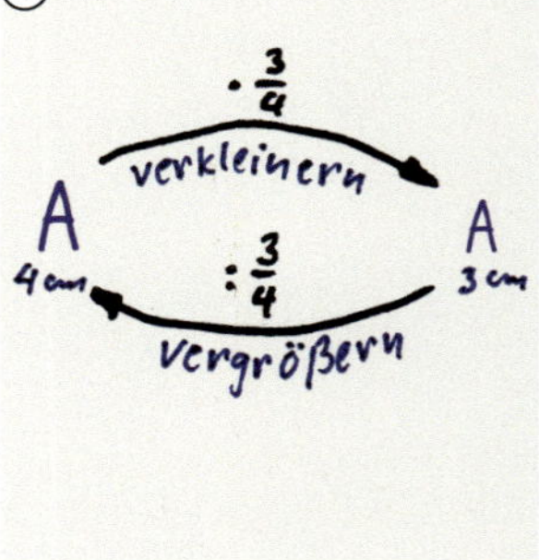

a) Prüfe alle vier Bilder, ob die gezeichneten Hin- und Rückwege funktionieren.

b) Alle Rückwege bewirken dasselbe, nämlich „mal $\frac{3}{4}$" rückgängig zu machen. Zeichne die Teile der Bilder für die Rückwege untereinander und erkläre, warum sie dasselbe darstellen.

c) Übertrage diese Bilder ins Heft und beschrifte sie für „mal $\frac{2}{3}$". Schreibe wie in b) möglichst viele Rückwege für „mal $\frac{2}{3}$".

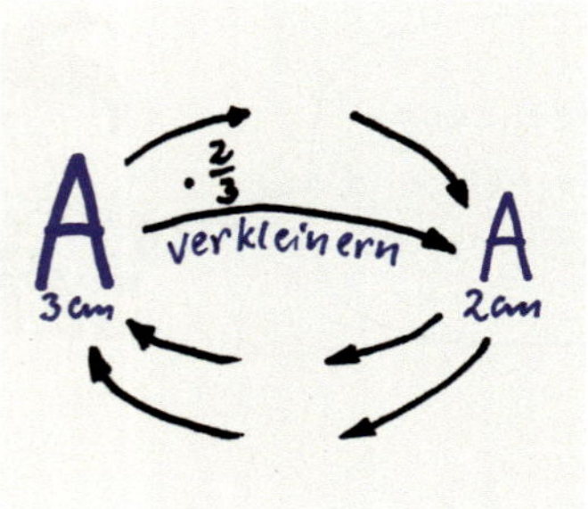

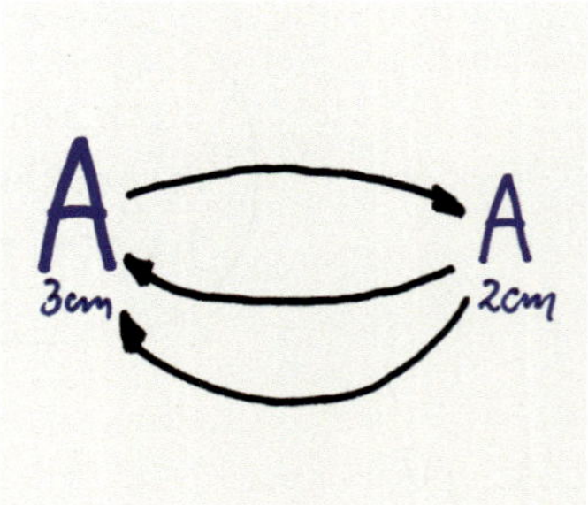

► Materialblock S. 58 Wissensspeicher *Dividieren durch Brüche*

d) Vergleicht eure Bilder und Rückwege aus c) und übertragt sie in den Wissensspeicher.

e) Welcher Satz passt zu welchem der Bilder aus a)? Wenn kein Bild passt, dann zeichne ein neues.

*✻ **Neues Wort***
*Zu einem Bruch wie $\frac{3}{4}$ heißt der **Kehrbruch** $\frac{4}{3}$.*

(1) Das Multiplizieren mit einem Bruch kann ich durch das Multiplizieren mit dem *Kehrbruch*✻ rückgängig machen.

(2) Das Multiplizieren mit einem Bruch kann ich durch das Dividieren durch den Bruch rückgängig machen.

(3) Wenn ich durch einen Bruch dividiere, passiert dasselbe, wie wenn ich mit dem Kehrbruch multipliziere.

11 Dividieren durch Brüche

Hinweis
Das Applet „Copystar“ findest du unter www 141-1.

a) Pia soll die Divisionsaufgabe $\frac{5}{6} : \frac{2}{3}$ rechnen. Das kann sie aber noch nicht. Welcher Satz aus Aufgabe 10 e) kann dabei helfen?
Notiere die passende Rechnung und berechne.
Überprüfe – mit oder ohne Copystar –, ob das Ergebnis ungefähr stimmen kann.

b) Regel (3) aus Aufgabe 10 e) kann man immer nutzen, um Brüche zu dividieren.
Zeichne für folgende fünf Aufgaben ein Pfeilbild und rechne.
Kontrolliere das Pfeilbild, indem du dazu schreibst, ob die Rechnungen verkleinern oder vergrößern.

(1) $\frac{2}{3} : \frac{1}{3}$ (2) $\frac{2}{3} : \frac{3}{1}$ (3) $\frac{2}{3} : \frac{2}{3}$ (4) $\frac{3}{2} : \frac{3}{2}$ (5) $\frac{2}{3} : \frac{1}{9}$

► Materialblock S. 58
Wissensspeicher
Dividieren durch Brüche

c) Vergleicht eure Rechnungen und Pfeilbilder und schreibt eine allgemeine Merkregel für das Dividieren von Brüchen auf.
Übertragt die Rechnung und die Regel in den Wissensspeicher.

12 Wie kann man sich das Dividieren durch Brüche und Dezimalzahlen vorstellen?

a) Wie stellst du dir die Division 15 : 5 = 3 vor?
Zeichne ein Bild oder beschreibe eine Situation.

b) Hier wurden Situationen und Bilder zur Division 15 : 5 = 3 gesammelt.
Welche passen, welche nicht? Erkläre, warum.

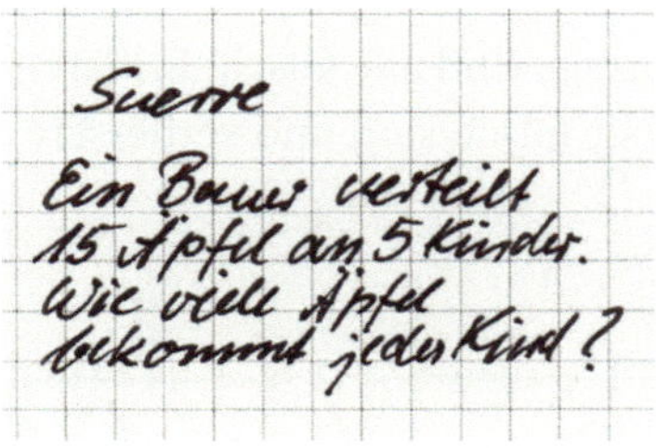

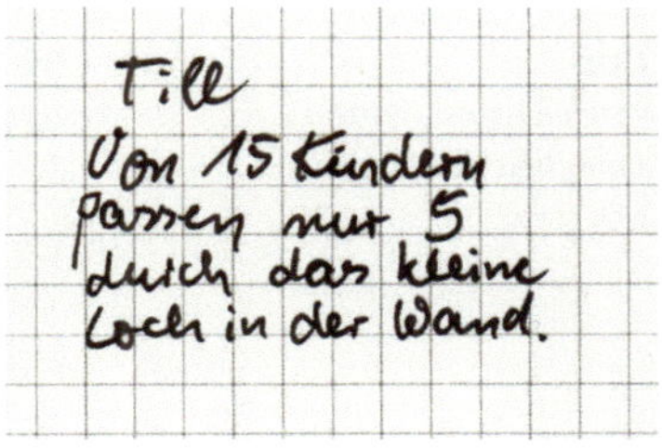

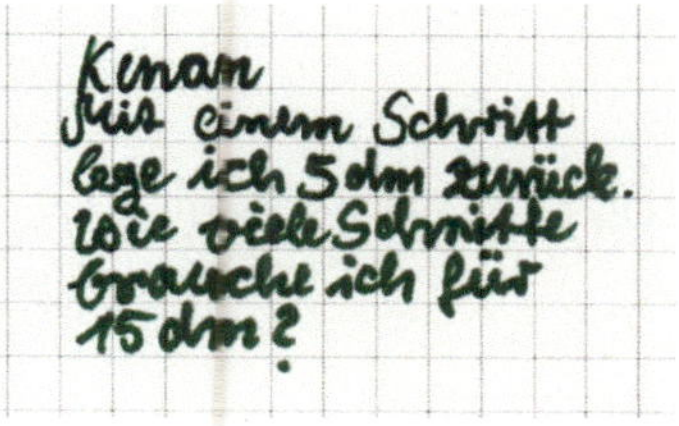

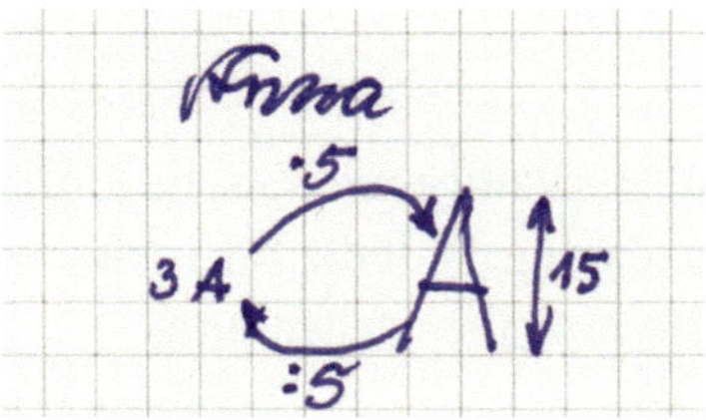

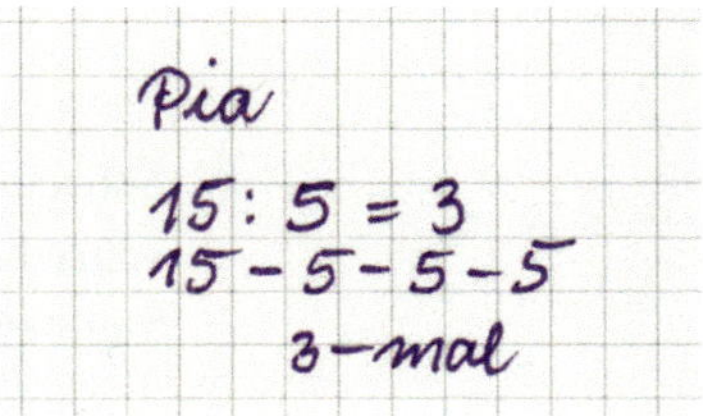

c) Erkläre, welches Bild und welche Situation auch für Brüche und Dezimalzahlen passen.
Nutze dazu die Rechnungen (1) bis (4) und erkläre, warum einige nicht passen.

(1) $3 : \frac{1}{2}$ oder (2) $\frac{1}{4} : \frac{1}{2}$ oder (3) 3 : 0,5 oder (4) 0,25 : 0,5

► Materialblock S. 58
Wissensspeicher
Dividieren durch Brüche

d) Vergleicht eure Ergebnisse und vervollständigt die passenden Bilder und Situationen im Wissensspeicher.

► Materialblock S. 57
Wissensspeicher
Mit Brüchen rechnen

e) Vervollständige nun dein Zahlenlexikon und trage im Wissensspeicher ein, wie man durch Brüche teilt und zu welchen Situationen das passt.

Vertiefen 1

Situationen mit Zahlen unterschiedlich beschreiben

Training

1 Zahlen geben Antworten

① Wie viel hast du von der Pizza abbekommen?
② Wie groß bist du?
③ Wie kalt ist es draußen?
④ Wie viel ist der Preis des T-Shirts reduziert?
⑤ Wie viel Geld hast du dir denn von der Bank geliehen?
⑥ Wie wahrscheinlich ist es, eine gerade Zahl zu würfeln?
⑦ Wievielter warst du beim Mathematikwettbewerb?
⑧ Wie viel Zucker ist in der Marmelade?
⑨ Wie war es in der Schule?
⑩ Wie viele Ballons fliegen auf dem Bild?

Frage	Zahl	Name
Wie alt bist du?	12,3	Dezimalzahl
	13	natürliche Zahl
	$12\frac{1}{2}$	gemischter Bruch

a) Denk dir zu den Fragen zwei sinnvolle Antworten aus, möglichst Zahlen mit verschiedenen Schreibweisen.
Schreibe die Fragen und die Zahlen in eine Tabelle wie links und ergänze dort auch die Namen der Zahlen, zum Beispiel natürliche Zahl.

b) Denk dir eigene Fragen aus, lass sie von deinem Nachbarn beantworten und in die Tabelle einordnen.
Finde Fragen für alle unterschiedlichen Schreibweisen:
Brüche, natürliche Zahlen, ganze Zahlen, Dezimalzahlen, Prozente.

Training

2 Unterschiedliche Schreibweisen auf der Zahlengeraden

Tipp
Vergleiche mit ganz einfachen Zahlen wie 1, 2, $\frac{1}{2}$, $\frac{1}{4}$.

a) Die Einträge sind alle falsch. Erkläre, warum sie falsch sind und verbessere sie.

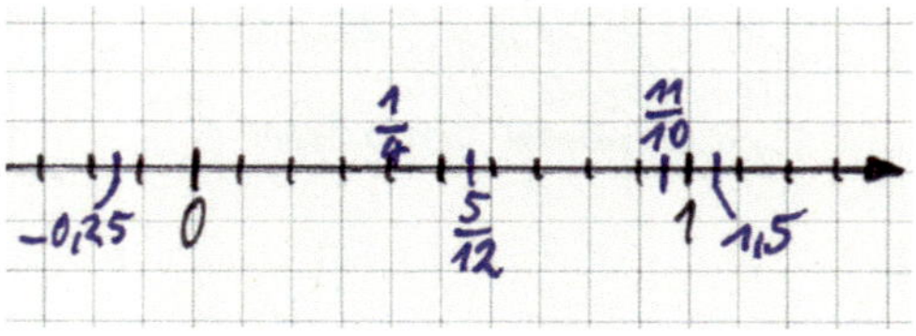

Prüfe die Einträge in die Zahlengerade. Welche sind falsch. Erkläre.

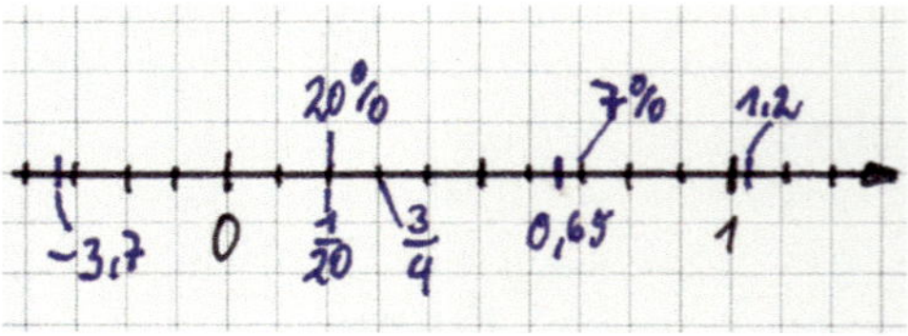

b) Schreibt weitere richtige und falsche Einträge wie in a) auf ein Blatt und schreibt die Lösungen auf die Rückseite.
Stellt euch die Aufgaben gegenseitig.

c) Übertrage die zwei Zahlengeraden ins Heft. Achte auf die unterschiedlichen Skalen.

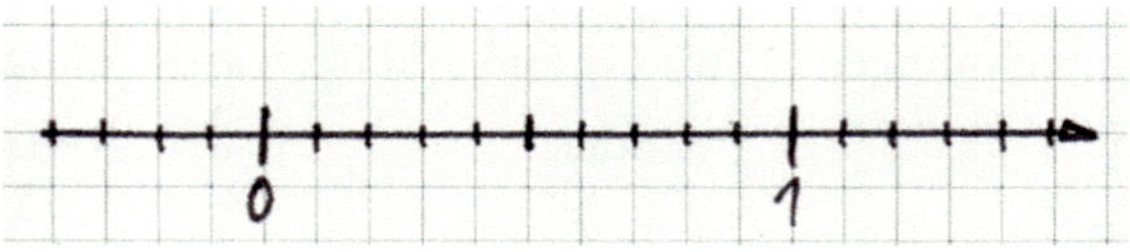

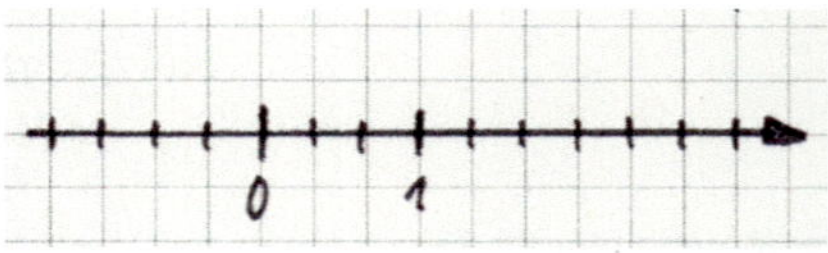

Trage die folgenden Zahlen auf beiden Zahlengeraden ein.
Warum ist das verschieden schwer?

$\frac{1}{2}$; $\frac{1}{4}$; $-\frac{1}{4}$; $\frac{1}{3}$; $\frac{1}{6}$; $1\frac{1}{2}$; $1\frac{4}{5}$; $\frac{9}{5}$; $\frac{6}{3}$; $-0{,}3$; 0,3

Vertiefen 2

Zwischen verschiedenen Zahlenschreibweisen umwandeln

Problemlösen

3 Komplizierte Brüche abschätzen

wiederholen

Wissensspeicher aus vorigen Schuljahren: *Brüche 7*

a) Bei den folgenden Brüchen reicht es aus, sie nur ungefähr auf der Zahlengeraden einzutragen.
Zeichne eine Zahlengerade im Bereich von −2 und 2 (auf 20 cm Länge).
Trage die Zahlen auf der Zahlengeraden ein.

$\frac{31}{32}$; $\frac{11}{21}$; $\frac{77}{102}$; $-\frac{9}{80}$; $\frac{26}{24}$; $-\frac{29}{101}$: $\frac{17}{32}$; $\frac{15}{212}$; $\frac{77}{81}$; $-\frac{201}{248}$; $\frac{271}{228}$; $-\frac{89}{301}$

b) Überprüft gegenseitig eure Einträge. Diskutiert, wo ihr euch uneinig seid.

Training

4 Was gehört zu derselben Zahl?

a) Welche Zahlen, Bilder und Situationen gehören zusammen?

- 3,00
- $\frac{5}{20}$
- Ich habe 6 Pizzen auf 5 Personen aufgeteilt.
- −4
- $-\frac{21}{5}$
- $\frac{4}{20}$
- 120 %
- 0,25
- $\frac{1}{5}$
- $\frac{6}{5}$
- 30 %
- 3
- $\frac{26}{20}$
- 0,3
- 20 %
- 37,5 %
- Ich habe 4-mal geworfen und 1-mal getroffen.
- $\frac{21}{7}$

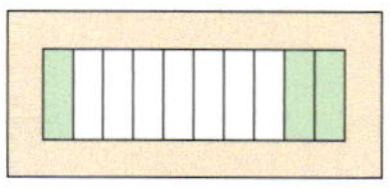

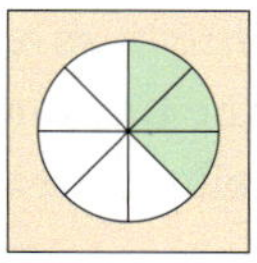

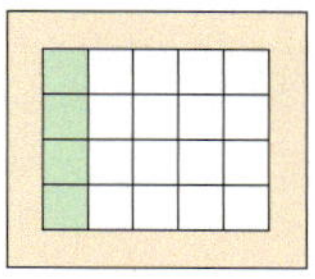

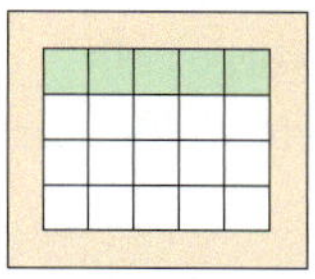

b) Denkt euch eigene solche Zuordnungsaufgaben aus und stellt sie euch gegenseitig. Ihr könnt sie auch zu einem Memory-Spiel ausbauen.

Training

5 Zwischen den Zahlschreibweisen wechseln

a) Nutze beim Umwandeln die Beziehungen zwischen den Aufgaben im Päckchen.

(1) Schreibe als Dezimalzahl:	(2) Schreibe als Prozentzahl:	(3) Schreibe als Bruch:
15 %	0,14	4,0
1,5 %	0,0014	0,004
0,15 %	14	25 %
$\frac{1}{4}$	$\frac{7}{100}$	2,5 %
$\frac{1}{40}$	$\frac{7}{1000}$	0,25 %
$-\frac{1}{8}$	$-\frac{7}{10000}$	0,000 25 %
		0,000 125 %

b) Erkläre, wie du die Beziehungen zwischen den Zahlen nutzen kannst.

c) Denkt euch eigene Päckchen von Umwandlungsaufgaben aus und stellt sie euch gegenseitig.

Training

6 Ein Kartenset, viele Spielmöglichkeiten

Hinweis
Ihr benötigt mindestens zehnmal vier Karten.

a) Erstellt eine Kartensammlung, die ihr dann für verschiedene Spiele nutzen könnt.
Schreibt dazu auf jeweils vier Karten dieselbe Zahl in unterschiedlichen Schreibweisen. Nehmt leichte und schwere Zahlen.

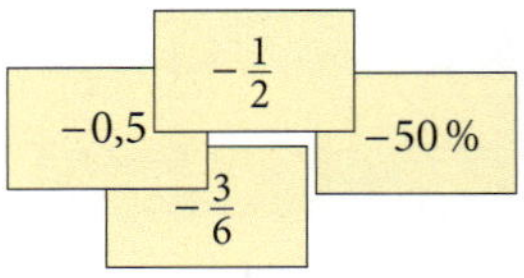

b) Führt einen „Umwandel-Wettbewerb“ nach den folgenden Spielregeln durch.

Hinweis
Für dieses Spiel benötigt jeder Spieler zusätzlich vier Jokerkarten, die er zur Hilfe einsetzen kann.

Spielregeln:

- Jeder Spieler zieht aus dem verdeckten Kartenstapel der Kartensammlung eine Karte und würfelt eine Zielschreibweise.
- Kann er die Zahl auf der Karte in die geforderte Schreibweise umwandeln, darf er sie behalten.
- Gewonnen hat, wer am Ende die meisten Karten hat.

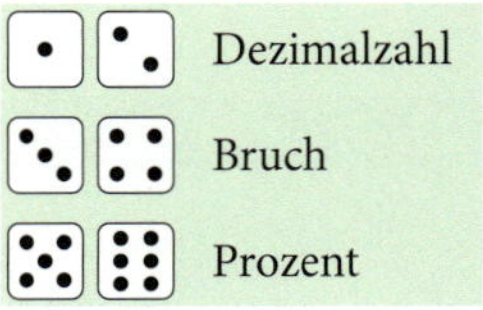

nachgedacht

c) Beschreibt eure Strategien und vergleicht sie miteinander.
Welche Umwandlungen waren schwierig, welche waren leicht?
Schreibt je drei Beispiele für schwere und für leichte Umwandlungen auf.

d) Ihr könnt mit den Karten auch viele andere Spiele durchführen.
Drei Beispiele sind hier vorgestellt.
Entscheidet selbst, mit wie vielen Kartensätzen ihr spielen möchtet.

① Der Letzte ist der „Depp“

Nehmt so viele Viererstapel wie ihr Spieler seid.
Von den gemischten Karten bekommt jeder verdeckt vier.
Es müssen gleichwertige Karten gesammelt werden.
Alle geben gleichzeitig im Uhrzeigersinn eine Karte weiter.
Wer vier gleichwertige hat, legt seine Karten auf den Tisch und bekommt zwei Punkte.
Nun müssen auch alle anderen ihre Karten auf den Tisch legen.
Hat man drei gleichwertige Karten, bekommt man einen Punkt.
Bei zwei gleichwertigen Karten bekommt man keinen Punkt.
Bei vier verschiedenen Karten bekommt man einen Minuspunkt.
Bei fünf Plus- oder Minuspunkten ist Schluss.Der mit den meisten Minuspunkten ist der „Depp“.

② Wer ist der „Größte“?

Jeder Spieler deckt zwei Karten auf.
Kann er sagen und erklären, welche die größte Zahl ist,bekommt er einen Punkt.Nach einer vereinbarten Anzahl von Runden gewinnt der mit den meisten Punkten. Bei Gleichstand kann zum Beispiel ein Stechen erfolgen.

③ Memory

Eine vereinbarte Anzahl von Viererstapeln wird gemischt in einem Rechteck verdeckt ausgelegt.
Wer zwei gleichwertige Karten aufdeckt, bekommt einen Punkt.
Wer alle vier Karten in einem Zug findet, bekommt drei Punkte und kann die Karten bei sich ablegen.
Gewonnen hat der Spieler mit den meisten Punkten.

e) Denkt euch selbst Spiele aus.

Training

7 Zahlen vergleichen

a) Übertrage die Aufgaben in dein Heft und setze die Zeichen richtig ein (<, > oder =).

(1)	0,12 ■ 0,115	0,0012 ■ 0,001 15
(2)	2,5 ■ 2,50	12 345,125 ■ 12 345,1200
(3)	$\frac{2}{5}$ ■ $\frac{2}{9}$	$\frac{9}{11}$ ■ $\frac{9}{12}$
(4)	$\frac{3}{10}$ ■ $\frac{7}{10}$	$\frac{1}{3}$ ■ 31 %
(5)	$\frac{7}{9}$ ■ $\frac{4}{5}$	$4\frac{3}{4}$ ■ 4,73

b) Denk dir zu drei verschiedenen Aufgaben aus a) passende Situationen aus.
Zu welchen Aufgaben findet man nur schwer eine sinnvolle Vergleichssituation?

8 Was liegt dazwischen?

Übertrage die Zahlengerade in dein Heft.

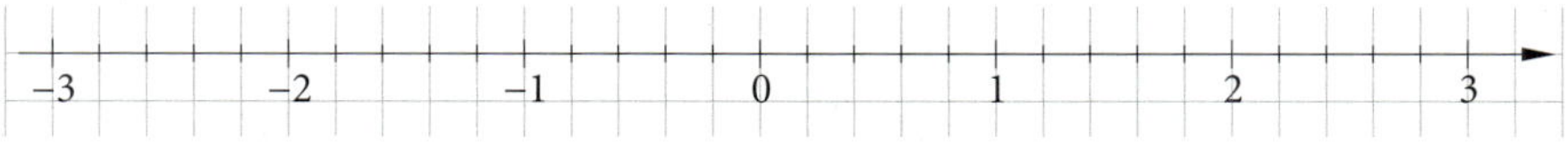

a)
- Markiere auf der Zahlengeraden zwei Zahlen.
- Finde eine Zahl, die zwischen diesen beiden Zahlen liegt und markiere auch diese.
- Suche eine Zahl zwischen der ersten und der dritten Zahl, markiere sie, und so weiter.
- Wer kann die Reihe am längsten fortsetzen?

Erinnere dich
Es gibt natürliche Zahlen, Brüche, Dezimalzahlen, ganze Zahlen, Prozente.

b) Gehe wie in a) vor, nutze dabei aber für jede neue Zahl eine andere Schreibweise.

0,5 < 60 % < 1 < 130 % < 2,8

c) Für welche Schreibweisen fällt euch die Aufgabe b) schwer? Warum ist das so?

9 Dividieren als Umformungsweg – Wenn die Zahl nicht mehr aufhört

a) Till wollte die Brüche $\frac{3}{5}$ und $\frac{5}{11}$ in Dezimalzahlen umwandeln.
Erkläre, wie er das gemacht hat.
Warum hört eine der beiden Rechnungen nie auf?
Wie ist es bei $\frac{1}{9}$, $\frac{5}{8}$ und $\frac{6}{11}$?

b) Findest du weitere Zahlen, bei denen die Rechnung nicht aufhört?

**** Neues Wort***
*Bei einer **periodischen Dezimalzahl** wiederholen sich rechts vom Komma Ziffern. Für 0,454545… schreibt man $0,\overline{45}$. Sprich: null Komma Periode vier fünf.*

c) Bei Tills Umwandlungsversuch für $\frac{5}{11}$ entsteht eine *periodische Dezimalzahl**.
Er kann also schreiben $\frac{5}{11} = 5 : 11 = 0,\overline{45}$.
Schreibe auch die anderen periodischen Dezimalzahlen, die in a) vorkommen.
Gebt euch deren Namen gegenseitig an.

d) Wandle mit dem Taschenrechner den Bruch $\frac{20}{99}$ in eine Dezimalzahl um.
Welchen Bruch vermutest du für die Dezimalzahl $0,\overline{30}$?
Prüfe mit dem Taschenrechner.

Training

10 Periodische Dezimalzahlen erforschen

Till untersucht, wann beim Umwandeln eines Bruches Dezimalzahlen entstehen, die nicht abbrechen.
Dazu rechnet er viele Beispiele und füllt eine Tabelle aus.

$\frac{1}{2} = 0{,}5$

$\frac{2}{3} = 2 : 3 = 0{,}\overline{6}$

$2 : 3 = 0{,}66..$
-0
20
-18
20
-18
2

Nenner \ Zähler	1	2	3	4	5	6	7	8	9
1		2							
2	0,5								
3		$0{,}\overline{6}$							
4									
5									
6									
7									
8									
9									

a) Übertragt Tills Tabelle und füllt sie gemeinsam aus.
Könnt ihr auch einige Zellen füllen, ohne schriftlich zu rechnen?

b) Betrachtet die Tabelle:
Wo stehen die Brüche, deren Dezimalschreibweise nicht abbrechen?
Markiert sie farbig und sucht Muster.

Problemlösen

c) Untersuche die Zahlen in der Tabelle mit interessanten Forschungsfragen.
Nutze dazu die Ansätze Beispiele aufschreiben und Vermutungen formulieren.
(1) Bei welchen Zahlen beginnt die Periode nicht direkt hinter dem Komma?
(2) Bei welchen Zahlen gibt es eine einstellige Periode wie bei $0{,}\overline{1}$?
(3) Denke dir selbst weitere Fragen aus.

Training

11 Alle Brüche in Dezimalzahlen umwandeln

Arbeitet zu zweit mit zwei Würfeln.
Ihr könnt wählen, welche Zahl Zähler wird.

- Jeder würfelt jeweils mit den zwei Würfeln und bildet aus den zwei gewürfelten Zahlen einen Bruch.
- Diesen Bruch wandelt er in eine Dezimalzahl um.
- Der andere kontrolliert, indem er Bruch und Dezimalzahl auf einer Zahlengeraden markiert und prüft, ob die Zahlen an derselben Stelle stehen.

$\frac{6}{5} = 1{,}2$

weitergedacht

12 Eine große Frage

Ist $0{,}\overline{9}$ kleiner oder gleich 1?
Über diese Frage haben schon viele Menschen lange diskutiert.

- Beantworte diese große Frage erst allein.
- Vergleiche danach mit anderen.

Vertiefen 3

Zahlbereiche unterscheiden

13 Würfel, wohin darf ich gehen?

► Materialblock S. 61
Arbeitsmaterial
Wohin darf ich gehen?

Spielt das Spiel am besten zu dritt oder zu viert auf dem Spielfeld aus dem Materialblock mit einem Spielwürfel. und je einem Spielstein
Die Würfelergebnisse haben die angegebene Bedeutung.

- ⚀ negative ganze Zahlen
- ⚁ natürliche Zahlen
- ⚂ positive Brüche
- ⚃ rationale Zahlen
- ⚄ ganze Zahlen
- ⚅ negative Brüche

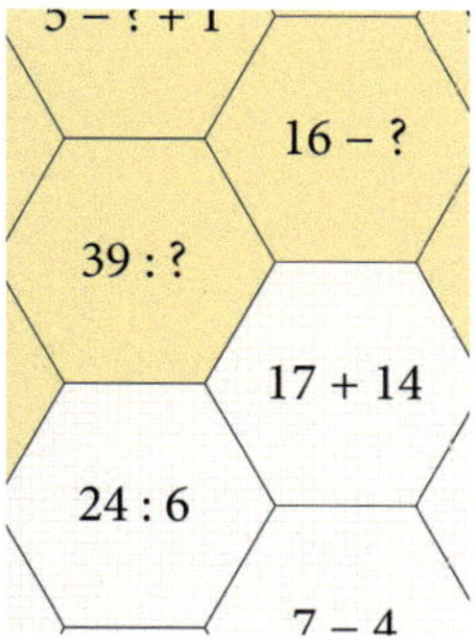

Spielregeln:
- Der Jüngste beginnt zu würfeln. Man darf auf ein benachbartes Feld ziehen, wenn das Ergebnis zu dem Zahlenbereich gehört, den der Würfel anzeigt. Wenn das möglich ist, darf man dabei bis zu drei Felder nacheinander laufen.
- Dann würfelt der Nächste.
- Kommt man auf ein Feld mit einem Fragezeichen, muss man dafür möglichst eine Zahl einsetzen, sodass das Ergebnis in dem gewürfelten Zahlbereich liegt.
- Der Erste im Ziel gewinnt.

14 Zahlbereiche raten

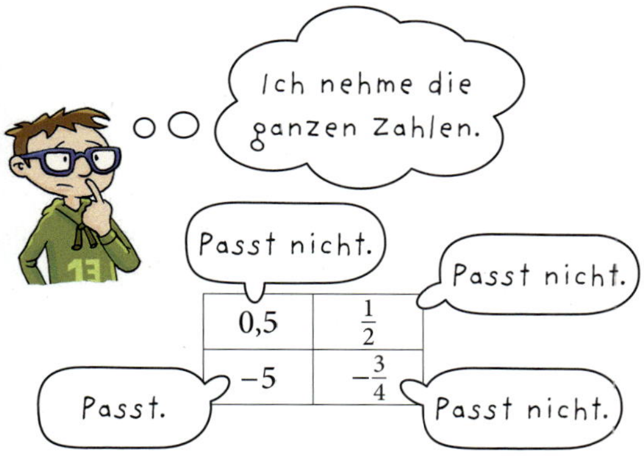

Spielregeln:
- Ein Spieler denkt sich einen Zahlbereich, den die anderen erraten sollen.
- Alle Rater schreiben gleichzeitig offen eine Zahl auf, die jeweils vermutet wird, und bekommen entweder „passt" oder „passt nicht" angesagt.
- Jetzt können im Uhrzeigersinn die Rater nacheinander sagen, welchen Zahlbereich sie vermuten.
  Ist er falsch, ist der nächste Rater dran.
  Ist er richtig, gibt es einen Punkt. Es gibt zwei Punkte, wenn begründet wird, dass nur dieser Zahlbereich in Frage kommt.
- Dann ist der nächste dran, einen Zahlbereich zu wählen.
- Wer zuerst zwölf Punkte hat, gewinnt.

Problemlösen

Diskutiert gemeinsam unklare Fälle, die in eurem Spiel vorgekommen sind.

15 Gibt es so eine Zahl?

a) Spielt das Spiel zu zweit mit zwei Würfeln.
Die Würfelergebnisse haben die angegebene Bedeutung.
Ihr sollt Zahlen suchen, die zum Zahlbereich des ersten Würfels gehören, aber nicht zum Zahlbereich des zweiten Würfels.

- ⚀ negative Zahlen
- ⚁ natürliche Zahlen
- ⚂ Brüche
- ⚃ rationale Zahlen
- ⚄ ganze Zahlen
- ⚅ Dezimalzahlen

Gibt es einen Bruch (⚂), der keine natürliche Zahl (⚁) ist?

Spielregeln:
- Es wird abwechselnd mit beiden Würfeln gewürfelt.
- Wer zuerst eine Zahl nennt oder erklärt, warum es keine Zahl gibt, bekommt einen Punkt.
  Für eine weitere Zahl gibt es auch einen Punkt.
- Wer zuerst zehn Punkte hat, gewinnt.

Problemlösen

b) Ändert sich etwas, wenn du die Reihenfolge der Würfel wechselst?

Vertiefen 4 Mit positiven rationalen Zahlen rechnen

Training

16 Rechnen mit Dezimalzahlen

Erinnere dich
Überschlagen heißt, mit vereinfachten Zahlen zu rechnen.

a) Die folgenden Rechnungen sind falsch.

(1) $0,9 + 0,1 = 0,10$ (2) $0,4 \cdot 0,2 = 0,8$

(3) $0,009 + 0,10 = 0,19$ (4) $0,20 : 0,5 = 4$

- Überschlage, wie viel ungefähr herauskommen müsste.
- Versuche dann zu erklären, warum das jeweilige Ergebnis nicht stimmen kann.

b) Überschlage auch hier das Ergebnis, bevor du rechnest.

(1) 2,45 + 3,9 (2) 15,98 + 7,031
(3) 5,98 – 7,3 (4) 123,51 – 12,4
(5) 6,2 · 1,2 (6) 17,42 · 1,3
(7) 3,795 : 1,1 (8) 20,74 : 1,7

(1) 14,2301 + 3,77 (2) 500 – 134,99
(3) 99,9999 + 0,01 (4) 1234,51 – 123,4
(5) 1,97 · 2,67 (6) 4,6 · 1,255
(7) 128,7 : 0,55 (8) 29,616 : 2,4

c) Vergleicht eure Schätzungen und Rechenergebnisse.

d) Formuliert selbst weitere leichte und schwere Aufgaben und stellt sie euch gegenseitig.

Training

17 Rechnen mit Brüchen

a) Alle folgenden Rechnungen sind falsch.

$\frac{1}{2} + \frac{1}{3} = \frac{2}{5}$ (1) $\frac{2}{3} + \frac{1}{4} = \frac{3}{7}$ (2) $\frac{3}{4} - \frac{1}{2} = \frac{2}{2}$ (3) $\frac{1}{2} \cdot \frac{1}{4} = \frac{2}{4}$

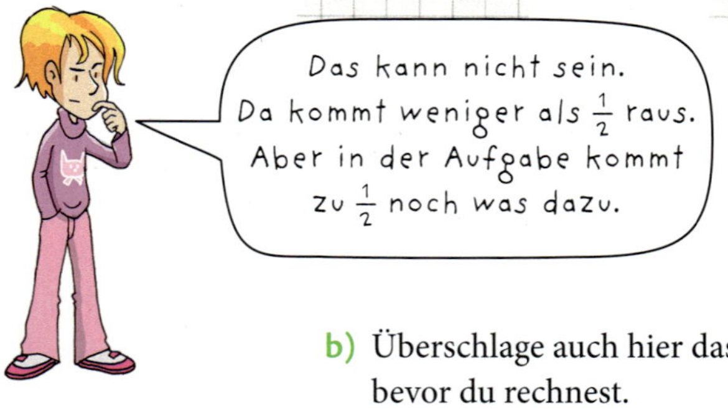

- Überschlage, wie viel ungefähr herauskommen müsste, indem du die Brüche mit $\frac{1}{2}$, 1 oder anderen einfachen Zahlen abschätzt.
- Versuche zu erklären, warum das jeweilige Ergebnis nicht stimmen kann.

b) Überschlage auch hier das Ergebnis, bevor du rechnest.

(1) $\frac{1}{2} + \frac{2}{7}$ (2) $\frac{5}{12} + \frac{1}{6}$
(3) $\frac{3}{4} - \frac{2}{3}$ (4) $3\frac{1}{2} - 1\frac{1}{3}$
(5) $\frac{5}{6} \cdot \frac{7}{8}$ (6) $\frac{7}{8} \cdot \frac{5}{6}$

(1) $\frac{5}{6} + \frac{3}{4}$ (2) $4\frac{1}{3} - \frac{3}{4}$
(3) $1\frac{1}{4} - \frac{4}{5}$ (4) $1\frac{1}{4} + 3\frac{4}{5}$
(5) $\frac{5}{12} \cdot \frac{6}{5}$ (6) $\frac{5}{2} \cdot \frac{1}{5}$

c) Vergleicht eure Schätzungen und Rechenergebnisse.

d) Formuliert selbst weitere leichte und schwere Aufgaben und stellt sie euch gegenseitig.

Training

18 Rechnen mit Prozenten

(1) 15 % + 38 %   (2) 45 % − 26 %   (3) 21 % · 53 %   (4) 90 % : 20 %

a) Löse die vier Aufgaben.
Welche sind schwer, welche sind leicht?

b) Kontrolliere die schweren Aufgaben, indem du sie mit Brüchen oder Dezimalzahlen schreibst und das Ergebnis dann schätzt.

c) Denke dir noch weitere schwere Aufgaben aus, löse sie und stelle sie deinem Partner.
Denke immer daran, durch Schätzen zu kontrollieren.

19 Rechnen nach Umwandeln

$\frac{3}{4} \cdot \frac{1}{8}$	$\frac{1}{5} + \frac{7}{4}$	$\frac{2}{3} - \frac{1}{6}$
0,75 · 0,125	0,2 + 1,75	0,6666… − 0,1666…

a) Löse alle Aufgaben.
Was fällt dir an den Aufgabenpaaren auf?
Welche der Aufgaben lässt sich leichter lösen? Begründe.

b) Diskutiere mit deinem Nachbarn, welche der Aufgaben jeweils die einfachere ist.

c) Erstelle ähnliche Aufgabenpaare, gib sie deinem Partner.
Er darf sich aussuchen, welche Aufgabe aus jedem Paar er löst.

20 Rechnen nach Umwandeln

$\frac{4}{5}$ | $\frac{3}{4}$ | 0,4 | 0,25 ⋮ 0,125 | $\frac{2}{3}$ | $1\frac{4}{5}$ | 7 %

Tipp
Beim Schätzen helfen solche Fragen:
Ist das Ergebnis kleiner als 1, … größer als $\frac{1}{2}$,
… größer als die erste Zahl,
… kleiner als beide Zahlen,
…?

a)
- Schreibe zu den vier Karten jeweils drei Additions-, Subtraktions-, Multiplikations- und Divisionsaufgaben.
- Schätze die Ergebnisse der Aufgaben und sortiere die Aufgaben nach der Größe ihrer Ergebnisse.
- Berechne die Ergebnisse und überprüfe deine Reihenfolge.

b) Welche Aufgaben waren für dich leicht, welche schwer?
Woran liegt das?

c) Schreibe mit den Karten Aufgaben, die folgende Bedingungen erfüllen.
(1) Die Ergebnisse sind möglichst klein.
(2) Die Ergebnisse sind möglichst groß.
(3) Die Ergebnisse sind größer als 1.
(4) Die Ergebnisse sind kleiner als 1.

d) Schreibt vier neue Karten mit Zahlen und bearbeitet sie wie in a) oder c).

Training

Hinweis
Ihr benötigt: vier Würfel und je eine Spielfigur für bis zu vier Spieler Spielplan und Karten findest du unter 150-1.

21 Fang das Bild

Ziel des Spiels ist es, die meisten Suchkarten zu sammeln, indem man passende Bildkarten findet.
Als Spielvorbereitung wird der Spielplan ausgelegt. Die Teilnehmenden stellen ihre Spielsteine auf eines der vier Startfelder. Die Laufkarten werden verdeckt in das Feld auf dem Spielplan gelegt, die Suchkarten sichtbar in das Feld des Spielplans.
Die Bildkarten werden verdeckt in die Bildkartenablage sortiert. Die Buchstaben beziehen sich auf die Buchstaben im Spielplan.

Spielregeln:
Jeder Zug besteht aus drei Aktionen:
1. Laufkarte ziehen und laufen
2. Bildkarten anschauen
3. Versuchen, eine zur Suchkarte passende Bildkarte zu erreichen/zu bekommen

1. Laufkarte und laufen
Wer an der Reihe ist, zieht eine Laufkarte vom Stapel. Dann wird mit den vier Würfeln gewürfelt.
Die vier Zahlen werden in die grauen Felder der Laufkarte eingesetzt, jede höchstens einmal. Der Wert des Terms wird berechnet (und aufgerundet). Er bestimmt, wie viele Felder man in eine Richtung laufen darf.

2. Bildkarten
Alle zugehörigen Bildkarten zu den Buchstaben, über die man läuft, darf man aufdecken.

3. Bildkarte zur Suchkarte
Man prüft, ob eine der aufgedeckten Bildkarten zur obersten Suchkarte passt. Ist das möglich, erklärt man das.
Sind die anderen damit einverstanden, kann man sich die Suchkarte nehmen. Alle Bildkarten werden wieder verdeckt abgelegt und der nächste ist an der Reihe.

4. Spielende
Das Spiel ist zu Ende, wenn alle Suchkarten verteilt sind, oder eine vorher vereinbarte Spielzeit um ist. Sieger ist, wer die meisten Suchkarten hat.

Tipp
Zur Suchkarte $\frac{1}{5} + \frac{2}{5}$ *passt zum Beispiel die Bildkarte*

Eine Begründung:
Rot ist $\frac{1}{5}$ und Weiß $\frac{2}{5}$.
Beide werden addiert.

$\frac{\square}{2} - \frac{\square}{4}$

a) Till hat ⚀, ⚂, ⚂, ⚄ gewürfelt. Entscheide für die Laufkarte links:
(1) Wie kommt man möglichst weit?
(2) Wie bekommt man möglichst kleine Werte?

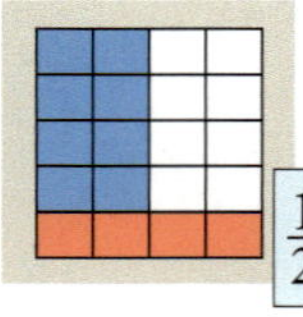

$\frac{1}{2}$ von $\frac{4}{5}$

b) Wie kann man die Suchkarte mit der Bildkarte links erklären?
Findet möglichst viele Aufgaben, die man in derselben Bildkarte finden könnte.

c) Spielt das Spiel mehrfach.
Spielt eventuell auch die Spielvarianten.

d) Erfindet selbst Laufkarten, Bildkarten und Suchkarten und spielt mit ihnen.

e) Erfindet selbst Laufkarten, Bildkarten und Suchkarten für Dezimalzahlen und spielt mit ihnen.

Spielvarianten
- Figuren von Mitspielern dürfen rausgeworfen werden.
- Es müssen ganze Zahlen herauskommen. Es darf also nicht gerundet werden. Dafür dürfen mehrere gewürfelte Zahlen vor dem Einsetzen miteinander verrechnet werden, zum Beispiel: $\frac{⚄ \cdot ⚁}{2} + \frac{⚂ + ⚀}{2} = 7$

Vertiefen 5

Bilder und Situationen zum Rechnen mit rationalen Zahlen

Training

22 Situationen in Rechnungen und Bildern darstellen

a) Stelle folgende Situationen in Rechnungen dar und bestimme das Ergebnis:

(1) Jan trinkt erst einen Drittelliter Wasser, dann einen Viertelliter. Wie viel Wasser hat er insgesamt getrunken?

(2) In Annas Klasse sind $\frac{2}{3}$ der Kinder Mädchen. $\frac{3}{5}$ der Mädchen wollen am Wandertag in das Schwimmbad. Anna: „Damit sind wir doch schon die Hälfte." Stimmt das?

(3) Erst ist Denan 4,3 km gewandert und nach einer Pause nochmal 2,25 km. Wie lang war die Wanderung?

(4) Denan will jetzt in den 2000 Meter entfernten Nachbarort laufen. Er sagt: „Wenn ich einen Schritt mache, habe ich 0,4 Meter geschafft." Wie viele Schritte braucht er?

(5) Die Hälfte von Janas Klasse sind Mädchen. Von den Mädchen sind heute $\frac{2}{3}$ auf einem Tanzwettbewerb. Welcher Anteil der Klasse ist noch im Unterricht?

b) Zeichne ein passendes Bild zu jeder Situation.

c) Finde eigene Situationen, zu denen dein Nachbar die passenden Rechnungen aufschreiben muss.

23 Was gehört dazu?

Hier siehst du Bilder und Rechenaufgaben.

(1) $\frac{1}{4} \cdot \frac{1}{3}$

$\frac{1}{4} - \frac{1}{3}$

$\frac{1}{4} - \frac{1}{12}$

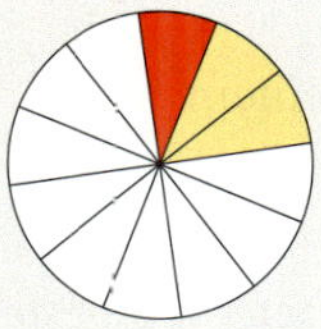

(2) $\frac{7}{10} - \frac{2}{5}$

$\frac{2}{5} + \frac{3}{10}$

$0{,}4 + 0{,}3$

(3) $\frac{2}{3} - \frac{1}{6}$

$\frac{2}{3} \cdot \frac{1}{4}$

$\frac{1}{2} + \frac{1}{6}$

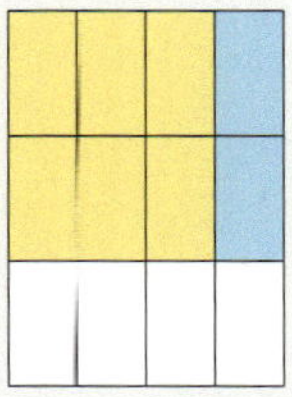

(4) $0{,}35 + 0{,}45$

$0{,}8 - 0{,}45$

$0{,}8 - 0{,}35$

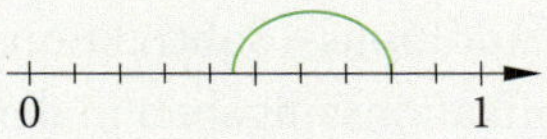

(5) $0{,}5 : 1{,}2$

$0{,}5 \cdot 1{,}2$

$\frac{1}{2} \cdot \frac{6}{5}$

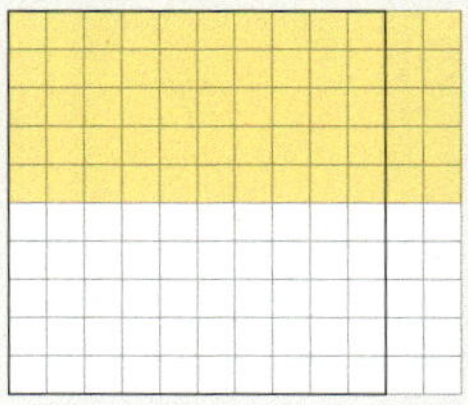

a) Welche Rechenaufgaben gehören zu den Bildern? Achtung, es gibt oft mehr als eine richtige Lösung.

b) Schreibe zu den Bildern und Rechenaufgaben jeweils eine passende Situation auf. Wenn du zu einer Rechnung keine Situation findest, kann dir das Nachschlagen im Wissensspeicher helfen.

24 Situationen prüfen

Schreibe Rechnungen zu diesen Situationen.
Verbessere die Situationen oder die Fragen, wenn du meinst, dass man keine richtigen Rechnungen dazu schreiben kann.

(1) Anne feiert Geburtstag. Es kommen zwei von drei eingeladenen Kindern. Anne feiert mit Luisa, bei der von sechs Eingeladenen nur fünf kommen. Wie viele Kinder kommen?

(2) Jan hat einen halben Liter Wasser. Davon trinkt er einen Drittel Liter aus. Was bleibt übrig?

(3) $\frac{2}{3}$ der Klasse sind Mädchen. Davon fehlt heute $\frac{1}{6}$. Welcher Anteil der ganzen Klasse ist das?

(4) Nina hat $\frac{6}{8}$ Äpfel und sie muss noch $\frac{1}{4}$ Orangen kaufen.

(5) Jan hat zwei Liter Wasser. Wie viele Becher mit 0,4 Liter kann er damit füllen?

25 Filz-Dekoration

Drei bis fünf Millimeter dicker Wollfilz eignet sich gut als Sitzunterlage, Tischset oder Untersetzer.
Der Preis wird pro Quadratmeter berechnet. 1 m² Filz von 5 mm Dicke kostet 12,80 €. Dabei kann man die Maße des zu schneidenden Rechtecks selbst bestimmen.

a) Wie viel Quadratmeter brauchst du als Sitzunterlage für die zwei Klappbänke? Wie teuer wird die Sitzunterlage?

Sitzbank: 2,2 m × 0,25 m

b) Wie viele Untersetzer bekommst du aus einem Quadratmeter und wie teuer ist einer?
Wie viele Tischsets bekommst du aus einem Quadratmeter und wie teuer ist eins?

Tischset:	30 cm × 45 cm
Untersetzer:	10 cm × 10 cm

Tipp
Überlege mit Hilfe von Skizzen.

c) Wie kannst du einen halben Quadratmeter am besten ausnutzen, um möglichst viele von folgenden Teilen zu schneiden?
(1) nur Untersetzer (2) Tischsets und Untersetzer (3) nur Tischsets

26 Brüche im Bild

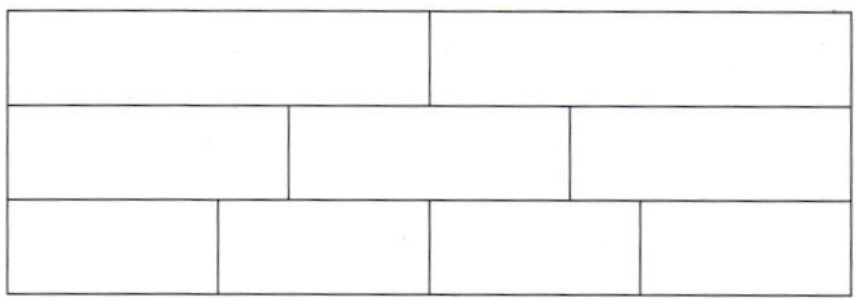

a) Suche Additions-, Subtraktions- und Multiplikationsaufgaben in dem Rechteck. Schreibe die Rechnung und ein passendes Bild mit markierten Anteilen ins Heft.

b) Welche Bilder gehören zu diesen Rechnungen?
(1) $\frac{1}{12} + \frac{1}{9}$ (2) $\frac{1}{3} \cdot \frac{1}{4}$

c) Vergleicht eure Ergebnisse aus a) und b).

d) Zeichnet ähnliche Rechtecke und sucht Aufgaben dazu.

Vertiefen 6 — Multiplizieren und Dividieren rückgängig machen

Training

27 Multiplizieren ohne Computer

a) Kannst du auch ohne Copystar multiplizieren?

(1) $\frac{1}{2} \cdot 6$ (2) $\frac{1}{3} \cdot 6$ (3) $\frac{2}{3} \cdot 6$ ⋮ (1) $\frac{1}{2} \cdot 4{,}2$ (2) $\frac{1}{3} \cdot 4{,}2$ (3) $\frac{2}{3} \cdot 4{,}2$

b) Welche zwei Fragen passen zur Multiplikation Bruch mal andere Zahl, wie z. B. $\frac{1}{3} \cdot 10$?

(A) Wie viel ist ein Drittel von 10 cm?
(B) Wie viel ist 10 cm, verkleinert auf ein Drittel?
(C) Wie oft passt $\frac{1}{3}$ cm in die 10 cm?

c) Erkläre mit den Fragen aus b), wie die Aufgaben in a) zusammenhängen.
Bilde dazu solche Sätze: *Wenn der Anteil größer wird, dann, …*
Wenn sich der Zähler verdoppelt, dann …

Training

28 Was vergrößert? Was verkleinert?

Merve hat mit Copystar vergrößert und verkleinert.

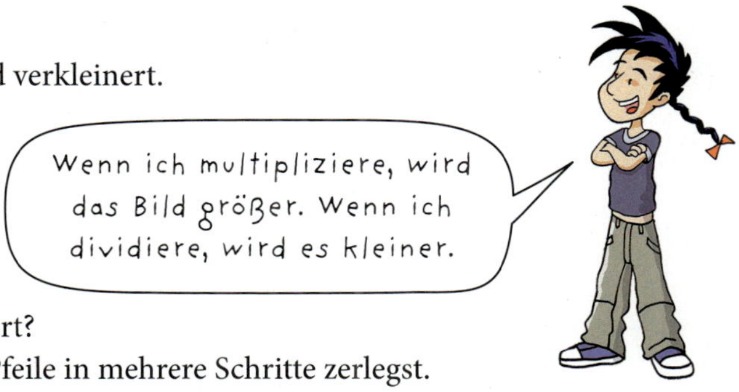

a) Für welche Zahlen stimmt das, was Merve sagt, für welche nicht? Hilf Merve mit einer Erklärung.

b) Wo wird hier vergrößert? Wo verkleinert?
Erkläre deine Antwort, indem du alle Pfeile in mehrere Schritte zerlegst.

(1) $\xrightarrow{\cdot \frac{3}{4}}$ (2) $\xrightarrow{\cdot \frac{5}{3}}$ ⋮ (1) $\xrightarrow{\cdot \frac{2}{5}}$ (2) $\xrightarrow{: \frac{1}{100}}$

(3) $\xrightarrow{: \frac{1}{9}}$ (4) $\xrightarrow{: \frac{3}{9}}$ ⋮ (3) $\xrightarrow{\cdot \frac{3}{4}}$ $\xrightarrow{\cdot \frac{1}{100}}$ $\xrightarrow{: \frac{1}{100}}$

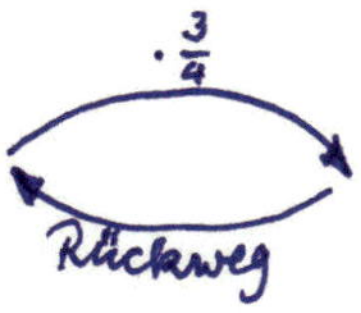

c) Denkt euch selbst ähnliche Pfeilaufgaben aus.
Tauscht sie gegenseitig aus und entscheidet, ob sie vergrößern oder verkleinern.

d) Suche Rückwege zu den Pfeilen, die du oben untersucht hast.

Training

29 Und wie zurück?

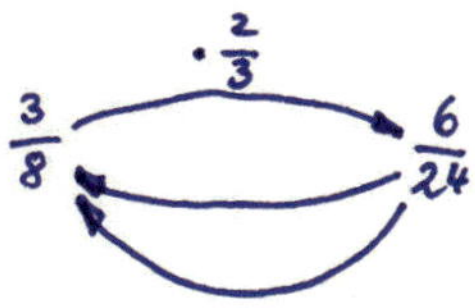

a) Schreibe jede Rechenaufgabe als Pfeilbild und schreibe zwei Rückwege dazu.

(1) $\frac{3}{8} \cdot \frac{2}{3} = \frac{6}{24}$ (2) $\frac{1}{7} \cdot \frac{4}{3}$ (3) $\frac{2}{3} \cdot \frac{1}{4}$

b) Stelle die sechs Rückwege aus a) als Rechenaufgaben dar und löse sie am Pfeilbild.

Tipp
Ihr könnt auch Aufgaben würfeln.

c) Denkt euch selbst eigene Multiplikationsaufgaben aus.
Schreibt zwei oder drei Rückwege dazu als Pfeilbild.

Vertiefen 7

Brüche dividieren

Training

30 Rechnen und prüfen

a) Berechne die Ergebnisse.

(1) $\frac{3}{4} : \frac{1}{2}$; $\frac{3}{4} : \frac{1}{4}$; $\frac{3}{4} : \frac{1}{8}$

(2) $\frac{3}{4} : \frac{2}{2}$; $\frac{3}{4} : \frac{4}{2}$; $\frac{3}{4} : \frac{8}{2}$

(1) $\frac{2}{3} : \frac{1}{3}$; $\frac{2}{3} : \frac{2}{3}$; $\frac{2}{3} : \frac{4}{3}$

(2) $\frac{3}{4} : \frac{1}{3}$; $\frac{6}{4} : \frac{2}{3}$; $\frac{12}{4} : \frac{4}{3}$

(3) $\frac{2}{5} : \frac{5}{2}$; $\frac{4}{3} : \frac{3}{4}$; $\frac{7}{5} : \frac{5}{7}$

P A D E K

b) K ontrolliere deine Ergebnisse aus a), indem du überlegst, ob hier vergrößert oder verkleinert wird.
Erkläre auch an einem Pfeilbild, warum du so rechnen kannst.

Training

31 Ähnliche Aufgaben?

a) Berechne und nutze die Ergebnisse der Aufgaben vorher.

(1) $\frac{10}{9} : \frac{2}{3}$; $\frac{30}{9} : \frac{2}{3}$; $\frac{60}{9} : \frac{2}{3}$

(2) $\frac{4}{5} : \frac{3}{4}$; $\frac{4}{5} : \frac{6}{4}$; $\frac{4}{5} : \frac{12}{4}$

(3) $\frac{2}{3} : \frac{1}{4}$; $\frac{4}{3} : \frac{2}{4}$; $\frac{8}{3} : \frac{4}{4}$

b) Denk dir selbst noch zwei Aufgabenblöcke aus, bei denen die Aufgaben miteinander zusammenhängen, und lass sie deinen Nachbarn lösen.

P A D E K

c) Sverre hat gerechnet: $\frac{1}{4} : \frac{1}{8} = \frac{1}{32}$. K ontrolliere das Ergebnis, indem du überlegst, ob hier vergrößert oder verkleinert wird.

Problemlösen

32 Aufgaben verändern

a) Wie kann man die Aufgabe $\frac{1}{3} : \frac{4}{5}$ verändern, ohne dass sich das Ergebnis verändert? Suche verschiedene Wege.

b) Baue mit den Brüchen rechts eine Divisionsaufgabe mit einem …
(1) möglichst kleinen Ergebnis.
(2) möglichst großen Ergebnis.
(3) Ergebnis möglichst nah an 2.

$\frac{1}{4}$ $\frac{4}{5}$ $\frac{9}{4}$ $\frac{5}{11}$ $\frac{7}{9}$

Training

33 Wie oft passt das da rein?

► Materialblock S. 62
Arbeitsmaterial
Wie oft passt das da rein?

a) (1) Wie oft passt 5 in 20; 5 in 50; 5 in 125; 5 in 1000?
Schreibe auch passende Rechnungen dazu.
(2) Wie oft passt $\frac{1}{3}$ in 2; $\frac{2}{3}$ in 2; $\frac{3}{8}$ in $\frac{6}{8}$; $\frac{3}{16}$ in $\frac{6}{8}$?
Bearbeite diese Aufgaben mit dem Arbeitsmaterial aus dem Materialblock.

b)
- Erkläre, warum 20 : 5 eine passende Rechnung zu „Wie oft passt 5 in 20?“ ist.
- Kannst du dir die Erklärung auch mit Brüchen vorstellen?
- Schreibe alle Aufgaben aus a) als Divisionen.

Training

34 Passen bei Litern und Metern

Löse die Aufgaben. Schreibe zu den Situationen auch passende Rechnungen.

(1) Wie viele Gläser kann man mit zwei Litern Wasser füllen, wenn in ein Glas $\frac{1}{4}$ (oder $\frac{1}{8}$ oder $\frac{1}{5}$) Liter passt?

(2) Eine Wand ist acht Meter lang. Ein Tisch ist $\frac{4}{5}$ Meter breit. Wie viele Tische passen nebeneinander an die Wand?

35 Kann man durch null teilen?

a) Till hat sich ein Päckchen von Divisionsaufgaben ausgedacht.
- Wie geht das Päckchen weiter?
- Rechne die Aufgaben.
- Kontrolliere durch Prüfen, ob vergrößert oder verkleinert wird.

weitergedacht

b) Wie müssten die Ergebnisse der Aufgaben weiter gehen, wenn Till durch immer kleinere Zahlen teilt?
Erreicht Till auch die Rechnung 2 : 0?
Was käme dann heraus?

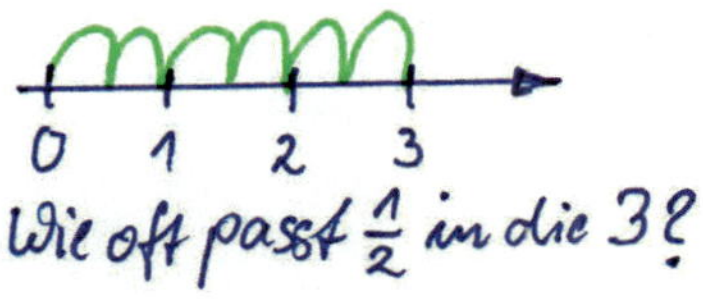

c) Ole denkt beim Dividieren an die Frage „Wie oft passt das in das?“.
- Welche Divisionsaufgabe hat Ole gezeichnet?
- Wie würde Ole die Aufgaben $2 : \frac{1}{4}$ und $2 : \frac{1}{10}$ zeichnen?
- Wie könnte Ole die Aufgabe 2 : 0 zeichnen?

d) Versuche zu erklären: Warum kann man nicht durch null teilen?

36 Poster verkleinern

a) Die Poster sollen wie angegeben verkleinert werden.
Wie hoch ist das neue Bild?

$\frac{4}{5}$ m

Für ein Mousepad auf $\frac{1}{5}$ der Größe verkleinern.

$\frac{4}{9}$ m

Für ein Bild im Portmonee mal $\frac{1}{24}$.

$\frac{7}{10}$ m

Für die Postkarte auf $\frac{1}{10}$ der Größe verkleinern..

b) Die neuen Bilder sollen wieder auf die ursprüngliche Postergröße vergrößert werden. Schreibe eine passende Rechnung.
Zeichne auch Pfeilbilder, die das erklären.

Vertiefen 8 Kreuz und quer mit allen Zahlen und Situationen rechnen

37 Situationen durch Rechnungen erfassen

a) Löse die Aufgaben.

(1) Ich habe 20 € Taschengeld gespart. Davon kaufe ich mir jeden Tag für 0,80 € eine Süßigkeit. Wie lange reicht mein Geld?

(2) Wie viele $\frac{1}{4}$-Liter-Gläser kann man aus einem 5-Liter-Kanister Wasser abfüllen?

(3) Ich habe noch $\frac{3}{4}$ meiner Pizza und gebe die Hälfte davon ab. Wie viel behalte ich übrig?

(4) Ich habe noch Pizza übrig und gebe die Hälfte davon ab. Danach habe ich noch $\frac{1}{3}$ Pizza. Wie viel Pizza hatte ich ursprünglich übrig?

(5) Ein Teppich ist 2 m^2 groß und einen halben Meter breit. Wie lang ist er?

b) Vergleicht eure Lösungen. Wo konnte man die Division nutzen? Prüft und begründet.

38 Ereignisse der Weltgeschichte

a) Trage die Ereignisse in eine passende Zeitleiste ein und berechne sechs Zeitspannen, die zwischen den Ereignissen liegen. Schreibe auch passende Rechnungen auf.

1930 n. Chr.: erster Micky-Maus-Comic

384 v. Chr.: Aristoteles wird geboren

776 v. Chr.: erste olympische Spiele

30 v. Chr.: Cleopatra stirbt

1450 n. Chr.: Gutenberg erfindet den Buchdruck

ich
30 Jahre
Eltern
30 Jahre
Großeltern
30 Jahre
Urgroßeltern
30 Jahre
Ururgroßeltern

b) Durchschnittlich liegen zwischen zwei Generationen 30 Jahre.
- Wann haben ungefähr deine Ur-ur-ur-Großeltern gelebt?
- Wie viele Generationen liegen zwischen dir und den ersten olympischen Spielen?

c) Im Christentum beginnt die Zeitrechnung (also das Jahr 0) mit der Geburt Christi. Andere Kulturen rechnen von anderen Ereignissen aus. Gib dein Geburtsjahr in allen Zeitrechnungen an.

jüdische Zeitrechnung: 3761 v. Chr. als Jahr 0 (angeblich das Erschaffungsjahr der Erde)

Islam: ab der Auswanderung Mohammeds aus Mekka (622 n. Chr.)

römische Zeitrechnung: ab dem Gründungsjahr Roms (753 v. Chr.)

d) Finde eigene Fragen. Überschlage zunächst und schreibe dann die passenden Rechnungen auf. Schreibe dazu auch Ereignisse auf, die dich interessieren.

39 Was passt zueinander?

Till hat am Monatsende 50 € Schulden. Er hatte diesen Monat keine Einnahmen, aber Ausgaben von 150 €. Wie viel hatte er vor einem Monat?

① $-50-(-150)$

Ⓐ
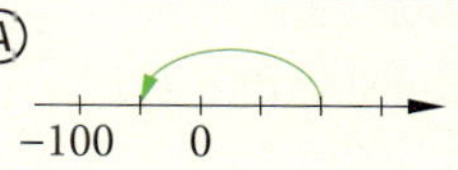

Ⓑ
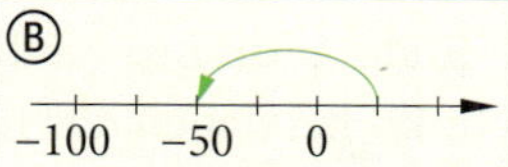

② $-50+150$

③ $50+(-150)$

Ⓒ
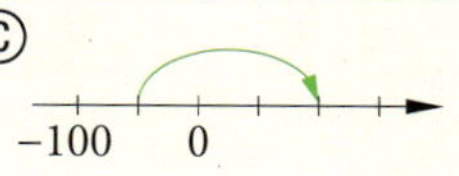

a) Ordne der Situation passende Bilder und Rechenaufgaben zu. Begründe deine Zuordnung.

wiederholen

Wissensspeicher
Negative Zahlen 4 (MB 30)

b) Vergleiche mit deinem Nachbarn. Nutzt auch den Wissensspeicher zur Kontrolle. Stellt euch gegenseitig ähnliche Aufgaben.

Training

40 Situationen in Rechnungen darstellen

Tipp
Du kannst eine Übersetzungstabelle aber auch eine Zahlengerade nutzen.
Übersetzungstabelle:

	bedeutet
40 € Schulden	−40
10 € Schulden mehr	+(−10)

a) Stelle folgende Situationen in einer Rechnung dar.

(1) Birte hat 10 € Ausgaben monatlich und jetzt ein Guthaben von 40 €. Wie viel Geld hatte sie vor sechs Monaten?

(2) Karina hat 4000 €. Sie verdient im Monat 1500 € und hat monatliche Ausgaben von 1850 €. Wie viel Geld hat sie in drei Monaten?

(3) Die Außentemperatur beträgt morgens −5 °C. im Laufe des Tages erwärmt sich die Luft um 4 Grad. Wie warm ist es jetzt?

(4) Paul hat 125 € Schulden auf dem Konto. Dann hebt er 345 € ab. Welchen Kontostand hat er jetzt?

b) Finde eigene Situationen, zu der dein Nachbar die passenden Rechenaufgaben aufschreiben muss.

Training

41 Päckchen mit Beziehungen

a) Löse die folgenden Aufgaben und erkläre deine Ergebnisse. Nutze dazu den Ansatz eine andere Darstellung suchen und zwar Situationen oder die Zahlengerade.

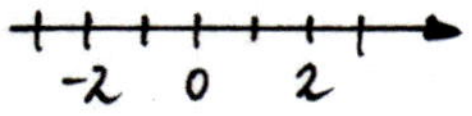

(1) $-5-2$ $\quad -5+2$
$-5-(-2)$ $\quad -5+(-2)$

(2) $5\cdot 2$ $\quad -5\cdot 2$
$5\cdot(-2)$ $\quad -5\cdot(-2)$

(3) $\frac{3}{4}:3$ $\quad -\frac{3}{4}:3$
$\frac{3}{4}:(-3)$ $\quad -\frac{3}{4}:(-3)$

$-\frac{5}{6}-\frac{2}{3}$ $\quad -\frac{5}{6}+\left(-\frac{2}{3}\right)$
$-\frac{5}{6}-\left(-\frac{2}{3}\right)$ $\quad -\frac{5}{6}+\frac{2}{3}$

$-\frac{2}{3}\cdot\left(-\frac{2}{3}\right)$ $\quad -\frac{2}{3}\cdot\left(-\frac{2}{3}\right)\cdot\left(-\frac{2}{3}\right)$
$-\frac{2}{3}\cdot\left(-\frac{2}{3}\right)\cdot\left(-\frac{2}{3}\right)\cdot\left(-\frac{2}{3}\right)$ $\quad \underbrace{-\frac{2}{3}\cdot\left(-\frac{2}{3}\right)\cdot\ldots\cdot\left(-\frac{2}{3}\right)}_{\text{7-mal}}$

Bearbeite (3) links. Kannst du auch die vertauschten Aufgaben $-3:\frac{3}{4}$; $3:\left(-\frac{3}{4}\right)$; … lösen und erklären?

b) Erkläre, wie die Päckchen zusammenhängen. Wie können die Zusammenhänge helfen, wenn du mal vergessen hast, wie du eine Aufgabe aus dem Päckchen rechnest?

Problemlösen

−40 −15 32 20 42

42 Aufgaben erfinden

a) Finde Additions-, Subtraktions-, Multiplikations- und Divisionsaufgaben mit den Zahlen links, bei denen das Ergebnis die angegebene Bedingung erfüllt.
(1) Ergebnis ist eine negative Zahl
(2) Ergebnis ist eine möglichst kleine Zahl
(3) Ergebnis ist eine möglichst große Zahl
(4) Ergebnis ist möglichst nah an 1

b) Finde zu zwei der Aufgaben eine Situation.
Schreibe zwei neue Aufgaben mit rationalen Zahlen in verschiedenen Schreibweisen.

43 Copystar mit allen Schreibweisen

Hinweis
Das Applet „Copystar" findest du unter www 158-1.

In Aufgabe 8 auf Seite 133 hast du untersucht, welche Rechnungen vergrößern und welche verkleinern, wenn mit Brüchen multipliziert und dividiert wird.
Nun sollen alle Schreibweisen von rationalen Zahlen betrachtet werden, also Brüche, Dezimalzahlen und Prozente.

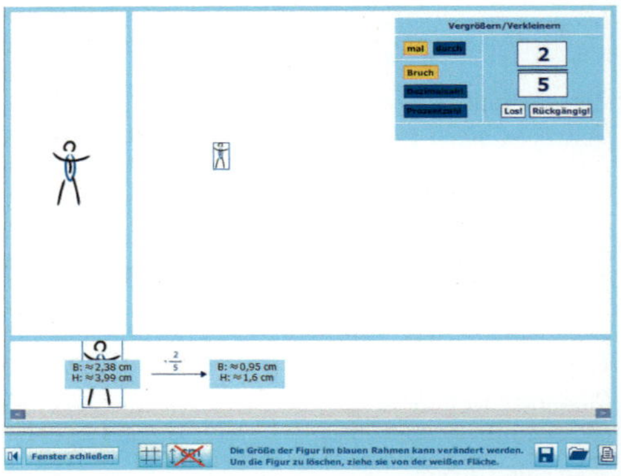

a) Übertrage die Tabelle dreimal in dein Heft und fülle jede Zelle mit je zwei typischen Brüchen, Dezimalzahlen bzw. Prozenten.

	Vergrößern A → A	Verkleinern A → A
mal		
durch		

b) Schreibe eine Multiplikations- und eine Divisionsaufgaben mit Prozentzahlen.
Schreibe dieselben zwei Aufgaben mit Brüchen und Dezimalzahlen.
Überprüfe mit Copystar.

c) Sortiere die Pfeile danach, welcher am stärksten vergrößert.

$\xrightarrow{\cdot \frac{1}{50}}$ $\xrightarrow{\cdot 54\,\%}$ $\xrightarrow{:0{,}2}$ $\xrightarrow{:5\,\%}$ $\xrightarrow{\cdot 0{,}43}$

d) Finde immer zwei Wege:
Wie bringe ich mit Copystar ein Bild von ▪ auf ▪?
(1) von $\frac{2}{5}$ cm auf $\frac{8}{15}$ cm Höhe ⋮ von $\frac{2}{5}$ cm auf $\frac{5}{7}$ cm Höhe
(2) von 0,5 cm auf 0,12 cm Höhe ⋮ von 0,5 cm auf 0,14 cm Höhe
(3) von 30 % auf 100 % ⋮ von 30 % auf 115 %

Training

44 Rechnungen kontrollieren

(1) $\frac{1}{8} - 0{,}1 = 0{,}2$
$1\frac{3}{4} - \frac{1}{4} = 1{,}5$

(2) $\frac{9}{8} + 0{,}04 = 0{,}9$
$1{,}75 + 0{,}4 = 1{,}79$

(3) $175\,\% \cdot \frac{1}{5} = 875\,\%$
$\frac{3}{4} \cdot \frac{1}{8} = \frac{2}{4}$

(4) $\frac{1}{2} : 2 = 1$
$25\,\% : \frac{1}{4} = 1$

P A D E K

a) K ontrolliere die Ergebnisse. Welche der Kontrollwege aus Aufgabe 9 auf Seite 139 hast du genutzt?

b) Stellt euch gegenseitig Aufgaben, löst sie und kontrolliert.

Problemlösen

45 Viele Möglichkeiten finden

a) Welche Zahlen können in den Kästchen stehen?
Schreibe verschiedene Aufgaben auf. Suche möglichst viele Möglichkeiten.

(1) $\frac{4}{9} \cdot \frac{\blacksquare}{3} = \frac{20}{\blacksquare}$ (2) $\frac{1}{5} \cdot \frac{4}{\blacksquare} = \frac{20}{\blacksquare}$ (3) $\frac{4}{9} : \frac{\blacksquare}{3} = \frac{20}{\blacksquare}$

(4) $\frac{\blacksquare}{\blacksquare} + \frac{\blacksquare}{3} = \frac{3}{4}$ (5) $\blacksquare - \blacksquare = -32$ (6) $\blacksquare \cdot \blacksquare = -32$

b) Suche mindestens zehn verschiedene Aufgaben mit dem Ergebnis $\frac{3}{5}$.
Erfülle dabei die folgenden Bedingungen.
(1) Nutze verschiedene Rechenoperationen
(2) Verwende Brüche mit verschiedenen Nennern.
(3) Wende verschiedene Zahlschreibweisen an.

c) Tauscht euch aus, ob ihr bestimmte Arten von Lösungen übersehen habt.

46 Im Supermarkt

a) ▪ Wie viel kosten $\frac{2}{5}$ kg der Kartoffeln mit dem angegebenen Preis?
▪ $\frac{2}{5}$ kg Kartoffeln kosten 0,30 €.
Wie viel kostet ein Kilogramm?

b) Pia bringt Leergut wie im Bild dargestellt zurück und holt sich noch eine Flasche Saft für 1,49 €.
Wie viel hat sie ausgegeben?

Pfand für Flaschen:	
Wasserflasche	0,15 €
Einwegflaschen	0,25 €
Bierflaschen	0,08 €

c) Merve hat verschiedene Sachen eingekauft.
Reicht ihr Geld, um alles zu bezahlen?

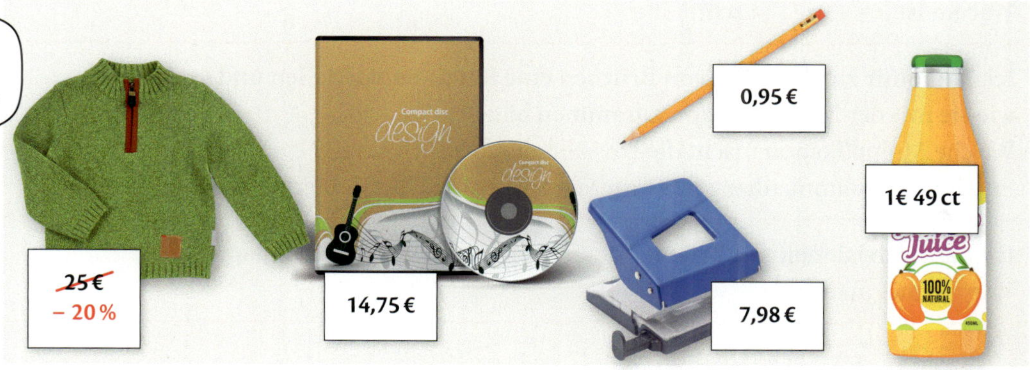

d) Welche Rechnungen verstecken sich in dem Kassenbon?
Suche sie heraus und erkläre sie deinem Nachbarn.

```
--------------------------------------
                              EUR
ROMB.STILL                   1,99 B
PFAND                        3,30 B
LG-WASSERK.                 -3,30 B
LG-WASSERK.                 -3,30 B
--------------------------------------
SUMME              EUR      -1,31
======================================
Bar                EUR      -1,31

Steuer    %    Netto  Steuer  Brutto
B =    19,0%   -1,10   -0,21   -1,31
Gesamtbetrag   -1,10   -0,21   -1,31
```

e) Finde weitere Aufgaben zum Einkauf im Supermarkt, in denen unterschiedliche Zahlschreibweisen vorkommen.

Checkliste

Unser Zahlenlexikon – Zahlenwissen ordnen und vernetzen

Ich kann … *Ich kenne …*	*Hier kann ich üben …*
Ich kann für jede Schreibweise rationaler Zahlen typische Situationen angeben, für die man sie braucht. Gib ein Beispiel für eine Situation, in der Prozente vorkommen. Wieso reichen die natürlichen Zahlen in dieser Situation nicht?	S. 142 Nr. 1
Ich kann Brüche in Dezimalzahlen und Prozente umwandeln und wieder zurück. Wandle $\frac{3}{8}$ und $\frac{4}{15}$ in Prozente und Dezimalzahlen um und trage sie auf der Zahlengeraden ein. Wandle 3,23 in einen Bruch um und trage ihn auf der Zahlengeraden ein.	S. 143 Nr. 4, 5 S. 145 Nr. 9 S. 146 Nr. 11
Ich kenne die Fachwörter natürliche Zahl, ganze Zahl, Bruch, negative Zahl und rationale Zahl und kann für jeden Zahlbereich Beispiele und Gegenbeispiele angeben. Finde eine Zahl, die rational, aber nicht ganz ist.	S. 147 Nr. 13–15
Ich kann für alle Rechenarten (Addition, Subtraktion, Multiplikation und Division) passende Situationen oder Bilder angeben. Zeichne ein Bild zu $1{,}3 \cdot 0{,}5$. Gib eine Situation an zu $\frac{5}{8} - \frac{1}{2}$.	S. 151 Nr. 22, 23 S. 152 Nr. 24, 26
Ich kann alle Rechenarten (Addition, Subtraktion, Multiplikation und Division) für Dezimalzahlen sicher ausführen und kontrollieren. Berechne $3{,}05 \cdot 6{,}2$ und $305{,}001 : 0{,}2$ und erkläre, wie man vorgeht. Warum sind die Rechnungen $3{,}05 \cdot 6{,}2 = 1{,}891$ und $305{,}001 : 0{,}2 = 61{,}002$ falsch?	S. 148 Nr. 16 S. 149 Nr. 18–20
Ich kann Additionen, Subtraktionen und Multiplikationen mit Brüchen sicher ausführen und kontrollieren. Wie rechnet man $\frac{3}{5} - \frac{2}{15}$? Warum ist $\frac{3}{5} - \frac{2}{15} = \frac{11}{15}$ falsch?	S. 148 Nr. 17 S. 149 Nr. 20
Ich kann mir zur Division von Brüchen eine Situation vorstellen und erklären, wie sie mit der Multiplikation zusammen hängt. Welche Multiplikation macht die Division durch $\frac{1}{6}$ rückgängig? Erkläre im Zusammenhang mit dem Vergrößern und Verkleinern beim Kopierer.	S. 153 Nr. 28, 29 S. 154 Nr. 33 S. 156 Nr. 37
Ich kann Divisionen mit Brüchen ausführen und erklären, wie man rechnet. Wie rechnet man $\frac{3}{8} : \frac{2}{9}$?	S. 154 Nr. 30–32

► *Hinweis:* Im Materialblock auf Seite 63 findest du diese Checkliste für deine Selbsteinschätzung.
Zusätzliche Übungsaufgaben findest du im Internet unter www 160-1.
(www.cornelsen.de/mathewerkstatt, Buchkennung: MWS040248, Mediencode: 160-1)

Landschaften vermessen – Dreiecke konstruieren

In diesem Kapitel ...

- lernst du, wie man mit Hilfe von Dreiecken Land vermessen kann.
- zeichnest du Dreiecke und bestimmst damit unbekannte Winkelgrößen und Seitenlängen.
- lernst du, wie man in Dreiecken eine Mitte finden kann.

Ich habe hier 45 Meter.

Wie kann man die exakten Maße des Schulhofes auf die Karte übertragen? Wir können doch nicht alles messen.
Bei mir sind es 75°.
Man muss auch nicht alles messen. Wir brauchen nur ein paar Entfernungen von besonderen Stellen und dazwischen einige Winkel.

Erkunden A

Wie kann ich mit Dreiecken Landschaften vermessen?

1 Einen dreieckigen Pausenhof an anderer Stelle neu errichten

Die Schule der vier Freunde hat einen schönen dreieckigen Bereich auf dem Schulhof, der sogar einen Preis für schöne Schulhofgestaltung gewonnen hat. Wegen Umbauarbeiten muss diese Fläche an anderer Stelle neu aufgebaut werden.

a) Wie kann man das Dreieck woanders hin transportieren, sodass sich an der Dreiecksfläche nichts ändert?
Beachtet dazu die Idee von Till und malt das Dreieck mit den Maßen 10 m, 7 m und 8 m an verschiedenen Stellen eures Schulhofes auf.
Ist es immer dasselbe Dreieck?

wiederholen

Wissensspeicher aus vorigen Schuljahren: *Maßstab 2*

b) Mit der Idee von Till kann man das Dreieck auch maßstabsgetreu ins Heft übertragen. Nehmt dazu einen Maßstab von 1 : 100. Zeichnet dann eine der drei Strecken ins Heft (z. B. die längste Strecke).
Um die anderen beiden Strecken zu zeichnen, macht es so wie Till und Merve, indem ihr statt der Schnüre kurze Fäden nehmt.

c) Was meint Merve? Vergleicht dazu eure Dreiecke im Heft.
Habt ihr im Heft immer das gleiche Dreieck? Falls nicht, woran liegt das?
Woran erkennt ihr, ob es wirklich das gleiche Dreieck ist.

d) Für das Erstellen von Zeichnungen kann ein *dynamisches Geometriesystem** (DGS) helfen.
Zeichne mit einem DGS die beiden Dreiecke aus b).
Überlege dazu, wie man die Idee mit den Schnüren mit einem DGS umsetzen kann.

*** Neues Wort**
*Mit einem **dynamischen Geometriesystem (DGS)** kann man Punkte, Linien und Flächen zeichnen, ihre Zusammenhänge untersuchen und Messungen ausführen.*

▸ **Ordnen** Mit Hilfe der Aufgabe 1 auf Seite 170 kannst du lernen, wie man ein Dreieck mit einem dynamischen Geometriesystem zeichnen kann.

2 Landkarten aus Entfernungen erstellen

Wenn man die Entfernungen zwischen Orten kennt, kann man mit dem Vorgehen in Aufgabe 1 b) auch Landkarten erstellen.

Entfernung in km	Solitude	Ludwigsburg	Markgrönigen	Ditzingen	Fellbach
Solitude	0	13	12	5	13
Ludwigsburg		0	8	11	10
Markgrönigen			0	9	17
Ditzingen				0	15
Fellbach					0

a) Erstellt aus den Entfernungen in der Tabelle links eine Karte mit dem Maßstab 1 : 100 000.
So könnt ihr vorgehen:
- Berechnet mit dem Maßstab alle Abstände auf der Karte.
- Sucht zwei Orte mit einem großen Abstand aus und zeichnet sie ein.
- Zeichnet für einen dritten Ort die Abstände zu den beiden eingezeichneten Orten in die Landkarte. Dabei könnt ihr so vorgehen wie in Aufgabe 1 b) oder ihr verwendet einen Zirkel wie Ole.
- Nehmt einen vierten Ort dazu und macht so weiter.

b) Vergleicht eure Karten.
- Sind die Lage der Orte und die Entfernungen gleich?
- Woran liegt es, falls ihr unterschiedliche Karten habt?

3 Landkarten mit Entfernungen und Winkeln erstellen

Gut zu wissen
Mit einem Theodoliten lassen sich Winkel im Gelände bestimmen. Ein Theodolit enthält einen Winkelmesser und ein Fernglas. Er ist auf einem Stativ befestigt.

König Wilhelm I. wollte im 19. Jahrhundert für sein Land Württemberg eine Karte erstellen. Es war aber zu aufwändig, jede Entfernung genau auszumessen. Daher nutzten seine Mathematiker eine geniale Idee:

Man misst nur eine Strecke, die möglichst gerade ist, und bestimmt die beiden Winkel an den Enden der Strecke.

Eine gerade Strecke lag sogar direkt vor der Haustür und zwar die Solitudeallee, die das Schloss Solitude und Ludwigsburg verbindet.

a) Überlege, wie man mit dem Dreieck die Lage von Markgröningen bestimmt. Beschreibe dazu auch, wie man konkret vorgehen muss.

Punkt 1	Scheitelpunkt	Punkt 2	Winkelgröße
Markgröningen	Solitude	Ludwigsburg	26°
Solitude	Ludwigsburg	Markgröningen	67°
Ditzingen	Solitude	Ludwigsburg	66°
Solitude	Ludwigsburg	Ditzingen	17°
Fellbach	Solitude	Ludwigsburg	44°
Solitude	Ludwigsburg	Fellbach	70°

b) Probiere es einmal selbst aus. Erstelle dazu eine Karte, indem du die Angaben in der Tabelle nutzt. Starte dabei erst mit drei Orten und ergänze dann den vierten und dann den fünften Ort.

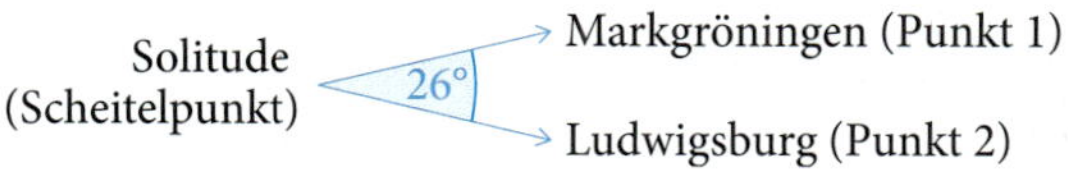

4 Karten erstellen

In den Aufgaben 2 und 3 auf Seite 165 hast du Karten mit mehreren Orten erstellt, einmal nur mit Strecken (2) und einmal mit Strecken und Winkeln (3).

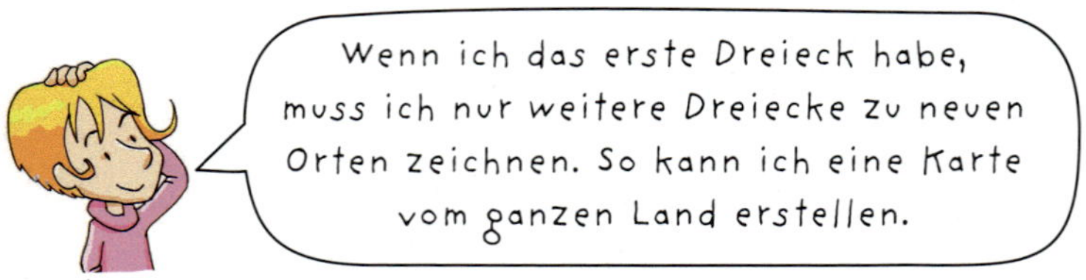

a) Was meint Pia zu dem Vorgehen?
- Überlegt dazu, wie ihr bei der Kartenerstellung vorgegangen seid.
- Habt ihr es wie Pia gemacht oder seid ihr anders vorgegangen?

b) In den Aufgaben 2 und 3 waren einige Streckenlängen und Winkelgrößen gegeben. Welche Größen sind jeweils bekannt, welche Größen, die du vorher nicht kanntest, kannst du mit deiner Karte bestimmen?

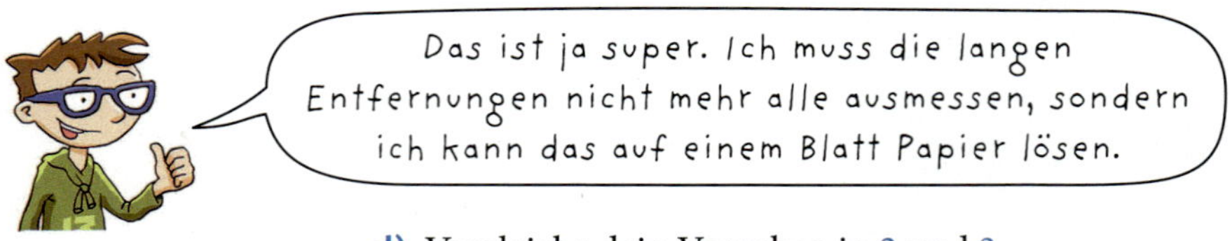

c) Was meint Ole? Warum ist die Idee mit der Karte so gut?

d) Vergleiche dein Vorgehen in 2 und 3.
- Welche Größen lassen sich in der Realität wohl einfacher messen, Winkel oder Längen?
- Mit welchen kann man einfacher eine Karte erstellen?

5 Längen bestimmen, die man nicht messen kann

Mit Hilfe von Dreiecken kann man Entfernungen bestimmen, die man nicht messen kann.

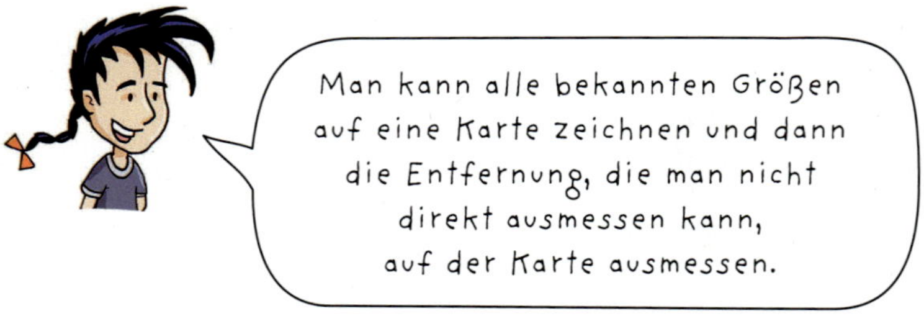

a) Entwickle einen Plan, wie man die Breite des Sees bestimmen kann (rote Linie). Nimm dazu an, dass man die Größen auf dem Land ausmessen kann: die blauen Linien (z. B. 300 m und 480 m) und den Winkel zwischen den blauen Linien (z. B. 60°).

b) Wie kann man ein Dreieck zeichnen und die unbekannten Größen bestimmen, wenn man zwei Entfernungen und einen Winkel kennt, der nicht zwischen den beiden Strecken liegt?

nachgedacht

c) Erläutere, wie ein Landvermesser vorgeht, um unbekannte Größen zu bestimmen. Vergleiche dazu diese Aufgabe mit den Aufgaben 2 und 3 auf Seite 165.

Erkunden B

Wie viele Angaben benötige ich, um Dreiecke zu zeichnen?

6 Mehrere Lösungen?

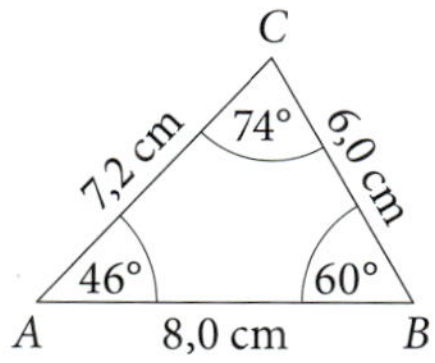

Bei einem Dreieck gibt es sechs Angaben – drei Längen und drei Winkel.

▸ Materialblock S. 73 Arbeitsmaterial *Dreiecke legen*

Hinweis
Ihr könnt anstelle des Arbeitsmaterials auch ein Applet nutzen. Ihr findet das Applet unter 167-1.

Tipp
Manchmal braucht man Hilfslinien.

a) Mit wie viel Angaben und welchen Kombinationen kann man das Dreieck oben rechts erzeugen?
- Wählt dazu aus den sechs Angaben einige aus und probiert, ob diese Angaben ausreichen, genau das Dreieck oben rechts herzustellen.
- Ihr könnt selbst probieren oder euch erst die Beispiele von den vier Freunden in b) und c) anschauen.
- Vergleicht erst mit dem Ausgangsdreieck oben rechts, wenn ihr ein Dreieck erstellt habt.

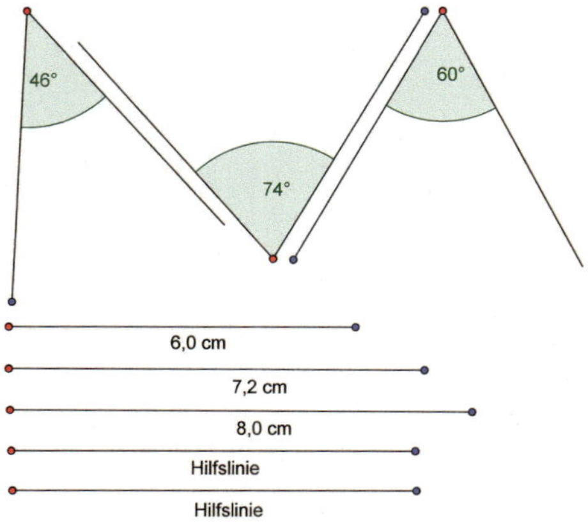

Pias Lösung

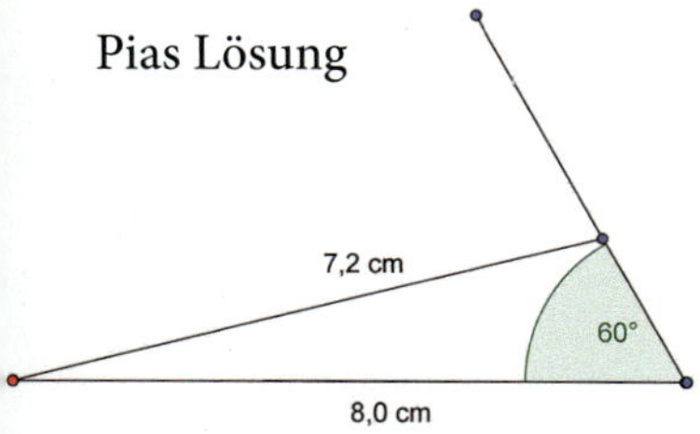

Tills Lösung

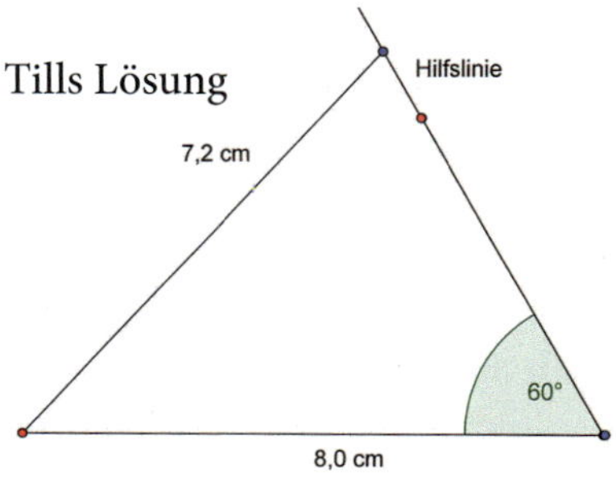

b) Pia und Till haben mit dem Winkel von 60° und den Strecken von 8 cm und 7,2 cm Länge jeweils ein Dreieck erstellt.
- Woran liegt es, dass sie unterschiedliche Dreiecke erstellt haben?
- Erstellt selbst die beiden Dreiecke. Vielleicht hilft es auch, wenn ihr sie im Heft konstruiert.

c) Ole und Merve haben mit dem Winkel von 46° und den Strecken von 6 cm und 8 cm Länge jeweils ein Dreieck gelegt.

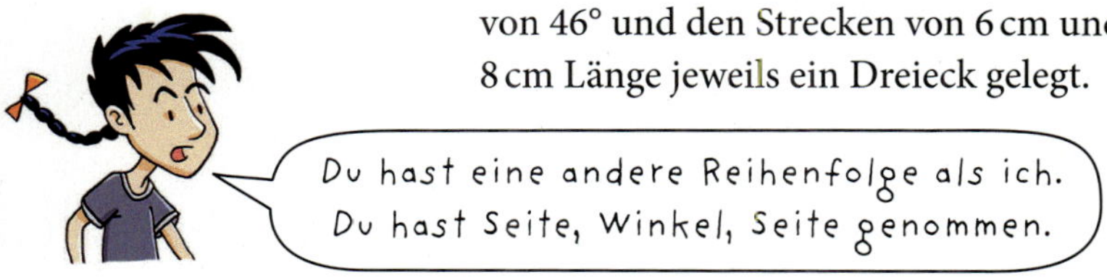

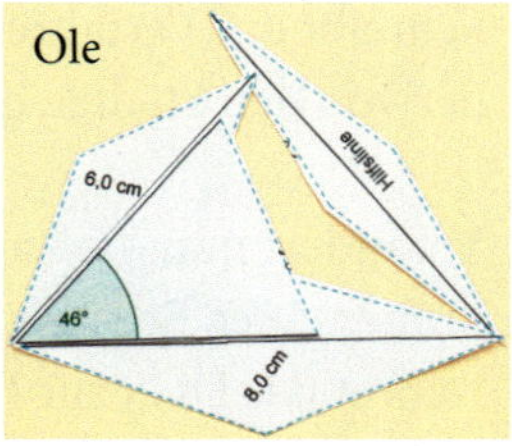

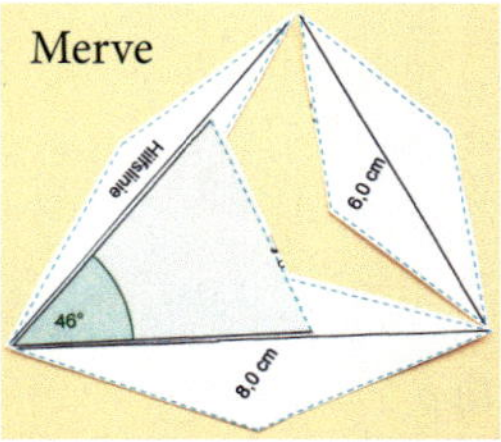

- Entscheide bei beiden Dreiecken, ob sie zum Ausgangsdreieck passen.
- Erkläre, was hier passiert ist?

d)
- Legt wie Till eine Tabelle an und schreibt dort alle Fälle hinein.
- Vergleicht anschließend eure Tabellen.
- Überlegt, wo ihr Fälle vergessen habt, und ergänzt sie.

ausgewählte Angaben	Reihenfolge	Besonderheiten	erzeugt das Ausgangsdreieck
zwei Seiten: 8 cm und 6 cm	ist egal	kann man viele verschiedene Dreiecke mit erzeugen	nein
zwei Seiten ein Winkel: 7,2 cm, 8 cm, 60°	Seite, Seite, Winkel	Wenn die Seite am Winkel länger ist, dann entstehen zwei Dreiecke.	

Erkunden C

Wie kann ich die Mitte finden?

7 Gleich weit weg von Städten

Ein Hubschrauber für Notfallpatienten in Hamm, Oelde, Lippstadt und Soest soll an einem möglichst guten Standort stehen.

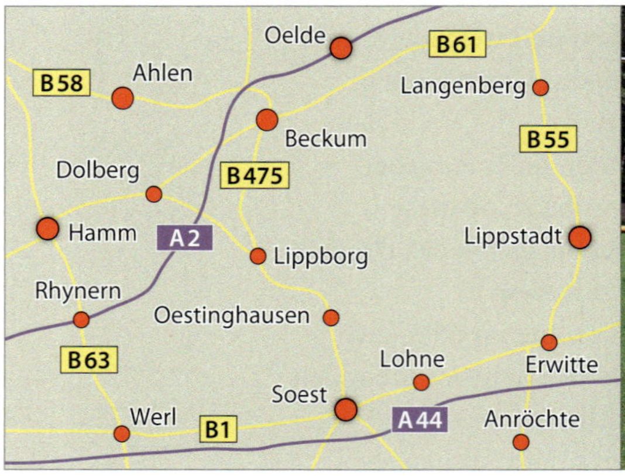

► Materialblock S. 72 Arbeitsmaterial *Gleich weit weg von den Städten*

a) Findet dazu einen Hubschrauberstandort, sodass der Weg zu allen vier Städten möglichst gleich lang ist.
Falls ihr für vier Städte Probleme habt, geht so vor:
- Bestimmt den Standort für den Hubschrauber erst einmal für zwei Städte. Beschreibt, wie ihr vorgegangen seid. Gibt es mehrere Orte, die gleich weit weg sind? Wo liegt der Standort mit dem kürzesten Weg zu beiden Orten?
- Nehmt dann eine dritte Stadt dazu. Wie lässt sich das Verfahren von zwei Städten für drei Städte erweitern. Wie viele Standorte für den Hubschrauber gibt es nun?

b) Schreibt das Verfahren auf, wie man für zwei und drei Städte einen Ort finden kann, der von den Städten gleich weit entfernt ist.

Tipp
Wenn du im DGS die Spur für den Punkt D einschaltest, dann kannst du sehen, in welchem Bereich sich der Punkt D bewegt.

c) Verändert nun die Lage der drei Städte, sodass ihr für jede Position der Städte immer einen Standort findet, der gleich weit entfernt ist von den drei Städten.
Nehmt das DGS zur Hilfe und geht wie folgt vor:
- Zeichnet drei freie Punkte mit dem DGS und verbindet sie zu einem Dreieck.
- Konstruiert den Punkt, der von den drei freien Punkten gleich weit weg liegt.
- Verändert dann die Lage der drei freien Punkte systematisch. Notiert im Heft, was ihr beobachten könnt.

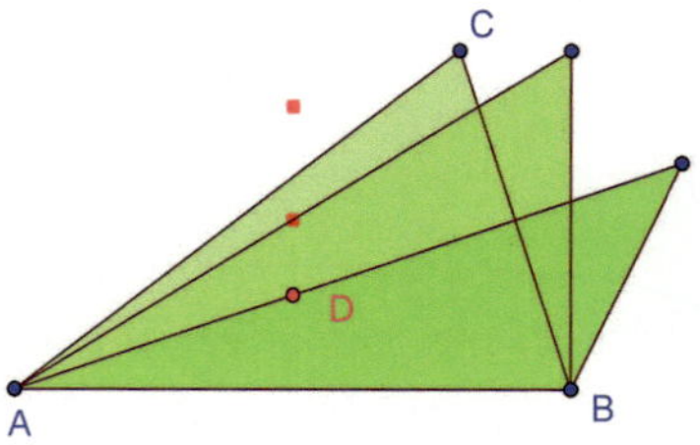

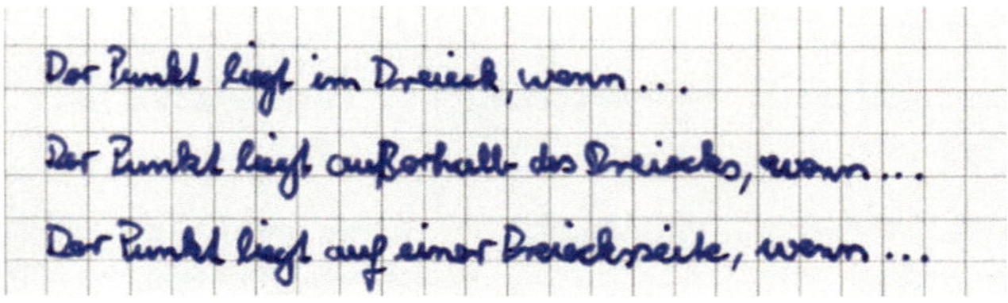

Gut zu wissen
Man teilt Dreiecke nach dem größten Winkel in drei Gruppen ein:

Größter Winkel	Name der Gruppe
< 90°	spitzwinklig
= 90°	rechtwinklig
> 90°	stumpfwinklig

d) Wie findet man die Mitte bei mehr als drei Punkten? Probiert es noch mal mit vier Punkten aus. Kann es für vier Punkte überhaupt einen eindeutigen Standort geben?

8 Gleich weit weg von Straßen

Frösche und Kröten benötigen zum Laichen ein Gewässer. Wenn sie auf dem Weg zu ihrem Laichgewässer eine Straße überqueren, werden die Tiere oft von Autos überfahren. Ein wirksamer Schutz für Frösche und Kröten besteht darin, für sie einen Teich als Ersatz-Laichgewässer anzulegen.
Der Teich sollte möglichst weit von den Straßen entfernt sein, mindestens 250 m von jeder Straße.

▶ Materialblock S. 72 Arbeitsmaterial *Gleich weit weg von den Straßen*

a) Zeichnet das Gebiet, in dem der Teich liegen darf. Erklärt wie ihr vorgegangen seid.

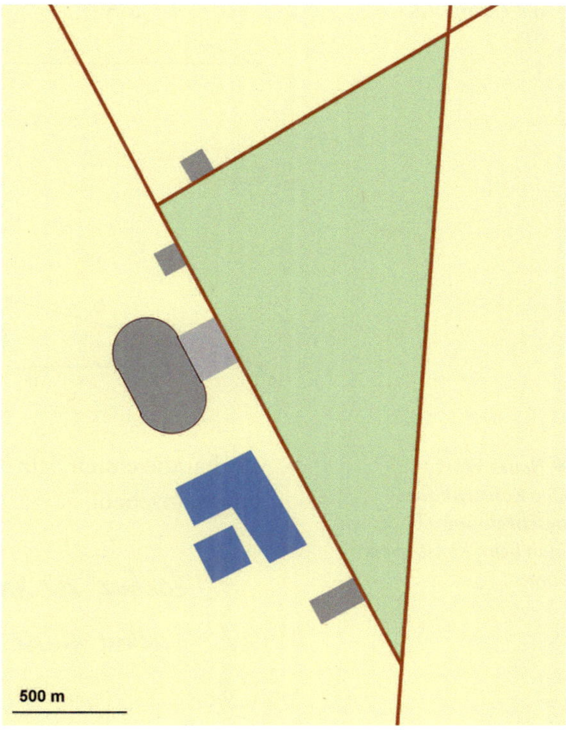

b) An welchem Punkt ist eine Kröte gleich weit entfernt von allen Straßen?
Geht dazu so vor, indem ihr das Problem vereinfacht:
Schritt 1: Überlegt erst, wo dieser Punkt für zwei Straßen liegen müsste. Gibt es mehr als einen Punkt, der gleich weit weg von zwei Straßen liegt?
Schritt 2: Wiederholt Schritt 1 für die nächsten beiden Straßen und dann für das dritte Paar Straßen.
Schritt 3: Übertragt eure Ergebnisse dann für alle drei Straßen zusammen.

c) Verändert nun die Lage der drei Straßen, so dass ihr für jede Position der Straßen immer einen Standort findet, der gleich weit entfernt ist von den drei Straßen.
Nehmt das DGS zur Hilfe und geht wie folgt vor:
- Zeichnet mit dem DGS ein Dreieck.
- Konstruiert den Punkt, der von den drei Seiten gleich weit weg liegt.
- Verändert dann die Lage der drei freien Strecken und drei Punkte systematisch. Notiert, was ihr beobachten könnt? Kann der Punkt D z. B. auch außerhalb des Dreiecks, auf einer Seite oder auf einem Eckpunkt liegen?

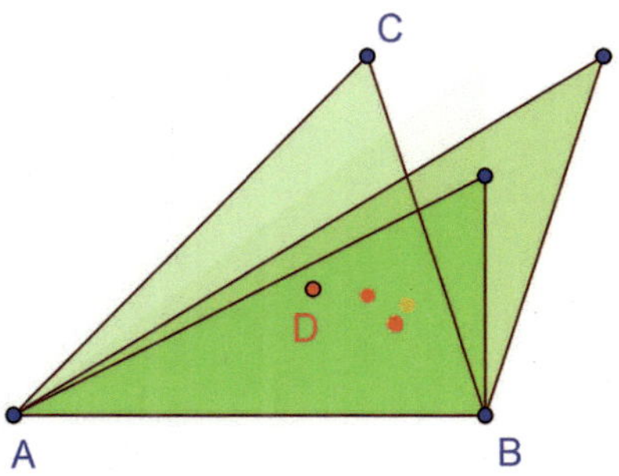

Tipp
Wenn du im DGS die Spur für den Punkt D einschaltest, dann kannst du sehen, in welchem Bereich sich der Punkt D bewegt.

nachgedacht

d) Vergleicht die beiden Punkte, die ihr in dieser Aufgabe und in der Aufgabe 7 auf Seite 168 konstruiert habt.
- Was haben sie gemeinsam, was ist unterschiedlich?
- Gibt es Dreiecke, in denen diese Punkte an derselben Stelle liegen?

Ordnen A

Wie kann man mit Dreiecken Landschaften vermessen?

1 Mit dem DGS Dreiecke aus drei Seiten konstruieren

✻ Neues Wort
*Unter dem **Konstruieren** von Figuren versteht man das exakte Zeichnen von Figuren.*

a) Till, Ole und Pia haben mit einem DGS ein Dreieck mit den Seitenlängen $a = 3\,\text{cm}$, $b = 5\,\text{cm}$, $c = 7\,\text{cm}$ *konstruiert*✻. Sie sind unterschiedlich vorgegangen.
- Konstruiere auf allen drei Wegen das Dreieck. Nutze dazu den Methodenspeicher im Materialblock.
- Erkläre, warum Oles Weg der genauste ist?

► Materialblock S. 71 Methodenspeicher *Dreiecke konstruieren mit einem DGS*

Till

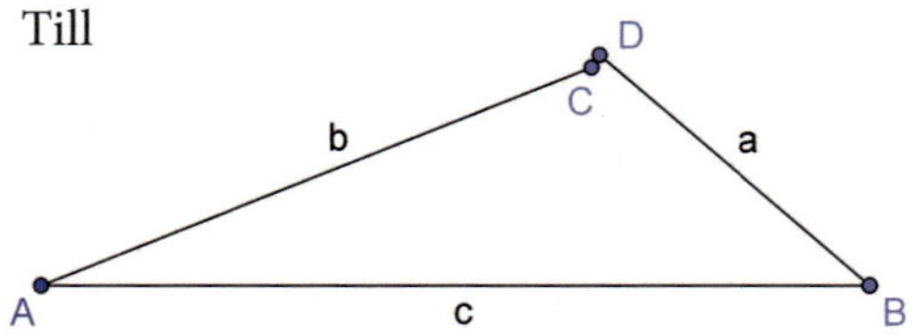

Ole

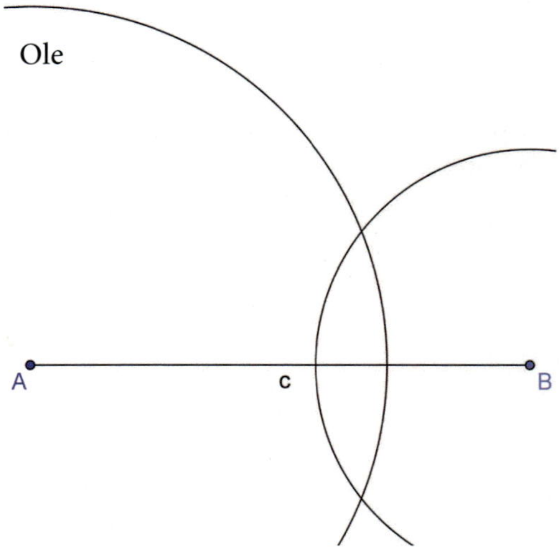

Pia

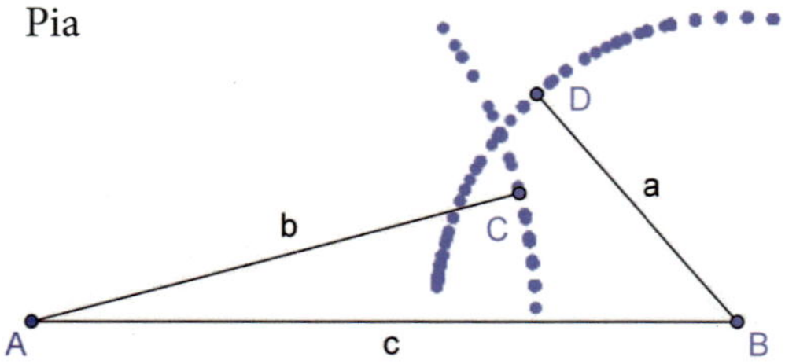

✻ Neues Wort
*Eine **Konstruktionsbeschreibung** gibt an, wie man beim Konstruieren vorgeht.*

b) Ole hat die ersten Schritte einer *Konstruktionsbeschreibung*✻ zu seiner Zeichnung aufgeschrieben:

1. Zeichne die Strecke c = 7 cm mit den Endpunkten A und B.
2. Zeichne einen Kreis um A mit dem Radius b = 5 cm.
3.

Setze die Beschreibung fort. Nutze dazu die folgenden Satzbausteine:

Tipp
In die Satzbausteine kannst du auch andere Strecken und Punkte einsetzen.

Zeichne einen Kreis um A	mit den Endpunkten A und B	Zeichne die Strecke c = 7 cm
Der Schnittpunkt der beiden Kreise ist der Punkt C	Zeichne den Punkt A	mit dem Radius b = 5 cm

► Materialblock S. 74 Arbeitsmaterial *Oles Lösungsschritte*

c) Tauscht eure Beschreibungen aus und konstruiert nach den Beschreibungen ein Dreieck in euer Heft. Verbessert eventuell die Beschreibung.

► Materialblock S. 65 Wissensspeicher *Ein Dreieck aus drei Seiten konstruieren*

d) Schneide die Bilder von Oles Lösung aus dem Materialblock aus.

e) Vergleicht eure Ergebnisse zu b) und c) und übertragt sie in den Wissensspeicher. Klebt die Bilder von Oles Lösung in der richtigen Reihenfolge in die Tabelle.

2 Einen Plan auf Papier erstellen

Manchmal gibt es Größen, die man nicht direkt ausmessen kann. Um solche Größen zu bestimmen, kann man bekannte Größen und eine Zeichnung nutzen.

P: Folgende Größe ist gesucht: Breite des Flusses

Folgende Größen sind bekannt oder kann man messen: c=12m, Winkel 60° und 90°

A: Skizze erstellen, bekannte und unbekannte Größen markieren

D: maßstäbliche Zeichnung erstellen, gesuchte Größe in der Zeichnung ausmessen

E: Ergebnis:

K: Kontrollieren:

a) Bestimme die Breite des Flusses. Ergänze dazu Pias Plan und nutze Oles Skizze.

b) Wie kann man eine unbekannte Größe bestimmen, wenn man sie nicht messen kann? Beschreibe, wie man dabei vorgehen kann. Nutze dazu das Gespräch von Ole und Pia. Was meint Ole damit, dass man die Breite auf einem Blatt Papier messen kann?

▶ Materialblock S. 66 Wissensspeicher *Plan zur Konstruktion von Dreiecken*

c) Pia hat für ihren Plan **P** **A** **D** **E** **K** verwendet. Erkläre, warum das **A** gut zum Erstellen einer Skizze passt und das **D** gut zur exakten Zeichnung.

d) Vergleicht eure Ergebnisse a) und füllt den Wissensspeicher aus.

3 Dreiecke bezeichnen und konstruieren

Gut zu wissen
α (alpha), β (beta) und γ (gamma) sind griechische Buchstaben.

a) Die Eckpunkte eines Dreiecks kann man A, B und C nennen. Die Winkel bezeichnet man mit α, β und γ. Erkläre, nach welchen Regeln die Seiten, Ecken und Winkel im Dreieck bezeichnet wurden?

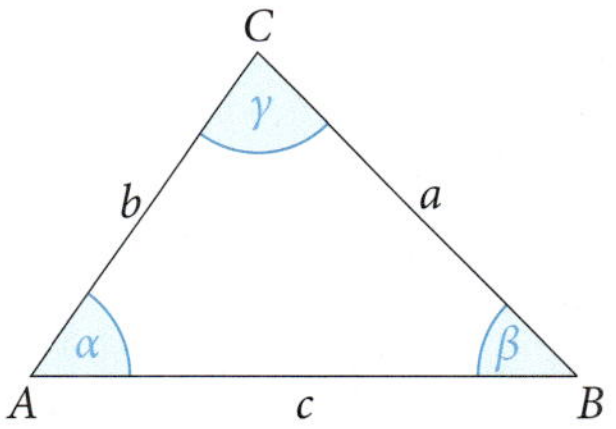

▶ Materialblock S. 67 Arbeitsmaterial *Dreiecke bezeichnen und konstruieren*

b)
- Konstruiere das Dreieck mit den Größen $c = 4$ cm, $\alpha = 50°$ und $\beta = 50°$ auf einem Extrablatt.
- Beschreibe jeden Konstruktionsschritt. Nutze dazu die Beispielsätze im Materialblock.
- Bestimme die Längen der beiden fehlenden Strecken.
- Tauscht eure Konstruktionsbeschreibungen und zeichnet das Dreieck nach der Beschreibung des Anderen.

*** Neue Wörter**
***Gleichschenklige** Dreiecke haben zwei gleichlange Seiten.*
***Gleichseitige** Dreiecke haben drei gleichlange Seiten.*

c)
- Überprüfe ob das Dreieck aus b) *gleichschenklig** ist. Begründe deine Antwort.
- Wie groß müssen die beiden Winkel sein, damit das Dreieck *gleichseitig** ist?

d)
- Waren die Konstruktionsbeschreibungen klar genug? Wenn euch an den Beschreibungen Fehler auffallen, verbessert sie gemeinsam.
- Übertragt eure Lösungen zu a) und c) und eine Beschreibung aus b) in den Wissensspeicher.

Ordnen B

Wie viele Angaben benötigt man, um Dreiecke zu zeichnen?

4 Zueinander kongruente Dreiecke

► Materialblock S. 73 Arbeitsmaterial *Deckungsgleiche Dreiecke*

a) Überprüfe, welche der Dreiecke deckungsgleich sind. Dazu kannst du die Dreiecke aufeinanderlegen oder prüfen, ob sie in allen Seitenlängen und Winkelgrößen übereinstimmen. Achte auch auf Oles Aussage.

①

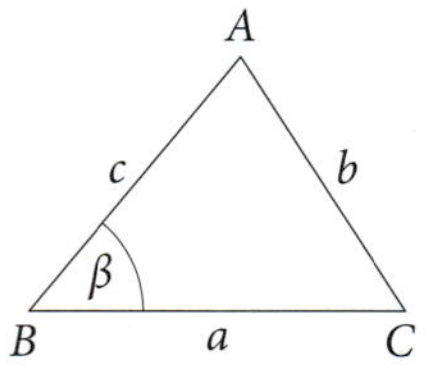

$b = 4\,\text{cm}$, $a = 5\,\text{cm}$, $\beta = 50°$

②

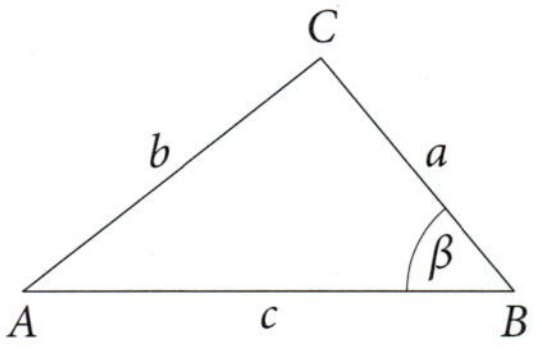

$a = 4\,\text{cm}$, $b = 5\,\text{cm}$, $\beta = 50°$

③

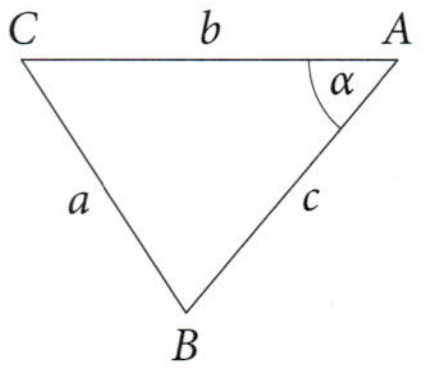

$b = 5\,\text{cm}$, $a = 4\,\text{cm}$, $\alpha = 50°$

④

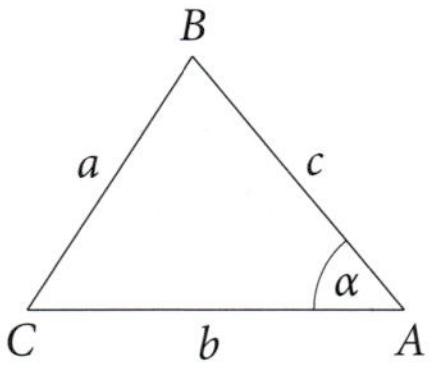

$b = 5\,\text{cm}$, $a = 4\,\text{cm}$, $\alpha = 50°$

*** Neues Wort**
Zwei Dreiecke sind ***zueinander kongruent****, wenn sie deckungsgleich sind.*

b) Erkläre, wie man erkennen kann, ob zwei Dreiecke *zueinander kongruent** sind. Schreibe auf, welche besonderen Fälle dabei in a) aufgetreten sind.

► Materialblock S. 68 Wissensspeicher *Kongruenz von Dreiecken*

c) Vergleicht eure Ergebnisse und übertragt sie in den Wissensspeicher.

5 Mit einem DGS Dreiecke konstruieren

Wie man ein Dreieck mit einem DGS konstruieren kann, wenn die drei Seitenlängen gegeben sind, hast du schon in Aufgabe 1 auf Seite 170 kennengelernt. Hier wirst du weitere Möglichkeiten untersuchen.

► Materialblock S. 71 Methodenspeicher *Dreiecke konstruieren mit einem DGS*

a) Konstruiere verschiedene Dreiecke zu den folgenden Angaben:
(1) aus einer Strecke $c = 8\,\text{cm}$ und zwei Winkeln $\alpha = 74°$ und $\beta = 46°$
(2) aus zwei Strecken $a = 7{,}2\,\text{cm}$ und $b = 6\,\text{cm}$ und einem Winkel $\beta = 50°$
Überlege zuerst, wie du vorgehen willst. Lege dazu eine Skizze an.

b) Wie viele verschiedene Dreiecke erhältst du in a) insgesamt?

Tipp
Die Regeln zum Bezeichnen von Seiten und Winkeln im Dreieck findest du im Materialblock S. 67 im Wissensspeicher.

c) Wenn du die Dreiecke fertig gestellt hast, überprüfe die folgenden Punkte:
- Die Bezeichnungen der Strecken und Winkel müssen korrekt sein.
- Die Winkelgrößen und Längen müssen alle korrekt sein und dürfen sich durch Bewegen des Dreiecks nicht verändern, egal an welchem Punkt du ziehst.

d) Im Dreieck (1) aus a) kann man die Punkte A und B verschieben, den Punkt C aber nicht. Erkläre, woran das liegt.
Welche Punkte lassen sich bei den Dreiecken zu (2) aus a) bewegen, welche nicht?

6 Dreiecke aus drei Angaben konstruieren

a) Wie viele Angaben reichen aus, um ein Dreieck zu konstruieren?
- Erkläre an einem eigenen Beispiel, warum zwei Angaben zu wenig sind.
- Erkläre auch an einem Beispiel, warum vier Angaben zu viel sein können. Du kannst dazu die Beispiele aus Aufgabe 6 auf Seite 167 nutzen.

b) Hier siehst du sechs verschiedene Möglichkeiten, in denen immer drei Angaben eines Dreiecks gegeben sind.
- Ordne den sechs Bildern die fünf Situationen mit den Namen www, wsw, ssw, sss, sws zu.
- Erläutere, warum die Namen gut passen.
- Warum passt ein Name zweimal?

① 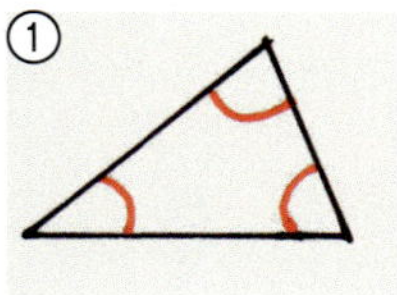
② 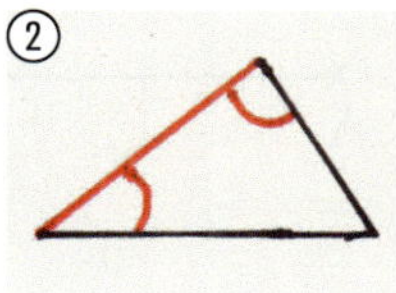
③ 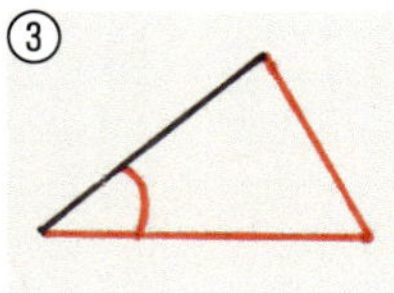
④ 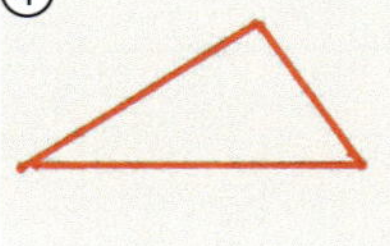
⑤ 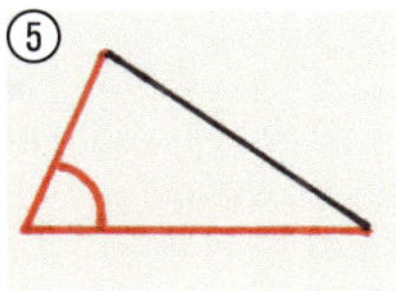
⑥ 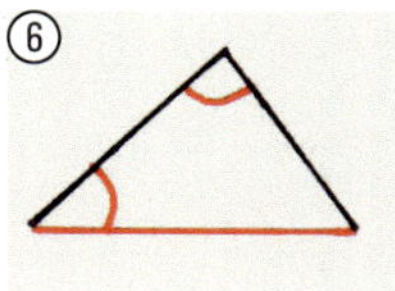

c) Erkläre mit dem Beispiel $\beta = 30°$, $\alpha = 50°$ und $\gamma = 100°$, warum mit diesen Angaben zwei verschiedene Dreiecke entstehen können, die nicht zueinander kongruent sind.

d) Für alle anderen Situationen aus b) kann man in der Regel nur zueinander kongruente Dreiecke konstruieren.
In der Tabelle steht für die Situation Seite-Winkel-Seite (sws) der Anfang von Oles Konstruktionsbeschreibung aus Aufgabe 1 auf Seite 171.
Setze die Tabelle für alle Situationen fort. Nutze dazu deine Ergebnisse aus Aufgabe 6 auf Seite 167.

Situation	Beispiel	Konstruktionsbeschreibung	Konstruktion
sws – Zwei Seiten und der Winkel dazwischen 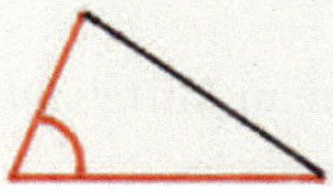	Gegeben: $c = 3{,}5\,\text{cm}$; $\alpha = 40°$; $b = 5{,}0\,\text{cm}$ Gesucht: Seite a,	1. Zeichne die Strecke $c = 3{,}5\,\text{cm}$ mit den Endpunkten A und B. 2. Trage in A den Winkel $\alpha = 40°$ ab.	

e) Vergleicht eure Tabellen und überprüft die Konstruktionsbeschreibungen eures Nachbarn, indem ihr mit diesen Beschreibungen ein Dreieck konstruiert.

f) In den Situationen aus d) gibt es Ausnahmen, in denen …
- kein Dreieck konstruiert werden kann oder
- mehrere Dreiecke konstruiert werden können, die nicht zueinander kongruent sind.

Welche Ausnahme gehört zu welcher Situation?
Ordne sie zu und überprüfe jede Aussage mit einem konkreten Beispiel.
(1) Die Summe von zwei Seitenlängen ist kleiner als die Länge der dritten Seite.
(2) Die Summe von zwei Winkelgrößen ist gleich oder größer als 180°.
(3) Die kürzere der beiden Seiten liegt dem Winkel gegenüber.

► Materialblock S. 69 Wissensspeicher *Dreiecke aus drei Angaben konstruieren*

g) Vergleicht eure Ergebnisse und übertragt sie in den Wissensspeicher.

Ordnen C

Wie kann man die Mitte finden?

7 Gleich weit weg von den Ecken

a) Punkte, die gleich weit von **einem** Punkt entfernt liegen, kann man so finden:
- Zeichne einen Punkt M in dein Heft und zeichne alle Punkte ein, die 4 cm von M entfernt liegen.
- Beschreibe wie du vorgehst.

b) Punkte, die gleich weit von **zwei** Punkten entfernt liegen, kann man so finden:

Ole

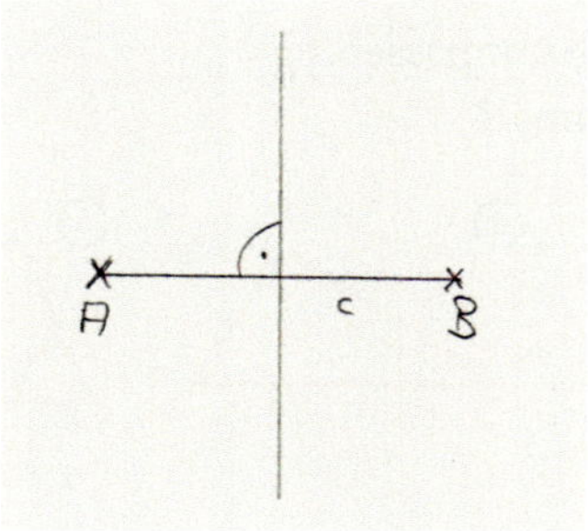

Pia

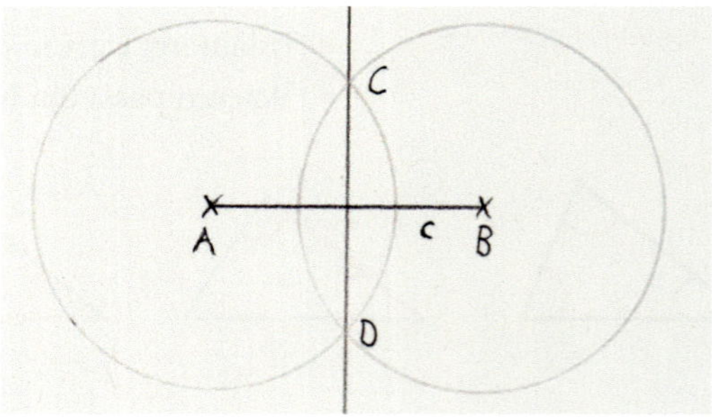

Zeichne die Senkrechte zur Strecke c.

Schlage mit dem gleichen Radius zwei Kreise, die sich schneiden, um A und B.

Zeichne eine Gerade durch die Schnittpunkte der Kreise.

Finde die Mitte der Strecke zwischen A und B.

- Konstruiere einmal wie Pia und einmal wie Ole alle Punkte, die gleich weit weg von zwei Punkten liegen.
- Ordne dazu die Satzbausteine deinen Konstruktionen zu und schreibe sie in der richtigen Reihenfolge auf.
- Welchen Weg findest du besser, Pias oder Oles Weg?

► Materialblock S. 70 Wissensspeicher *Besondere Linien und Punkte im Dreieck*

c) Vergleicht eure Konstruktionsbeschreibungen zu b).
Suche dir einen Weg aus und übertrage ihn in den Wissensspeicher.

**** Neues Wort***
*Auf der **Mittelsenkrechten** liegen alle Punkte, die gleich weit von zwei Punkten entfernt sind.*

d) Die Gerade, die du in b) konstruiert hast, nennt man *Mittelsenkrechte**.
Erkläre, warum das ein guter Name für diese Gerade ist.

e) Ole sucht alle Punkte, die gleichweit von drei Punkten entfernt liegen.
- Erkläre die Schritte von Oles Konstruktion.
- Setze die Konstruktion im Wissensspeicher fort.

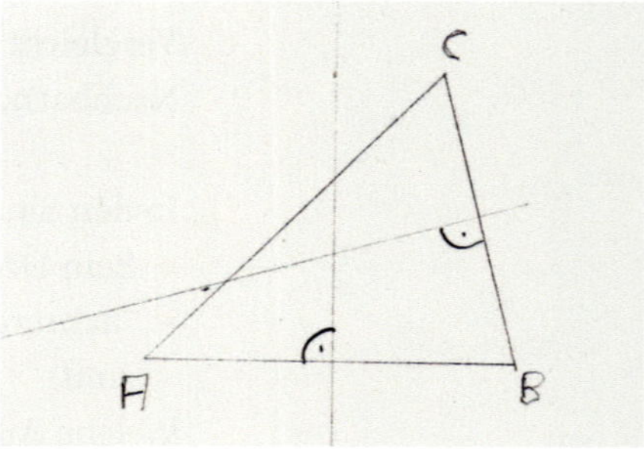

**** Neues Wort***
*Einen Kreis, auf dem alle Punkte des Dreiecks liegen, nennt man **Umkreis**.*

f) Den Punkt, den du in e) konstruiert hast, nennt man auch Mittelpunkt des Dreiecks ABC.
- Zeichne den *Umkreis** des Dreiecks.
- Erkläre, warum der Name für diesen Kreis gut passt.
- Erkläre den Zusammenhang zwischen dem Umkreis eines Dreiecks und den Mittelsenkrechten der Seiten.

g) Vergleicht eure Lösungen zu e) und f) und übertragt sie in den Wissensspeicher.

8 Gleich weit weg von den Seiten

► Materialblock S. 75
Arbeitsmaterial
Gleicher Abstand zu zwei Geraden

a) In Aufgabe 8 auf Seite 169 hast du den Abstand zu Straßen bestimmt.
In der Zeichnung rechts liegen die Punkte *E, F, G, H* und *I* zwischen den Geraden *g* und *h*.
Bestimme die Punkte, die von g und von h den gleichen Abstand haben.
Begründe deine Entscheidung.

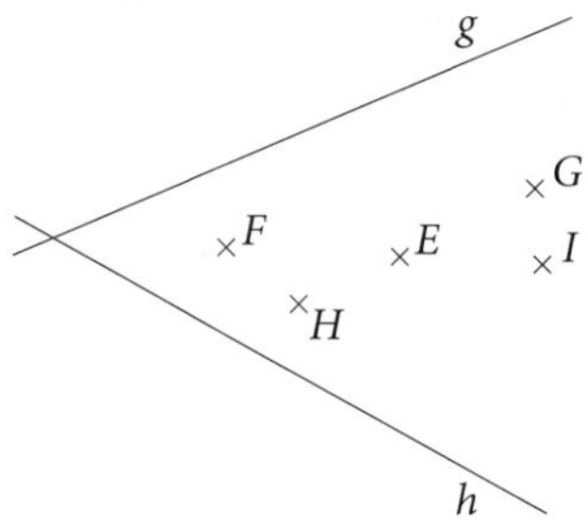

Gut zu wissen
Der Abstand eines Punktes von einer Geraden ist die kürzeste Entfernung zwischen dem Punkt und einem Punkt auf der Geraden.

b) Till und Merve suchen mit dem DGS alle Punkte, die gleich weit von den beiden Geraden *g* und *h* entfernt liegen.
- Zeichne zwei Geraden mit dem DGS oder in dein Heft und gehe so vor, wie Till und Merve vorschlagen.
- Erkläre, warum die Ideen der beiden richtig sind.

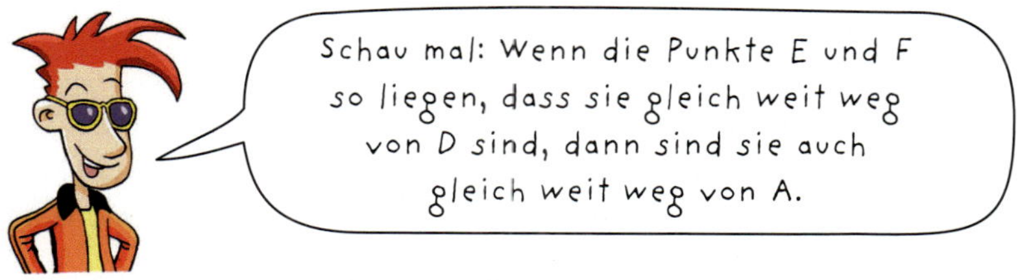

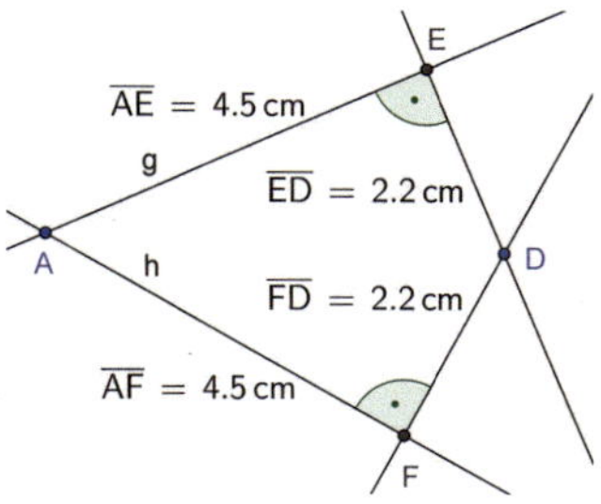

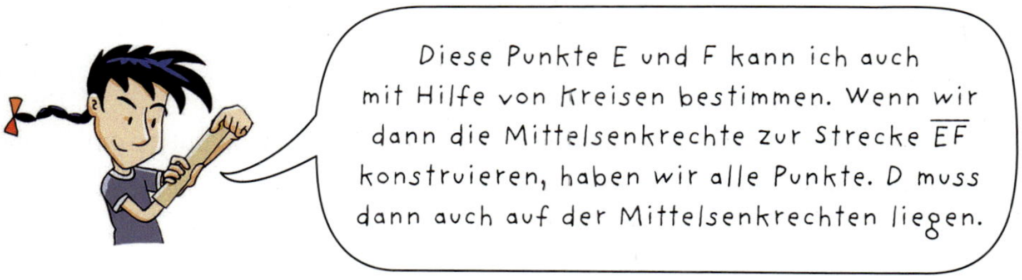

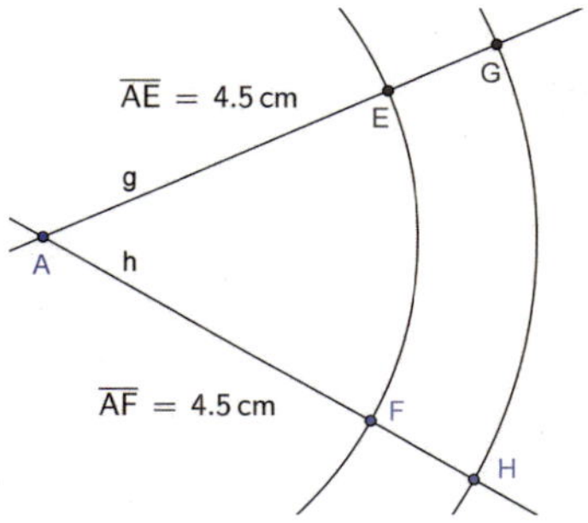

► Materialblock S. 70
Wissensspeicher
Besondere Linien und Punkte im Dreieck

c) Schreibt auf, wie man alle Punkte konstruiert, die gleich weit von zwei Geraden entfernt liegen. Vergleicht eure Lösungen.
Übertragt eine Konstruktion und ihre Beschreibung in den Wissensspeicher.

**** Neues Wort***
*Auf der **Winkelhalbierenden** liegen alle Punkte, die gleich weit von beiden Schenkeln des Winkels entfernt sind.*

d) Die Gerade, die du in b) konstruiert hast, nennt man *Winkelhalbierende**.
Erkläre, warum das ein guter Name für diese Gerade ist.

e) Merve sucht alle Punkte, die gleich weit von drei Seiten *a*, *b* und *c* entfernt liegen.
- Erkläre die Schritte von Merves Konstruktion.
- Setze die Konstruktion im Wissensspeicher fort.

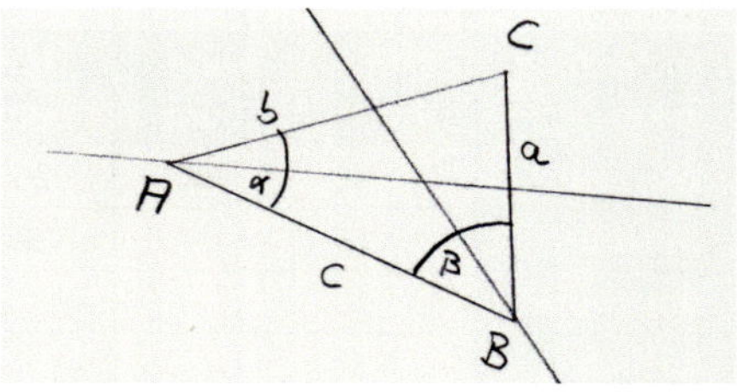

**** Neues Wort***
*Einen Kreis, der alle drei Seiten des Dreiecks berührt, nennt man **Inkreis**.*

f) In e) hast du einen weiteren besonderen Punkt im Dreieck konstruiert.
- Zeichne mit Hilfe dieses Punktes den *Inkreis** des Dreiecks ABC.
- Erkläre, warum der Name für diesen Kreis gut passt.
- Erkläre den Zusammenhang zwischen dem Inkreis eines Dreiecks und den Winkelhalbierenden in diesem Dreieck.

g) Vergleicht eure Konstruktionsbeschreibungen und schreibt sie in den Wissensspeicher.

Vertiefen 1

Mit Dreiecken auf Papier die Welt vermessen

Training

1 Dreiecke verschieben

a) Zeichne ein Dreieck in dein Heft.
Miss die Seitenlängen aus und zeichne dann ein Dreieck mit diesen Seitenlängen an eine andere Stelle. Nutze dazu die Idee der Schnüre aus Aufgabe 1 auf Seite 164.

b) Zeichne mehrere solcher Dreiecke und variiere dabei dein Vorgehen.
Beginne beispielsweise mit einer anderen Seitenlänge.
Erhältst du immer das gleiche Dreieck?

c) Wiederhole das Vorgehen aus a) mit einem DGS.
Wie wendet man mit dem DGS die Idee der Schnüre an?

Training

2 Eine Karte zeichnen mit Entfernungen

Die Entfernung per Luftlinie von Köln nach Dortmund beträgt rund 70 km, von Dortmund nach Münster rund 50 km, von Münster nach Köln rund 120 km, von Köln nach Düsseldorf rund 35 km und von Düsseldorf nach Dortmund rund 60 km.

Tipp
Du kannst auch ein DGS verwenden.

a) Zeichne eine Karte für die vier Städte.

b) Gibt es mehrere Möglichkeiten diese Karte zu zeichnen, wenn man nur die Entfernungen kennt? Welche Informationen braucht man noch?

c) Ermittle mit deiner Karte die ungefähre Entfernung von Düsseldorf nach Münster.

d) Überprüfe deine Karte mit Hilfe einer Karte aus dem Atlas oder dem Internet.

3 Landkarten aus Entfernungen erstellen

In der Tabelle sind einige ungefähre Entfernungen per Luftlinie angegeben.

Entfernung in km	Würzburg	Lüneburg	Dortmund	Aachen	Bremen
Würzburg		390	260		
Lüneburg			280	400	110
Dortmund				130	
Aachen					320
Bremen					

a) Erstellt mit Hilfe der Entfernungen eine Karte mit den Städten. Gebt den Maßstab eurer Karte an.

b) Vergleicht eure Karte mit einer Karte im Internet oder im Atlas. Woran kann es liegen, wenn die Karten nicht übereinstimmen?
Korrigiert eure Karte, wenn es nötig ist.

c) Erkläre, warum es möglich ist, weitere Lücken in der Tabelle zu füllen, ohne dabei die Strecken in der Wirklichkeit zu messen.

d) Kommt man mit weniger Entfernungen aus?
Wie viele Entfernungen braucht man mindestens für fünf Städte, wie viele für zehn oder für beliebig viele Städte?

Training

4 Karten erstellen aus Winkeln und Entfernungen

In der Tabelle sind eine Entfernung per Luftlinie und mehrere Winkel angegeben.

Entfernungen und Winkelgrößen	
Entfernung Amsterdam und Basel:	570 km
Winkel zwischen Paris, Amsterdam, Basel:	45°
Winkel zwischen Amsterdam, Basel, Paris:	51°
Winkel zwischen München, Basel, Amsterdam:	98°
Winkel zwischen Basel, Amsterdam, München:	26°
Winkel zwischen Leipzig, München, Paris:	92°
Winkel zwischen München, Paris, Leipzig:	28°

a) Erstellt mit Hilfe der Angaben eine Karte mit den Städten.

b) Vergleicht eure Karte mit einer Karte im Internet oder im Atlas. Woran kann es liegen, wenn die Karten nicht übereinstimmen?
Korrigiert eure Karte, wenn es nötig ist.

c) Bestimme mit Hilfe der Karte weitere Entfernungen, die nicht in der Tabelle stehen.

d) Kommt man auch mit weniger Angaben aus?
Wie viele Entfernungen und Winkel braucht man mindestens für fünf Städte, wie viele für zehn und wie viele für beliebig viele Städte?

Training

5 Karten übertragen

a) Übertragt die Lage der irischen Städte in euer Heft.
Messt dazu alle Entfernungen zwischen den Städten, die ihr benötigt.

► Materialblock S. 74
Arbeitsmaterial
Karten übertragen

b) Erstellt eine zweite Karte in eurem Heft, nutzt aber eine Entfernung und verschiedene Winkel.

c) Vergleicht eure Verfahren in a) und b).
Welches Verfahren findet ihr besser?
Überlegt dazu zum Beispiel, welches Verfahren genauer ist und welches Verfahren schneller ist.

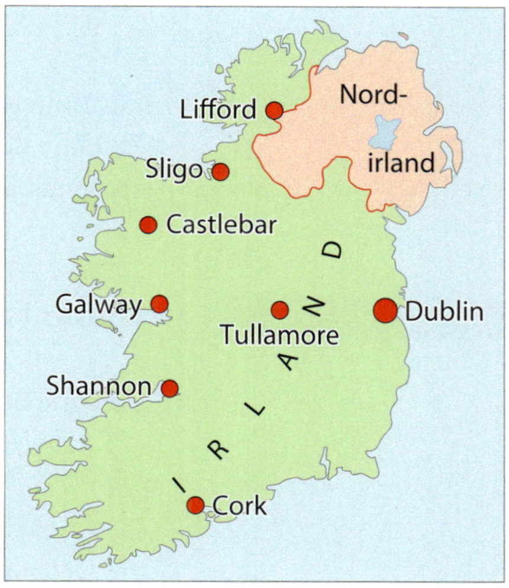

6 Gauß vermisst das Land

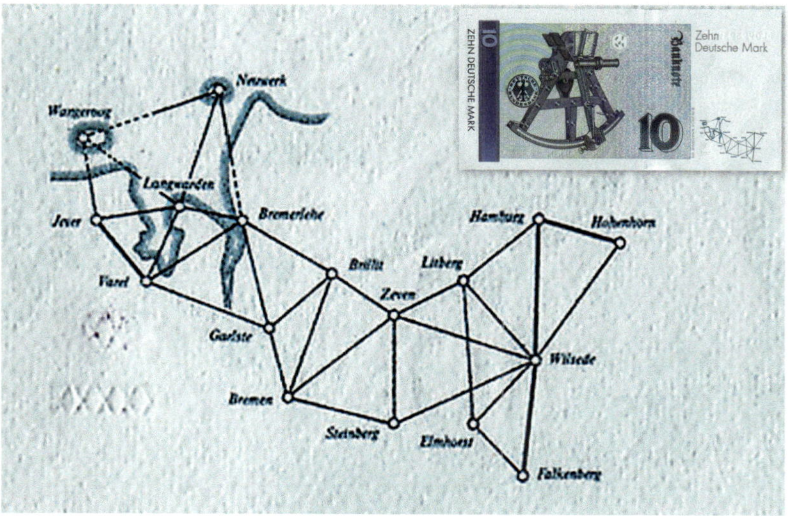

In Deutschland gab es bis zur Einführung des Euro 2002 die Deutsche Mark (DM). Auf dem 10-DM-Schein war der Mathematiker Carl Friedrich Gauß abgebildet. Er hat als einer der ersten ein Verfahren zur Landvermessung entwickelt. Unten rechts auf der anderen Seite des Scheines sieht man einen Ausschnitt des Königreiches Hannover, das Gauß von 1828 bis 1844 vermessen hat.
Recherchiert, wie Gauß vorgegangen ist, und erklärt sein Vorgehen am Beispiel des Bildes auf dem 10-DM-Schein.

Vertiefen 2

Dreiecke konstruieren und beschreiben

Training

7 Konstruktionsbeschreibungen erstellen

a) Konstruiere die Dreiecke mit den folgenden Angaben und erstelle zur jedem Dreieck eine Konstruktionsbeschreibung:
(1) $\alpha = 34°; \beta = 56°; c = 4\,\text{cm}$
(2) $b = 5\,\text{cm}; \alpha = 34°; c = 4{,}5\,\text{cm}$
(3) $c = 6\,\text{cm}; a = 6\,\text{cm}; \alpha = 34°$
(4) $a = 4{,}5\,\text{cm}; b = 4{,}5\,\text{cm}; c = 4{,}5\,\text{cm}$

b) Konstruiere die Dreiecke aus a) mit einem DGS und vergleiche dann deine Konstruktionsbeschreibung mit der des Computers.
Was ist anders, was ist gleich?

c) Konstruiere ein Dreieck mit einer Seitenlänge von 4 cm und den beiden Winkeln am Ende der Seite mit 34° und 56° und erstelle eine Konstruktionsbeschreibung.

d) Vergleiche dein Ergebnis mit dem Dreieck (1) aus a).
- Kann man die beiden Dreiecke so aufeinanderlegen, dass sie genau passen?
- Woran liegt das, obwohl zum Dreieck aus Aufgabe a) die Seite und die beiden Winkel ganz konkret gegeben sind?

e) Formuliere Arbeitsaufträge wie in c) auch für die anderen Dreiecke aus a).
Zeichne dann nach deinen eigenen Aufträgen die Dreiecke und kontrolliere, ob sie zu denen aus Aufgabe a) passen.

Training

8 Konstruktionsbeschreibungen verwenden

a) Zeichne nach der folgenden Konstruktionsbeschreibung ein Dreieck in dein Heft.
(1) *Zeichne eine Strecke der Länge 6 cm mit den Endpunkten A und B.*
(2) *Zeichne einen Strahl mit dem Startpunkt A im Winkel von 45° zur Strecke $\overline{AB}$.*
(3) *Schlage einen Kreis um den Mittelpunkt B mit dem Radius 5 cm.*
(4) *Nenne den Schnittpunkt von Kreis und Strahl C.*
(5) *Zeichne die Strecke $\overline{BC}$.*

b) Vergleicht eure Lösungen. Vermutlich ist nicht immer dasselbe Dreieck entstanden. Verändere eine Größe so, dass immer dasselbe Dreieck entsteht.

c) Till hat die Aufgabe mit dem DGS am Computer gelöst und folgende Konstruktionsbeschreibung erhalten.
Hat Till das gleiche Dreieck gezeichnet?

Nr.	Name	Definition
1	Punkt A	
2	Punkt B	Punkt auf Kreis[A, 6]
3	Punkt B'	B gedreht um Winkel 45°
4	Winkel α	Winkel zwischen B, A, B'
5	Strahl a	Strahl durch A, B'
6	Kreis c	Kreis mit Mittelpunkt B und Radius 5
7	Punkt C	Schnittpunkt von c, a

Vertiefen 3 Unbekannte Größen bestimmen

Training

9 Den Schulhof vermessen

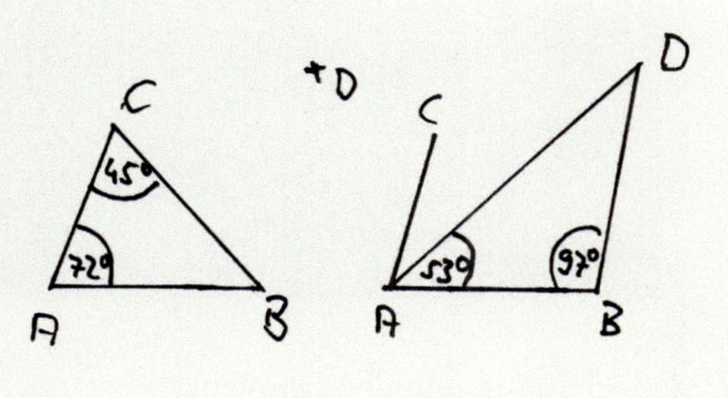

Till hat auf dem Schulhof Winkel gemessen und von dem Gelände mit den markierten Punkten A, B, C und D eine Karte erstellt. Die Entfernung zwischen A und C hat er direkt ausgemessen. Sie beträgt 40 m.

a) Kann Till mit einer Zeichnung die fehlenden Längen bestimmen?
Falls ja, bestimme die fehlenden Größen.

b) Bestimme auch die fehlenden Winkelangaben.
Welche Winkel lassen sich berechnen, welche Winkel lassen sich nur messen?

Training

10 Die Breite des Sees bestimmen

Hinweis
Bei den Aufgaben 9 bis 16 kannst du frei entscheiden, ob du mit einem DGS oder ohne arbeitest.

Ole will die Breite des Sees bestimmen. Dazu erstellt er eine Zeichnung, weil er die Breite des Sees nicht messen kann. Die Winkelgröße in der Planskizze rechts hat er direkt ausgemessen. Die Streckenlängen hat er von den Schildern am Wanderweg.

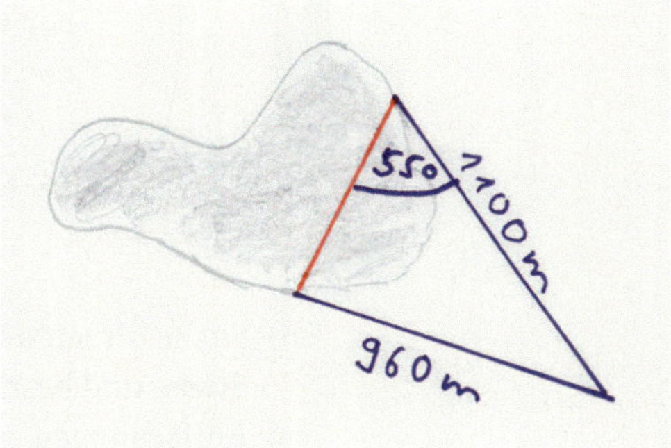

a) Erkläre, wie Ole mit Hilfe einer Zeichnung die Breite des Sees bestimmen kann.

b) Konstruiere mit Hilfe der Planskizze ein Dreieck.
Erhältst Du ein eindeutiges Dreieck, sodass du die Breite des Sees bestimmen kannst?
Falls nicht, schreibe Ole eine Erklärung, welche Größen er hätte messen müssen.

Problemlösen

11 Die Höhe des Turms bestimmen

Merve will die Höhe des Kirchturms bestimmen.
Dazu hat sie von der Hoftür die Oberkante des Kirchturmdaches mit einem Winkelmesser anvisiert.
Sie konnte einen Winkel von 65° ablesen.
Als Entfernung von der Tür zum Kirchturm hat sie 12 m ermittelt.

a) Erstelle für Merve einen Plan und eine Skizze, wie sie die die beiden Größen bestimmen kann.

b) Bestimme die Gesamthöhe des Kirchturms?

12 Von Ulm aus Entfernungen bestimmen

In Ulm steht die größte evangelische Kirche Deutschlands, das Ulmer Münster. Vor dem Haupteingang ist eine Tafel in den Boden eingelassen, auf der die Entfernungen zu unterschiedlichen Städten angegeben sind.
Die Kilometerangabe zu jeder Stadt bezeichnet die Entfernung als Luftlinie.

▶ Materialblock S. 75 Arbeitsmaterial *Entfernungen bestimmen*

a) Merve möchte die Entfernung (Luftlinie) von Madrid und London bestimmen, indem sie ein Dreieck zeichnet. Sie hat schon eine Skizze erstellt.
Wie muss sie weiter vorgehen?

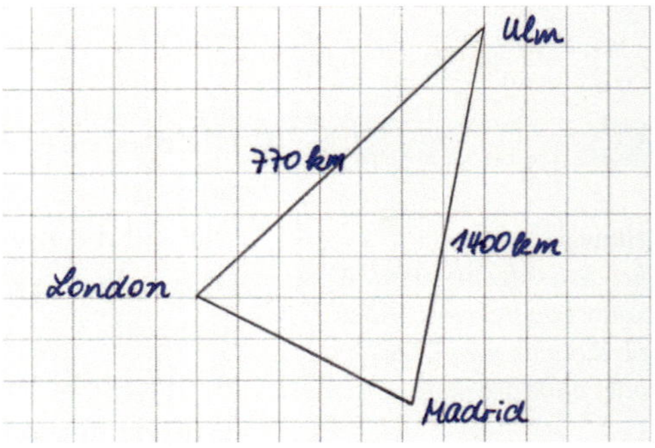

b) Suche dir auf dem Arbeitsblatt fünf andere Städte und bestimme wie Merve auch die Entfernungen zwischen diesen Städten.

Erstellt mit den Angaben aus dem Arbeitsblatt eine Landkarte mit mehreren Städten.

Problemlösen

c)

Erkläre, welches Problem Ole meint.
Sind Oles Bedenken berechtigt?

13 Leiter aufstellen

Die Leiter ist 4 m lang. Aus Sicherheitsgründen sollte der Winkel zwischen Boden und Leiter nicht größer sein als 70°.

a) Bis zu welcher Höhe an der Wand reicht die Leiter?

b) Bestimme den Winkel zwischen der Leiter und der Wand?

Problemlösen

14 Breite des Sees

Till möchte die Breite eines Sees auf dem Papier bestimmen. Bevor er dazu ein Dreieck im passenden Maßstab zeichnet, hat er die Planskizze rechts erstellt.

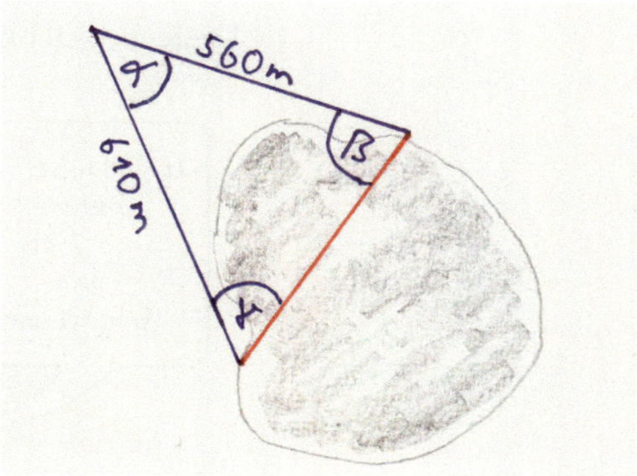

a)
- Welchen der Winkel muss er kennen, damit das Dreieck auf dem Papier zu dem tatsächlichen Dreieck passt?
- Probiere auch verschiedene Werte für die Winkel aus.

b) Gib ein Beispiel für die Größe des Winkels γ an, sodass unterschiedliche Dreiecke gezeichnet werden können.

c) Entscheide, ob Till recht hat.
Gib ein Beispiel für die beiden Seitenlängen an.

Problemlösen

15 Schiff und Leuchtturm

a) Ein Schiff wird zur gleichen Zeit von zwei verschiedenen Leuchttürmen gesehen.
Wie weit ist das Schiff jeweils von den Leuchttürmen entfernt?

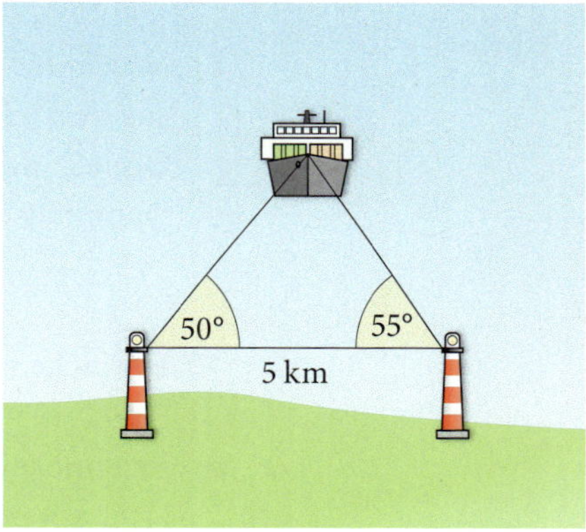

b) Vom Leuchtturm sieht der Lotse ein Schiff in Richtung Norden in einer Entfernung von 10 km. Nach einiger Zeit befindet es sich genau in Richtung Osten und ist 20 km entfert.
Welchen Weg hat das Schiff (mindestens) zurückgelegt?

16 Fensterputzer am Hochhaus

Ole und Merve entdecken einen Fensterputzer an der Hochhausfassade.
Sie möchten bestimmen, wie viel Meter über dem Erdboden der Fensterputzer sich gerade befindet.

Bestimme den Abstand des Fensterputzers zum Erdboden, wenn die Entfernung zwischen Ole und Merve 3 m beträgt und sie wie in Aufgabe 11 auf Seite 179 Blickwinkel von 50° und 40° bestimmt haben.

Vertiefen 4

Dreiecke konstruieren mit unterschiedlichen Angaben

17 Dreiecke zeichnen

Ole möchte Till beim Skypen möglichst wenige Informationen von seinem Dreieck geben. Till soll aber trotzdem Oles Dreieck konstruieren.

a) Welche Größen muss Ole Till mindestens mitteilen?
Arbeitet zu zweit. Einer wählt Angaben aus, teilt sie dem anderen mit und dieser konstruiert das Dreieck. Tauscht mehrmals die Rollen und variiert die Angaben.

b) Beantwortet anschließend die folgenden Fragen:
(1) Wie viele Angaben benötigt man, damit das Dreieck nachgezeichnet werden kann?
(2) Gibt es mehrere Möglichkeiten, welche Angaben es sind? Begründe.
(3) Bei welchen Angaben ist das Dreieck eindeutig, bei welchen nicht?

c) Nun könnt ihr eure Erfahrung nutzen. Einer zeichnet ein Dreieck, messt alle Größen aus und teilt dem Anderen möglichst wenige Angaben mit, sodass dieser das Dreieck nachzeichnen kann.
Dann tauscht ihr wieder die Rollen.

18 Dreiecke mit zu wenigen Angaben

a) Zeichne jeweils zwei unterschiedliche Dreiecke zu den folgenden Angaben:
(1) $\alpha = 34°; \beta = 56°; \gamma = 90°$ (2) $a = 5\,\text{cm}; \alpha = 34°$ (3) $c = 6\,\text{cm}; a = 5\,\text{cm}$

b) Ergänze die fehlende Größe, so dass es nur noch ein Dreieck gibt.

Erkläre, warum sich unterschiedliche Dreiecke konstruieren lassen.

19 Immer nur eins

a) Zeichne jeweils ein Dreieck mit den folgenden Maßen:
(1) $\alpha = 24°; \beta = 46°; \gamma = 110°$
(2) $a = 6\,\text{cm}; b = 3\,\text{cm}; c = 4\,\text{cm}$
(3) $c = 5\,\text{cm}; a = 4\,\text{cm}; \alpha = 41°$
(4) $a = 5{,}3\,\text{cm}; \alpha = 60°; c = 5{,}3\,\text{cm}$

b) Ändere die Angaben so, dass es immer nur ein passendes Dreieck gibt.

Vergleicht die Lösungen miteinander. Bei welchen Dreiecken gibt es nicht nur eine Lösung? Erkläre, woran das liegt.

Training

20 Viele Dreiecke

a) Zeichnet verschiedene Dreiecke mit $a = 5\,\text{cm}$ und $b = 7\,\text{cm}$. Immer ein anderer Winkel soll 30° groß sein.
Sind alle Dreiecke zueinander kongruent?
Vergleicht und erklärt eure Beobachtungen.

b) Zeichnet verschiedene Dreiecke mit $a = 5\,\text{cm}$ und $b = 7\,\text{cm}$. Immer ein anderer Winkel soll 60° groß sein.
Sind alle Dreiecke zueinander kongruent?
Vergleicht und erklärt eure Beobachtungen.

c) Zeichnet drei verschiedene Dreiecke mit zwei Winkeln, die 40° und 60° groß sind. Immer eine andere Strecke soll 6 cm groß sein.
Sind alle drei Dreiecke zueinander kongruent?
Vergleicht und erklärt eure Beobachtungen.

21 Welche Angaben sind gegeben?

Ordne die folgenden Aufgaben den Situationen sss, wsw, sws und ssw zu.
Konstruiere anschließend alle Dreiecke.

(1) $a = 2\,\text{cm};\ \alpha = 56°;\ \gamma = 77°$
(2) $\alpha = 37°;\ a = 6\,\text{cm};\ b = 6\,\text{cm}$
(3) $a = 3\,\text{cm};\ b = 5\,\text{cm};\ \gamma = 34°$
(4) $a = 2\,\text{cm};\ \beta = 56°;\ \gamma = 77°$
(5) $a = 3{,}7\,\text{cm};\ b = 6\,\text{cm};\ c = 6\,\text{cm}$
(6) $a = 2\,\text{cm};\ c = 4\,\text{cm};\ \gamma = 34°$
(7) $b = 2\,\text{cm};\ \beta = 56°;\ \gamma = 77°$
(8) $a = 2\,\text{cm};\ b = 4\,\text{cm};\ \beta = 34°$

22 Entscheiden, ohne zu zeichnen

a) Entscheide ohne Konstruktion, ob mit den Angaben jeweils genau ein Dreieck konstruiert werden kann.

(1) $\alpha = 100°;\ \beta = 46°;\ \gamma = 34°$
(2) $\beta = 37°;\ a = 10\,\text{cm};\ b = 8\,\text{cm}$
(3) $a = 11\,\text{cm};\ b = 6\,\text{cm};\ c = 4{,}5\,\text{cm}$
(4) $a = 89\,\text{cm};\ b = 89\,\text{cm};\ c = 0{,}5\,\text{cm}$

b) Vergleiche deine Ergebnisse mit deinem Partner.

c) Überprüfe deine Ergebnisse aus a) durch eine Konstruktion ohne DGS.

d) Überprüfe deine Ergebnisse aus a) mit Hilfe des DGS.

e) Vergleiche die Lösungen mit und ohne DGS.
Welche Vor- und Nachteile hat das DGS?

f) Findet eigene Beispiele, bei denen man ohne Konstruktion entscheiden kann, ob man genau ein Dreieck erhält. Tauscht sie untereinander und findet gegenseitig heraus, woran man das bei jedem Beispiel erkennen kann.

Finde eigene Beispiele, bei denen ohne Konstruktion nur sehr schwer zu entscheiden ist, ob das Dreieck eindeutig gezeichnet werden kann.
Stelle die Beispiele deinem Partner.

Vertiefen 5

Besondere Punkte und Linien im Dreieck

Training

23 Schnittpunkte der Mittelsenkrechten

a) Zeichne ein beliebiges Dreieck mit einem DGS.
- Konstruiere die Mittelsenkrechten und den Schnittpunkt der Mittelsenkrechten. Zeichne den Umkreis ein.
- Verändere das Dreieck und beobachte, was mit dem Umkreis und den Dreieckspunkten passiert.

b) Erkläre, warum der Umkreis immer durch alle drei Punkte des Dreiecks geht.

Training

24 Schnittpunkte der Winkelhalbierenden

a) Zeichne ein beliebiges Dreieck mit einem DGS.
- Konstruiere die Winkelhalbierenden und den Schnittpunkt der Winkelhalbierenden. Zeichne den Inkreis ein.
- Verändere das Dreieck und beobachte, was mit dem Inkreis und den Dreieckspunkten passiert.

b) Erkläre, warum der Inkreis immer alle drei Seiten des Dreiecks berührt.

Problemlösen

25 Verschiedene Schnittpunkte

*∗ **Neues Wort***
*Die **Seitenhalbierende** s_c verläuft von der Mitte der Seite c zum Eckpunkt C.*

a) Entscheide, in welchem Bild sich die *Seitenhalbierenden*∗ des Dreiecks schneiden.

①

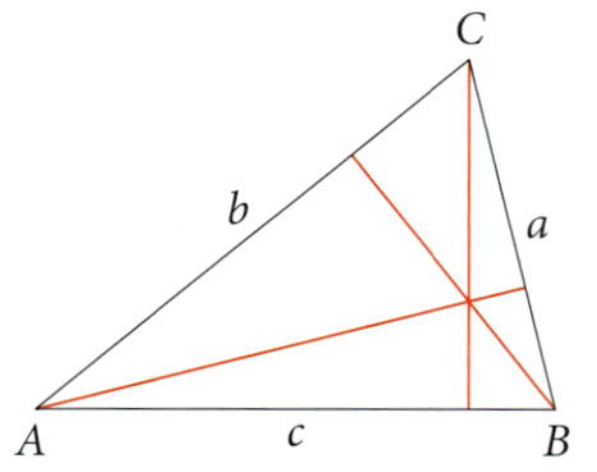

②

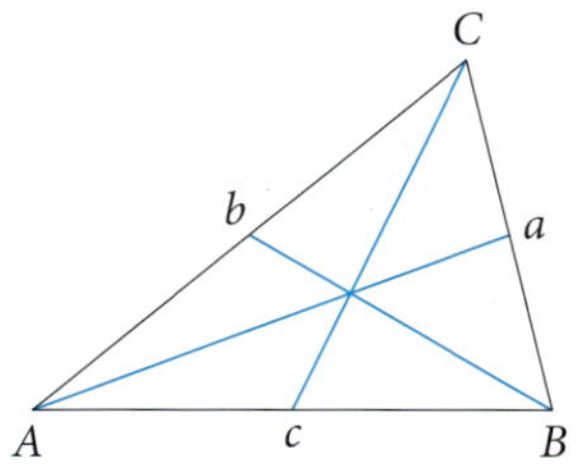

*∗ **Neues Wort***
Höhe

b) In dem anderen Bild in a) schneiden sich nicht die Seitenhalbierenden des Dreiecks sondern die *Höhen*∗.
Erkläre, wie man die Höhe h_c zur Seite c zeichnen kann.

*∗ **Neues Wort***
*Der **Schwerpunkt** eines Dreiecks ist der Schnittpunkt der drei Seitenhalbierenden.*

c) Konstruiere mit dem DGS jeweils das Dreieck.
Konstruiere anschließend den Schnittpunkt der Höhen, den *Schwerpunkt*∗, den Umkreismittelpunkt und den Inkreismittelpunkt.
(1) $a = 1\,\text{cm}$; $b = 2\,\text{cm}$; $c = 2\,\text{cm}$ (2) $a = 5\,\text{cm}$; $b = 4\,\text{cm}$; $c = 6\,\text{cm}$

Tipp
Verstecke Punkte und Hilfslinien, die du nicht mehr benötigst.

d) Zeichne mit einem DGS ein beliebiges Dreieck.
Konstruiere in diesem Dreieck den Schnittpunkt der Höhen, den Schwerpunkt und den Umkreismittelpunkt.

e) Untersuche die drei Punkte aus d) genauer.
Verändere dazu die Gestalt des Dreiecks. Was fällt dir auf?

26 Ort für den Rettungshubschrauber

Ein Hubschrauber für Notfallpatienten in drei Orten soll an einem möglichst guten Standort stehen. In der Tabelle rechts stehen die Entfernungen der drei Orte untereinander.

Entfernung in km	Horst	Bubach	Krumms
Horst		50	
Bubach			45
Krumms	35		

a) Bestimme den Ort für die Stationierung eines Rettungshubschraubers zwischen den drei Städten Horst, Bubach, Krumms, so dass dieser gleich weit weg ist von allen drei Städten.
Zeichne dazu eine maßstäbliche Karte.

b) Ermittle mit möglichst wenigen Messungen die Entfernung von den drei Orten zum Rettungshubschrauber.

c) Die Stadt Graukel liegt 25 km von Horst und 40 km vom Bubach entfernt.
- Wo müsste der Hubschrauber stationiert sein, damit er den optimalen Ort für alle vier Städte hat?
- Auf welche Schwierigkeiten stößt du bei der Suche?
- Wie kannst du die Probleme am besten lösen?

Problemlösen

d) Nun eine andere Situation – Urlaub auf dem Bauernhof:
In der Mitte zwischen drei Bauernhöfen soll ein Windrad zur Stromerzeugung errichtet werden. Es muss mindestens 1000 Meter von jedem Hof entfernt sein.
Erkläre Gemeinsamkeiten und Unterschiede zu Aufgabe a).

27 Gartenteich

Ein dreieckiger Gartenteich hat die folgenden Abmessungen: 5 m; 7,5 m und 8 m.
In diesem Teich soll ein kleiner Springbrunnen eingebaut werden.

a) Erstelle eine maßstäbliche Zeichnung des Gartenteiches.

b) (1) Der Springbrunnen soll gleichweit weg von allen Seiten eingebaut werden. Bestimme die Position für den Springbrunnen.
(2) Wo müsste der Springbrunnen angebracht werden, wenn er gleichweit von den Eckpunkten liegen soll?

c) Finde solche Orte wie in b) auch für einen viereckigen Gartenteich.
Zeichne Beispiele in dein Heft oder nutze ein DGS.

d) Gibt es ein Dreieck, in dem die beiden Orte in b) dieselben sind?

Gibt es ein Viereck, in dem die beiden Orte in b) dieselben sind?

Problemlösen

28 Besondere Dreiecke

Erinnere dich
Im Schwerpunkt eines Dreiecks schneiden sich die Seitenhalbierenden.

a) Zeichne ein Dreieck, bei dem der Schwerpunkt sehr nahe an einer der Seiten liegt. Erkläre, wie du das Dreieck gefunden hast.

b) Zeichne mit einem DGS viele Dreiecke, die die Eigenschaft aus a) haben, und beschreibe die gemeinsamen Eigenschaften der Dreiecke.

c) Zeichne ein Dreieck, bei dem der Schnittpunkt der Mittelsenkrechten von allen Seiten gleich weit entfernt ist.
Erkläre, wie du das Dreieck gefunden hast.

d) Zeichne mit einem DGS viele Dreiecke, die die Eigenschaft aus c) haben und beschreibe die gemeinsamen Eigenschaften.

e) Zeichne ein Dreieck, bei dem der Schnittpunkt der Winkelhalbierenden von allen Eckpunkten gleich weit entfernt ist.
Erkläre, wie du das Dreieck gefunden hast.

f) Zeichne mit einem DGS viele Dreiecke, die die Eigenschaft aus e) haben, und beschreibe die gemeinsamen Eigenschaften.

Problemlösen

29 Komische Höhen

Till und Ole haben das gleiche Dreieck gezeichnet und versucht, in diesem Dreieck die Höhen einzuzeichnen.

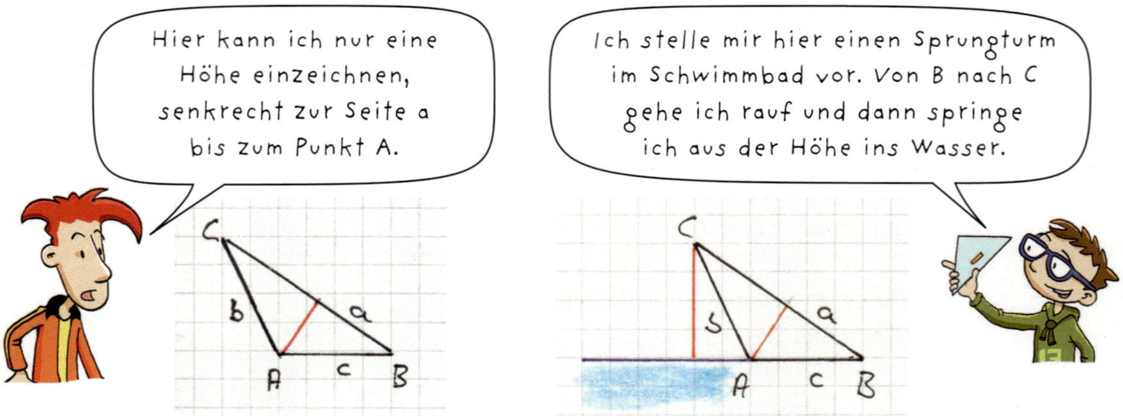

a) Zeichne das Dreieck von Till und Ole mit den beiden Höhen von Ole in dein Heft. Kannst du auch noch eine dritte Höhe einzeichnen?

b) Zeichne ein Dreieck, bei dem alle Höhen im Dreieck liegen.

c) Kannst Du ein Dreieck zeichnen, bei dem genau eine Höhe außerhalb des Dreiecks liegt?

d) Erkläre, wie die Anzahl der Höhen außerhalb des Dreiecks mit den Winkeln an den Eckpunkten des Dreiecks zusammenhängt.
Untersuche dazu weitere Dreiecke.

30 Umkreis und Inkreis konstruieren

Versuche ein Dreieck zu finden, bei dem die Mittelpunkte von Umkreis und Inkreis genau 1 cm auseinanderliegen.
Konstruiere dazu mit dem DGS in den folgenden Schritten:

(1) Zeichne ein Dreieck und zeichne die Mittelsenkrechten ein.
(2) Konstruiere den Schnittpunkt der Mittelsenkrechten.
(3) Zeichne den Umkreis.
(4) Konstruiere den Schnittpunkt der Winkelhalbierenden.
(5) Zeichne den Inkreis.
(6) Verbinde die Mittelpunkte von Umkreis und Inkreis mit einer Strecke.
Miss die Länge dieser Strecke.
(7) Verändere das Dreieck, bis der Abstand der beiden Mittelpunkte genau 1 cm beträgt.
Notiere dann die Koordinaten der Eckpunkte des Dreiecks.

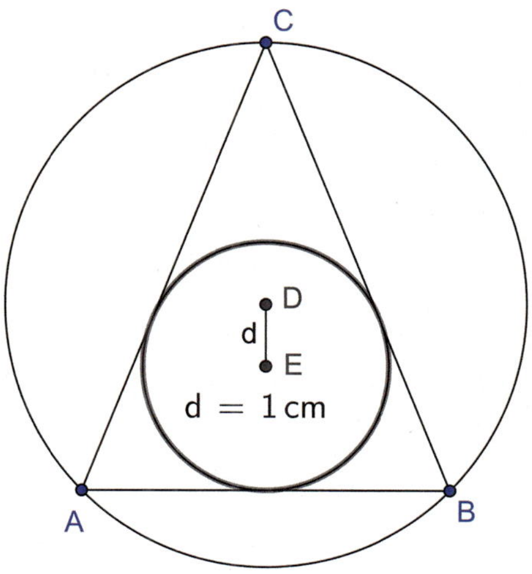

Problemlösen

31 Sehnenvierecke

Gut zu wissen
Alle Eckpunkte eines Sehnenvierecks liegen auf einem Kreis.

a) Zeichnet Sehnenvierecke und messt alle Winkel in diesen Sehnenvierecken.

b) Erstellt mit den Winkelgrößen aus mehreren Sehnenvierecken eine Tabelle.
Versucht eine Regel für Sehnenvierecke zu finden, wie man aus zwei gegebenen Winkeln die anderen berechnen kann.

c) Zeichnet ein „Sehnensechseck“ und versucht, eine ähnliche Regel zu entdecken.

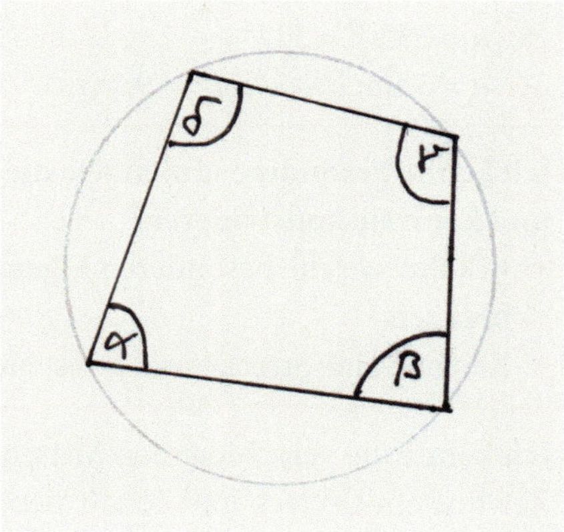

Problemlösen

32 Entfernungen von den Ecken

Hinweis
Die DGS-Datei findest du unter www 187-1.

a) Öffne die Datei.
Verschiebe den Punkt D und suche nach dem Punkt, bei dem die Summe der Strecken zu den Eckpunkten am kleinsten ist.

b) Welche Winkel schließen die Verbindungslinien zu den Ecken jeweils ein?

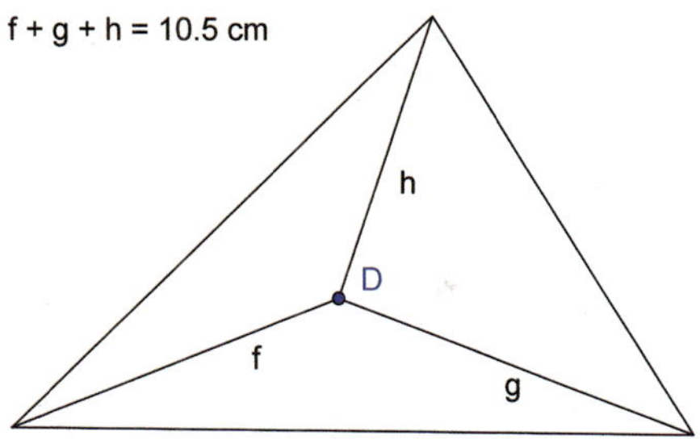

c) Warum ist dieser Punkt nicht der Mittelpunkt des Umkreises?

Checkliste

Landschaften vermessen – Dreiecke konstruieren

Ich kann … *Ich kenne …*	*Hier kann ich üben …*
Ich kann aus drei Seitenlängen mit und ohne DGS Dreiecke konstruieren. Konstruiere das folgende Dreieck mit und ohne DGS: $a = 2\,\text{cm}$, $b = 3\,\text{cm}$, $c = 4{,}2\,\text{cm}$	S. 176 Nr. 1–3 S. 177 Nr. 5, 6
Ich kann aus Seitenlängen und Winkeln mit und ohne DGS Dreiecke konstruieren. Konstruiere mit zwei verschiedene Dreiecke mit und ohne DGS: zwei Winkel mit 40° und 25°, eine Seite von 5 cm Länge	S. 176 Nr. 4–6 S. 178 Nr. 7, 8
Ich kann eine Konstruktionsbeschreibung so erstellen, dass sie nachvollziehbar und übersichtlich ist. Benenne die wichtigsten Punkte, die eine Konstruktionsbeschreibung enthalten sollte.	S. 178 Nr. 7, 8
Ich kann beschreiben, wie man mit Hilfe von Dreiecken Seitenlängen und Winkelgrößen bestimmt, auch wenn man einige Größen nicht direkt messen kann. Beschreibe, wie man die Höhe eines Hauses bestimmt.	S. 179 Nr. 9–11 S. 180 Nr. 12–13 S. 181 Nr. 14–16
Ich kann erkennen, mit welchen Angaben sich ein Dreieck eindeutig konstruieren lässt, und kann das Dreieck dann auch konstruieren. Entscheide und erkläre, mit welchen der folgenden Angaben sich ein eindeutiges Dreieck konstruieren lässt. (1) $\alpha = 35°$; $\beta = 127°$ (2) $c = 2{,}3\,\text{cm}$; $\beta = 67°$; $a = 6{,}5\,\text{cm}$ (3) $a = 5\,\text{cm}$; $b = 3\,\text{cm}$; $c = 9{,}2\,\text{cm}$ (4) $\alpha = 44°$; $b = 3\,\text{cm}$; $c = 2{,}5\,\text{cm}$	S. 182 Nr. 17–19 S. 183 Nr. 20–22
Ich kenne besondere Linien wie die Mittelsenkrechte und die Winkelhalbierende und kann sie konstruieren. ▪ Erkläre, welche besonderen Eigenschaften die Punkte auf einer Winkelhalbierenden besitzen. ▪ Zeichne eine Strecke und konstruiere die Mittelsenkrechte.	S. 184 Nr. 23, 24 S. 185 Nr. 26, 27 S. 186 Nr. 28
Ich kenne die verschiedenen Mittelpunkte im Dreieck und kann sie konstruieren. Zeichne ein Dreieck und konstruiere Inkreis- und Umkreismittelpunkt.	S. 184 Nr. 25 S. 186 Nr. 28, 29 S. 187 Nr. 30, 32

▸ *Hinweis:* Im Materialblock auf Seite 76 findest du diese Checkliste für deine Selbsteinschätzung.
Zusätzliche Übungsaufgaben findest du im Internet unter www 188-1.
(www.cornelsen.de/mathewerkstatt, Buchkennung: MWS040248, Mediencode: 188-1)

Bahn oder Auto? – Berechnungen beschreiben und durchdenken

In diesem Kapitel ...

- überlegst du, wie viel das Fahren mit Bahn und Auto kostet und was es für die Umwelt bedeutet.
- lernst du, wie du dir bei gleichförmigen Berechnungen Arbeit sparen kannst.
- untersuchst du Ansätze für Kosten, die du allgemein aufgeschrieben hast.

Gebrauchtwagen
950 €
Mein Onkel will sein Auto verkaufen und stattdessen ein Luxus-Fahrrad für 2500 € kaufen. Ist das nicht unglaublich? Mein Fahrrad hat nur 150 € gekostet. Er will dann immer zehn Kilometer mit dem Rad zur Arbeit fahren.
Das ist wirklich teuer. Da ist Autofahren doch billiger.
Für den Preis fährt meine Mutter sieben Monate mit der Bahncard 100 durch ganz Deutschland.
Super Plus
178,9
Super E10
168,9
Super
172,9
Diesel
167,9
KFZ-Versicherung
850 €
pro Jah

AUTOWELT
Werkstatt
Autowäsche
Autofahren ist auch teuer. Da sieht man bloß nicht gleich alle Kosten. Die muss man erst berechnen.
REIFEN Stück 70€
Öl Wechsel bei uns nur 9 € pro Liter

Erkunden A

Wie kann ich Kostenrechnungen aufstellen und beschreiben?

1 Kosten für einen Ausflug berechnen

Pia, Merve, Ole und Till wollen mit Pias Vater für ein Wochenende nach Hamburg fahren, um ein Musical zu besuchen.

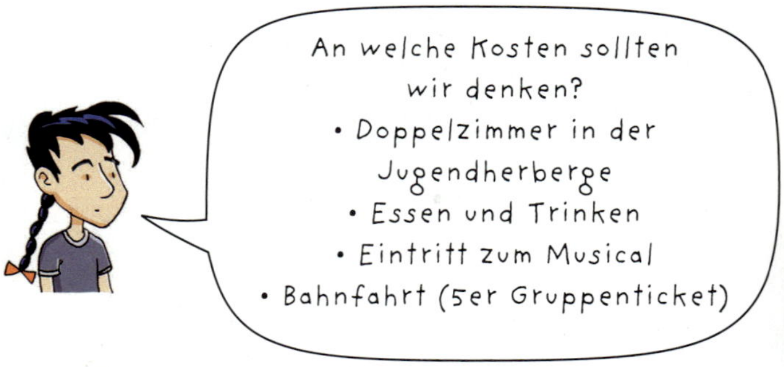

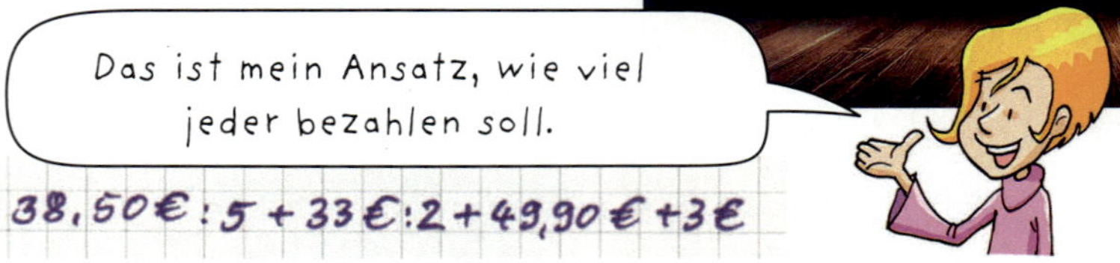

38,50 € : 5 + 33 € : 2 + 49,90 € + 3 €

wiederholen

Wissensspeicher aus vorigen Schuljahren: *Terme 2*

a) Merve nennt vier Kosten. Pia hat dazu ihren Ansatz als Term aufgeschrieben.
- Welche Preise hat Pia für die vier verschiedenen Kosten angenommen? Welche Annahmen von Pia hältst du für sinnvoll, welche nicht?
- Ändere Pias Term so, dass er deiner Meinung nach besser passt. Erkläre, wo und warum du geändert hast.

b) Pias Vater will alleine im Zimmer schlafen.
- Erkläre, wie Pia für seine Kosten den Term verändert hat.
- Verändere auch deinen Term aus a) für die Kosten von Pias Vater.

38,50 € : 5 + ~~33 € : 2~~ 30 € + 49,90 € + 3 €

c)
- Erkläre, was Ole und Till meinen.
- Stelle weitere Terme für die Gesamtkosten mit anderen möglichen Preisen auf.
- Finde dazu passende Terme für die Kosten nur von einer Person.

d) Wie ändert sich der Term aus a), wenn sich Folgendes ändert?
(1) Das Musical kostet nur die Hälfte.
(2) Das Doppelzimmer wird 10 € teurer.
(3) Alle bleiben eine zweite Nacht.
(4) Alle machen noch eine Hafenrundfahrt.

nachgedacht

e) Erkläre an der Aufgabe d), warum man mit Termen eine Kostenrechnung leichter anpassen und ändern kann als ohne Terme.

2 Autokosten im Vergleich zu Bahn und Fahrrad

Die vier Freunde streiten sich auf der Einstiegsseite, Seiten 190/191 über die Kosten eines Autos im Vergleich zu Fahrrad und Bahn. Nun wollen sie berechnen, was ein Auto im Jahr kostet.

Tipp
Schaue auf der Einstiegsseite nach oder erkundige dich zum Beispiel bei deinen Eltern oder auf der Webseite eines Automobilclubs.

a) Welche Arten von Kosten können bei einem Auto entstehen? Erstelle einen ersten Ansatz für die Autokosten in einem Jahr.

b) Vergleicht eure ersten Ansätze und Rechnungen und ergänzt die Kostenarten, die ihr selbst vergessen habt.

Hinweis
Preise können sich ändern. Erkundige dich möglichst nach aktuellen Preisen.

c) Nutzt eure Ergebnisse für den Vergleich der Kosten von Bahn, Auto und Fahrrad.
- Was ist teurer, ein Auto oder die BahnCard 100?
- Vergleiche auch mit deinem Fahrrad und mit dem Luxus-Fahrrad von Tills Onkel (für 2500 €).

Mit der BahnCard 100 kann man in der 2. Klasse für 4090 € ein Jahr lang ohne Zusatzkosten Bahn fahren. (Stand 2013)

nachgedacht

d) Die Kosten alleine entscheiden nicht, mit welchem Fahrzeug man fährt. Welche anderen Gründe gibt es für das Auto, welche für die Bahn?

3 Kostenberechnung mit unterschiedlichen Annahmen

Wie viel ein Auto kostet, hängt vor allem davon ab, wie hoch die Kaufkosten sind und wie viel Kilometer man fährt. Dafür rechnen die Freunde mehrere Varianten.

Wessen Auto?	Kaufpreis in € verteilt auf zehn Jahre	Kilometerzahl pro Jahr	Benzinkosten pro Jahr in €	Gesamtkosten pro Jahr in €	Kosten pro Monat in €	Kosten pro km in €
Familie Berger	15000 : 10	12 000	12 000 · 0,06 · 1,90			
Opa	38 000 : 10	18 000				

Um nicht zu viel zu variieren, gehen die Freunde von einem Benziner aus und rechnen mit festem Benzinpreis (1,90 € pro ℓ), festem Verbrauch (0,06 ℓ pro km) und immer gleichen Kosten für Steuer, Versicherung und Reparatur (800 € pro Jahr).

► Materialblock S. 82 Arbeitsmaterial *Kostenberechnung*

a) Erkläre die Spalten der Tabelle und fülle sie im Materialblock für weitere Autos aus. Wie hoch waren Kaufpreis und Kilometerzahl in deiner Rechnung in Aufgabe 2 a)? Trage sie auch in die Tabelle ein.

b) Was kostet es, wenn Eltern ihre Kinder mit dem Auto zum Sport fahren? Nutze dazu den Term für die Kosten pro Kilometer und achte auf Hin- und Rückfahrt.

nachgedacht

c) Vergleiche alle Rechnungen in der Tabelle. Was bleibt gleich, was ändert sich in jeder Zeile der Tabelle?

Erkunden B

Wie kann ich Terme aufschreiben, wenn sich die Zahlen immer wieder ändern?

4 Berechnungen aufschreiben für veränderliche Zahlen

Die Kilometerzahlen sind in jedem Monat anders, also auch die Benzinkosten.
Die Berechnungen sind aber immer ähnlich.
Die vier Freunde wollen die Berechnung allgemein beschreiben.
Till hat dazu eine Tabelle erstellt.

Monat	Kilometerzahl	Benzinverbrauch Term	Benzinkosten Term	Benzinkosten in €
Februar	600	600·0,06	600·0,06·1,90	68,40
Juli (Urlaub)	5800	5800·0,06	5800·0,06·1,90	661,20
Dezember (Oma besuchen)	1900	1900·0,06	1900·0,06·1,90	216,60
Allgemein				

▸ Materialblock S. 83 Arbeitsmaterial *Berechnungen*

a) Fülle in der Tabelle im Materialblock weitere Zeilen.
Erkläre, wie man die Benzinkosten allgemein berechnet.
Wie könntest du dazu einen Term aufstellen?

b) Wie passt Merves Pfeilbild zu dem, was man rechnen muss?

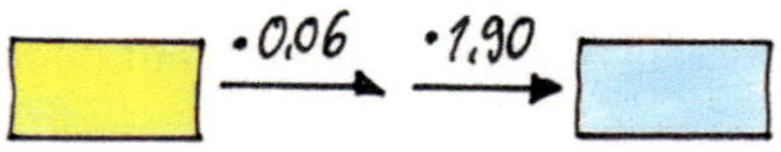

c) Ole macht sich mit Farben klar, was er rechnet.
Erkläre seinen Term in der untersten Zeile „Allgemein".
Was meint er mit der farbigen Markierung?

Monat	Kilometerzahl	Benzinverbrauch Term	Benzinkosten Term	Benzinkosten in €
Februar	600	600·0,06	600·0,06·1,90	68,40
Juli (Urlaub)	5800	5800·0,06	5800·0,06·1,90	661,20
Dezember (Oma besuchen)	1900	1900·0,06	1900·0,06·1,90	216,60
Allgemein	[ ]	[ ] ·0,06	[ ] ·0,06·1,90	

wiederholen
Wissensspeicher *Funktionen 2 (MB 9)*

d) In Aufgabe c) wird der Zusammenhang zwischen zwei Größen beschrieben.
Welche Größe hängt hier von was ab?
Was abhängen bedeutet, kannst du im Wissensspeicher nachschlagen.

Erkunden C

Wie kann ich mit Termen Situationen untersuchen?

5 Wann kosten Bahn und Auto dasselbe?

Ole Bergers Familie rechnet für ihr zweites Auto pro Jahr 1500 € vom Kaufpreis und 1800 € pauschale Kosten.
Oles Mutter möchte stattdessen eine Bahncard 100 für 4090 € anschaffen, mit der alle Bahnfahrten in der 2. Klasse bezahlt wären.
Ole rechnet: Ab wie vielen Kilometern ist das Auto teurer als die Bahncard 100?

Kaufpreis in € verteilt auf zehn Jahre	Kilometerzahl pro Jahr	Benzinkosten pro Jahr in €	Gesamtkosten pro Jahr in €
1500	24000	24000 · 0,06 · 1,90	24000 · 0,06 · 1,90 + 1500 + 1800 = 5036
1500	10 000	10000 · 0,06 · 1,90	10 000 · 0,06 · 1,90 + 1500 + 1800 =
	?		? 4090

▸ Materialblock S. 83 Arbeitsmaterial *Gleiche Kosten*

a) Probiere mit Hilfe der Tabelle im Materialblock aus:
Für welche Kilometerzahlen haben Bergers ungefähr 4090 € Gesamtkosten?
Fülle dazu einige weitere Zeilen in der Tabelle.
Wie suchst du möglichst geschickt?

b) Für welche Kilometerzahl kostet das Auto in einem Jahr ungefähr so viel wie das Luxusfahrrad von Tills Onkel, das 2500 € kostet?
Überlege, ob du auch anders als durch Probieren auf diesen unbekannten Wert kommen kannst.

6 Besuche bei der Oma

a) Merve besucht häufig ihre Oma. Mit der BahnCard 50 kosten Hin- und Rückfahrt zusammen 15 €. Dazu kommen noch die Kosten für die BahnCard 50 (ermäßigter Tarif) in Höhe von 127 €. Insgesamt hat sie dieses Jahr an die Bahn 397 € bezahlt.
Wie oft war Merve bei ihrer Oma?

b) Merve hat ein Pfeilbild gezeichnet und findet die unbekannte Zahl der Besuche durch Rückwärtsrechnen. Erkläre, wie sie damit zum Ergebnis kommt.

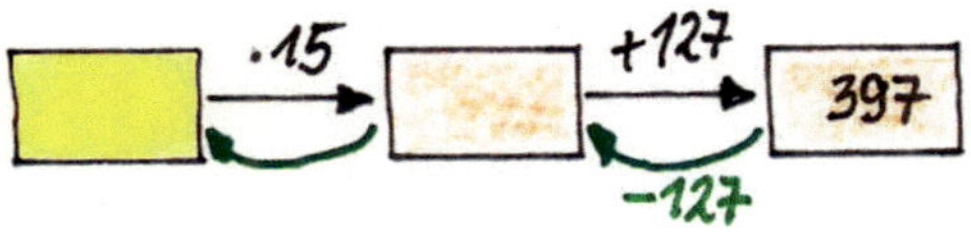

c) Löse mit Merves Weg und durch systematisches Probieren in einer Tabelle folgendes Zahlenrätsel.
Ich multipliziere eine unbekannte Zahl x mit 0,06 und dividiere danach durch 10. Dann subtrahiere ich 1400. Es kommt 4000 heraus. Wie heißt die unbekannte Zahl?

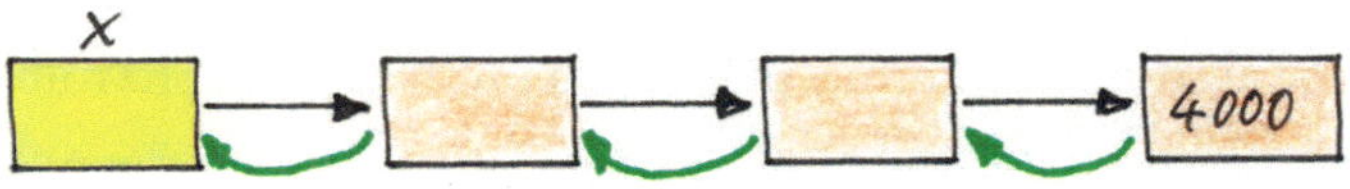

nachgedacht

d) Welcher Term gehört zu dem Zahlenrätsel aus c)?
Welche Situation könnte dazu gehören?

7 Rechenhilfe durch Tabellenkalkulation

Till und Pia wollen die Berechnung der jährlichen Kosten für Autos mit einem Term beschreiben. Der Term soll für verschiedene Autos verwendet werden können und ebenso für andere Jahre, in denen zum Beispiel weniger Kilometer gefahren werden.

Wessen Auto?	Kaufpreis in €	Kaufpreis in € verteilt auf zehn Jahre	Kosten pro Jahr für Steuer usw. in €	Kilometerzahl pro Jahr	Benzinkosten pro Jahr in €	Gesamtkosten pro Jahr in €	Kosten pro km in €
Familie Berger	15 000	15 000 : 10	1800	12 000	12 000 · 0,06 · 1,90		
Opa	38 000		1350	18 000			

a) Pia schreibt für die Berechnung der jährlichen Gesamtkosten diesen Term auf: $x : 10 + z + y \cdot 0{,}06 \cdot 1{,}90$

Erkläre ihren Term mit Hilfe von Tills Tabelle.
- Wofür stehen die einzelnen Variablen?
- Wofür steht der Term?
- Zu welchem Ergebnis kommt Pia, wenn sie die folgenden Zahlen einsetzt?
  $x = 17\,000$; $z = 700$; $y = 40\,000$

▸ Materialblock S. 84 Arbeitsmaterial *Kosten berechnen*

b) Berechne für drei weitere Autos mit Hilfe der Tabelle im Materialblock die jährlichen Gesamtkosten. Verwende auch unterschiedliche Benzinpreise.

Gut zu wissen
Eine Tabellenkalkulation ist ein Computerprogramm, mit dem man in Tabellen rechnen kann.

c) Immer wieder berechnet man in der Tabelle aus b) das Gleiche.
Wie eine Tabellenkalkulation dabei helfen kann,
könnt ihr mit Hilfe der im Online-Angebot bereitgestellten Datei sehen.
Darin ist ein Rechenblatt zu Tills Tabelle vorbereitet.
Nutze das Rechenblatt und ergänze damit vier weitere Zeilen in der Tabelle.

Hinweis
Die Excel-Datei findest du unter www 196-1.

	A	B	C	D	E	F	G	H
1								
2		Rechenhilfe durch Tabellenkalkulation						
3								
4		Wessen Auto?	Kaufpreis in €	Kaufpreis in € verteilt auf zehn Jahre	Kosten pro Jahr für Steuer usw. in €	Kilometerzahl pro Jahr	Benzinkosten pro Jahr in €	Gesamtkosten pro Jahr in €
5		Familie Berger	15.000,00	1.500,00	1.800,00	12.000,00	1.368,00	4.668,00

d) Wenn man in die Zelle **H5** klickt, steht oben in der Leiste diese Formel.

fx =C5/10+E5+F5*0,06*1,9

Erkläre, wie die einzelnen Teile der Formel mit Pias Term zusammenhängen.
Welche ausführliche Formel müsste Till für die Kosten pro Kilometer eingeben?

e) Vergleiche die Ergebnisse mit den Preisen für Fahrrad und Bahn aus Aufgabe 5.
Was meinst du: Sollte sich Tills Onkel das Luxus-Fahrrad kaufen?
Was sollte er dabei noch berücksichtigen?

Gut zu wissen
CO_2 ist die Kurzschreibweise für Kohlenstoffdioxid, das oft auch Treibhausgas genannt wird.

8 Umweltkosten von Bahn und Auto

Merve und ihre Mutter diskutieren, mit welchem Verkehrsmittel sie besser zur Arbeit fahren sollte.
Da Merve auch an die Umwelt denkt, will sie nicht nur die Kosten betrachten, sondern auch den Ausstoß an CO_2.

a) Erklärt euch gegenseitig oder recherchiert: Warum ist der CO_2-Ausstoß von Verkehrsmitteln schädlich für die Umwelt?

b) Vergleiche mit Hilfe der Tabelle die Umweltbelastung der Verkehrsmittel.
Merves Mutter fährt an 230 Arbeitstagen im Jahr 10 km zur Arbeit hin und 10 km zurück.
Wie hoch ist jeweils der CO_2-Ausstoß pro Jahr, wenn sie mit dem Bus, der Straßenbahn, der S-Bahn, dem Fahrrad oder dem Auto fährt?

Belastung der Umwelt durch CO_2-Ausstoß

	CO_2-Ausstoß (in g pro km Fahrstrecke)	Sitzplätze
Bus	2400	60
Straßenbahn	4050	150
S-Bahn	7000	500
Fahrrad	0	1
Auto	130	4

c) Untersuche deine Rechnung in b) genauer.
- Mit welchen Personenzahlen hast du gerechnet?
- Warum ist die Personenzahl wichtig, um die Umweltbelastung einzuschätzen?
- Wie kannst du die Personenzahl berücksichtigen?
- Was ändert sich dadurch für den CO_2-Ausstoß?

Gut zu wissen
Mit dem Pro-Kopf-Verbrauch verteilt man quasi die CO_2-Belastung auf die einzelnen Mitfahrenden.

d) Berechne und vergleiche für unterschiedliche Personenzahlen den Pro-Kopf-Ausstoß von CO_2 bei S-Bahn und Auto. Notiere die Werte in zwei Tabellen.

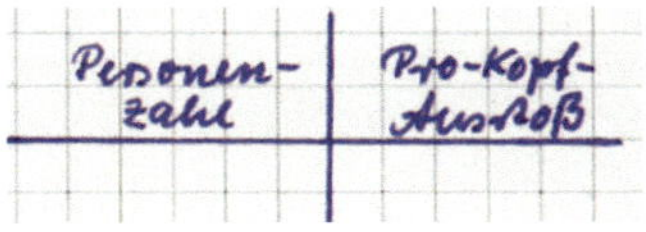

e) Findet einen Term, um den Pro-Kopf-Ausstoß von CO_2 für 10 km Fahrt mit der S-Bahn zu berechnen. Der Term soll eine veränderbare Personenzahl berücksichtigen. Vergleicht eure Terme untereinander.

f) Eine Tabellenkalkulation kann schnell mit verschiedenen Personenzahlen rechnen. Erstelle eigene Rechenblätter für jedes Verkehrsmittel, mit denen du den CO_2-Ausstoß pro Person für verschiedene Personenzahlen berechnen kannst.
Schreibe dir zuerst die Terme mit Variablen auf.
▸ **Ordnen A** In Aufgabe 6 auf Seite 202 lernst du, wie man ein Rechenblatt in der Tabellenkalkulation erstellt.

g) Kontrolliere die Berechnung von Merves Mutter.
Wie hat sie gerechnet?
Was sagst du zu ihr?

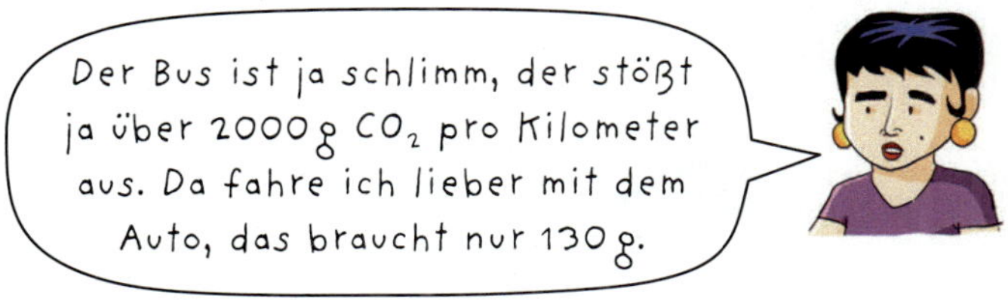

nachgedacht

h) Erkläre die Überschrift der Zeitungsanzeige. Verwende dazu die Ergebnisse dieser Aufgabe.

Fahrgemeinschaften sind klimaschonend
Je mehr Leute mit einem Auto fahren, desto weniger wird das Klima geschädigt.

Ordnen A

Erinnere dich
PADEK ist ein Schema zum Bearbeiten von Problemstellungen.

wiederholen

Wissensspeicher aus vorigen Schuljahren: *Problemlösen 1*

Problem verstehen
↓
Ansatz suchen
↓
Durchführen
↓
Ergebnis erklären
↓
Kontrollieren

Wie kann man Kostenrechnungen aufstellen und beschreiben?

1 P A D E K hört nicht bei K auf

Till und Pia haben ihren Ansatz zu den Kosten eines Autos immer wieder ergänzt.
Der folgende Text ist ein Auszug aus ihrem Lerntagebuch:

P: Wir möchten wissen, wie viel ein Auto mit der Zeit kostet.
A: Wir stellen die Ausgaben für ein Jahr zusammen.
Dazu nehmen wir folgende Kosten an:
1. Kaufpreis des Autos: 20 000 €, also pro Jahr 2000 €, wenn man es 10 Jahre fährt
2. Benzinkosten: 1,90 € pro Liter mal 20 000 km (pro Jahr) mal Verbrauch von 0,04 Litern pro Kilometer.
3. Steuer: 300 € pro Jahr

Also nehmen wir den Term $2000 + 1{,}90 \cdot 20\,000 \cdot 0{,}04 + 300$
D: Ausrechnen: Der Wert des Terms ist 3820.
E: Das Auto kostet pro Jahr also 3820 €.
K: Haben wir alles bedacht?
Nein, Versicherung und Reparaturen haben wir vergessen.
Sagen wir: Versicherung 350 € und Reparatur 200 €.
Also wächst der Term: $2000 + 1{,}90 \cdot 20\,000 \cdot 0{,}04 + 300 + 350 + 200$
Ausrechnen ergibt 4370.
Also entstehen pro Jahr Kosten von 4370 €
Vergleich mit anderer Gruppe: Die haben auch Parkgebühren.
Sagen wir 50 € Parkgebühren im Jahr.
Also wächst der Term: $2000 + 1{,}90 \cdot 20\,000 \cdot 0{,}04 + 300 + 350 + 200 + 50$
Ausrechnen ergibt 4420 €.
Vergleich mit der nächsten Gruppe: Die haben gleiche Ausgaben, aber andere Zahlen.
Jetzt ändern wir aber nichts mehr, sonst muss der ganze Term anders werden.

► Materialblock S. 85 Arbeitsmaterial *PADEK hört nicht bei K auf*

a) Pias und Tills Lösungsweg hört bei der K ontrolle nicht auf, sondern geht weiter.
Ergänze im Materialblock, welche Schritte aus P A D E K sich wiederholen.

b) Wie ist dein Weg in Aufgabe 2 auf Seite 193 verlaufen?
Schreibe auch in deiner Lösung die Schritte von P A D E K dazu.

c) Vergleicht eure Ergebnisse aus a) und b) und füllt das Arbeitsmaterial endgültig aus.

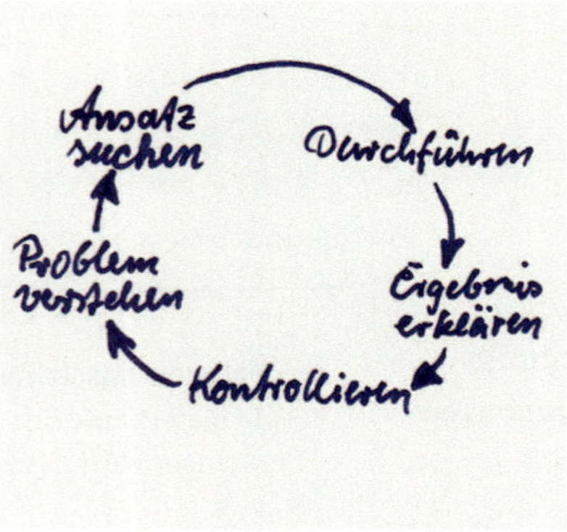

d) Merve hat P A D E K lieber anders gezeichnet.
- Erkläre, was man so besser sieht.
- Welches Bild findest du für P A D E K besser, das Bild oben links am Rand oder Merves Bild?
- Begründe, warum du dich gerade so entschieden hast.
- Wie würdest du in einem Bild darstellen, dass einige Schritte mehrmals vorkommen?

Ordnen B

Wie kann man Terme aufschreiben, wenn sich die Zahlen immer wieder ändern?

2 Mit Variablen veränderbare Zahlen aufschreiben

In der Tabelle aus Aufgabe 4 auf Seite 194 ändern sich
die gefahrenen Kilometer in jedem Monat.
Die Benzinkosten sind von den Kilometerzahlen abhängig.
Sie ändern sich also mit ihnen.
Trotzdem werden die Benzinkosten immer gleich berechnet.
Pia hat dafür einen Term mit einem Buchstaben in Oles Tabelle aufgeschrieben.

Monat	Kilometerzahl	Benzinverbrauch Term	Benzinkosten Term	Benzinkosten in €
Februar	600	600·0,06	600·0,06·1,90	68,40
Juli (Urlaub)	5800	5800·0,06	5800·0,06·1,90	661,20
Dezember (Oma besuchen)	1900	1900·0,06	1900·0,06·1,90	216,60
x - beliebige Kilometerzahl	x	x·0,06		

a) Erkläre in deinen Worten, wie Pia das verbrauchte Benzin berechnet.
Was meint sie mit „x-beliebiger Kilometerzahl"?

► Materialblock S. 78
Wissensspeicher
Variable

b) Vergleiche Pias Term mit Oles Darstellung in Aufgabe 4 auf Seite 194.

- Wie kann Ole seine Farben benutzen, um Pias Term für das verbrauchte Benzin allgemein aufzuschreiben?
- Zeichne Oles Farben auch in die Tabelle im Wissensspeicher ein. Was sieht man damit gut?
- Erkläre mit dem Vergleich, was Pia mit dem x meint.

c) Merve zeigt in ihrem Bild mit Farben, welche Größe von welcher abhängt.
Wie würde ein passendes Pfeilbild für Pias Term in der Tabelle aussehen?

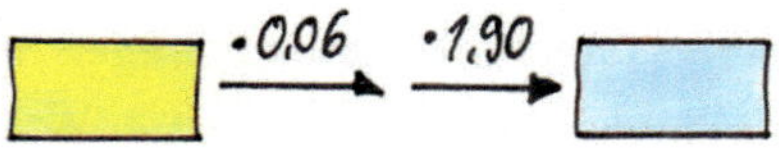

d) Welchen Term würde Pia für die Berechnung der Benzinkosten schreiben?
Ergänze in der Tabelle im Wissensspeicher.

***** **Neues Wort**
*Eine **Variable** ist ein Buchstabe, der für veränderbare Zahlen steht.*

e) Pia hat mit dem Buchstaben x eine *Variable** verwendet.
Erkläre, was der Name Variable mit dem Wort Variieren zu tun hat und was da variiert, also verändert wird.

f) Vergleicht eure Antworten und ergänzt den Wissensspeicher.

3 Terme erklären

Eigentlich ändern sich auch die Benzinkosten ständig.
Deshalb hat Till eine etwas andere Tabelle aufgestellt und einen neuen Term zur Berechnung notiert.

Auto	Benzinpreis pro Liter in €	Kilometerzahl	Bezinkosten-berechnung in €
Fahrdienst	1,90	70 000	70 000 · 0,06 · 1,90
Fahrdienst	1,50	70 000	70 000 · 0,06 · 1,50
x-beliebige Kilometerzahl	b	x	x · 0,06 · b

a) Erkläre Tills Term $x \cdot 0{,}06 \cdot b$ mit Hilfe der Fragen rechts.

So erklärt man einen Term
Man beantwortet zwei Fragen:
1. Wofür stehen jeweils die Variablen?
2. Was beschreibt der Term?

► Materialblock S. 78
Wissensspeicher
Variable

b) Vergleicht eure Ergebnisse und übertragt sie in den Wissensspeicher.

4 Werte von Termen durch Einsetzen bestimmen

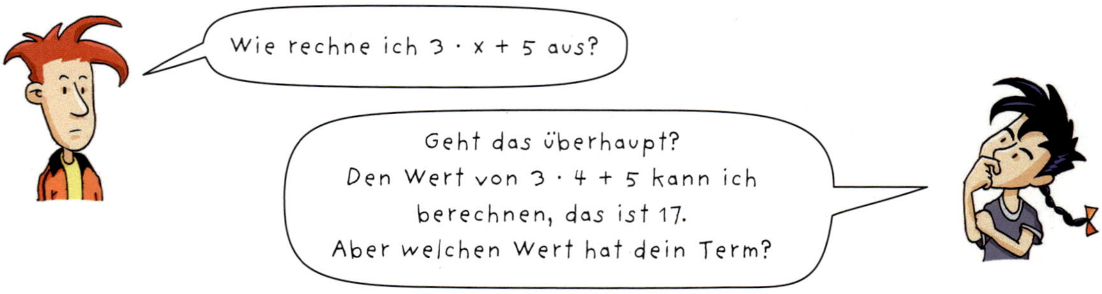

a) Warum kann Merve den Wert ihres Terms berechnen, Till aber nicht? Überlege dir für beide Fälle ein weiteres Beispiel.

** **Neues Wort***
*Beim **Einsetzen** für $x = 3$ wird anstelle der Variablen x die Zahl 3 verwendet und der Wert des Terms berechnet. Der Wert des Terms wird für $x = 3$ berechnet.*

b) Manchmal sind die Fragen in einer eigenen mathematischen Fachsprache formuliert. Lies die folgenden Sätze. Was sollst du jeweils tun?
(1) Welchen Wert hat Tills Term $3 \cdot x + 5$, wenn man für x die Zahl 12 in den Term *einsetzt**?
(2) Bestimme den Wert des Terms $x \cdot 0{,}06 \cdot b$ für $b = 2{,}10$ und $x = 25\,000$.
(3) Bestimme für Tills Term aus Aufgabe 3 den Wert für $b = 2{,}00$ und $x = 20\,000$.

c) Merve hat den Ausdruck $x \cdot 0{,}06 \cdot 1{,}90 = y$ mit Platzhaltern und Pfeilen geschrieben. Erkläre mit ihrer Schreibweise, warum das Wort „einsetzen“ gut passt, wenn man Variablen durch konkrete Zahlen ersetzt.

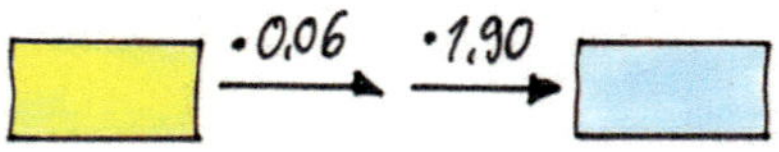

► Materialblock S. 78
Wissensspeicher
Variable

d) Vergleicht eure Ergebnisse und übertragt sie in den Wissensspeicher.

Ordnen C Wie kann man mit Termen Situationen untersuchen?

5 Unbekannte Zahlen finden

Unbekannte Zahlen sucht man zum Beispiel in folgenden Aufgaben:

Die Autokosten im Jahr berechne ich durch den Term
$x \cdot 0{,}04 \cdot 1{,}90 + 2000$.
Frage: Bei welcher Kilometerzahl betragen die Autokosten genau 4000 €?
x steht für die gefahrenen Kilometer. Sie werden multipliziert mit dem Verbrauch von 0,04 Litern pro Kilometer und dem Benzinpreis von 1,90 Euro pro Liter. Hinzu kommen die Anschaffungskosten für ein Jahr von 2000 €.

Ich multipliziere eine unbekannte Zahl x mit 0,04 und mit 1,90 und addiere 2000. Es kommt 4000 heraus.
Wie heißt die Zahl?

a) Löse wie Till beide Aufgaben durch systematisches Probieren in einer Tabelle.
Erkläre, wozu Till in seine Tabelle „zu viel“ und „zu wenig“ geschrieben hat.

x	x · 0,04 · 1,90 + 2000 = 4000	
100	100 · 0,04 · 1,90 + 2000	zu wenig
30 000		zu viel

Tipp
Wer sich die Pfeilbilder vorstellen kann, kann später auch im Kopf Rückwärtsrechnen.

b) Löse die Aufgaben durch Rückwärtsrechnen mit Hilfe der Skizze.
1. Aufgabe in ein Pfeilbild übersetzen: Was rechnet man zuerst, was danach?
2. Rückwärtsrechnen
3. Ergebnis für die unbekannte Zahl hinschreiben; überprüfen, ob alles stimmt

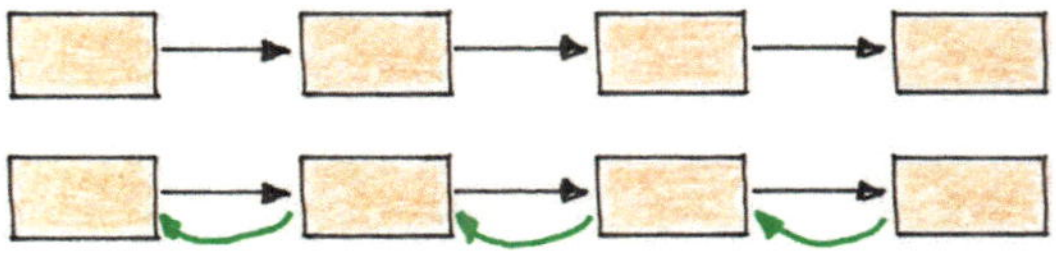

c) Man kann die Suche mit einem Gleichheitszeichen schreiben. $x \cdot 0{,}04 \cdot 1{,}90 + 2000 \stackrel{?}{=} 4000$
Mit dem Fragezeichen kann man zeigen, dass die Frage nach dem x noch offen ist.
Welche der drei Fragen passt zu dieser Schreibweise, welche nicht?
Begründe deine Antwort.

(1) Gilt wirklich für alle x, dass der Term $x \cdot 0{,}04 \cdot 1{,}90 + 2000$ den Wert 4000 annimmt?

(2) Welche Zahl muss man für x einsetzen, damit der Term $x \cdot 0{,}04 \cdot 1{,}90 + 2000$ den Wert 4000 hat?

(3) Welchen Wert hat der Term $x \cdot 0{,}04 \cdot 1{,}90 + 2000$ für $x = 4000$?

d) Erkläre, was Pia meint.

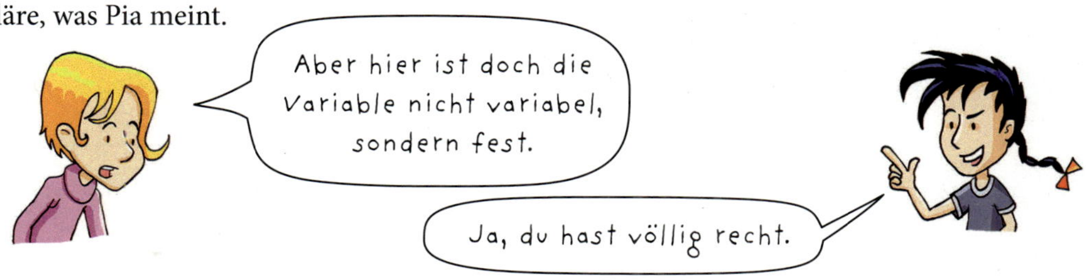

► Materialblock S. 79 Wissensspeicher *Unbekannte Zahlen finden*

e) Vergleicht eure Ergebnisse und übertragt sie in den Wissensspeicher.
Vergesst nicht, die passende Frage aus c) zu übertragen.

6 In Tabellenkalkulationen mit Termen rechnen

7000 g CO_2-Ausstoß der S-Bahn pro Kilometer Fahrstrecke

Um den CO_2-Ausstoß der S-Bahn pro Kopf bei 100 Personen zu berechnen, hat Pia einen Term aufgeschrieben.

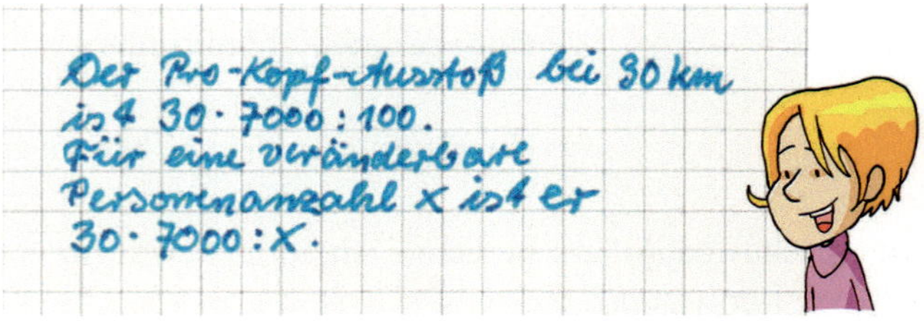

a) Till hat mit einer Tabellenkalkulation die Tabelle im Bild rechts erstellt.
Wo findest du Pias Term?

D5 fx =7000*30/100

	A	B	C	D
1				
2		Mit Tabellenkalkulation rechnen		
3				
4		Personenzahl	CO_2 pro km in g	Pro-Kopf-Ausstoß für 30 km in g
5		100	7.000	2.100
6				

wiederholen
Wissensspeicher aus vorigen Schuljahren: *Hilfsmittel 2*

b) Erstelle so eine Tabelle in einer Tabellenkalkulation.
Der Methodenspeicher aus dem vorigen Schuljahr hilft dir dabei:
- Zahlen oder Text einzugeben,
- die Spaltenbreite zu verändern, sodass man zum Beispiel einen eingegebenen Text komplett sehen kann,

Finde außerdem heraus, wie du eine Zelle farblich markieren kannst.

c) Till will nun die Vorteile einer Tabellenkalkulation ausnutzen.
In der Zelle **B5** möchte er statt 100 jede beliebige andere Zahl einsetzen können.
Der Wert in der Zelle **D5** soll immer automatisch berechnet werden.
Dazu verändert Till den Term für die Zelle **D5**.

D5 fx =7000*30/B5

Trage den Term in deine Tabelle ein und probiere aus, wie er funktioniert.

d) Warum verwendet die Tabellenkalkulation für die Variable im Term von Zelle **D5** nicht *n* oder *x*, sondern **B5**?

▸ Materialblock S. 81
Methodenspeicher *Mit Tabellenkalkulation rechnen*

e) Im Methodenspeicher sind die Schritte zum Erstellen einer Formel erklärt.
Ist die Erklärung für dich gut verständlich?
Ergänze die Erklärung so, dass du sie auch später verstehst.

weitergedacht

f) Merve arbeitet mit Tills Tabellenblatt. Sie hat in die Zelle **D5** die Zahl 300 eingegeben.
Nun wundert sie sich.

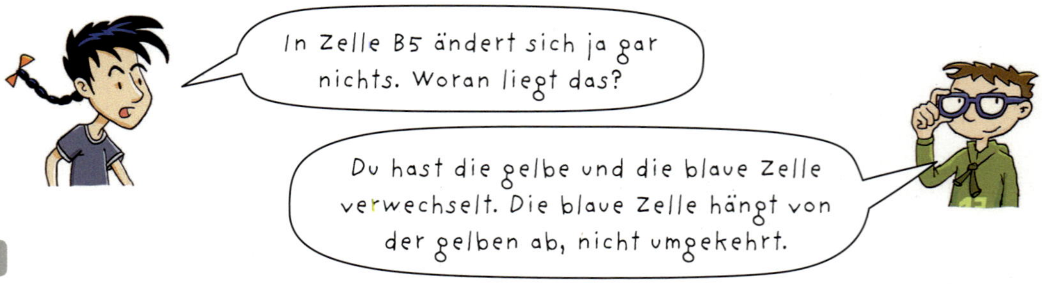

wiederholen
Wissensspeicher *Funktionen 2 (MB 9)*

Hilf Ole beim Erklären. Der Wissensspeicher kann dir beim Erklären helfen.

7 Ansätze kontrollieren – Terme durchdenken

In der Zeitung erfährt Ole das Folgende über den Wohnort seiner Cousine.

Nach 22 Uhr fahren die Busse manchmal ziemlich leer durch die Straßen.
Viele Städte setzen deshalb Nachttaxis ein.
Von Castrop nach Rauxel sind es 10 km.
Die Umweltkosten pro Person für den Bus mit drei mitfahrenden Personen wird mit dem Term $2400 : 3 \cdot 10$ ausgerechnet.
Für das Taxi ergibt sich der Term $140 : 3 \cdot 10$.

Belastung der Umwelt durch CO_2-Ausstoß		
	CO_2-Ausstoß (in g pro km Fahrstrecke)	Sitzplätze
Bus	2400	60
Taxi	140	4

P A D E **K**

a) Ole will eine **K**ontrolle für die Berechnung des Busses durchführen.
Er überlegt dazu zuerst, wie sich das Ergebnis bei anderen Personenzahlen ändert.

Kontrolle:
$2400 : 3 \cdot 10 = 8000$. 8000 haben wir als Ergebnis.
Was hätte bei anderen Annahmen noch herauskommen können?

Fragen zur Kontrolle:	*Antworten für das Beispiel:*
1. Welche Zahl ist veränderbar?	Veränderbar wäre die Personenzahl.
2. Wie lautet der Term mit Variable?	Wenn x die Personenzahl ist, dann beträgt der CO_2-Ausstoß pro Person $2400 : x \cdot 10$.
3. Was war mein erstes Ergebnis?	Für $n = 3$ ist das Ergebnis 8000.
4. Was ist die größtmögliche Zahl? Welchen Wert hat der Term für diese Zahl?	Für $x = 60$ ist das Ergebnis $2400 : 60 \cdot 10 = 400$.
5. Was ist die kleinstmögliche Zahl? Welchen Wert hat der Term für diese Zahl?	Für $x = 1$ ist das Ergebnis $2400 : 1 \cdot 10 = 24000$.
6. Wie liegt mein erstes Ergebnis dazu?	Die Werte für die Busfahrt schwanken zwischen 400 g und 24 000 g CO_2. Der zuerst berechnete Wert war 8000 g. Also liegt man schon bei drei Personen näher beim günstigsten Ergebnis.
7. Wie könnte man das Ergebnis noch weiter verbessern?	Oft fahren mehr als drei Personen mit dem Bus. Dann ist der CO_2-Ausstoß pro Person geringer.

Erkläre auf einem Zahlenstrahl, was Ole gedacht hat.

b) Erstelle eine Berechnung zum CO_2-Ausstoß für das Taxi.
Kontrolliere den Term mit den gleichen Fragen 1. bis 7. wie Ole in a).

► Materialblock S. 80
Wissensspeicher
Ansätze und Terme

c) Vergleicht eure Ergebnisse von b) und übertragt sie in den Wissensspeicher.

Vertiefen 1

Ansätze mit Zahlentermen darstellen und weiterentwickeln

Training

1 Kosten für eine Radtour

Die vier Freunde planen eine Radtour mit Tills Eltern mit Besuch einer Höhle.

wiederholen

Wissensspeicher aus vorigen Schuljahren: *Terme 2*

a)

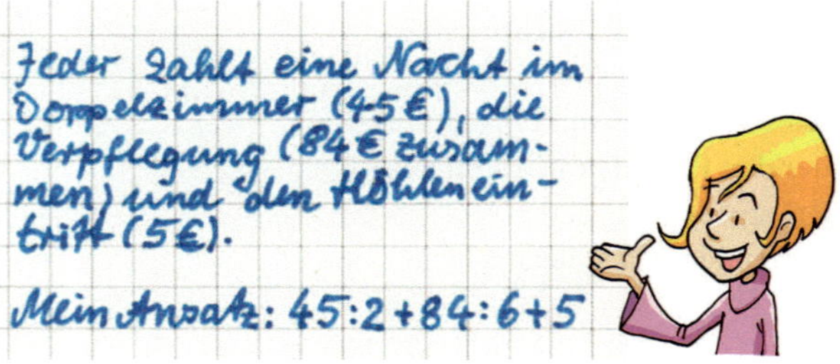

Erkläre Pias Term: Welche Ausgaben hat sie angenommen? Sie errechnet ihre Kosten im Kopf auf 41,50 €, dann überprüft sie die Rechnung mit dem Rechner ihres Handys und kommt auf 22,75 €. Woher kommt der Unterschied?

b) Merve, Till und Ole haben andere Ideen. Wie würden sie jeweils den Term verändern?

c) Aus Kostengründen wollen alle sechs zusammen in einem Sechs-Bett-Zimmer übernachten, das ebenfalls 45 € kostet. Finde verschiedene passende Terme.

d) Welche Stellen in Pias Term bleiben für diesen Ausflug auf jeden Fall immer gleich, welche können sich ändern?
Markiere die Stellen, die sich ändern können mit einer Farbe.

Training

2 Kosten für einen Zoobesuch

Die Klassen 7 b und 7 c planen einen gemeinsamen Ausflug in den Zoo.
Der Bus hat 45 Sitzplätze und kostet immer 480 €, egal, wie viele Personen mitfahren.
Der Eintritt für den Zoo kostet jeweils 6 €.

a) Insgesamt fahren 38 Jugendliche und zwei Lehrkräfte mit.
Stelle einen Term auf, mit dem du den Gesamtpreis pro Person berechnen kannst.

b) Wie ändert sich der Term, wenn insgesamt 24 Personen mitkommen?
Wie viel kostet der Ausflug dann pro Person?

c) Erstelle eine Tabelle für 35 bis 45 Teilnehmer. Runde dabei sinnvoll.
Wie groß muss die Personenzahl sein, damit der Ausflug pro Person etwa 17,20 € kostet?

Personenzahl	Buskosten pro Person	Gesamtkosten pro Person

d) Denk dir einen Satz aus, wie man die Kosten pro Teilnehmer ausrechnet.
Versuche, dass in diesem Satz keine Zahl vorkommt.

Tipp
Überlege dir, wie viele Sitzplätze der Bus hat.

e) Wenn auch die Klasse 7 a mitfährt, nehmen insgesamt 72 Personen teil.
Wie sieht dann der Term aus?

Training

Hinweis
Was in der gleichen Zeile steht, gehört zum gleichen Term.
Was in der gleichen Spalte steht, gehört zur gleichen Geschichte.

3 Eine Berechnung – zwei Geschichten

Pia beschreibt einen Term mit Worten.
Ole und Merve erzählen zum gleichen Term zwei verschiedene Geschichten.
Dabei wird der Term mit jeder Zeile größer.

- Wie könnte Pias Text ergänzt werden?
- Wie könnte Oles Texte ergänzt werden?
- Schreibe ins Heft eine passende Fortsetzung für Merves Geschichte.

130	Ich denke mir die Zahl 130.	Ich fahre in den Urlaub und habe dazu 130 € gespart.	Meine Mutter sammelt Postkarten. 130 Karten hängen in der Küche.
130 + 270	Ich zähle 270 dazu.	Meine Mutter gibt mir ■	■
(130 + 270) : 4	Die Summe teile ich durch 4.	Das Geld verteile ich auf 4 Tage.	■
(130 + 270) : 4 – 60	Davon ziehe ich ■	Jeden Tag verbrauche ich 60 € für Übernachtung und Verpflegung. Wie viel bleibt mir pro Tag noch für Freizeit?	■

4 Wie viel verbraucht mein neues Auto?

wiederholen

Wissensspeicher
Proportionales 2 (MB 3)

a) Pias Vater ist sehr stolz auf sein neues Auto:
„Es verbraucht nur 4 Liter."
Wie ist das gemeint?
Vervollständige jeden Satz.
(1) Es verbraucht 4 Liter pro ■ km.
(2) Es verbraucht ■ Liter pro 1000 km.
(3) Es verbraucht ■ Liter pro 10 km.
(4) Es verbraucht ■ Liter pro km.
(5) Es verbraucht ■ Liter pro 30 km.

b) Schreibe jeweils die Zahlenangaben hintereinander, die den gleichen Verbrauch in Litern ausdrücken.

0,07 | siebzig pro hundert | 0,7 | $\frac{7}{10}$ | sieben pro hundert | 0,007 | $\frac{7}{100}$ | siebzig pro tausend | sieben pro tausend | 0,70

c) Ein Auto mit neu entwickeltem Motor verbraucht sogar nur noch 3,5 Liter auf 100 km.
Stelle den Verbrauch auf verschiedene Weisen dar.

Training

5 Triathlon-Strecken – Aufs Klammern kommt es an

a) Beim Triathlon in der „Kurzstrecke" müssen die Athletinnen 1,5 km Schwimmen, 40 km Radfahren und 10 km Laufen.
Eine Triathlon-Athletin trainiert sechsmal im Monat diese Strecken.
Bestimme für jeden der folgenden Terme, ob er die Gesamtstrecke eines Monats richtig beschreibt.

(1) $1{,}5 \cdot 6 + 40 \cdot 6 + 10 \cdot 6$ (2) $6 \cdot (10 + 40 + 1{,}5)$ (3) $6 \cdot 1{,}5 + 40 + 10$
(4) $(1{,}5 + 10) \cdot 6 + 6 \cdot 40$ (5) $1{,}5 + 50 \cdot 6$ (6) $(1{,}5 + 50) \cdot 6$

wiederholen
Wissensspeicher aus vorigen Schuljahren: *Terme 3*

b) Beim Ironman sind Strecken deutlich länger (3,86 km Schwimmen, 180,2 km Radfahren, 42,195 km Laufen).
Für die Zulassung zum Ironman Hawaii müssen sich die Profis bei fünf Ironman-Rennen und drei Half-Ironman-Rennen (halbe Distanzen) qualifizieren.
Stelle zwei Terme für die Gesamtdistanz auf.

c) Betrachte die falschen Terme aus a) noch einmal genauer.
Wie würde die Athletin trainieren, damit der Term zu ihrem Trainingsplan passt?

Training

6 Mit Klammern eine Situation strukturieren

wiederholen
Wissensspeicher aus vorigen Schuljahren: *Terme 3*

- Till trägt an sechs Tagen pro Woche eine Tageszeitung aus.
- Einmal pro Woche trägt er das Wochenblatt aus.
- Der Trägerlohn beträgt für jede Zeitung 0,07 €.
- Für jedes Wochenblatt bekommt er 0,04 €.
- Insgesamt beliefert er 83 Briefkästen mit beiden Zeitungen.

Welche Terme geben seine Wocheneinnahme richtig wieder?

(1) $83 \cdot 6 \cdot 0{,}07 + 0{,}04$
(2) $83 \cdot (6 \cdot 0{,}07 + 0{,}04)$
(3) $83 \cdot 6 \cdot 0{,}07 + 83 \cdot 0{,}04$
(4) $6 \cdot (83 \cdot 0{,}07 + 83 \cdot 0{,}04)$

$(83 \cdot 0{,}07 + 83 \cdot 0{,}04) \cdot 6$
$83 \cdot (0{,}04 + 0{,}07 \cdot 6)$
$(0{,}07 \cdot 6 + 0{,}04) \cdot 83$
$6 \cdot (83 \cdot 0{,}07 + 83 \cdot 0{,}04 : 6)$

Training

7 Klammern regeln die Vorfahrt

a) Schreibe zuerst die zum Text passenden Terme auf.
Finde dann ohne Rechnen heraus, welche Terme den gleichen Wert haben müssen.

(1) Ich subtrahiere 4 von 17 und multipliziere das Ergebnis mit 3.
(2) Ich berechne das Produkt aus den Faktoren 3 und 17 und ziehe davon 4 ab.
(3) Ich ziehe von der Zahl 17 das Dreifache von 4 ab.
(4) Ich multipliziere 3 mit 17 und ziehe vom Ergebnis das Produkt aus 3 und 4 ab.
(5) Ich subtrahiere das Vierfache der Zahl 3 von der Zahl 17.

b) Schreibe als Text wie in a).

(1) $(17 - 3) \cdot 4$
(2) $17 - 3 \cdot 4$
(3) $17 \cdot 4 - 3 \cdot 4$

$4 \cdot (17 - 3)$
$(4 \cdot (17 - 3)) \cdot 3$
$(17 \cdot 4 - 3 \cdot 4) : 2$

Vertiefen 2

In Situationen Terme mit Variablen aufstellen und erklären

Training

8 Zuordnen von Term, Situation und Fachsprache

- Welche Situation (S) gehört zu welchem Term (T)?
- Schreibe für jede Situation auf, wofür die Variable x steht und was mit dem zugehörigen Term berechnet wird.
- Ordne zu Term und Situation auch die Texte (F) in Fachsprache zu.

T 1 $50 - x$	F 1 zu einer beliebigen Zahl 50 dazuzählen	S 1 Jeden Monat sind die Einnahmen anders, aber für die Miete muss man immer 50 € abziehen.
T 2 $50 \cdot x$	F 2 50 durch eine unbekannte Zahl teilen	S 2 Wenn man auf die richtige Farbe tippt, erhält man bei einem Gewinnspiel das Fünfzigfache des Einsatzes.
T 3 $x : 50$	F 3 die Zahl 50 von einer veränderlichen Zahl abziehen	S 3 Die schwankenden Tageseinnahmen werden gleichmäßig an alle fünfzig Mitarbeiter verteilt.
T 4 $x - 50$	F 4 eine beliebige Zahl von 50 abziehen	S 4 Die feste Tageseinnahme von 50 € wird an die veränderliche Zahl von Mitarbeitern verteilt.
T 5 $x + 50$	F 5 eine x-beliebige Zahl durch 50 dividieren	S 5 Zusätzlich zu den Stromkosten wird eine monatliche Grundgebühr von 50 € berechnet.
T 6 $50 : x$	F 6 50 mit irgendeiner Zahl multiplizieren	S 6 Von den 50 Plätzen im Kino wird eine unterschiedliche Anzahl online gebucht. Die übrigen Plätze stehen an der Abendkasse zur Verfügung.

Training

9 Terme bauen

a) Arbeitet zu zweit. Fertigt euch solche Kärtchen an.
- Einer legt Kärtchen zu einem Term zusammen.
- Der andere schreibt den Term dazu auf und bestimmt dessen Wert für $x = 6$.
- Dann findet ihr zu zweit jeweils zwei Situationen dazu, wie in Aufgabe 8.

24   $-$ x $+$ $:$ $\cdot$

12   $-$) x $+$ $:$ 24   2   ($\cdot$

nachgedacht

b) Zu welchen Termen waren schwieriger Situationen zu finden? Woran liegt das?

10 Beim Paketdienst muss es schnell gehen

Tills Onkel ist Fahrer beim Paketdienst. Er erhält einen Grundlohn von 9,50 € pro Stunde und zusätzlich pro ausgeliefertem Paket 0,40 €.

a) Tills Onkel fährt täglich acht Stunden.
Am Montag hat er 70 Pakete ausgeliefert, am Dienstag 85 Pakete.
Stelle zwei Terme auf, um zu berechnen, wie viel er jeweils verdient hat.
Warum haben es Paketfahrer immer so eilig?

b) Die Firma stellt ihr Lohnsystem um: Sie bezahlt keinen Stundenlohn mehr.
Dafür bezahlt sie für jedes ausgelieferte Paket deutlich mehr.
Überlege dir einen Lohn pro Paket. Stelle dann neue Terme für die Verdienste auf.

c) Berechne den Verdienst für veränderbare Paketzahlen.
Stelle dafür Terme mit Variablen für die Situationen in a) und b) auf.

weitergedacht

d) In einer anderen Firma kann für den Verdienst pro Arbeitstag der Term $45 + x \cdot 0{,}80$ verwendet werden. Dabei ist x die Anzahl der ausgelieferten Pakete.
- Erkläre den Term.
- Was meinst du, in welcher Firma verdienen die Fahrer besser?

Gut zu wissen
Kalkulieren kommt aus dem Lateinischen und heißt berechnen.
In Firmen nennt man so die Kostenberechnungen.

11 Busunternehmen müssen kalkulieren

Frau Borkenfeld arbeitet in einem Busunternehmen und kalkuliert Angebote je nach Entfernung und Dauer der Reise.

Preise für Kalkulationen der Angebote	
Entfernungskosten	8 € pro km
Tagespauschale	120 €
Autobahngebühr Frankreich	0,70 € pro km

a) Mit welchem Term kann sie den Preis für eine Tagesfahrt mit 200 km berechnen?
Untersuche auch Fahrten mit anderen Entfernungen und verallgemeinere den Term dann für jede x-beliebige Entfernung.

b) Für die Variable x kann Frau Borkenfeld im Term aus a) zwar alle möglichen Zahlen einsetzen, aber nicht alle Zahlen sind sinnvoll.
Versuche zu schätzen, welcher Bereich von Zahlen infrage kommt.

c) Stelle den Term für eine Mehrtagesfahrt mit 1000 km und drei Tagen Dauer auf und variiere ihn dann.
- Welche Zahlen im Term ändern sich bei mehr Tagen?
- Welche Zahlen im Term ändern sich bei mehr Kilometern?

d) Stelle einen Term für Mehrtagesfahrten und veränderliche Entfernungen mit zwei Variablen auf.

e) Für Frankreichfahrten müssen auch Autobahngebühren bezahlt werden.
Beachte, dass der Bus nicht die gesamte Strecke auf der französischen Autobahn fährt.
Stelle zuerst zusammen, für welche Größen du Variablen benötigst, und wähle sinnvolle Buchstaben dafür aus.

Training

► Materialblock S. 86 Arbeitsmaterial *Terme aufstellen und erklären*

12 Terme aufstellen – Terme erklären

Fülle im Materialblock die Lücken in der Tabelle aus.

	Situation	Die Variable x steht für …	Mit dem Term berechne ich …	Term
(1)	Jede Taxifahrt kostet eine Grundgebühr von 3 €. Pro Kilometer kommen noch 2 € Fahrpreis dazu.	die Anzahl der gefahrenen Kilometer.	wie viel die Fahrt insgesamt kostet.	?
(2)	In den Tank eines Autos passen 60 Liter. Der Literpreis für Benzin ändert sich ständig.	den Preis, den ein Liter Benzin kostet.	wie viel einmal Volltanken bei diesem Auto kostet.	?
(3)	Die Fahrradtour von Fulda nach Bremen ist insgesamt 320 km lang.	für die Anzahl der Kilometer, die wir durchschnittlich am Tag fahren.	?	?
(4)	Die Fahrradtour von Fulda nach Bremen ist 320 km lang. Wir planen 2 Pausentage ein.	?	wie viele Tage wir insgesamt für die Tour brauchen.	?
(5)	Der Bus für den Klassenausflug kostet 600 €.	?	was jeder zahlen muss.	?
(6)	Svenja bekommt jeden Monat von ihren Eltern 20 € und von ihrer Oma 14 € Taschengeld. Die Hälfte davon gibt sie aus.	?	?	$x \cdot (20 + 14) : 2$
(7)	?	?	?	$(7 + x) \cdot 12$

13 Wo steht die Variable?

a) Die drei Situationen sollen in einem Term erfasst werden.
Trage in deinem Heft zu jedem Satz die gegebenen Zahlen und die Variable passend in die Kästchen ein.

☐ · (☐ – ☐)

x 12 7

S 1 Frau Leitner verdient pro Stunde 12 €. Davon werden ihr jeweils 7 € für Steuern und Versicherungen abgezogen. Sie arbeitet jeden Tag unterschiedlich lang. Mit welchem Term kann man ihren Verdienst berechnen, wenn ihre Arbeitszeit jeden Tag anders ist?

S 2 Das Freibad in einer Kleinstadt ist bei gutem Wetter sieben Tage in der Woche geöffnet. An Regentagen bleibt es geschlossen. Die Umwälzpumpe für das Wasser läuft an Öffnungstagen zwölf Stunden lang. Mit welchem Term kann man die Betriebszeit der Pumpe ausrechnen, wenn die Zahl der Regentage veränderlich ist?

S 3 Eine Bank berechnet Gebühren für die Kontoführung. Jeden Monat sind zwölf Überweisungen kostenlos. Danach kostet jede weitere Überweisung 7 Cent. Wie heißt der passende Term für Zahlen größer als 12?

weitergedacht

b) Erfinde ähnliche Beispiele wie in a) für den Term rechts.
Wähle dazu geeignete Zahlen aus.

(☐ – ☐) : ☐

Vertiefen 3 Mit Termen und Variablen verallgemeinern

14 Mit Termen beschreiben, wie es weitergeht

a) Merve und Ole überlegen, wie viele Streichhölzer sie brauchen, um die Quadrate zu legen.
Erkläre, wie sie denken.

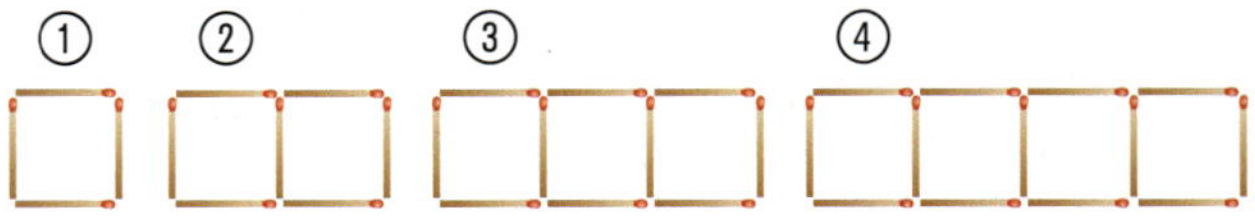

Ich zähle längs und quer.

Für drei Quadrate brauche ich 2 · 3 + 4 Hölzer.

Für vier Quadrate brauche ich 2 · 4 + 5 Hölzer.

Für x-beliebig viele Quadrate brauche ich längs doppelt so viele Hölzer wie es Quadrate sind und quer ein Holz mehr als es Quadrate sind.
Für x Quadrate sind es 2 · x + (x + 1) Hölzer.

Ich nehme ein Startholz und lege dann an.

Für drei Quadrate brauche ich 1 + 3 · 3 Hölzer.

Für vier Quadrate brauche ich 1 + 4 · 3 Hölzer.

Für x-beliebig viele Quadrate brauche ich ein Startholz und dann soviel mal drei Hölzer wie es Quadrate sind.
Für x Quadrate sind es 1 + x · 3 Hölzer.

b) Beide haben Recht, aber verschiedene Terme. Woran liegt das?
Stimmt der Term auch für ein einziges Quadrat?

Tipp
„Eins weniger als es Quadrate sind" schreibt man mit dem Term $x - 1$.

c) Es gibt noch andere Möglichkeiten, die Anzahl der notwendigen Streichhölzer zu zählen. Denke dir verschiedene aus und schreibe als Term auf, wie du gezählt hast.

15 Verallgemeinern bei Bilderfolgen

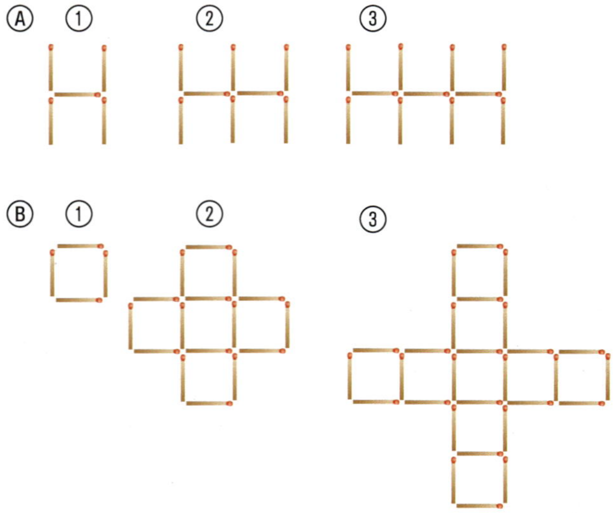

a) Untersuche die Bilderfolge Ⓐ.
(1) Beschreibe, wie das Bild ④ aussieht.
(2) Wie viele Hölzer sind im Bild ⑨ und im Bild ⑩?
(3) Finde einen Term, mit dem man die Zahl der Streichhölzer im x-ten Bild bestimmen kann.
(4) Finde mit Hilfe des Terms heraus, aus wie vielen Hölzern das 100. Bild besteht.

b) Untersuche wie in a) die Bilderfolge Ⓑ.

c) Gibt es in den Bilderfolgen Ⓐ oder Ⓑ auch Bilder mit 200 oder 244 Hölzern?

d) Erstelle eigene Bilderfolgen und die Terme dazu.

16 Zielsteine in Zahlenmauern verändern

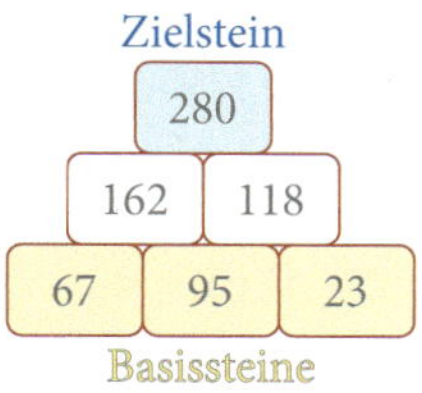

In Zahlenmauern ergibt die Summe zweier benachbarter Zahlen die Zahl darüber.

a) Denke dir für zwei Zahlenmauern die Zahlen für die Basissteine aus.
Rechne die Zahlenmauer aus.

b) Ole möchte vorhersagen können, wie sich die Zahl im Zielstein verändert, wenn er eine Zahl in einem Basisstein verändert.
Er setzt in seiner Zahlenmauer 5 und 10 als Basissteine fest ein.
Nun untersucht er, wie sich die Zahl im linken Basisstein auf den Zielstein auswirkt.
Er setzt unterschiedliche Zahlen in den linken Basisstein ein und rechnet aus.
Rechne einige Beispiele und stelle dann einen Term mit Variablen auf.

c) Ole setzt nun 5 als feste Zahl in den linken Basisstein. Wie kann man die Zahl im Zielstein ausrechnen, wenn man für den mittleren Basisstein eine Zahl einsetzt?
Finde auch dafür einen passenden Term.

d) Vergleiche b) und c). Wo wirkt sich die Veränderung des Basissteins stärker aus:
Links, rechts oder in der Mitte?

weitergedacht

e) Findest du auch einen Term für den Zielstein, wenn alle Basissteine veränderbar sind?

17 Zahlenketten

zum Beispiel:

5	4	9	13	22

5 + 4 = 9
4 + 9 = 13
9 + 13 = 22

Diese Zahlenkette funktionieren so (von links):
Die erste und die zweite Zahl sind veränderbare Startzahlen.
Die dritte Zahl ist die Summe der ersten und zweiten Zahl.
Die vierte Zahl ist die Summe der zweiten und dritten Zahl.
Die fünfte Zahl ist die Summe der dritten und vierten Zahl. Sie ist die Zielzahl.

Tipp
Du kannst wie Till die Zahlen einfach hintereinander schreiben.

a) Starte mit 5 als erster Zahl und 6 als zweiter Zahl und berechne die Zielzahl.
Warum hast du ein anderes Ergebnis als Till?
Untersuche den Unterschied auch bei anderen Startzahlen.

Tipp
Du kannst auch eine Tabellenkalkulation benutzen.

b) Suche verschiedene Startzahlen, die zur Zielzahl 30 führen.
Schreibe alle Versuche übersichtlich untereinander.
Wie viele Möglichkeiten für die Zielzahl 30 findest du?

c) Stelle einen Term auf, mit dem man die Zielzahl direkt aus den beiden veränderbaren Startzahlen berechnen kann.
Überprüfe deinen Term an Beispielen.

d) Wie sieht man an dem Term aus c), dass die Reihenfolge der Startzahlen wichtig ist?

e) (1) Wie verändert sich die Zielzahl, wenn die erste Startzahl um 1 erhöht wird?
Wie sieht man die Veränderung am Term?
(2) Wie verändert sich die Zielzahl, wenn die zweite Startzahl um 1 erhöht wird?
Wie sieht man die Veränderung am Term?

Vertiefen 4

In Terme einsetzen

Training

18 Ähnlich, aber doch nicht gleich

a) Welche Werte haben die Terme für $x = 3$?

(1) $12 - x$	(2) $7 \cdot x + 3$	(1) $12 : x + 5$	(2) $3 : x + x$
$x - 12$	$7 \cdot x + 3 \cdot x$	$12 : x + x$	$x : (x : x)$
$12 \cdot x - x$	$(7 + 3) \cdot x$	$6 : x + x$	$(x : x) : x$
$12 \cdot (x - x)$	$7 + 3 \cdot x$	$0 : x + x$	$x \cdot (x : x)$
$x \cdot 12 - x$	$7 + (3 \cdot x)$	$x : x + x$	$(x \cdot x) : x$

b) Welche Werte haben die Terme für $x = 5$ und $y = 7$?
Welche Werte haben sie, wenn man für $x = 7$ und $y = 5$ einsetzt? Was fällt dir auf?

(1) $x + y$	(2) $y - x$	(1) $7 \cdot x + 5 \cdot y$	(2) $5 \cdot x + 7 \cdot y$
$3 \cdot (x + y)$	$3 \cdot x + y$	$3 \cdot x + 3 \cdot y$	$6 \cdot y - 6 \cdot x$
$x + (3 + y)$	$y \cdot (3 + x)$	$y \cdot (x + y)$	$y \cdot x + y \cdot y$

Training

19 Term – Zahlenterm – Wert des Terms

a) Wie kannst du die Zahlen 3, 4 und 5 in den Term einsetzen?
Probiere alle Möglichkeiten aus und ordne die Zahlenterme nach ihrem Wert.

$(x - y) \cdot z$ | $5 \cdot x + (50 - y) \cdot z$

b) Wie kannst du ohne zu rechnen in a) vorhersagen, wie der größte Wert entsteht?

Training

20 Term ärgere mich nicht

Hinweis
Ihr benötigt Spielfiguren und Würfel wie bei dem Spiel „Mensch ärgere dich nicht". Spielplan und Termkarten findet ihr unter 212-1.

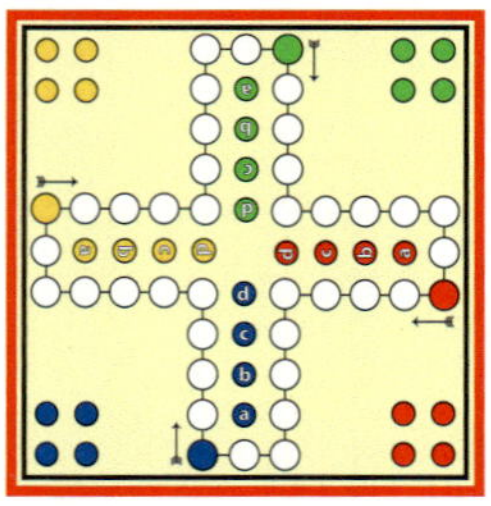

Wie beim Spiel „Mensch ärgere dich nicht" ist hier das Ziel, zwei Spielfiguren auf den farbigen Feldern a bis d im „Häuschen" zu platzieren.

Spielregeln:
- Wer an der Reihe ist, zieht zwei Termkarten und würfelt. Er wählt einen der beiden Terme aus und setzt die gewürfelte Zahl ein zum *Starten* oder *Laufen*.
- *Starten*: Eine Spielfigur darf auf das eigene Startfeld gesetzt werden, wenn der Wert des Terms eine gerade Zahl ist.
- *Laufen*: Eine Spielfigur läuft um den Wert des Terms weiter. Ist der Wert negativ, wird die Figur zurückgesetzt, jedoch höchstens bis zum eigenen Startfeld.
- Auch das Schlagen von anderen Spielfiguren ist erlaubt.

a) Spielt das Spiel mehrfach durch.

b) Wie wählst du aus den beiden Karten möglichst geschickt den passenden Term zum Starten bzw. zum Laufen aus?
Schreibe für die folgenden drei Situationen den jeweils besseren Term auf.

(1)  $x - x$ | $x \cdot x - 3$

(2)  $x + 3$ | $10 - x$

(3)  $6 \cdot x$ | $60 : x$

c) Suche zu jedem Kärtchenpaar aus b) eine Würfelzahl, für die der Term besser ist, der in b) nicht ausgewählt wurde..

Vertiefen 5

Unbekannte Zahlen finden

21 Das Ziel ist klar, aber wie kommt man hin?

a) Einmal quer durch Deutschland: Merve und Till erfüllen sich den Traum einer Radtour von München nach Hamburg (730 km). Nach sechs Tagen beginnt starker Regen, daher fahren sie die restlichen 220 km mit dem Zug. Wie viele Kilometer sind sie in den ersten sechs Tagen durchschnittlich gefahren?

b) Merve will wie in Aufgabe 6 b), Seite 195, ein Pfeilbild zeichnen und Rückwärtsrechnen. Zeichne Merves Bild und erkläre, wie sie damit zum Ergebnis kommt.

c) Löse durch systematisches Probieren in einer Tabelle und mit Merves Weg das Zahlenrätsel: „Ich denke mir eine Zahl, multipliziere sie mit 19, zähle 22 dazu und teile das Ergebnis durch 3. Jetzt habe ich die Zahl 39. Wie heißt die gedachte Zahl?“

22 Zahlen finden – auch ohne Situation

a) Welche Zahl musst du für x einsetzen, damit der Term den angegebenen Wert hat?

(1) $x + 5 = 17$
$x - 5 = 17$

$7 \cdot x + 5 = 40$
$7 + 5 \cdot x = 62$

(2) $17 - x = 5$
$17 \cdot x = 85$

$21 \cdot x + 4 \cdot x = 75$
$21 \cdot x \cdot 4 = 51$

Problemlösen

Erinnere dich
1, 2, 3, 4, … sind natürliche Zahlen.

b) Finde für x und y möglichst viele natürliche Zahlen, für die die Aussage stimmt.

(1) $x + y = 7$ | $x + y < 7$
(2) $5 \cdot x \cdot y = 120$ | $5 \cdot x + 2 \cdot y < 20$
(3) $5 \cdot x + 2 \cdot y = 31$ | $5 \cdot x \cdot y < 50$
(4) $17 - (x + y) = 12$ | $7 \cdot x - 7 : x < 2$

23 Unbekannte Zahlen finden

a) Schreibe den Term auf, der gleich 3200 sein soll. Löse mit einem Pfeilbild.

(1) Ich multipliziere eine unbekannte Zahl x mit 0,04 und mit 1,50 und addiere 2000. Es kommt 3200 heraus. Wie heißt die Zahl?

(2) Die Benzinkosten erhalte ich durch die gefahrenen Kilometer (x) mal Verbrauch (0,04 Liter pro Kilometer) mal Benzinpreis (1,50 Euro pro Liter). Hinzu kommen pauschale Kosten von 2000 Euro pro Jahr. Bei welcher Kilometerzahl betragen die Autokosten 3200 Euro pro Jahr?

b) Schreibe ähnliche Situationen und fachsprachliche Beschreibungen für diese Gleichungen und finde die Unbekannte.

(1) $0{,}04 \cdot x \cdot 190 - 200 = 180$ | $25 \cdot x - 300 = 200$
(2) $20 \cdot x - 40 = 260$ | $20 \cdot (x + 5) - 24 = 260$
(3) Tauscht eure Textaufgaben gegenseitig aus und findet dazu wieder eine Gleichung. So kontrolliert die Übersetzungen.

In a) (1) soll der Wert für x erhalten bleiben, aber nicht 3200, sondern 5600 herauskommen: An welchen Stellen im Term müsstest du etwas ändern?

Vertiefen 6

Zahlen in Termen verändern – Auswirkungen untersuchen

24 Veränderungen in Termen untersuchen

$x - 7$

a) Untersuche den gegebenen Term.
(1) Setze im Term die Zahl $x = 10$ ein.
(2) Was passiert mit dem Wert des Terms, wenn man die Zahl für x vergrößert?
(3) Was passiert mit dem Wert des Terms, wenn man die Zahl für x verkleinert?

b) Untersuche die folgenden Terme wie in a).
Erstelle dazu eine solche Tabelle und ergänze sie.

	Term	(1) Wert für $x = 10$	(2) Wenn man x vergrößert, wird der Termwert ...	(3) Wenn man x verkleinert, wird der Termwert ...
(A)	$7 - x$	-3	kleiner	größer
(B)				

(A) $7 - x$ (B) $12 \cdot x$ (C) $x : 12$
(D) $12 : x$ (E) $x \cdot 24 - 24$ (F) $x \cdot 3 + x : 3$
(G) $x \cdot 48 - 48 : x$ (H) $(123 + x) \cdot 0$ (I) $123 \cdot x + 0 \cdot x$

Training

25 Vor- und zurückrechnen

$5 \cdot x - 7$

a) Setze für x eine Zahl so in den Term ein, dass Folgendes gilt.
(1) Der Wert des Terms ist positiv.
(2) Der Wert des Terms ist eine gerade Zahl.
(3) Der Wert des Terms ist die kleinstmögliche natürliche Zahl.

wiederholen
Wissensspeicher *Rationale Zahlen 3 (MB 55)*

$24 : x + 5$

b) Setze für x eine natürliche Zahl so in den Term ein, dass Folgendes gilt.

(1)	Der Wert des Terms ist 13.	Der Wert des Terms ist 3.
(2)	Der Wert des Terms ist ein Bruch.	Der Wert des Terms ist eine gerade Zahl.
(3)	Der Wert des Terms ist die kleinstmögliche natürliche Zahl.	Der Wert des Terms ist die größtmögliche Zahl, wenn auch positive rationale Zahlen eingesetzt werden dürfen.
(4)	Der Wert des Terms ist die größtmögliche natürliche Zahl.	Der Wert des Terms ist die kleinstmögliche Zahl, wenn auch negative Brüche eingesetzt werden dürfen.

c) Warum kann man bei den Termen aus a) und b) nicht das Ergebnis 0 erhalten, wenn man für x nur natürliche Zahlen einsetzen darf?

d) Welchen Bruch kann man bei den Termen aus a) und b) für x einsetzen, damit der Wert des Terms 0 wird?

26 Möglichst groß und möglichst klein

$24 : 8$

a) Wie kannst du die beiden Zahlen in dem Term ändern, damit der Wert des Terms
(1) verdoppelt wird?
(2) halbiert wird?
Überlege dir jeweils zwei verschiedene Möglichkeiten.

Gelbe Karten: 2, 4, 6, 12, 18, 24

Grüne Karten: 2, 20, 50, 5

$\frac{x}{2} + \frac{48}{y} + z$

b) Setze von den gelben Karten drei Zahlen in den Term ein, sodass der Wert des Terms möglichst groß wird.

c) Wiederhole b). Der Wert des Terms soll aber möglichst klein werden.

$(x + y) \cdot x : z$

d) ▪ Setze die grünen Zahlen so ein, dass für den Term ein möglichst großer Wert entsteht.
▪ Welche Zahl würdest du um 10 erhöhen, damit der Wert des Terms am größten wird?

e) Wiederhole d). Der Wert des Terms soll aber möglichst klein werden.

27 Zahlenketten mit Tabellenkalkulation

Hinweis
Die Excel-Datei findest du unter www 215-1.

Die gelb gefüllten Zellen sind „Eingabezellen“. In der blau gefüllten Zelle erscheint die „Zielzahl“ automatisch.

Mit einer Tabellenkalkulation kann man die Zahlenkette aus Aufgabe 17 auf Seite 211 für verschiedene Startzahlen leichter und schneller berechnen.

	A	B	C	D	E	F	G
1							
2		Zahlenketten berechnen					
3							
4		1. Startzahl	2. Startzahl			Zielzahl	
5		5	4	9	13	22	
6							

5	4	9	13	22

$5 + 4 = 9$
$4 + 9 = 13$
$9 + 13 = 22$

a) Schreibe geeignete Terme in die Zellen. Prüfe, ob alles richtig funktioniert.

b) Versuche für die folgenden Fragen zuerst selbst vorherzusagen, was passiert. Führe dann erst die Änderung aus und überprüfe deine Vorhersage.
(1) Ändert sich die Zielzahl, wenn man die beiden Startzahlen vertauscht?
(2) Was passiert, wenn eine der Startzahlen 0 ist?
(3) Finde Paare von Startzahlen, für die die Zielzahl 100 und 1000 ist.
(4) Wie verändert sich die Zielzahl, wenn man die erste Startzahl verdoppelt?
(5) Wie verändert sich die Zielzahl, wenn man die zweite Startzahl verdoppelt?

wiederholen

Methodenspeicher
Hilfsmittel 4 (MB 81)

c) Finde für die Zielzahl einen Term, in den man nur die 1. und 2. Startzahl einsetzt.

d) Verwende auch negative ganze Zahlen.
Wie müssen dann die beiden Startzahlen heißen, sodass die Zielzahl 0 ist?
Finde verschiedene Möglichkeiten. Findest du alle?

Vertiefen 7

Mit Termen Situationen und Ansätze durchdenken

28 Kalkulation des Klassenausflugs

Pias Klasse plant einen Ausflug zu einer Sommerrodelbahn.
Dazu wird ein Reisebus gemietet.
Jede Abfahrt der Rodelbahn kostet einzeln.
Pia hat einen Term für ihre Kosten aufgestellt.

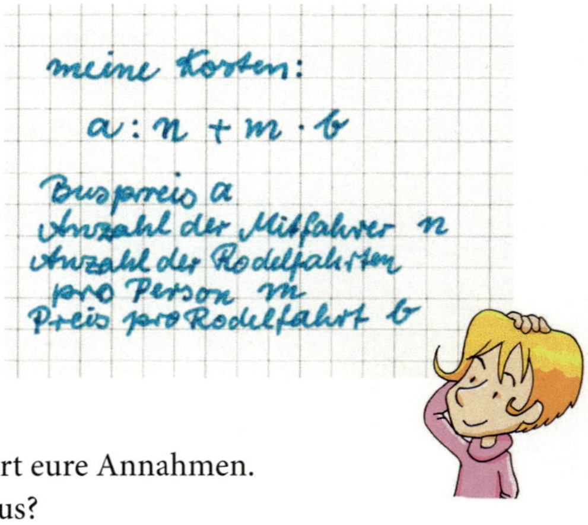

a) Wähle sinnvolle Zahlen für Pias Variablen und setze sie in den Term ein.

b) Vergleicht eure Zahlenterme aus a) und diskutiert eure Annahmen. Wie wirken sie sich auf die berechneten Werte aus?

29 CO_2-Ausstoß pro Kopf bei Fahrgemeinschaften

Der CO_2-Ausstoß pro Kopf hängt davon ab,
- mit welchem Fahrzeug gefahren wird.
- wie viele Leute im Fahrzeug sitzen.

CO_2-Ausstoß von Verkehrsmitteln	
	CO_2-Ausstoß (in g pro km Fahrstrecke)
Fahrrad	0
Kleinwagen mit Hybridmotor	96
U-Bahn	4500
Gelenkbus	3000
Gelenkbus mit Hybridantrieb	1200

a) Erkläre Pias Term, den sie für den CO_2-Ausstoß pro Kopf aufgeschrieben hat.
- Die Variable d steht für die Entfernung in Kilometern. (d steht für „distance" = Entfernung auf Englisch)
- Wofür steht der Wert des Terms?
- Wofür stehen die Variablen a und n?

b) Entscheide für jedes der fünf Fahrzeuge, zwischen welchen Zahlen sich n etwa bewegt. Berechne damit für eine Entfernung von 24 Kilometern:
- Wie groß ist jeweils der CO_2-Ausstoß pro Kopf mindestens?
- Wie groß ist jeweils der CO_2-Ausstoß pro Kopf höchstens?

c) Vergleiche den CO_2-Ausstoß für dich, wenn du mit dem Bus zum Sportverein fährst oder wenn deine Eltern dich mit dem Auto bringen würden. Bedenke, dass deine Eltern auch zurückfahren müssten.

30 Übersetzen zwischen verschiedenen Sprachen

Hinweis
Schreibe für **C1*B2** *den Term $x \cdot y$ und umgekehrt. Beachte die Klammern.*

Schreibe die Tabellenkalkulationsformel als mathematischen Term und umgekehrt.

(1) **=C1/B2**
=(C1+1,5)*B2

(2) $x \cdot (3 + x) : 4$
$x \cdot (3 - y) + 4{,}5$

(3) $(x + 2) : 6$
$\frac{4}{x + y}$

31 Umweltschonend zur Arbeit

Hinweis
Die Excel-Datei findest du unter 217-1.

Mit einer Tabellenkalkulation kann man sich einen „CO_2-Rechner“ erstellen, mit dessen Hilfe man für verschiedene Verkehrsmittel, Fahrstrecken und Personen schneller den Pro-Kopf-Ausstoß an CO_2 berechnen kann.

	A	B	C	D	E	F	G	H
1								
2		**CO_2-Rechner für verschiedene Verkehrsmittel**						
3								
4			**Bus**	**Straßenbahn**	**S-Bahn**	**Auto**	**Fahrrad**	
5		CO_2-Ausstoß in Gramm pro Kilometer	2400	4050	7000	130	0	
6		Plätze maximal	60	150	500	5	1	
7		Anzahl der mitfahrenden Personen	40	120	322	1	0	
8		CO_2-Ausstoß in Gramm pro Kilometer pro Kopf der mitfahrenden Personen	60	34	22	130	0	
9		gefahrene Strecke in Kilometer	3	13	7	50	0	
10								**Summe**
11		CO_2-Ausstoß in Gramm pro Kopf pro Strecke	180	439	152	6500	0	7271

a) Mit welchen Termen werden in den Zellen **C5**, **C8**, **C11** und **H11** der Tabelle die Werte ausgerechnet?
Überlege zuerst ohne die Excel-Tabelle.
Überprüfe dann in der Tabelle, ob deine Terme richtig sind.

Problem verstehen
↓
Ansatz suchen
↓
Durchführen
↓
Ergebnis erklären
↓
Kontrollieren

b) In der Hauptverkehrszeit sind die Verkehrsmittel voll besetzt.
Berechne den CO_2-Ausstoß für folgende Fahrten.

(1) Frau Schramm wohnt in Zündorf und will nach Köln-Longerich. Bis Porz nimmt sie den Bus. Ab Porz fährt sie mit der S-Bahn bis zum Ziel.

(2) Herr Brosig wohnt in Grengel und arbeitet in Longerich. Für die Fahrt zu seiner Arbeitsstelle nimmt er das Auto. Weil in der Stadt so viel Verkehr ist, benutzt er die Autobahn.

(3) Frau Seibold wohnt in Longerich und möchte ihre Freundin in Zündorf besuchen. Sie nimmt die S-Bahn bis Köln-Hbf und steigt dann in die Straßenbahn um.

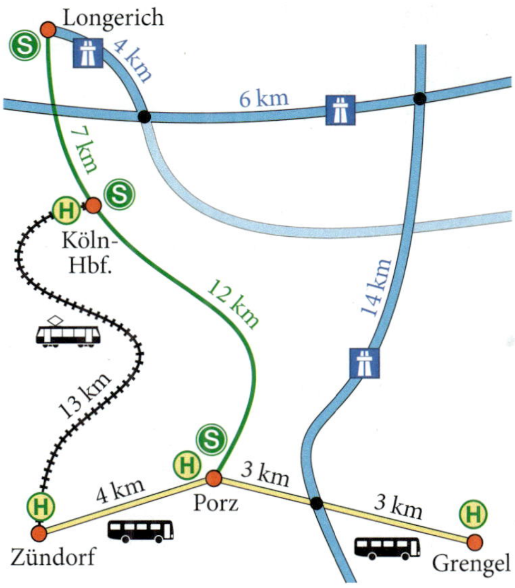

c) Berechne die Werte für die gleichen Fahrten wie in b) am späten Abend.
Dann sind Bus, Straßenbahn und S-Bahn aber nur zu 20 % besetzt.

d) Was meinst du, wäre eine Fahrgemeinschaft von Grengel nach Longerich mit dem Auto sinnvoll?

weitergedacht

e) Nachts fährt kaum ein Fahrgast mit dem Bus.
Deshalb überlegt die Stadtverwaltung, ob für die Strecke von Zündorf nach Grengel nachts ein Ruftaxi fahren sollte.
Berate die Stadtverwaltung zu den Folgen für den CO_2-Ausstoß.

Checkliste

Bahn oder Auto? – Berechnungen beschreiben und durchdenken

Ich kann ... *Ich kenne ...*	*Hier kann ich üben ...*
Ich kann den Ansatz für ein Berechnungsproblem mit einem Zahlenterm beschreiben und Zahlenterme erklären. Wie berechnest du dein jährliches Taschengeld, wenn du ein Geburtstagsgeschenk von 20 € dazurechnest? Schreibe einen Zahlenterm. Was könnte Pia wohl hier berechnet haben: $52 \cdot 5 + 50 - 10 \cdot 7$?	S. 204 Nr. 1, 2 S. 205 Nr. 3 S. 206 Nr. 5, 6
Ich kann ein Berechnungsproblem mit P A D E K bearbeiten und nach der Kontrolle den Zahlenterm verändern. Beschreibe Tills Kosten für den Klassenausflug in einem Zahlenterm. Der Bus kostet für alle zusammen 400 €, die Gruppenkarte (5 Personen) für den Eintritt 23 €. Ändere den Term, wenn zwei Personen weniger mitfahren und auch für das Essen bezahlt werden muss.	S. 204 Nr. 1 S. 206 Nr. 5, 6 S. 216 Nr. 29
Ich kann zu einer Situation mit veränderbaren Zahlen einen Term mit Variablen aufschreiben. Pia bekommt 5 € Taschengeld in der Woche. Wie kann sie ihr Taschengeld für x Wochen abzüglich ihrer Ausgaben berechnen? Gib einen Term mit zwei Variablen an.	S. 207 Nr. 8 S. 208 Nr. 10, 11 S. 209 Nr. 12, 13
Ich kann einen Term (mit und ohne Variable) in einer Situation erklären. Till berechnet sein Taschengeld mit folgendem Term: $6 \cdot x + 2 \cdot 50$. Erkläre den Term.	S. 207 Nr. 8, 9 S. 208 Nr. 10, 11 S. 209 Nr. 12 S. 210 Nr. 14
Ich kann konkrete Zahlen in einen Term einsetzen und den Wert des Terms bestimmen. Was ist der Wert des Terms $6 \cdot x + 2 \cdot 50$ für $x = 13$? Was bedeutet der Term, wenn Till damit sein Taschengeld berechnet?	S. 207 Nr. 9 S. 212 Nr. 18, 19, 20
Ich kann unbekannte Zahlen finden, für die ein Term einen bestimmten Wert annimmt. Für welche Zahl hat der Term $2 \cdot x + 5$ den Wert 25? Bestimme durch Rückwärtsrechnen oder durch systematisches Probieren.	S. 210 Nr. 15 S. 213 Nr. 21, 22, 23
Ich kann in Termen die Zahlen verändern und Auswirkungen auf den Wert des Terms untersuchen. Merves Eltern berechnen das wöchentliche Taschengeld so: $(a - 6) \cdot 1{,}20$. Dabei ist a das Lebensalter in Jahren. Wie ändert sich das Taschengeld, wenn Merve älter wird?	S. 214 Nr. 24, 25 S. 215 Nr. 26, 27 S. 216 Nr. 28, 29
Ich kann Tabellenkalkulationen nutzen, um Berechnungsprobleme allgemein zu erfassen und zu bearbeiten. Entwickle ein Rechenblatt, um mit dem Term $(a - 6) \cdot 1{,}20$ das Taschengeld von Merve für jedes Alter zu bestimmen.	S. 215 Nr. 27 S. 216 Nr. 30 S. 217 Nr. 31

▸ *Hinweis:* Im Materialblock auf Seite 87 findest du diese Checkliste für deine Selbsteinschätzung.
Zusätzliche Übungsaufgaben findest du im Internet unter 218-1.
(www.cornelsen.de/mathewerkstatt, Buchkennung: MWS040248, Mediencode: 218-1)

Günstig einkaufen – Mit Prozenten rechnen

In diesem Kapitel …

- untersuchst du den Zusammenhang zwischen Prozenten und Brüchen.
- vergleichst du verschiedene Rabatte und berechnest, wie viel sie wert sind.
- lernst du, wie du im Alltag flexibel mit Prozenten rechnen kannst.

Bei mir gab es alle Turnschuhe 20 € billiger. Das Roxer-Modell hätte normalerweise 80 € gekostet.
Bei meinem Geschäft muss man nur drei Paar bezahlen, wenn man vier Paar Turnschuhe kauft. Die Roxer-Schuhe kosteten hier ursprünglich auch 80 €.
Der Laden, in dem ich war, hatte 75-jähriges Jubiläum. Deshalb braucht man nur 75 % des Preises von 80 € bezahlen.
ZACK SCHUHE!
Ich habe die Roxer-Schuhe für 90 € gefunden. In diesem Geschäft gab es 33 % Rabatt.

SCHUHE
Lasst uns die Schuhe dort kaufen. Ich habe zehn Marken. Damit kriegen wir 100 % Rabatt!
10%
RABATT-MARKEN
HIER EINLÖSEN!
FRANKS SHOES

Erkunden A

Wie kann ich Prozente einschätzen?

1 Rabatte veranschaulichen

Merve, Till, Ole und Pia gehen zusammen shoppen.
Till will sich ein T-Shirt, eine Hose und Schuhe kaufen, die er in zwei Geschäften bekommen kann. Nun überlegen alle, wo Till die Sachen am günstigsten bekommt.

a) Vergleiche die Angebote. Nutze Oles Streifen.

wiederholen
Wissensspeicher aus vorigen Schuljahren: *Brüche 9*

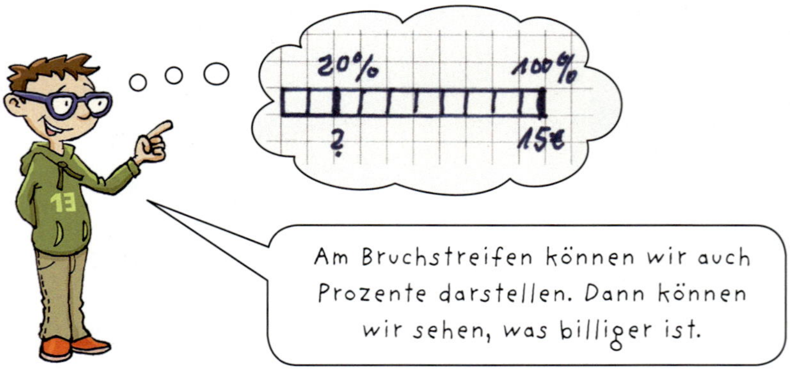

nachgedacht

b) Bei Brüchen hast du Anteile in einem Bruchstreifen dargestellt.
In wie viele Teile musst du einen Streifen mindestens teilen, um 20 % darzustellen?

2 Prozente runterrechnen

Pia hat beim Einkaufsbummel in einem Geschäft ein verlockendes Angebot für den nächsten Tag gesehen. Nun überlegt sie, um wie viel Uhr sie morgen einkaufen soll.

a) Was meinst du zu der Rabattaktion? Beantworte dazu die folgenden Fragen:
- Du bist um 9.00 Uhr der erste Kunde. Was bezahlst du dann für eine Hose?
- Was bezahlst du, wenn du später am Tag kommst?
- Welche unterschiedlichen Preise werden an diesem Tag für eine Hose bezahlt? Wann kostet eine Hose 36 €?

b) Welchen Anteil vom ursprünglichen Preis bezahlt man bei 100 %, 60 %, 55 % Rabatt? Zeichne zu mindestens drei Rabatten einen Prozentstreifen zum Verdeutlichen.

c) Pia will sich das Shirt für 20 € kaufen.
Verschaffe dir mit einer Tabelle (per Hand oder mit Tabellenkalkulation) einen Überblick, wie viel Euro sie zu den verschiedenen Uhrzeiten bezahlen könnte.

Ursprünglicher Preis in Euro	Rabatt in Prozent	Zu zahlender Anteil in Prozent	Zu zahlender Preis in Euro
20	100		
	60		

d) Ole stellt sich einen beweglichen Prozentstreifen vor, um zu den unterschiedlichen Zeiten am Tag der Rabattaktion den Preis zu berechnen.
Übertrage den Prozentstreifen in dein Heft und zeichne mindestens drei Werte für den zu zahlenden Anteil in Prozent und in Euro ein, so als würde der blaue Strich „wandern".

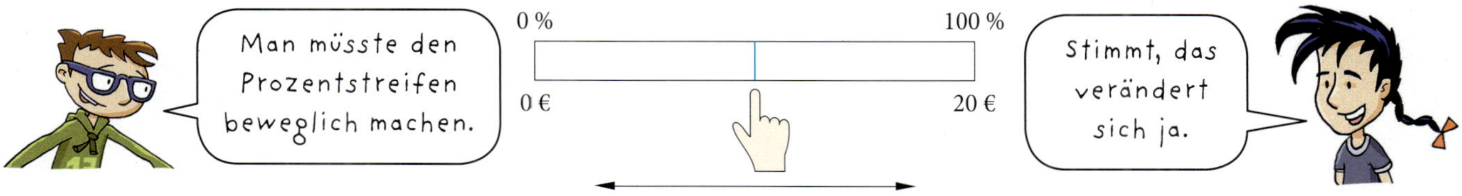

nachgedacht

e) Was bedeutet es, wenn man 10 %, 25 % oder 50 % vom ursprünglichen Preis zahlt?

Erkunden B

Was kann ich mit Prozenten berechnen?

3 Angebote vergleichen

wiederholen

Wissensspeicher aus vorigen Schuljahren: *Brüche 9*

a) Entscheide spontan, wer das beste Schnäppchen gemacht hat.

b) Bestimme bei den Einkäufen von Pia, Ole und Till, welche Größe gegeben ist und welche gesucht ist.
Beschreibe dein Vorgehen und benutze die Begriffe Anteil, Teil und Ganzes.

c) Unsere drei Angebote sehen ganz verschieden aus.

Verdeutliche Oles Aussage an Hand von Prozentstreifen.
Ordne die folgenden drei Prozentstreifen den Aussagen zu.
Übertrage sie ins Heft und ergänze die fehlenden Angaben.

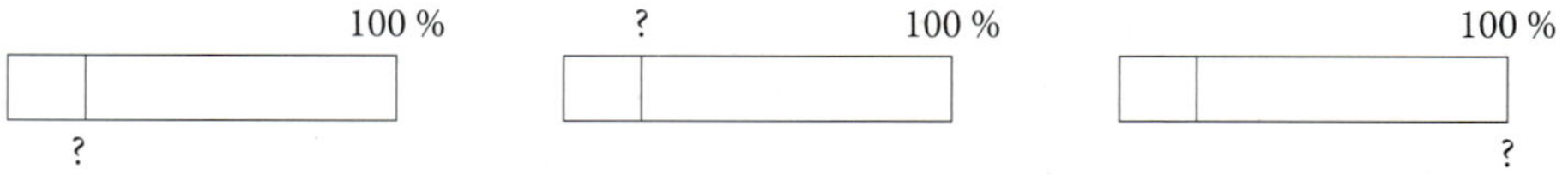

Anteil in Prozent	Wert in Euro
?	12
	80

d) Till hat für sein Angebot eine Minitabelle begonnen.
Übertrage sie in dein Heft oder in eine Tabellenkalkulation und vervollständige sie.
Erstelle auch für die anderen beiden Angebote je eine Minitabelle.

	A	B	C	D	E
1	ursprünglicher Preis in Euro	Rabatt in Prozent	Rabatt in Euro	zu zahlender Anteil in Prozent	zu zahlender Preis in Euro
2	40	15	=		
3					

e) Pia möchte mit dem Tabellenkalkulationsprogramm einen „Rabatt-Rechner" erstellen, um schnell Rabatte berechnen zu können.
Übertrage ihre Tabelle und fülle sie für ihr Beispiel aus.

f) Eigentlich sind Prozentstreifen und Tabelle das Gleiche.

nachgedacht

Begründe Oles Aussage, indem du die Vorgehensweise beim Prozentstreifen und der Minitabelle vergleichst.

4 Rabatte im Kopf berechnen

wiederholen
Wissensspeicher
Proportionales 2 (MB 3)

a) Erkläre Oles Rechenweg am Beispiel des Anoraks aus dem Katalog. Du kannst dazu auch eine Minitabelle verwenden.

b) Führe die Überschlagsrechnung von Pia durch.

c) Welche Vor- und Nachteile haben Oles und Pias Vorgehensweisen?

d) Denke dir drei weitere Rabatte aus, die man gut im Kopf berechnen kann.

e) Denke dir drei Beispiele aus, bei denen Überschlagen eine Hilfe ist.

5 Eine Rabattaktion planen

Till macht Praktikum in einem Drogeriemarkt.
Es gibt 1000 Flaschen Shampoo im Lager, die sich schlecht verkaufen.
Deshalb soll nun eine Rabattaktion geplant werden.
Der Drogeriemarkt hat pro Flasche 1,24 € im Einkauf bezahlt und sie für 2,48 € im Verkauf angeboten.

a) Till soll sich drei verschiedene Rabattaktionen ausdenken. Der Geschäftsführer will wissen, wie viel Euro Gewinn man bei den einzelnen Aktionen machen kann. Dazu kannst du auch ein Tabellenkalkulationsprogramm nutzen.

b) Sammle zunächst Ideen, welche Rabattaktionen man durchführen kann. Vielleicht helfen dir die Ideen auf der Auftaktseite oder stöbere in Zeitungen.

Ordnen A

Wie kann man Prozente einschätzen?

1 Einen Streifen für Brüche und Prozente erstellen

▸ Materialblock S. 89
Wissensspeicher
Prozente verstehen

wiederholen

Wissensspeicher aus vorigen Schuljahren: *Brüche 9 und Maßstab 4*

a) Vervollständige den Prozentstreifen im Wissensspeicher mit Bleistift.
Notiere bei jedem Strich die Werte für Prozente, Dezimalzahlen und Brüche.

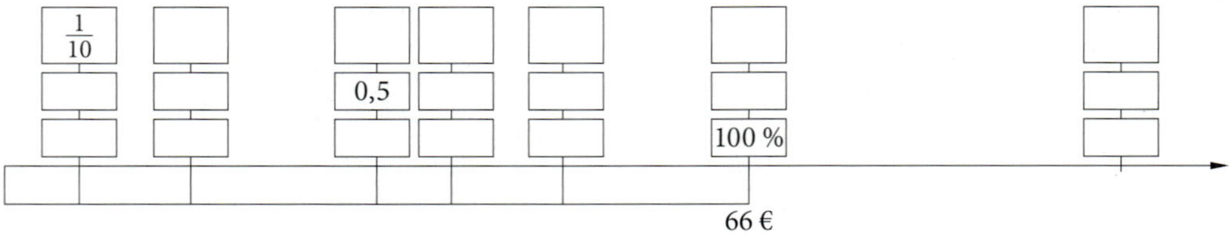

wiederholen

Wissensspeicher *Rationale Zahlen 2 (MB 54)*

b)

Markiere im Wissensspeicher mit Rot im Bild, wo Pia die Zahlengerade sieht.
Färbe mit Grün im Bild den Bruchstreifen, den Ole sieht.

c) Warum passt Oles Idee, dass der Prozentstreifen länger sein muss.
Überlege dazu, was 150 % bedeuten.

d) Vergleicht eure Lösungen im Wissensspeicher und korrigiert sie, wenn nötig.

2 Umrechnungstabelle für wichtige Werte beim Rechnen mit Prozenten erstellen

wiederholen

Wissensspeicher aus vorigen Schuljahren: *Brüche 9 und Maßstab 4*

a) Damit man Prozente schnell einschätzen kann, ist es gut, wenn man weiß, was die wichtigsten Prozente, Brüche und Dezimalzahlen bedeuten.
Übertrage die Tabelle ins Heft und fülle sie aus.

Prozent	Dezimalzahl	Bruch
1 %		
	0,05	
		$\frac{1}{10}$
	0,2	
25 %		
	0,5	
		$\frac{3}{4}$
		$\frac{1}{1}$
	1,5	
200 %		

wiederholen

Wissensspeicher *Rationale Zahlen 2 (MB 54)*

b) Beim Ausfüllen der Tabelle hilft die Darstellung am Bruchstreifen oder am Prozentstreifen.
Welcher Streifen hilft bei welcher Zeile?
Zeichne beide Streifen ins Heft und trage alle Werte in einen der beiden Streifen ein.

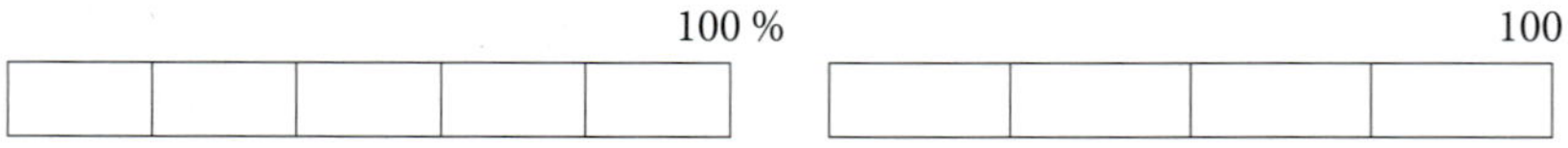

c) In welchen Situationen wird eher Prozent, Dezimalzahl oder Bruch verwendet?
Finde jeweils ein weiteres Beispiel.

… wenn man angibt, wie lange etwas dauert.

… wenn man einen Geldbetrag nennt.

… wenn man angibt, wie viel noch in einer Flasche drin ist.

3 Verschiedene Wege, um Prozente zu bestimmen

Ein Handy wird bei drei verschiedenen Anbietern mit unterschiedlichen Rabatten verkauft. Der vom Hersteller angegebene Preis beträgt 150 €.

Firma Roanes: 20 % | **Firma Schmitz: 15 %** | **Firma Pirello: 17 %**

Till und Ole machen sich unterschiedlich klar, wie sie vorgehen.

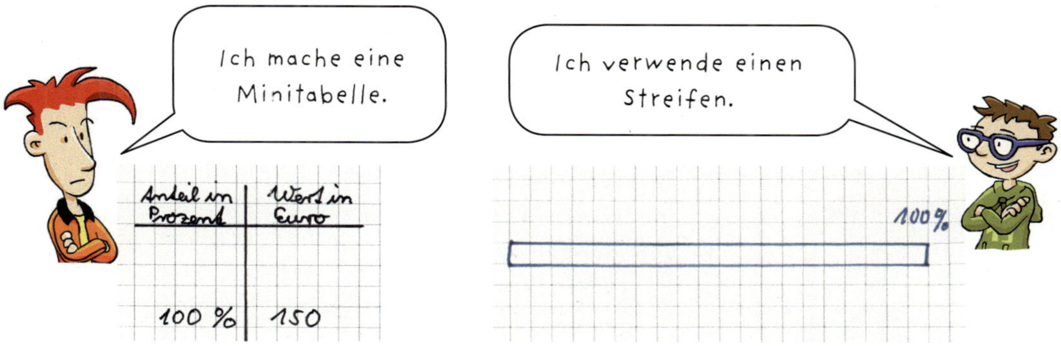

a) Was haben Minitabelle und Prozentstreifen gemeinsam? Worin unterscheiden sie sich?

b) Bestimme mit Hilfe von Minitabellen und Prozentstreifen, wie viel Euro die Rabatte der drei Firmen jeweils wert sind.

c) Pia und Merve haben 20 % von 150 € auf verschiedenen Wegen berechnet. Welchen Weg findest du bei dieser Rechnung am günstigsten?

(1) 20 % sind $\frac{1}{5}$. Und $\frac{1}{5}$ von 150 € sind 30 €.

(2) Erst rechne ich 1 % von 150 €: also 150 € : 100 = 1,50 €
Dann sind 20 % von 150 €: 20 · 1,50 € = 30,00 €.

(3) 20 % von 150 € kann ich rechnen als: 0,20 · 150 €.
Dann rechne ich 2 · 150 und schätze dann ab, wohin das Komma kommt. Es kann weder 3 noch 300 sein, es sind 30,00 €.

(4) 10 % von 150 € sind
150 € : 10 = 15 €, damit sind 20 %
15 € · 2 = 30 €.

wiederholen
Wissensspeicher aus vorigen Schuljahren: *Proportionales 2*

d) Welcher Tipp passt zu welchem Rechenweg aus c)?

Ⓐ zuerst auf 1 % runterrechnen

Ⓑ zuerst eine andere Prozentzahl als Zwischenschritt berechnen

Ⓒ Umrechnen in eine Dezimalzahl und geschickt abschätzen

Ⓓ Umrechnen in einen Bruch

e) Je nach Prozentzahl bieten sich unterschiedliche Rechenwege an. Erstelle zu den vier Tipps auch die Rechnungen zu 15 % und zu 17 % von 150 €.
Wähle den Tipp aus, den du für 15 % und den du für 17 % am günstigsten findest. Begründe deine Entscheidung.

► Materialblock S. 90 Wissensspeicher *Prozente berechnen*

f) Vergleicht eure Ergebnisse zu b), d) und e) und übertragt sie in den Wissensspeicher.

Ordnen B

Was kann man mit Prozenten berechnen?

4 Über Prozentrechnen reden

a) Ole hat eine Situation am Prozentstreifen dargestellt. Till und Merve erklären die Situation.

wiederholen

Wissensspeicher aus vorigen Schuljahren: *Brüche 4*

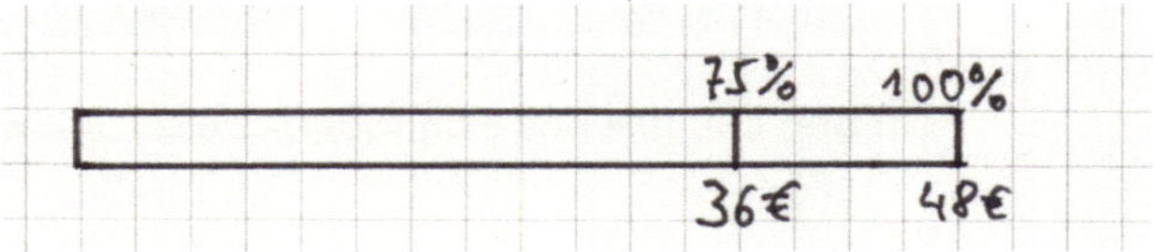

Passen Tills und Merves Aussage zum Prozentstreifen von Ole?

b) Die Worte Anteil, Teil und Ganzes sind Begriffe aus der Bruchrechnung. Ordne $\frac{75}{100}$, 36 € und 48 € den passenden Begriff aus der Bruchrechnung zu.

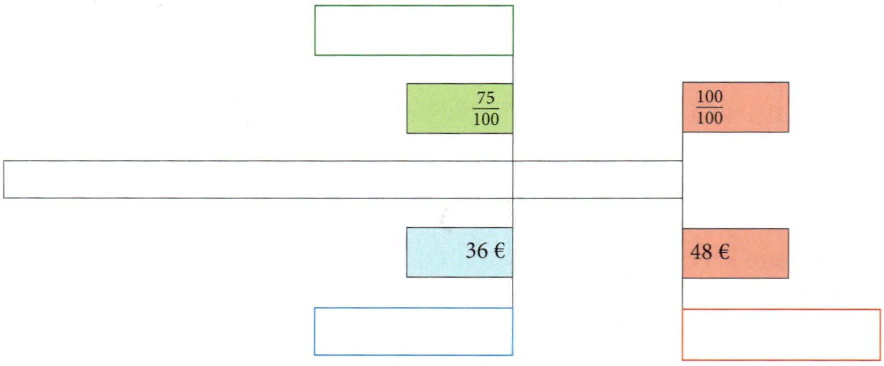

*** Neue Wörter**
Prozentwert
Prozentsatz
Grundwert

c) In der Prozentrechnung lauten die Begriffe Anteil, Teil und Ganzes anders: *Prozentwert**, *Prozentsatz** und *Grundwert**

Ordne jedem der drei Begriffe den passenden Begriff aus b) zu.
Schreibe auf, wie man sich merken kann, was die drei Begriffe bedeuten.

Tipp
Bei einem Wert denkt man an eine Größe, z. B. den Preis.

d) Erkläre die Aussage, dass 36 € der absolute Teil und 75 % der relative Teil sind.
Wo kann man im Prozentstreifen die absoluten Werte und wo die relativen Werte ablesen?

► Materialblock S. 89 Wissensspeicher *Prozente verstehen*

e) Vergleicht eure Lösungen zu b) und c) und übertragt sie in den Wissensspeicher.

5 Verschiedene Größen mit Prozentaufgaben berechnen

In einem Elektronikmarkt gibt es viele Geräte zu verschiedenen Preisen mit verschiedenen Rabatten.
Um die Angebote einschätzen zu können, muss man mit Prozenten rechnen.
Dabei gibt es verschiedene Aufgabentypen, die durch die drei folgenden Prozentstreifen dargestellt werden können.
Bei jedem Streifen steht an einer Stelle ein Fragezeichen – diese Größe ist jeweils gesucht. Diese Darstellung hilft, den richtigen Ansatz bei P A D E K zu finden.

a) Welche der drei Größen Prozentwert, Prozentsatz und Grundwert ist bei den drei Prozentstreifen jeweils gesucht, und welche sind gegeben?
Vielleicht hilft es dir, das an einem Beispiel aus dem Elektronikmarkt klar zu machen.

Prozentstreifen 1

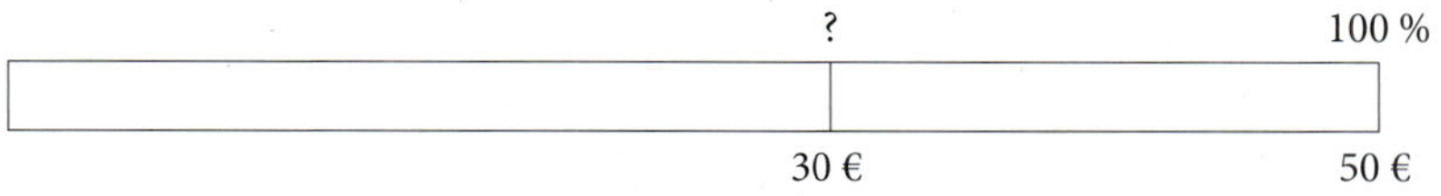

Prozentstreifen 2

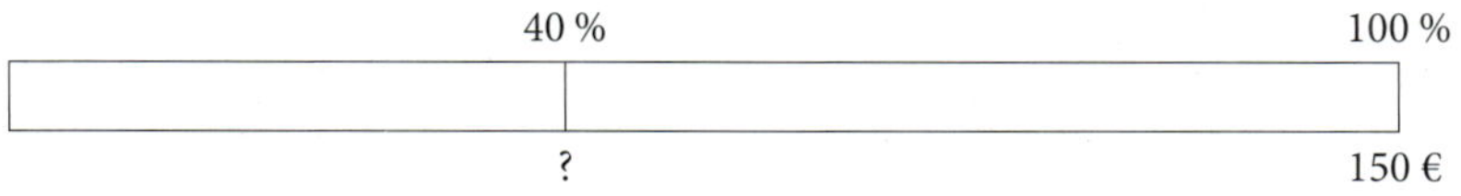

Prozentstreifen 3

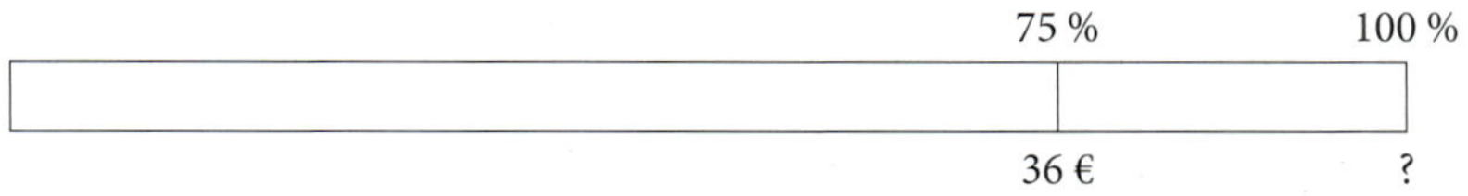

Prozent	Wert
20 %	10 €
?	30 €
100 %	50 €

b) Zu welchem Prozentstreifen gehört die nebenstehende Tabelle?
Bestimme die unbekannte Größe.

c) Erstelle zu den anderen beiden Prozentstreifen ebenfalls eine passende Minitabelle.

► Materialblock S. 92
Methodenspeicher
Mit Tabellenkalkulation Prozente berechnen

d) Übertrage die Minitabellen aus b) und c) in ein Tabellenkalkulationsprogramm, sodass man schnell weitere Zahlen bestimmen kann.

e) Wenn der Prozentwert gesucht ist, nutzt man die folgende Rechnung:

Prozentwert = Prozentsatz · Grundwert

Schreibe auch für die anderen beiden Prozentstreifen die Rechnung in dieser Weise auf.
Welchen Vorteil hat es, die Rechnung so zu schreiben?

wiederholen

Wissensspeicher aus vorigen Schuljahren: *Terme 2*

► Materialblock S. 91
Wissensspeicher
Mit Prozenten rechnen

f) Vergleicht eure Ergebnisse zu a), b), c) und e) und übertragt sie in den Wissensspeicher.

6 Prozentaufgaben sortieren

An der Einsteinschule fahren jeden Tag 45 % der 270 Schülerinnen und Schüler mit dem Bus. ①

Charlotte ist am Montag von 8 bis 14 Uhr in der Schule. ②

Max sagt: Ich verbringe jede Nacht neun Stunden im Bett. Das sind 37,5 % meines Lebens. ③

Pia hat am 5. Februar schon 60 % ihres Taschengeldes ausgegeben. Sie bekommt monatlich 30 €. ④

Akif hat insgesamt 80 € zum Geburtstag geschenkt bekommen. Er gibt davon 25 € für ein Computerspiel aus. ⑤

Merve kauft sich für 350 € ein neues Fahrrad. Dazu hat sie 80 % ihres Ersparten verwendet. ⑥

85 % von 60 Kindern werden mit dem Auto zum Kindergarten gefahren. ⑦

In der Grundschule wohnen 90 von 135 Schülerinnen und Schülern im Umkreis von einem Kilometer. ⑧

Charlottes Bruder verbringt 20 % eines ganzen Tages im Kindergarten. ⑨

a) Finde zu jeder Situation auf den Karten eine passende Frage.
Sortiere danach, welche Fragen sich mit einem ähnlichen Prozentstreifen oder einer ähnlichen Minitabelle lösen lassen.

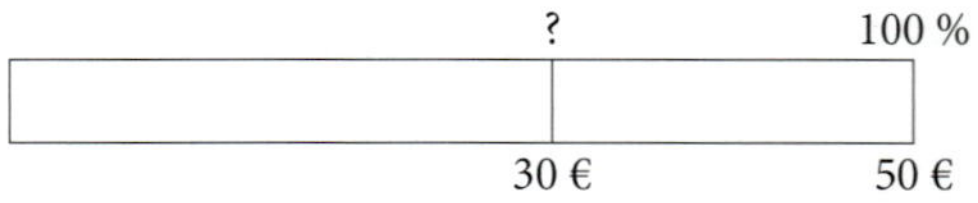

b) Gib den Prozentstreifen einen Namen. Benutze dazu die gesuchte Größe.

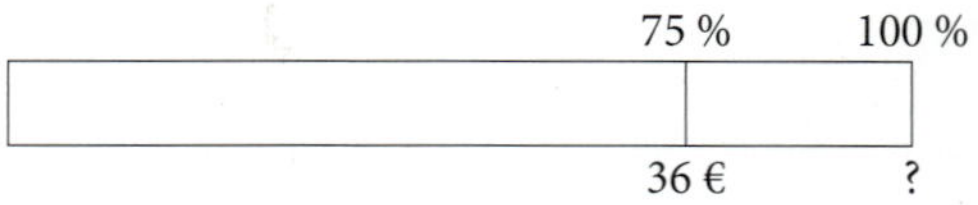

c) Schreibe zu jedem Prozentstreifen eine Situation wie in a) auf.

d) Akif rechnet, wie viel Prozent von seinem Geburtstagsgeld (siehe Karte ⑤) er schon ausgegeben hat.
Wie rundet Akif,

- wenn er einem Freund erzählt, dass er schon ganz viel von seinem Geld ausgegeben hat?
- wenn er seine Eltern überzeugen will, wie wenig er von seinem Geld erst ausgegeben hat?
- wenn er die Ausgaben „auf Zehntelprozent“ rundet?

► Materialblock S. 91
Wissensspeicher
Mit Prozenten rechnen

e) Vergleicht eure Ergebnisse zu b) und c) und übertragt sie in den Wissensspeicher.

7 Prozentaufgaben mit System lösen

Akif hat insgesamt 80 € zum Geburtstag geschenkt bekommen. Er gibt davon 25 € für ein Computerspiel aus.

a) Pia, Ole, Merve und Till haben diese Aufgabe gelöst, aber ganz unterschiedlich.

Merves Lösung

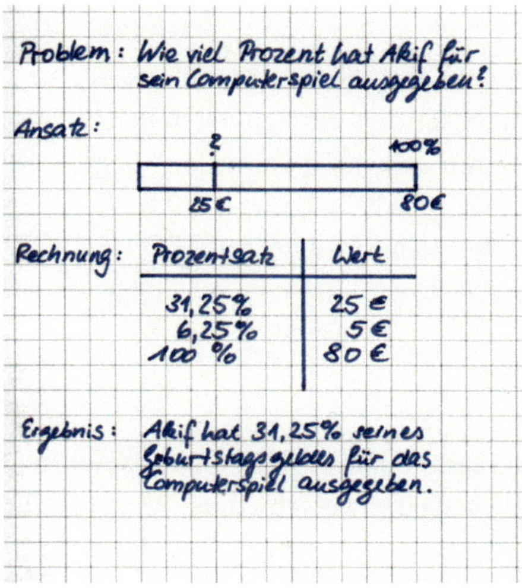

Pias Lösung

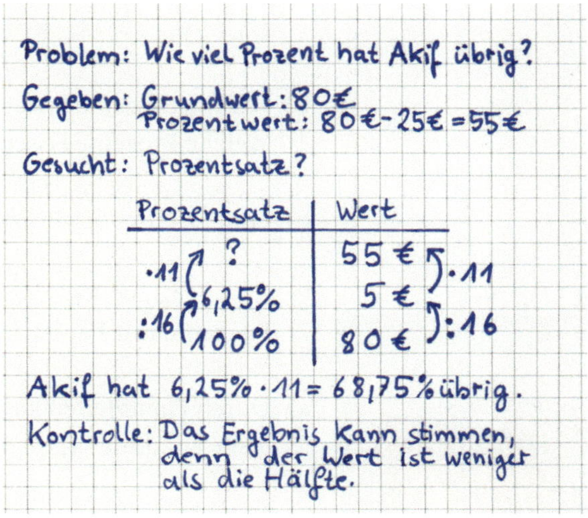

Tills Lösung

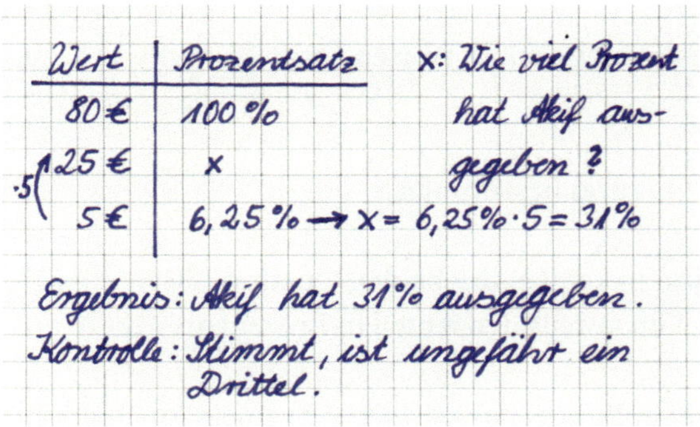

Oles Lösung

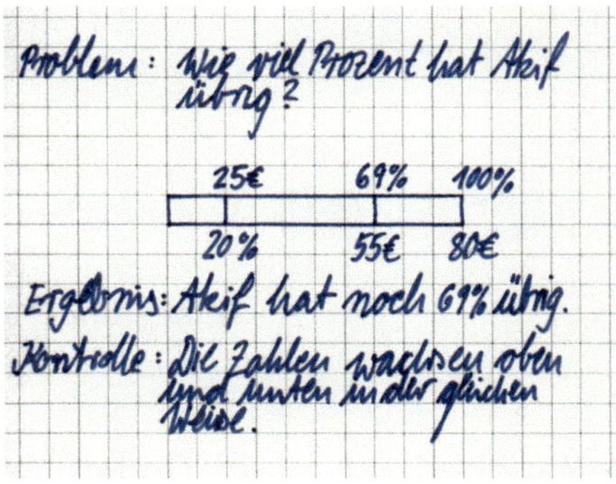

Kontrolliere die Hefteinträge.
- Wird immer richtig gerechnet?
- Werden alle P A D E K -Schritte berücksichtigt?
- Ist die Kontrolle sinnvoll?
- Ist die Darstellung übersichtlich?

b) Sortiere die Tipps danach, ob sie zu A nsatz, E rgebnis oder K ontrolle gehören.
- Überlege, welcher Prozentstreifen passt.
- Prüfe, ob das Ergebnis stimmen kann.
- Prüfe, ob das Ergebnis größer oder kleiner als 100 % ist. Kann das sein?
- Hast du sinnvoll und richtig gerundet?
- Überlege, was gesucht ist: Prozentwert, Prozentsatz oder Grundwert.
- Überlege, was in die Minitabelle in welche Felder einzutragen ist.
- Erkläre, was der errechnete Wert für die Frage bedeutet.

► Materialblock S. 91 Wissensspeicher *Mit Prozenten rechnen*

c) Vergleicht eure Lösungen zu b) und übertragt jeweils den wichtigsten Tipp zu A, zu E und zu K in den Wissensspeicher.

Vertiefen 1

Prozente darstellen und umrechnen

1 Prozente verschieden darstellen

Training

a) Stelle die Prozente in einem Streifen dar. Schreibe sie auch als Dezimalzahl und als Bruch.

(1) 25 % (2) 75 % (3) 15 %
(4) 30 % (5) 90 % (6) 80 %
(7) 55 % (8) 40 %

(1) 4 % (2) 16 % (3) 24 %
(4) 96 % (5) 72 % (6) 83 %
(7) 33 % (8) 66,7 %

b) Welche Prozente lassen sich besonders einfach darstellen?
Welche Prozente lassen sich nur schwierig darstellen? Begründe.

c) Finde zu drei der Prozente Beispiele aus dem Alltag.

Training

2 Prozente mit Papier falten

a) Durch Papierfalten kannst du ein quadratisches Blatt Papier in gleich große Teile teilen. Stelle auf diese Weise mindestens drei verschiedene Prozente dar.

b) Stelle durch Falten die folgenden Prozente dar:
25 %, 12,5 %, 6,25 %, 18,75 %

33,3 %, 16,7 %, 50 %, 8,3 %

c) Erkläre, warum es bei manchen Werten besonders schwierig ist.

Problemlösen

3 Teilflächen im Quadrat bestimmen

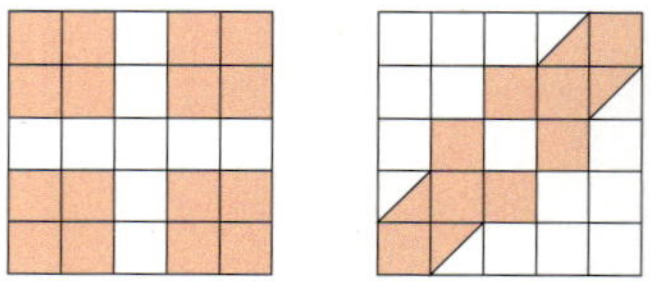

a) Begründe, warum in keinem der beiden Quadrate 50 % schraffiert sind. Gib jeweils den Anteil in Prozent an.

► Materialblock S. 94
Wissensspeicher
Tangram

b) Ein Tangram ist ein Puzzle, dessen Teile sich zu einem Quadrat legen lassen.
Wie groß ist der Anteil der einzelnen Teilflächen am ganzen Quadrat? Gib die Anteile in Prozent an.

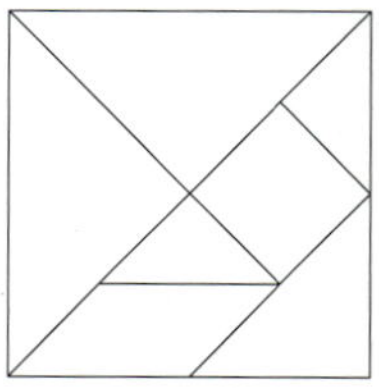

Tipp
Gleich große Flächen kannst du mit der gleichen Farbe ausmalen. Dann wird es übersichtlicher.

c) Zeichne selbst ein Quadrat und teile es in Teilflächen.
Dein Nachbar soll die Anteile der Teilflächen in Prozent angeben.
Überprüft gegenseitig eure Lösungen.

► Materialblock S. 93
Arbeitsmaterial
Prozentscheibe

4 Prozente mit Hilfe der Prozentscheibe schätzen

a) Bastle dir mit der Vorlage im Materialblock eine Prozentscheibe.

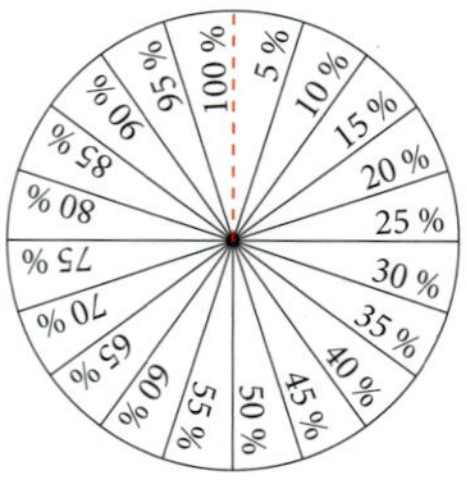

b) Stelle eine Prozentzahl auf der Prozentscheibe auf der blauen Seite ein (ohne Zahlenangaben). Schätze die Prozentzahl.
Durch Umdrehen kannst du deine Schätzung überprüfen.
Führe mindestens zehn Schätzungen durch.

c) Überlege dir, wie man Prozente über 100 % darstellen kann.

Vertiefen 2

Prozente berechnen

5 Sinnvolle Rechenwege wählen

Training

a) Finde jeweils drei verschiedene sinnvolle Rechenwege zu folgenden Aufgaben:
4 % von 50 € und 25 % von 800 €
Zeichne jeweils die Minitabelle und den Prozentstreifen.
Nutze die Tipps aus der Aufgabe 3 d) auf Seite 227.

b) Suche weitere Aufgaben, bei denen es verschiedene Rechenwege gibt.

Problemlösen

6 Aufgaben geschickt und schnell berechnen

a) Bestimme die Prozentwerte in der Tabelle. Nutze dazu einen Prozentstreifen.
Welchen Tipp aus der Aufgabe 3 d) auf Seite 227 hast du jeweils beim Rechnen verwendet?
Gibt es noch weitere Tipps, die du benutzt?

	1000 €	400 m	80 cm²
5 %			
7 %			
10 %			
11 %			
12,5 %			
20 %			
25 %			
37,5 %			
50 %			
60 %			
75 %			
95 %			

	20 000 €	24 h	48 ℓ
5 %			
7 %			
10 %			
11 %			
12,5 %			
20 %			
25 %			
37,5 %			
50 %			
60 %			
75 %			
95 %			

b) Vergleiche deine Ergebnisse und Rechnungen mit deinem Nachbarn.
Erkläre jeweils deinen Rechenweg.

c) Wähle zu jedem Tipp aus der Aufgabe 3 d) auf Seite 227 ein Beispiel aus a), das sich damit gut rechnen lässt.

Problemlösen

7 Angebote von Arbeitskleidung prüfen

Wie viel Euro Rabatt bekommt man, wenn eine Arbeitshose 20 € (40 €, 60 €, 80 €) kostet?
Rechne im Kopf für alle drei Situationen.

Rabatt-Sonderaktion
TAG DES HANDWERKS

1 Hose	2 Hosen	3 Hosen
10 %	20 %	30 %

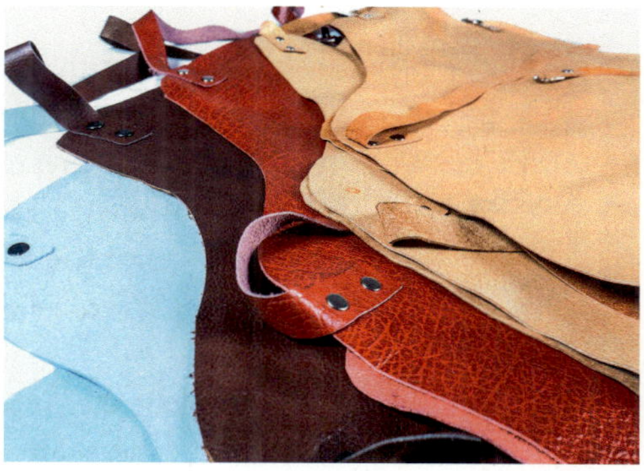

8 Fehlersuche durchführen

Pia, Till, Merve und Ole haben die folgende Aufgabe berechnet:
In 20 von 32 Spielen schoss Müller mindestens ein Tor.

a) In ihren Lösungen sind Fehler enthalten. Finde jeweils den Fehler und korrigiere ihn.

Anteil	Wert
1 %	3,20
20 %	6,40
100 %	32

Anteil	Wert
1 %	1
?	20
100 %	32

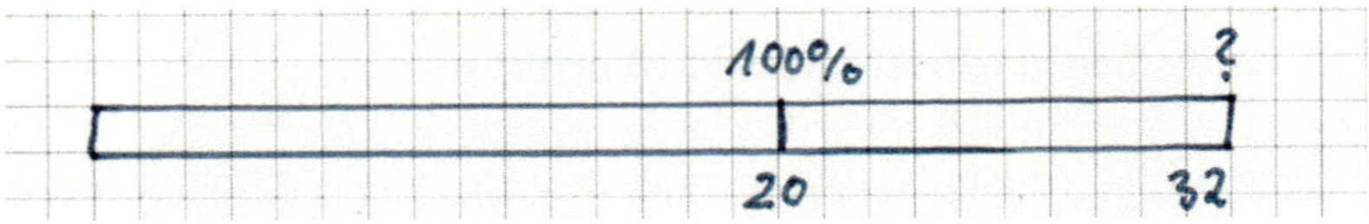

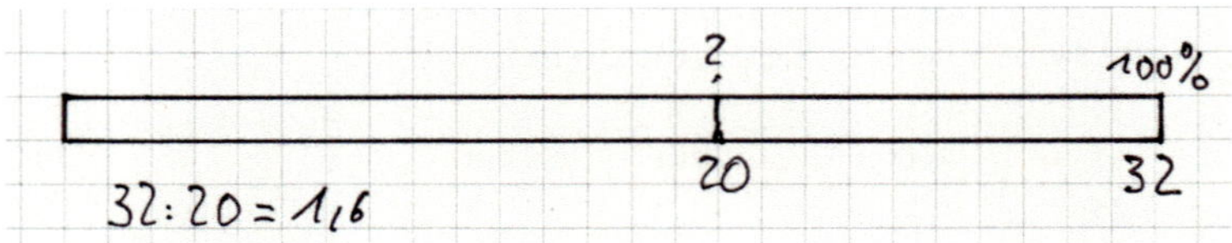

b) Gib jeweils einen Tipp, um den jeweiligen Fehler bei weiteren Aufgaben zu vermeiden.

9 Fehler beim Kopfrechnen benennen

Es wurden Prozentaufgaben im Kopf gelöst und dabei Fehler gemacht.
Beschreibe die Fehler und gib Tipps, wie diese Fehler zu vermeiden sind.

(1) 60 % von 70 € sind 4,20 €.
(2) 5 kg von 4 kg sind 80 %.
(3) Wenn 40 m 80 % sind, dann sind 32 m 100 %.
(4) Wenn ich bei einem Preis von 60 € 40 % Rabatt bekomme, zahle ich noch 24 €.
(5) Wenn ich statt 12 km jetzt 15 km laufe, bin ich 125 % mehr gelaufen.
(6) Wenn ich mit meinen 240 € schon 40 % fürs neue Fahrrad gespart habe, dann kostet das Fahrrad 400 €.
(7) Wenn 48 kg 40 % sind, dann sind 80 kg 100 %.

10 Die Welt – ein Dorf

Weltbevölkerung 2012:
7058 Millionen

Anteil der Menschen in
- Asien: 60,4 %
- Afrika: 15,2 %
- Amerika: 13,4 %
- Europa: 10,5 %
- Ozeanien: 0,5 %

Anteil der Kinder
- unter 14 Jahren: 27 %

a) Gib jeweils an, wie viele Menschen 2012 in den einzelnen Kontinenten gelebt haben.

b) David Smith hat in seinem Buch „If the World were a village“ die Verhältnisse der Welt auf ein Dorf übertragen. Ermittle aus den Angaben die genauen Zahlen, wenn die Welt ein Dorf mit 750 Einwohnern wäre.
(1) Wie viele Einwohner wären dann Asiaten, Afrikaner, Amerikaner, Europäer und wie viele Einwohner wären aus Ozeanien?
(2) Wie viele der Einwohner wären dann Kinder unter 14 Jahren?

c) Beziehe die Anteile auf deine Klasse.
Gib die Anzahl der Schülerinnen und Schüler für die einzelnen Gruppen an.

Vertiefen 3

Begriffe der Prozentrechnung erklären und anwenden

11 Den richtigen Begriff finden

Welcher Begriff passt jeweils – Prozentwert, Grundwert oder Prozentsatz?

(1) ____________ gibt den absoluten Wert an, wie groß der Anteil ist.
(2) ____________ gibt an, welcher Anteil vom Ganzen zu bilden ist.
(3) ____________ ist die Zahl oder die Größe, die zu 100 % gehört.
(4) ____________ beschreibt, wie groß der Anteil am Ganzen ist.

Training

12 Prozentangaben in den Medien untersuchen

Löse die Prozentaufgaben. Nutze dabei P A D E K und achte besonders

- beim A nsatz darauf, welche Größen gegeben sind und welche Größe gesucht ist, und überlege, ob du Prozentstreifen oder Minitabelle nutzen willst.
- beim E rgebnis darauf, ob du runden musst und wenn ja, wie du es sinnvoll tust und was das Ergebnis bedeutet.
- bei der K ontrolle darauf, ob das Ergebnis stimmen kann.

(1) Es gibt nur für 25 % der 2 Mio. Kinder unter drei Jahren Krippenplätze. | Es gibt nur 12 Krippenplätze für die 398 Kleinkinder.

(2) Von den 612 Abgeordneten des Bundestags stimmten 309 mit JA. | Von den anwesenden Abgeordneten stimmten 319 mit NEIN. Das waren 58 %.

(3) Das Benzin kostete gestern 1,60 € und ist heute um 10 ct gestiegen. | Nach einem Preisrückgang um 25 % kostet ein Liter Heizöl jetzt 60 ct.

13 Falsch verstanden

a) Wie viele Fehler hat der Schüler im Bild tatsächlich?

b) Begründe, warum die Aussage des Schülers falsch ist.

14 Aussagen mit Prozentsätzen formulieren

a) Was bedeuten die Aussagen? Verwende die Begriffe Prozentwert oder Grundwert.

(1) Aufdruck auf einer Flasche: 100 % Orangensaft | Sara hat letzten Monat über 100 % gearbeitet.
(2) Das Hemd besteht zu 80 % aus Baumwolle. | Der Marktanteil des Produkts beträgt 80 %.
(3) Ich bin mir 100%ig sicher. | 100%ige Gewinngarantie
(4) Damit liegst du zu 100 % daneben. | Der Mittelstürmer ist nicht zu 100 % fit.

b) Finde weitere Aussagen mit Prozentangaben aus dem Alltag.

Vertiefen 4

Flexibel mit Prozenten rechnen

Training

15 Aussagen sortieren

a) Sortiere die folgenden Aussagen danach, ob dort ein Grundwert, ein Prozentwert oder ein Prozentsatz berechnet werden kann.
Bei welchen Aussagen fällt die Zuordnung schwer?
(1) Im März waren von den 41,78 Millionen Menschen im erwerbstätigen Alter 3 153 000 Menschen arbeitslos.
(2) Der Benzinpreis liegt bei 1,54 €. Das sind 40 % mehr als vor fünf Jahren.
(3) Jeder zweite der 81 Millionen Deutschen besitzt ein Auto.
(4) In einer Schule haben im letzten Jahr 5 % der 762 Schülerinnen und Schüler an der Mathe-Olympiade teilgenommen.
(5) Ein Sechstel aller Kinder lebt von Sozialhilfe. Das waren im letzten Jahr ca. 650 000 Kinder in Deutschland.
(6) In Deutschland leben 6,5 Millionen Menschen mit ausländischer Staatsangehörigkeit. Das sind 8 % der Gesamtbevölkerung.
(7) Nach 20 % Rabatt betrug der Preis 168 €.

b) Wähle aus den Aussagen aus a) drei aus:
- Eine Aussage, mit der der Grundwert berechnet werden kann.
- Eine Aussage, mit der der Prozentsatz berechnet werden kann.
- Eine Aussage, mit der der Prozentwert berechnet werden kann.

Löse die drei Aufgaben.
Nutze entweder eine Minitabelle oder einen Prozentstreifen für den Ansatz.

16 Prozentstreifen verstehen

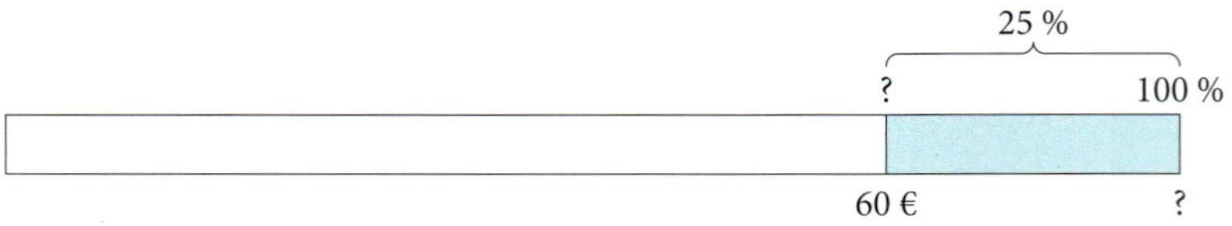

Welche Aussagen passen zu diesem Prozentstreifen?
Begründe jeweils.
(1) 60 € entsprechen 75 %.
(2) Eine Hose wurde um 25 % billiger und kostet jetzt 60 €.
(3) Der Preis von 60 € wird um 25 % erhöht.
(4) Der Preis von 60 € ist der um 25 % gesenkte Preis.
(5) Es ist der Grundwert gesucht, wenn drei Viertel 60 € betragen.

17 Die Wahl zum Schülersprecher auswerten

„Ich habe jede 6. Stimme erhalten.“
Robin 9 b

„Für mich haben 297 gestimmt.“
Esra 8 c

„Ich habe $\frac{1}{4}$ der Stimmen erhalten.“
Kevin 10 a

„Ich habe 162 Stimmen erhalten. Das waren 18 %.“
Laura 10 b

Fertige ein Diagramm für die Schülerzeitung an, aus dem man schnell erkennt, wer die meisten Stimmen hat und wie die Stimmenverteilung ist.

Training

18 Prozente an Waren anbringen

a) Im Elektronikmarkt werden die Vorjahresmodelle ausverkauft.
Der Abteilungsleiter legt die neuen Preise fest. Sara ist Auszubildende und soll die Preisschilder ergänzen.
Übertrage die Tabelle und vervollständige sie. Schätze erst und rechne dann.

Artikel	Ursprünglicher Preis	Rabatt in Prozent	Neuer Preis
Computertastatur	29 €		22,90 €
Flachbildschirm	198 €		149,50 €
Notebook	599 €		449,90 €
Plasmafernseher	850 €		699 €
MP3-Player	59 €		49 €

b) Suche Gründe, warum nicht alles um den gleichen Prozentsatz reduziert wurde.

Training

19 Preise festlegen

Die Klasse 7 d macht beim Stadtfest einen Verpflegungsstand, um Geld für ihre Klassenfahrt zu verdienen. Die Schülerinnen und Schüler wollen 500 € Gewinn machen und haben beschlossen, auf jede Ware zwischen 50 % und 100 % aufzuschlagen. Damit glatte Preise herauskommen runden sie sinnvoll.
Die Klasse stellt zur Kalkulation eine Tabelle auf.

	A	B	C	D	E	F	G
1	Anzahl	Artikel	Aufschlag in %	Einzelpreis Einkauf	Möglicher Verkaufspreis	Einnahmen	Gewinn
2		Belegte Brötchen		0,80 €			
3		Butterbrezel		0,60 €			
4		Mineralwasser		0,25 €			
5		Limo		0,45 €			
6		Ökonade		0,60 €			
7		Summe					

a) Lege die Tabelle in einem Tabellenkalkulationsprogramm an und lege eine Anzahl der Produkte für den Einkauf der Waren fest.
Vergleicht den Gewinn, je nachdem welche Prozentsätze ihr als Aufschlag wählt.

b) Vergleicht eure Kalkulationen und überprüft, welche Schwierigkeiten es bei der Umsetzung geben könnte.

20 Prozente im Kreisdiagramm ergänzen

► Materialblock S. 94
Arbeitsmaterial
Prozente im Kreisdiagramm

Valentin hat die Bundesjugendspiele an seiner Schule (720 Schüler) ausgewertet.
Er hat vergessen, die Prozentsätze am Kreisdiagramm zu notieren.
Schätze die Prozentsätze und bestimme dann die Anzahl der Schülerinnen und Schüler.

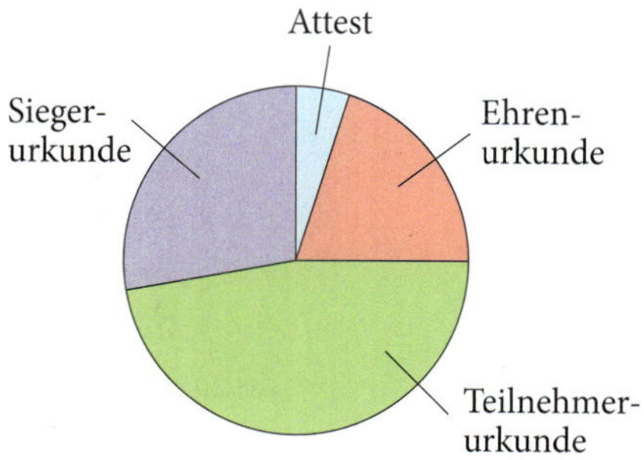

Training

21 Prozentrechenbaukasten nutzen

► Materialblock S. 95 Arbeitsmaterial *Prozentrechenbaukasten*

Tipp
Du kannst zunächst auf die gelben Karten verzichten.

a) Till und Ole haben aus den Karten Aufgaben erstellt.
Erstelle ebenfalls mit Hilfe der Karten Aufgaben, bei denen entweder Grundwert, Prozentwert oder Prozentsatz gesucht ist. Erstelle jeweils drei Aufgaben und löse sie. Nutze dabei den Prozentstreifen oder die Minitabelle.

b) Bestimme die Aufgabe, bei der du als Ergebnis den kleinsten (größten) Grundwert, Prozentwert und Prozentsatz erhältst.

Training

22 Coupons vergleichen

Pia geht shoppen. Dabei entdeckt sie das nebenstehende Angebot.

Dieser € 2,- Coupon ist gültig für den Kauf eines reduzierten Artikels ab € 9,-.

Dieser € 3,- Coupon ist gültig für den Kauf eines reduzierten Artikels ab € 19,-.

Dieser € 5,- Coupon ist gültig für den Kauf eines reduzierten Artikels ab € 29,-.

Dieser € 8,- Coupon ist gültig für den Kauf eines reduzierten Artikels ab € 39,-.

Dieser € 15,- Coupon ist gültig für den Kauf eines reduzierten Artikels ab € 99,-.

a) Gib zu jedem Coupon den Preis an, bei dem sich der Coupon am meisten lohnt.

b) Wie viel Prozent Rabatt erhält Pia bei jedem Coupon höchstens?

c) Bei welchem Coupon erhält sie den höchsten Prozentsatz?

d) Pia kauft mit ihrem Vater Strümpfe für 16 €, eine Hose für 50 € und einen Mantel für 150 €. Berechne, was sie für die Kleidungsstücke bezahlt und wie viel Prozent sie bei dem Kauf spart.

Training

23 Günstig einkaufen

Kauf 2 und spar dabei!	
1 Artikel	**15 €**
2 Artikel	**20 €**

a) Wie viel Prozent haben Pia und Merve jeweils gespart?

b) Pia kauft sich noch eine Hose dazu. Wie viel Prozent spart sie jetzt?
Vergleiche mit dem Ergebnis aus Teilaufgabe a).

c) Ihre Freundin Lena kauft alle vier Teile. Wie viel Euro spart sie?
Wie viel Prozent sind das?

Training

24 Einen Urlaub zusammenstellen

Familienhotel
Cala D'or auf Fuerteventura
Angebot:

1 Erwachsener	300 € pro Woche
2 Erwachsene	500 € pro Woche

Kinderrabatt

0 bis 6 Jahre:	100 %
7 bis 10 Jahre:	50 %
11 bis 13 Jahre:	25 %
14 bis 17 Jahre:	12,5 %

Saisonrabatt: April + Oktober 40 %, Mai und September 30 %
Saisonaufschlag: Weihnachtsferien 20 %

a) Plane für deine Familie einen zweiwöchigen Urlaub in den Pfingst- bzw. Sommerferien.
Wie viel Prozent spart man insgesamt?

b) In welchen Ferien ist für vier Personen eine Woche Urlaub im Hotel Cala D'or am preiswertesten?

c) Erstelle drei Aufgaben mit unterschiedlicher Personenanzahl und zu verschiedenen Zeiten.
Erstelle eine Musterlösung und tausche die Aufgaben mit einem Partner.

25 Wer wird Prozente-Champion?

Bei einem Quiz werden die folgenden Fragen gestellt:

Wenn der Prozentsatz verdoppelt wird, dann wird der Prozentwert	
a) halbiert	b) verdoppelt
c) um das Doppelte erhöht	d) um die Hälfte verringert

Wie viel Euro sind 100 % von 600 €?	
a) 1200 €	b) 900 €
c) 600 €	d) 300 €

Welche Dezimalzahl bzw. Bruch gibt nicht 40 % an?	
a) 0,40	b) $\frac{4}{10}$
c) $\frac{40}{100}$	d) 4,0

a) Begründe, welche Antwort jeweils richtig ist.

b) Erstelle selbst acht solcher Quizfragen mit vier Antworten.
Achte darauf, dass nur genau eine der Antworten richtig ist und dass deine Quizfragen zu verschiedenen Punkten auf der Checkliste auf Seite 244 passen.

c) Suche dir einen Partner und spielt Prozente-Champion.

26 Televoting bei einer Castingshow auswerten

Die Castingshow haben 8 Millionen Zuschauer gesehen. Davon haben sich 1,8 Millionen Zuschauer an der Abstimmung beteiligt.

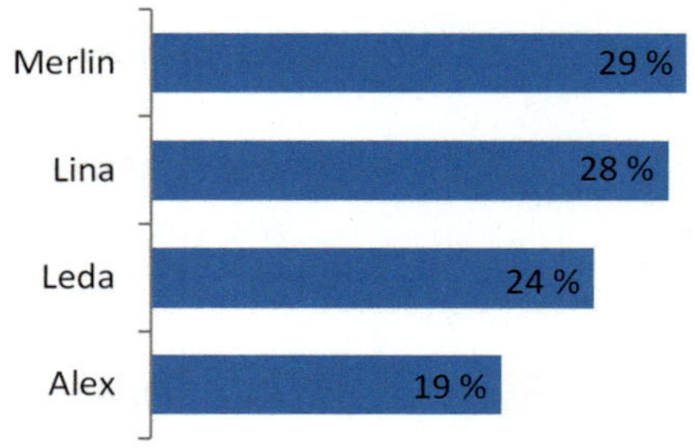

a) Wie viele Zuschauer haben für die einzelnen Kandidaten angerufen?

b) Pia: „Merlin hat ja nur ein paar Stimmen mehr bekommen als Lina."
Nimm zu dieser Aussage Stellung.

weitergedacht

c) Ein Anruf kostete 50 ct. Der Fernsehsender erhält davon 85 %.
Wie viel Euro verdient der Fernsehsender durch die Anrufe?

Gut zu wissen
Die Känguruchratte ist ein Wüstentier, das nicht trinken muss. Ihr Wasser nimmt sie auf zwei Arten auf: Das Futter (Körner etc.) enthält Wasser. Außerdem entsteht bei der Verbrennung der Kohlenhydrate Wasser. Andererseits gibt die Kängururatte Wasser ab durch Urin, durch Kot, und durch Verdunstung.

27 Die Kängururatte in Prozenten ausgedrückt

Die folgende Tabelle zeigt die Wasseraufnahme und Wasserabgabe einer Kängururatte in einem bestimmten Zeitraum. Ergänze die fehlenden Werte im Heft.

Wasseraufnahme			Wasserabgabe		
	Angabe in mℓ	Angabe in Prozent		Angabe in mℓ	Angabe in Prozent
durch Nahrung	6,0		Urin		22,5
bei der Verbrennung der Kohlenhydrate	54,0		Kot		4,3
			Verdunstung		73,2
Summe	60,0	100	Summe	60,0	100

Vertiefen 5 Mit Werten für über 100 % umgehen

Training

28 Prozentsätze über 100 % deuten

a) Pia und Merve überlegen, was die Zeitungsüberschrift bedeutet.

„Ölpreis bei 150 % gegenüber Vorjahr."

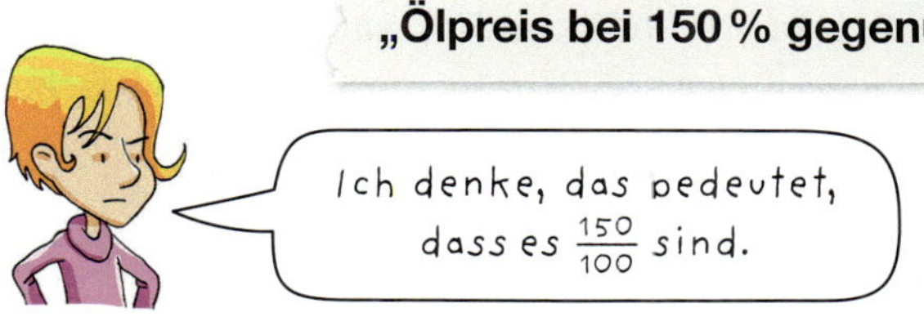

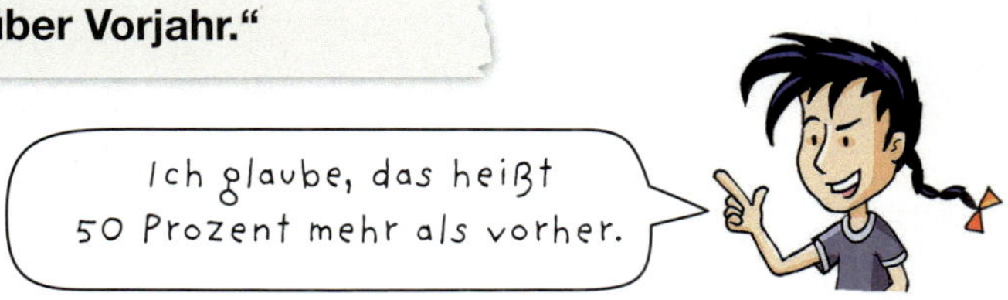

Nutze Pias Idee und Merves Idee, um den neuen Preis für einen Liter Öl zu berechnen, wenn der Preis vorher 70 Cent betragen hat.

b) Zeichne einen Prozentstreifen, um zu verstehen, was Merve und Pia gerechnet haben. Trage am Prozentstreifen Folgendes ein: 100 %, 50 %, 150 %, 70 ct, 105 ct.

c) Trage am Prozentstreifen die folgenden Zahlen ein:
(1) $\frac{50}{100}$ (2) $\frac{100}{100}$ (3) $\frac{150}{100}$ (4) 0,5 (5) 1,5 (6) $\frac{5}{10}$

wiederholen
Wissensspeicher aus vorigen Schuljahren: *Maßstab 1 bis 4*

d) Übertrage und vervollständige die Minitabelle, die Till zu a) begonnen hat.
Was ist nach Tills Meinung wie beim Maßstab und was ist anders?

Anteil in Prozent	Wert in Euro
50	
100	

Training

29 Wachsen um 100 %

a) Welche Beschreibungen passen, wenn etwas „um 100 %" wächst? Begründe.

mal 2	+ 100 %	mal 200	Wachsen auf 200 %	$\frac{200}{100}$	doppelt so groß wie vorher

b) Finde drei Beschreibungen (auch mit Prozent), wenn etwas dreimal so groß ist wie vorher?

Training

30 Veränderte Werte bestimmen

(1) Im Ausverkauf kostet eine Hose 63 €, die vorher 90 € gekostet hat. Um wie viel Prozent wurde der Preis gesenkt?

Eine Jacke kostet 56 €. Der Preis wird im Ausverkauf um 12 € gesenkt. Wie viel Prozent des ursprünglichen Preises muss man noch zahlen?

(2) Die Jahreskarte fürs Freibad kostete in der alten Saison 28 €. Ihr Preis wird um 12,5 % erhöht. Wie viel Euro kostet die Karte in der neuen Saison?

Ein Autofahrer fuhr 15 000 km im Jahr 2010. Im nächsten Jahr fuhr er 20 % mehr. Wie viel Kilometer fuhr er im Jahr 2011?

31 Grundwerte verändern

Ⓐ

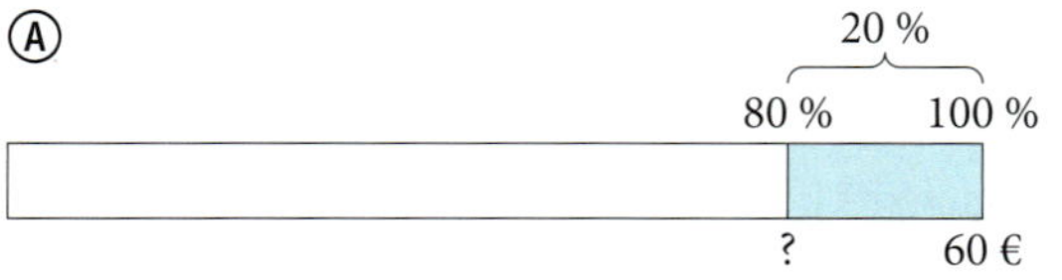

Ⓑ

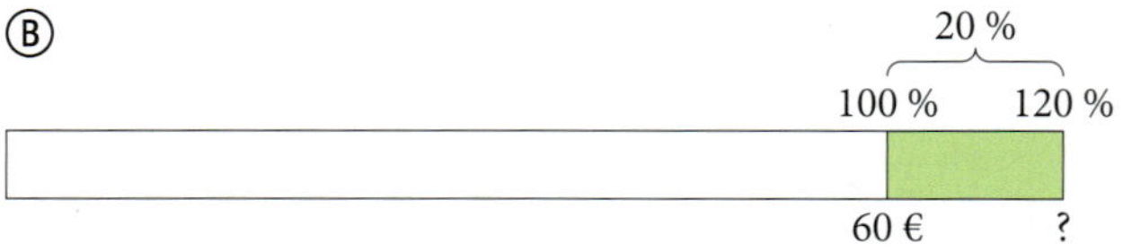

a) Welche Aussage gehört zu welchem Prozentstreifen?
(1) Der Preis von 60 € wurde um 20 % reduziert.
(2) Der Preis betrug 60 €.
Nun beträgt er nur noch 80 %.
(3) Der Preis von 60 € wurde um 20 % erhöht.
(4) Der Preis beträgt nur noch das 0,8 fache von 60 €
(5) Der Preis war 60 €.
Nun ist er auf 120 % erhöht
(6) Der Preis ist von 60 € auf das 1,2 fache gestiegen.

*** Neue Wörter**
*Veränderungen einer Größe können mit dem **verminderten** oder dem **erhöhten Grundwert** angegeben werden.*

b) Erstelle eine Minitabelle zu jedem Prozentstreifen.

c) Die beiden Prozentstreifen beschreiben Situationen, wenn der Grundwert sich verändert. Welcher Streifen gehört zu einem *verminderten Grundwert** und welcher zu einem *erhöhten Grundwert**?

32 Mehrwertsteuer abziehen

Gut zu wissen
Wenn eine Ware verkauft wird, erhebt der Staat auf den Preis eine Steuer. Diese nennt man Mehrwertsteuer.

Bei einer Waschmaschine müssen auf den Preis von 520 € noch 19 % Mehrwertsteuer aufgeschlagen werden.

a) Wie hoch ist dann der Endpreis, den man zahlen muss?

b) Familie Konrad kauft die Waschmaschine. Der Verkäufer macht das Angebot, die Mehrwertsteuer zu erlassen.
Er zieht dann 19 % des Endpreises ab.
Hat er dann wirklich die Mehrwertsteuer abgezogen?

33 Situationen mit erhöhtem Prozentwert verstehen

a) Welche Aussagen passen zum Prozentstreifen? Begründe.

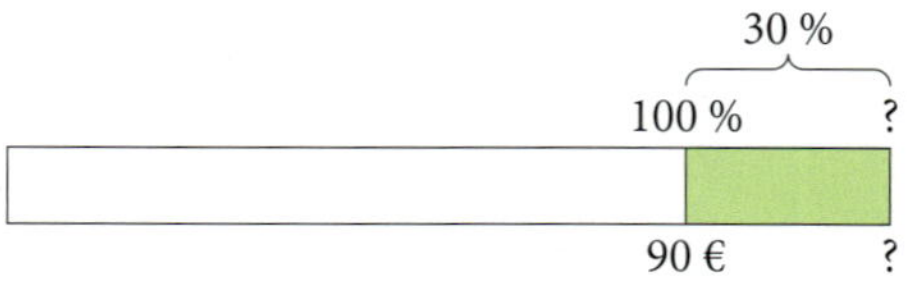

(1) Der gesuchte Preis beträgt 130 % von 90 €.
(2) Der Preis von 90 € wird um 30 % erhöht.
(3) Der Preis von 90 € ist um 30 % niedriger.
(4) Der gesuchte Preis beträgt das 1,3-fache von 90 €.
(5) Der gesuchte Preis beträgt 70 % von 90 €.

b) Zeichne, wenn es nicht passt, einen neuen Prozentstreifen.

weitergedacht

34 Zweifache Erhöhungen berechnen

Es gibt Situationen, bei denen ein Preis zweimal hintereinander erhöht wird. Das kann man mit zwei Prozentstreifen darstellen.
Übertrage die Prozentstreifen in dein Heft, ergänze die Beschriftungen und löse damit die folgende Aufgabe:
Letztes Jahr hat sich der Preis für Benzin um 10 % erhöht, dieses Jahr noch einmal um 5 %.

35 Immer neue Grundwerte berechnen

Gut zu wissen
Skonto ist auch eine Art Rabatt. Man erhält ihn, wenn man die Rechnung bis zu einem bestimmten Termin bezahlt hat.

Nutze zum Lösen der folgenden Aufgaben mehrfache Prozentstreifen wie in Aufgabe 34.

a) Familie Minipopoulos bekommt beim Fliesenleger 15 % Rabatt und 3 % Skonto für Fliesenarbeiten im Bad. Vasili sagt, dass sie damit insgesamt 18 % sparen.

b) Der Goldpreis für eine Unze Feingold (28,35 g) stieg von 850 $ innerhalb eines Vierteljahres um 20 % und im darauffolgenden Monat nochmals um 10 %.

Problemlösen

c) Arlind überlegt, sich ein Handy bei Handycom zu kaufen. Als er es nun einige Tage später kaufen will, wurde der Preis um 20 % erhöht. Aber er bekommt einen Rabatt von 20 %.

Problemlösen

d) Ikra trainiert für den Stadtlauf. Sie hat einen Trainingsplan aufgestellt. Dabei läuft sie jede Woche eine 20 % längere Strecke. Ben meint, dass sie ja dann in der fünften Woche die doppelte Strecke läuft.
Hat Ben Recht?

36 Berechnung von Prozentwert und Grundwert unterscheiden

①

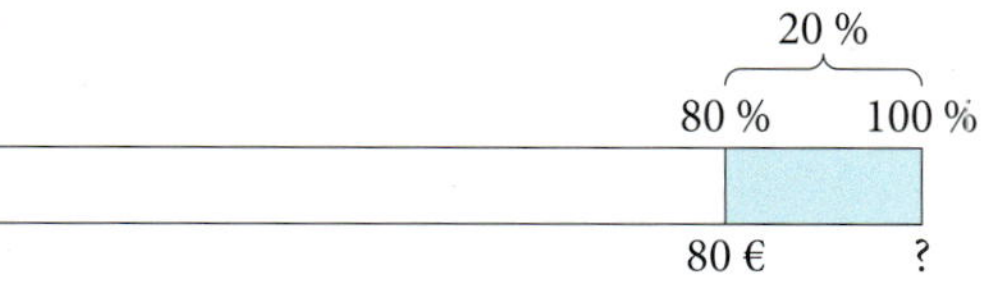

②

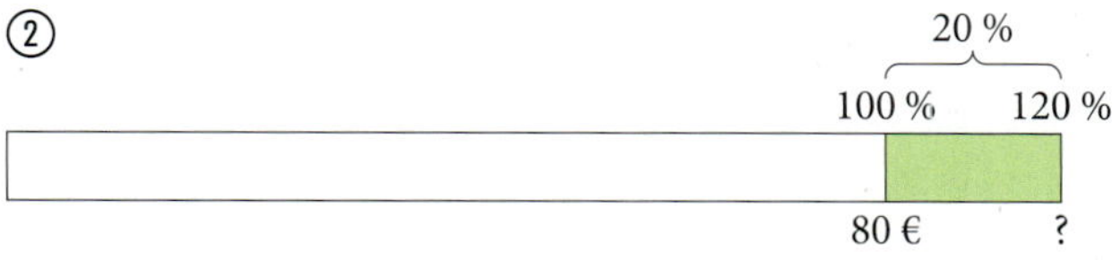

a) Der Preis von 80 € für eine Spielkonsole wird vor Weihnachten um 20 % erhöht. Welcher Prozentstreifen ist der richtige? Begründe deine Antwort.

b) Erstelle für den anderen Prozentstreifen eine passende Aufgabe.

Checkliste

Günstig einkaufen – Mit Prozenten rechnen

Ich kann ... *Ich kenne ...*	*Hier kann ich üben ...*
Ich kann erklären, was eine Prozentzahl bedeutet, und diese in eine Dezimalzahl oder einen Bruch umwandeln. Erkläre, was 20 % bedeutet. Wandle die Angabe in eine Dezimalzahl und in einen Bruch um.	S. 232 Nr. 1–4 S. 241 Nr. 29
Ich kann Prozente berechnen. Wie viel Kilogramm sind 15 % von 260 kg?	S. 233 Nr. 5–7 S. 237 Nr. 18, 19
Ich kann erklären, was Prozentwert, Prozentsatz und Grundwert bedeuten. Eine Jacke wird von 50 € auf 40 € reduziert. ▪ Erkläre an dieser Situation die Begriffe Prozentwert, Prozentsatz und Grundwert. ▪ Wie hängen die Begriffe mit den Begriffen Anteil, Teil und Ganzes zusammen?	S. 235 Nr. 11, 14
Ich kann erkennen, ob bei einer Aufgabe nach dem Prozentwert, dem Prozentsatz oder dem Grundwert gefragt ist. Nach welcher Größe ist jeweils gefragt: ① Wie viel Prozent sind 20 von 80? ② Von welcher Länge sind 25 % genau 28 m? ③ Wie viel Euro sind 40 % von 240 €?	S. 235 Nr. 12 S. 236 Nr. 15
Ich kann Prozentaufgaben berechnen, indem ich Prozentstreifen, Minitabelle oder eine Rechnung verwende. Berechne die Aufgaben auf verschiedenen Wegen: ▪ Wie viel Euro sind 24 % von 165 €? ▪ Wie viel Prozent sind 12,5 m von 138 m? ▪ Wie hoch stand das Wasser vorher, wenn es um 18 cm und damit um 20 % gestiegen ist?	S. 236 Nr. 15 S. 238 Nr. 21 S. 241 Nr. 28 S. 242 Nr. 31
Ich kann einfache Prozentaufgaben im Kopf berechnen. ▪ Wie viel Euro sind 5 % (25 %, 75 %, 100 %) von 320 €? ▪ Wie viel Prozent sind 30 m von 1200 m (25 kg von 75 kg)? ▪ Wie hoch war der Preis, wenn ich bei 20 % Rabatt 25 € weniger bezahlt habe?	S. 233 Nr. 6 S. 234 Nr. 9 S. 238 Nr. 21

▸ *Hinweis:* Im Materialblock auf Seite 96 findest du diese Checkliste für deine Selbsteinschätzung. Zusätzliche Übungsaufgaben findest du im Internet unter 244-1. (www.cornelsen.de/mathewerkstatt, Buchkennung: MWS040248, Mediencode: 244-1)

Wasser und Energie sparen – Rechnen anwenden

In diesem Kapitel …

- lernst du, was man unternehmen kann, um Energie zu sparen.
- lernst du, wie man Einsparungen bei den Energiekosten bestimmen kann.
- wendest du bekannte Rechenverfahren an.

Selbst ist der Mann.
In der Spülmaschine wird zu viel Wasser verbraucht.
Die Zahlen rattern vorbei, obwohl doch kein Licht an ist und kein Computer läuft.

Wir sollten mal ausrechnen, wie viel Strom wir sparen können.
So ein tropfender Wasserhahn verschwendet viel Wasser.

Erkunden A

Wie kann ich bei umfangreichen Fragestellungen vorgehen?

1 Kostbares Wasser

Hinweis
Von den Aufgaben 1–2 kannst du dir eine zur Bearbeitung aussuchen. Wenn du Hilfe zum Vorgehen benötigst, findest du Übungen und Hilfen im Ordnen.

In vielen Ländern gibt es keine ausreichende Versorgung mit sauberem Trinkwasser, während für uns der Zugang zu sauberem Trinkwasser eine Selbstverständlichkeit ist. Die Instandhaltung unserer Wasserversorgung kostet viel Geld. Daher gibt es sauberes Trinkwasser nicht zum Nulltarif, sondern es wird nach Verbrauch abgerechnet.
In dieser Aufgabe berechnest du, wie viel Wasser du und deine Familie in bestimmten Situationen sparen könnt.

P A D E K
Aufgabe 1, S. 252

a) Überlegt gemeinsam, wie ihr zu Hause und unterwegs am besten Wasser einsparen könnt, und schreibt eure Ideen auf.
Beschäftigt euch dazu auch mit den Ideen der vier Freunde.

P A D E K
Aufgabe 2, Seite 252

b) Wie kann man bestimmen, wie viel Wasser ein Haushalt mit ein, zwei, drei oder vier Personen pro Monat sparen kann? Überlegt euch ein Vorgehen für die Situationen der vier Freunde und für eure eigenen Ideen.
Plant gemeinsam, wie ihr vorgeht, und schreibt die einzelnen Schritte auf.

P A D E K
Aufgabe 3, S. 253

c) Berechnet für jede der Situationen, wie viel Wasser man pro Monat sparen könnte.

P A D E K
Aufgabe 16, S. 259

d) Schreibt eure Ergebnisse übersichtlich auf, vergleicht sie und überarbeitet sie gegebenenfalls.

P A D E K
Aufgabe 17, S. 259

e) Im Internet, bei den Verbraucherzentralen oder beim Installateur findet ihr Informationen zum Einsparen von Wasser bei der **Toilettenspülung**, beim **Duschen und Baden**, beim **Zähne putzen** und zum **tropfenden Wasserhahn**.
So betrug z. B. 2007 in Deutschland der durchschnittliche Tagesverbrauch pro Person 127 ℓ. Davon wurden 31 % für die Toilettenspülung und 35 % für Duschen und Baden verwendet. Von den 127 ℓ wurden lediglich 3 ℓ zum Kochen und Trinken aufgewendet.
Vergleicht eure Ergebnisse mit diesen Werten und überarbeitet sie, falls es Unterschiede gibt.
Kontrolliert dazu euren Plan und eure Rechnung.

f) Bereitet eine Präsentation eurer Untersuchung vor.

▸ **Ordnen A** In der Aufgabe 18 auf Seite 259 findest du einen Feedbackbogen für Präsentationen.

2 Strom sparen

Hinweis
Von den Aufgaben 1–2 kannst du dir eine zur Bearbeitung aussuchen. Wenn du Hilfe zum Vorgehen benötigst, findest du Übungen und Hilfen im Ordnen.

In deiner Wohnung gibt es viele Geräte, die Strom verbrauchen. Mit einfachen Mitteln kann man den eigenen Stromverbrauch vermindern. In dieser Aufgabe berechnest du, wie viel Strom du und deine Familie in bestimmten Situationen sparen könnt.

2012	Typische Leistungsaufnahme im Standby in W (Watt)	Durchschnittliche Leerlaufzeit pro Tag in h	Verbrauch pro Jahr in kWh	Kosten pro Jahr in €
Handy (Ladegeräte)	2	23	46	13,34
PC mit Monitor	18	19		
TV neu	1			
TV alt	6			

P A D E K
Aufgabe 1, S. 252

a) Überlegt gemeinsam, wie ihr im eigenen Haushalt am besten Strom einsparen könnt, und schreibt eure Ideen auf.
- Beschäftigt euch dazu auch mit den Daten der Tabelle und den Ideen der beiden.
- Um die Tabelle zu ergänzen, müsst ihr die aktuellen Preise recherchieren.

P **A** D E K
Aufgabe 2, Seite 252

b) Wie kann man bestimmen, wie viel Strom ein Haushalt mit ein, zwei, drei oder vier Personen pro Monat sparen kann?
Plant gemeinsam, wie ihr vorgeht, und schreibt die einzelnen Schritte auf. Ihr könnt z. B. die Verantwortung für einzelne Zimmer in einem typischen Haushalt verteilen.

P A **D** E K
Aufgabe 3, S. 253

c) Berechnet für jede der Situationen, wie viel Strom man pro Monat sparen könnte.

P A D **E** K
Aufgabe 16, S. 259

d) Schreibt eure Ergebnisse übersichtlich auf, vergleicht sie und überarbeitet sie gegebenenfalls.

P A D E **K**
Aufgabe 17, S. 259

e) Im Internet oder bei der Stiftung Warentest findet ihr Informationen über den Stromverbrauch in deutschen Haushalten.
So beträgt z. B. der Jahresverbrauch an Strom in einem 1-Personen-Haushalt im Durchschnitt etwa 1600 kWh, in einem 2-Personen Haushalt sind es 2700 kWh.
Um zu wissen, welche Geräte zu viel Strom verbrauchen, kann man spezielle Listen zurate ziehen, die den durchschnittlichen Stromverbrauch anzeigen. So verbraucht die Beleuchtung für einen 2-Personenhaushalt etwa 340 kWh pro Jahr.
Vergleicht eure Ergebnisse mit diesen Werten und überarbeitet sie, falls es Unterschiede gibt.
Kontrolliert dazu euren Plan und eure Rechnung.

f) Bereitet eine Präsentation eurer Untersuchung vor.

▸ **Ordnen A** In der Aufgabe 18 auf Seite 259 findest du einen Feedbackbogen für Präsentationen.

Gut zu wissen
Die Aufgabe 3 kannst du bearbeiten, wenn du mit Aufgabe 1 oder 2 schon fertig bist.
Wenn du Hilfe zum Vorgehen benötigst, findest du Übungen und Hilfen im Ordnen.

3 Heizenergie sparen

Wie hoch ist der Verbrauch an Heizenergie im eigenen Haushalt oder der eigenen Schule? Wie lässt sich möglicherweise Energie sparen, wenn der Verbrauch zu hoch ist?
Im Folgenden bestimmst du, wie viel Energie du und deine Familie oder deine Schule im Vergleich zu durchschnittlichen Werten in Deutschland verbraucht.

P A D E K
Aufgabe 1, S. 252

a) Recherchiert gemeinsam im Internet nach Durchschnittswerten für den Heizenergieverbrauch im letzten Jahr. Besorgt euch Informationen über den tatsächlichen Verbrauch bei euch zu Hause oder in der Schule im letzten Jahr.

P **A** D E K
Aufgabe 2, Seite 252

b) Überlegt euch Ansätze, wie ihr herausfinden könnt, ob ihr zuhause oder eure Schule zu viel oder zu wenig Heizenergie verbraucht?
Plant gemeinsam, wie ihr vorgeht, und schreibt die einzelnen Schritte auf.

P A **D** E K
Aufgabe 3, S. 253

c) Berechnet für verschiedene Haushalte den Verbrauch pro Quadratmeter und vergleicht ihn mit dem durchschnittlichen Verbrauch.
Überlegt euch dann Maßnahmen, wie man Heizenergie einsparen kann, und welche Maßnahmen am effektivsten sind.
Bestimmt dazu, mit welcher Maßnahme man wie viel Kilowattstunden (ungefähr) einspart.

P A D **E** K
Aufgabe 16, S. 259

d) Schreibt eure Ergebnisse übersichtlich auf, vergleicht sie und überarbeitet sie gegebenenfalls.

P A D E **K**
Aufgabe 17, S. 259

e) Im Internet und bei der Verbraucherzentrale findet ihr Informationen, wie viel Energie durch das Dämmen von Häuserwänden, neue Fenster, das Regeln der Raumtemperatur und richtiges Lüften eingespart werden kann.
Vergleicht eure Ergebnisse mit diesen Werten und überlegt, worauf die Unterschiede zurückzuführen sind.

f) Bereitet eine Präsentation eurer Untersuchung vor.

▸ **Ordnen A** In der Aufgabe 18 auf Seite 259 findest du einen Feedbackbogen für Präsentationen.

4 Wasser, Wärme oder elektrische Energie – wo spart man am meisten Geld?

Vergleicht die verschiedenen Wege zum Energiesparen in den Aufgaben 1–3.
Auf welche Weise könnt ihr am meisten Geld sparen, beim Wasser, beim Strom oder bei der Heizenergie?
Ihr könnt diese Frage auf eigenen Wegen lösen oder die Aufgaben a–d) nutzen.

a) Recherchiert, wie viel Geld ein Haushalt mit 1, 2, 3 oder 4 Personen pro Monat durchschnittlich für Wasser, Strom und Heizenergie ausgibt.

b) Bestimmt, wie groß die mögliche prozentuale Ersparnis bei Wasser, Wärme oder Strom ist.
Verwendet dazu eure Ergebnisse aus den Aufgaben 1–3.

c) Was meinen die beiden? Wie kann man prozentuale und absolute Werte umrechnen? Rechne die Werte von Ole und Merve so um, dass man sie miteinander vergleichen kann.

d) Schreibt eure Ergebnisse in Euro und in Prozent übersichtlich auf, vergleicht sie und überarbeitet sie gegebenenfalls.

e) Im Internet und bei der Verbraucherzentrale findet ihr Informationen, auf welche Weise am meisten Energiekosten gespart werden können.
Vergleicht eure Ergebnisse mit diesen Werten und überlegt, worauf die Unterschiede zurückzuführen sind.

f) Bereitet eine Präsentation eurer Untersuchung vor. Es sollte deutlich werden, was der Einzelne vom Energiesparen hat und was die Welt davon hat.

nachgedacht

g) Für die Umwelt können andere Entscheidungen wichtiger sein, als den Geldbeutel der einzelnen Familie durch den sparsamen Umgang mit Wasser und Energie zu entlasten.
Überlegt, was der Umwelt besonders zugute kommt.

Ordnen A

Wie geht man bei umfangreichen Fragestellungen vor?

Hinweis
Die Aufgaben auf den beiden Seiten helfen dir, die Aufgaben 1–3 im Abschnitt Erkunden zu bearbeiten.

1 Projekt verstehen

Beim Bearbeiten von umfangreichen Projekten oder Fragestellungen ist es hilfreich, sich die Arbeit einzuteilen.
In den nächsten Aufgaben nutzt du P A D E K, um eine Checkliste zu entwickeln. Diese kann dir beim Lösen von umfangreichen Fragestellungen helfen.
Im Methodenspeicher findest du eine angefangene Liste, die du mit Hilfe der nächsten Aufgaben ergänzt.

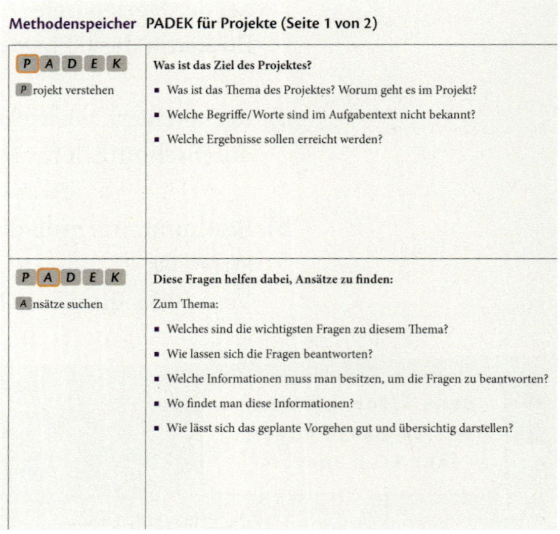

Methodenspeicher PADEK für Projekte (Seite 1 von 2)

P A D E K P rojekt verstehen	**Was ist das Ziel des Projektes?** ▪ Was ist das Thema des Projektes? Worum geht es im Projekt? ▪ Welche Begriffe/Worte sind im Aufgabentext nicht bekannt? ▪ Welche Ergebnisse sollen erreicht werden?
P A D E K A nsätze suchen	**Diese Fragen helfen dabei, Ansätze zu finden:** Zum Thema: ▪ Welches sind die wichtigsten Fragen zu diesem Thema? ▪ Wie lassen sich die Fragen beantworten? ▪ Welche Informationen muss man besitzen, um die Fragen zu beantworten? ▪ Wo findet man diese Informationen? ▪ Wie lässt sich das geplante Vorgehen gut und übersichtig darstellen?

P A D E K

Um ein P rojekt zu verstehen, kann man unterschiedlich vorgehen.

Gut zu wissen
Ein Projekt ist ein umfangreiches Problem, das in Arbeitsteilung und in mehreren Schritten bearbeitet wird.

a) Bearbeite die Aufgaben 1 a) auf Seite 248 oder 2 a) auf Seite 249 mit Hilfe der folgenden Fragen und Tipps:
Was ist das Ziel des Projektes?
- Was ist das Thema des Projektes? Worum geht es im Projekt?
- Welche Begriffe oder Worte im Aufgabentext sind nicht bekannt?
- Welche Ergebnisse wollen wir erreichen?

▸ Materialblock S. 100/101 Methodenspeicher *PADEK für Projekte*

b) Ergänze im Methodenspeicher eigene Tipps und Fragen, um ein Problem zu verstehen.

2 Ansätze suchen

P A D E K

Um ein A nsätze für ein Projekt zu finden, muss man sich auf wenige Fragen konzentrieren, Informationen beschaffen und das Vorgehen planen.

a) Bearbeite die Aufgaben 1 b) auf Seite 248 oder 2 b) auf Seite 249 mit Hilfe der folgenden Fragen und Tipps:
Zum Thema:
- Welches sind die drei wichtigsten Fragen zu diesem Thema?
- Welche Informationen muss man besitzen, um die Fragen zu beantworten?
- Wo findet man diese Informationen?
- Wie lässt sich das geplante Vorgehen gut und übersichtig darstellen?

Zum Arbeitsprozess:
- Wie lässt sich die Arbeit aufteilen?
- Wer in der Gruppe ist für welche Aufgabe verantwortlich?
- Wie sieht der zeitliche Plan aus?
- Wie sollen die Ergebnisse dargestellt werden?

▸ Materialblock S. 100/101 Methodenspeicher *PADEK für Projekte*

b) Ergänze im Methodenspeicher eigene Tipps und Fragen, um Ansätze für ein umfangreiches Projekt zu finden.

3 Durchführen

P A **D** E K

Um Rechnungen durchzuführen, muss man wissen, was man berechnen will, welche Daten gegeben und welche gesucht sind.

Hinweis
Die Aufgaben 4–15 auf den Seiten 253–258 helfen dir, dich an die wichtigsten Rechenverfahren zu erinnern.

► Materialblock S. 100/101 Methodenspeicher *PADEK für Projekte*

a) Bearbeite die Aufgaben 1 c) auf Seite 248 oder 2 c) auf Seite 249 mit Hilfe der folgenden Fragen und Tipps:
Jetzt muss die mathematische Bearbeitung durchgeführt werden.
- Was soll bestimmt werden? Welche Daten sind gegeben?
- Welche mathematischen Hilfsmittel benötigt man? Welches Vorwissen ist erforderlich?
- In welchem Wissensspeicher finden sich die Informationen?
- Wie exakt muss die Rechnung sein?

b) Ergänze im Methodenspeicher eigene Tipps und Fragen für die zukünftige Arbeit.

4 Durchführen: Mit „Kilo-“ und „Milli-“ rechnen

Beim Arbeiten im Erkunden ist die Frage aufgetreten, wie man Einheiten umrechnet. Wie das für die verschiedenen Größen geht, damit beschäftigst du dich in dieser Aufgabe.

wiederholen
Wissensspeicher aus vorigen Schuljahren: *Größen 3*

Gut zu wissen
Die elektrische Leistung (Strom) wird in Watt (W) und Kilowatt (kW) angegeben.

a) (1) Was bedeutet es, wenn in einer Einheit die Vorsilbe „Kilo-“ steht? Erkläre an Beispielen:
- Wie viel Gramm passen in 1 kg?
  1 kg = ___ g
- Wie viel Meter passen in 10 km?
  10 km = ___ m
- Wie viel Watt passen in 2 kW?
  2 kW = ___ W

(2) Was bedeutet es, wenn in einer Einheit die Vorsilbe „Milli-“ steht? Erkläre an Beispielen:
- Wie viel Gramm passen in 1 mg?
  1 mg = ___ g
- Wie viel Meter passen in 1 mm?
  1 mm = ___ m
- Wie viel Watt passen in 5 mW?
  5mW = ___ W

b) (1) Wie rechnet man Längen zwischen Kilometer und Meter um?
Erkläre es für die folgenden Längen an der Stellentafel:
10,5 km, 1,28 km, 1560 m, 340 m

km			m				Umrechnung
H	Z	E	H	Z	E		
	1	0	5				10,5 km = 10 500 m

(2) Wie rechnet man Längen zwischen Millimeter und Meter um?
Erkläre es für die folgenden Längen an der Stellentafel:
10 mm, 1,34 m, 2470 mm, 340 mm

m			mm				Umrechnung
H	Z	E	H	Z	E		

c) (1) Erstelle auch für Kilogramm und Kilowatt Stellentafeln mit jeweils einem Beispiel.

(2) Erstelle auch für Milligramm und Milliwatt Stellentafeln mit jeweils einem Beispiel.

Erkläre zu (1) und zu (2), warum das Umrechnen für alle Größen ähnlich ist.

d) Schreibe auf, was beim Umrechnen in „Kilo-“ und „Milli-“ ähnlich ist.

► Materialblock S. 98 Wissensspeicher *„Kilo-“ und „Milli-“*

e) Erkläre, wie man Längen zwischen Kilometer und Millimeter umrechnet.

f) Vergleicht eure Erklärungen zu b) bis e) und übertragt sie in den Wissensspeicher.

5 Durchführen: Wie rechne ich Flächeneinheiten um?

In großen Solarmodulen zur Stromerzeugung, die 2 m breit und 3 m lang sind, werden viele quadratische Solarzellen mit 10 cm Seitenlänge zusammengebaut.

wiederholen
Wissensspeicher aus vorigen Schuljahren: *Flächen 4*

a) Berechne die Anzahl der Solarzellen eines Solarmoduls. Erkläre, wie du vorgegangen bist.

b) Zur Umrechnung von Flächeneinheiten kannst du auch eine Stellentafel verwenden. Erkläre deine Vorgehensweise an folgenden Beispielen:

dm²		cm²		mm²		Umrechnung
Z	E	Z	E	Z	E	
			1			$1\,cm^2 = 100\,mm^2$

(1) $3\,m^2 =$ ____ cm^2 (2) $54{,}3\,cm^2 =$ ____ mm^2
(3) $2001\,dm^2 =$ ____ m^2 (4) $10\,000\,m^2 =$ ____ km^2

▸ Materialblock S. 99 Wissensspeicher *Flächen- und Volumeneinheiten*

c) Vergleicht eure Ergebnisse aus b) und übertragt sie in den Wissensspeicher.

6 Durchführen: Was hat Liter mit Kubikmeter zu tun?

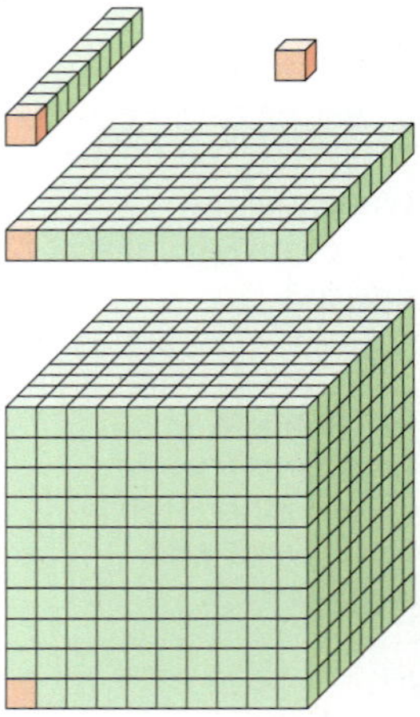

Erinnere dich
In einen Würfel mit 10 cm Kantenlänge passt genau 1 Liter.

a) Erkläre, was Liter mit Kubikmeter zu tun hat. Bearbeite dazu die folgenden Fragen:
- Wie rechnet man Liter in Kubikdezimeter um?
- In welcher Einheit kann man 1 Liter auch noch angegeben?
- Wie viele 1 ℓ-Gefäße benötigt man, um ein $1\,m^3$-Gefäß zu füllen?

wiederholen
Wissensspeicher aus vorigen Schuljahren: *Körper 3*

b) Eine Stellentafel kann helfen, Volumeneinheiten umzurechnen. Erkläre, warum in der Stellentafel für Volumina immer drei Stellen pro Einheit verwendet werden.
- Vergleiche dazu mit der Stellentafel für Flächeninhalte und Längen.
- Überlege, wie viel Kubikmillimeter in einen Kubikzentimeter passen, wie viel Quadratmillimeter in ein Quadratzentimeter passen und wie viel Millimeter in einen Zentimeter passen.

cm³			mm³			Umrechnung
H	Z	E	H	Z	E	
	1				1	$10{,}001\,cm^3 = 10\,001\,mm^3$

cm²		mm²		Umrechnung
Z	E	Z	E	
	1		1	$1{,}01\,cm^2 = 101\,mm^2$

cm	mm	Umrechnung
E	E	
1	1	$1{,}1\,cm = 11\,mm$

c) Überprüfe die Ergebnisse mit einer Stellentafel und erkläre, worauf man achten muss.

(1)
$230\,ℓ = 23\,000\,cm^3$
$34{,}3\,m^3 = 343\,dm^3$
$45\,cm^3 = 45\,000\,mm^3$
Wenn man eine Volumenangabe von einer Einheit in die nächstkleinere Einheit umrechnet, dann …

(2)
$5\,mm^3 = 0{,}005\,cm^3$
$4520\,ℓ = 45{,}2\,m^3$
$1500\,cm^3 = 0{,}15\,dm^3$
Wenn man eine Volumenangabe von einer Einheit in die nächstgrößere Einheit umrechnet, dann …

▸ Materialblock S. 99 Wissensspeicher *Flächen- und Volumeneinheiten*

d) Vergleicht eure Ergebnisse in a) bis c) und übertragt sie in den Wissensspeicher.

7 Durchführen: Wie bestimme ich Mittelwerte?

Erinnere dich
Neben dem Durchschnitt gibt es auch den Zentralwert.

Beim Arbeiten im Erkunden ist die Frage aufgetreten, wie man Mittelwerte bestimmt. Wie das für mehrere Größenangaben geht, damit beschäftigst du dich in dieser Aufgabe.

wiederholen
Wissensspeicher aus vorigen Schuljahren: *Daten 3*

a) Die folgende Liste umfasst für sieben Single-Haushalte in Deutschland den Stromverbrauch in Kilowattstunden in einem Jahr:

1542	2122	3000	1490	1432	980	1420

Wie viel Strom wurde in den Single-Haushalten im Mittel verbraucht?
Bestimme dazu den Durchschnitt und den Zentralwert.
Beschreibe, wie du vorgegangen bist.

b) In den 6 Wohnungen eines Mehrfamilienhauses werden folgende Verbrauchswerte in Kilowattstunden ermittelt:

3450	3250	4800	5200	3600	3300

Wie bestimmst du den Zentralwert, wenn die Anzahl der Daten gerade ist?
Erkläre am Beispiel der 6 Wohnungen, wie du vorgegangen bist.

8 Durchführen: Wie bestimme und vergleiche ich Anteile?

Erinnere dich
Anteile kann man durch Prozentzahlen oder Brüche beschreiben.

Beim Arbeiten im Erkunden ist die Frage aufgetreten, wie man Anteile bestimmt. Wie das für verschiedene Größen geht, damit beschäftigst du dich in dieser Aufgabe. Die folgende Tabelle gibt an, wie viel Liter Wasser durchschnittlich pro Tag und pro Person in bestimmten Situationen verbraucht werden.

Trinken, Kochen	WC-Spülung	Duschen, Baden	Wäschewaschen	Geschirrspülen	Raumpflege	Garten

3 Liter	48 Liter	55 Liter	19 Liter	10 Liter	7 Liter	3 Liter

wiederholen
Wissensspeicher aus vorigen Schuljahren: *Brüche 7*

a) Ein Drittel des Wasserverbrauchs im Haushalt wird für die Toilettenspülung benötigt.

Erkläre, wie du vorgehst, um Oles Aussage zu überprüfen.

b) Manchmal ist es nicht wichtig, den genauen Anteil zu berechnen, sondern eine ungefähre Vorstellung von dessen Größe zu haben:
Welcher Anteil entfällt auf das Waschen der Wäsche und die Körperpflege?
Beschreibe wie du vorgehst, um den Anteil im Kopf zu schätzen.

c) Manchmal musst du auch wissen, welcher Anteil größer ist.
Entscheide, welcher Anteil ist größer ist, und begründe.

(1) $\frac{2}{5}$ oder $\frac{5}{10}$ (2) $\frac{2}{4}$ oder $\frac{2}{3}$ (3) $\frac{4}{7}$ oder $\frac{5}{8}$

9 Durchführen: Wie kann ich Prozentsätze bei Anteilen bestimmen?

wiederholen

Wissensspeicher
Prozente 3 (MB 91)

Beim Arbeiten im Erkunden ist die Frage aufgetreten, wie man Prozentsätze bestimmt. Eine Familie hat mit Hilfe von Messgeräten eine Übersicht über die Verteilung des jährlichen Stromverbrauchs erstellt. Berechne die prozentualen Anteile vom Gesamtverbrauch.

Situation	Verbrauch
Waschen, Kochen, Kühlen	1000 kWh
Licht	300 kWh
Sauna	200 kWh
sonstige Elektrogeräte	200 kWh
PC, TV, Radio, CD …	350 kWh

10 Durchführen: Wie kann ich Prozentsätze bei Zu- und Abnahmen bestimmen?

Beim Arbeiten im Erkunden ist die Frage aufgetreten, wie man Prozentsätze bestimmt. Prozentsätze spielen beim Vergleich von Zu- und Abnahmen eine Rolle.

a) In Berlin betrug 1991 der Wasserverbrauch je Einwohner 140 Liter pro Tag. 2007 waren es nur noch 119 Liter pro Tag.
In einem Stadtteil, in dem zwischen 1991 und 2007 viele Bewohner in Rente gegangen sind, war es genau umgekehrt:
1991 waren es 119 Liter pro Tag und 140 Liter pro Tag im Jahr 2007.
- Um wie viel Prozent veränderte sich der Wasserverbrauch?
- Beschreibe, wie du vorgehst, um die Zunahme oder Abnahme des Wasserverbrauchs in Prozent zu berechnen.

Tipp
Verwende Minitabellen oder Prozentstreifen.

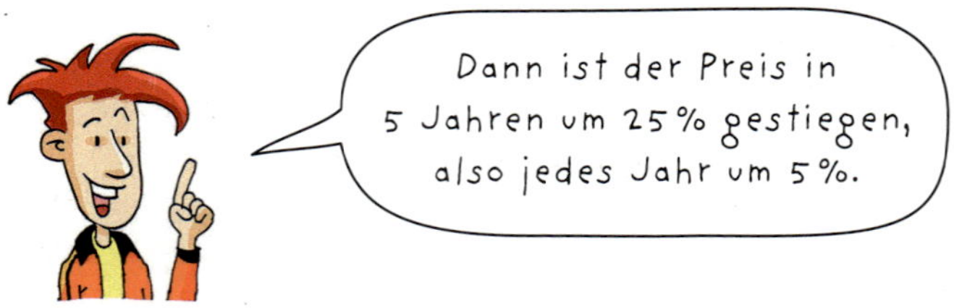

b) Der Preis für eine Kilowattstunde betrug 18 ct im Jahr 2004 und 22,5 ct im Jahre 2009.
Überlege, ob Till Recht hat.

11 Durchführen: Wie kann ich Prozentwerte bestimmen?

wiederholen

Wissensspeicher
Prozente 3 (MB 91)

Beim Arbeiten im Erkunden ist die Frage aufgetreten, wie man Prozentwerte bestimmt. Wie das am Beispiel des Stromverbrauchs gelingt, damit beschäftigst du dich in dieser Aufgabe.
Der jährliche Stromverbrauch bei Merve und ihrer Familie (4 Personen insgesamt) beträgt ca. 4000 kWh. Die 4000 kWh verteilen sich ungefähr so:

Situation	in Prozent	in kWh
Licht	10 %	
Heizung und Warmwasser	16 %	
Kühlen und Gefrieren	19 %	
Elektronik (Computer, TV, Hifi und anderes)	15 %	
Haushaltsgeräte	40 %	

a)
- Übertrage die Tabelle ins Heft und ergänze sie.
- Beschreibe danach, wie du vorgehst, um Prozentwerte zu berechnen.
- Welche Werte kann man besonders einfach berechnen? Begründe.

Tipp
Verwende Minitabellen oder Prozentstreifen.

b) Recherchiere, wie die Tabelle bei einem Ein-Personen-Haushalt aussehen kann.

12 Durchführen: Wie kann ich mir große Mengen vorstellen?

Beim Arbeiten im Erkunden ist die Frage aufgetreten, wie man sich große Mengen vorstellen kann.
Die Wasseruhr zeigt die große Menge von 139,592 m^3 an.

Erinnere dich
Ein Würfel mit der Kantenlänge 1 m hat ein Volumen von 1 m^3.

a) Kennst du einen Gegenstand, in den diese Menge Wasser hineinpasst.

b) Zum Vorstellen großer Mengen kann es helfen, wenn man die Menge gedanklich in einen bekannten Gegenstand umfüllt.
- Fülle dazu das Wasser gedanklich in ein quaderförmiges Schwimmbecken um. Wie groß können die Tiefe, Breite und Länge gewählt werden?
- Ermittle zum Vergleich, wie viel Wasser in deinen Klassenraum passen würde.

wiederholen
Wissensspeicher aus vorigen Schuljahren: *Größen 5*

c) Zum Vorstellen großer Mengen kann auch der Vergleich mit einer kleinen bekannten Menge helfen. Dazu überlegt man sich, wie häufig die kleine bekannte Menge in die große Menge hineinpasst.
Bestimme dazu, wie viele 10-ℓ-Eimer du für die angezeigte Wassermenge benötigst.

d) Beschreibe, wie groß die Menge jeweils ist.
- Berechne, wie groß die Menge ist.
- Nenne einen Gegenstand, in den die Menge ungefähr hineinpasst.

(1) fünf Jahre lang jeden Tag ein Glas Cola trinken
(2) einen Monat lang jeden Tag duschen (15 ℓ pro Minute)

13 Durchführen: Wie genau gibt man das Ergebnis an?

Beim Arbeiten im Erkunden ist die Frage aufgetreten, mit welcher Genauigkeit man Mengen angibt. Dann muss man sinnvoll runden, wie in dieser Situation:
Einmal jährlich müssen die Zählerstände der Gas- und Wasseruhr auf der Internetseite des Gas- und Wasseranbieters eingegeben werden. Die Werte sollen gerundet ohne Komma angegeben werden: Wasser: 34,576 m^3, Gas: 4566,189 m^3

wiederholen
Wissensspeicher aus vorigen Schuljahren: *Dezimalzahlen 3*

a)
- Welche Werte ergeben sich, wenn man nach den mathematischen Regeln rundet?
- Welche Werte sind sinnvoller, wenn man nicht mehr Wasser angeben möchte, als man tatsächlich verbraucht hat?

b) Runde die beiden Werte auf alle möglichen Stellen. Was musst du dabei beachten?

c) Überprüfe, ob du alles verstanden hast. Manchmal musst du erst umrechnen.

(1) Runde auf Liter: 15,45 ℓ, 600 mℓ
(2) Runde auf kWh: 46,8 kWh, 1900 Wh
(3) Runde auf kW: 2,3 kW, 1600 W
(4) Runde auf dm 4,67 m, 125 cm
(5) Runde auf kg: 4,31 kg, 860 g
(6) Runde auf m^2: 7,9 m^2, 245 000 cm^2

d) Begründe, auf welche Stelle man 10,2694 in den einzelnen Situationen sinnvoll rundet:

(1) Preis in Euro
(2) Preis in Cent
(3) Größe eines Zimmers in m^2
(4) Volumen eines Eimers in Liter
(5) Gewicht eines Goldnuggets in Gramm
(6) Gewicht eines Lkw in Tonnen

14 Durchführen: Wie kann ich Terme aufstellen und mit ihnen rechnen?

Haushaltstarif
Grundpreis 66 €
pro Jahr und
7,5 ct pro kWh

Beim Arbeiten im Erkunden ist die Frage aufgetreten, wie man Terme nutzen kann, um immer die gleiche Berechnung einfacher durchzuführen.
Auf der Internetseite des Gasversorgers findet Merve das folgende Angebot für die Gaskosten:

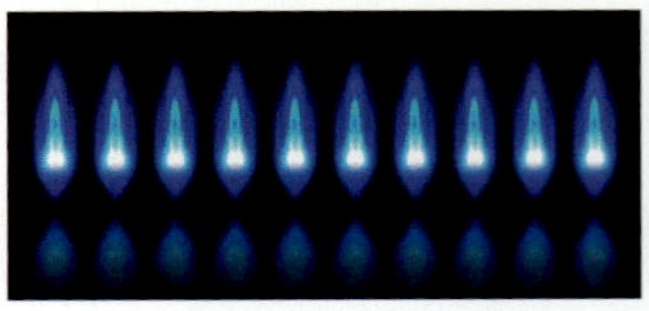

a) Bestimme die Kosten für 10 000 kWh und 20 000 kWh.

wiederholen
Wissensspeicher
Terme 7 (MB 78)

b) Erkläre, wofür die Variable x steht!
Stelle dann einen Term auf, so dass du auch für andere Verbrauchsmengen schnell die jährlichen Kosten bestimmen kannst.

Menge in kWh	Kosten in €	
	Haushaltstarif	Spartarif
10 000		
20 000		
...		

Spartarif
Grundpreis 186 €
pro Jahr und
6,9 ct pro kWh

c) Bestimme auch für den Spartarif die Kosten bei verschiedenen Verbrauchsmengen.

d) Vergleiche deine Ergebnisse. Für welche Werte ist der Spartarif günstiger?

e) Merves Vater möchte wissen, wie viel Kilowattstunden man ungefähr für 500 € verbrauchen kann.

15 Durchführen: Wie rechne ich mit einer Tabellenkalkulation?

Mit einer Tabellenkalkulation kann man Ergebnisse von aufwändigen Rechnungen schneller bestimmen.

a) Pia rechnet mit Hilfe einer Tabellenkalkulation Einheiten um. Wenn Pia in Zelle **A2** die Länge 23 mm eingibt, wird sie rechts daneben automatisch in andere Einheiten umgerechnet. Dazu hat Pia in die Zelle **B2** „**=A2/10**“ eingetragen.

S... fx =A2/10

	A	B	C	D	E
1	mm	cm	dm	m	km
2	23	=A2/10	0,23	0,023	0,000023
3	800	80	8	0,8	0,0008
4	90000	9000	900	90	0,09

- Erkläre, was der Ausdruck bedeutet und welche Zahl in der Zelle berechnet wird.
- Schreibe dann die Ausdrücke für die Zellen **C2**, **D2** und **E2** auf und überprüfe die Umrechnungen für die zweite und dritte Zeile.

Erinnere dich
10 mm = 1 cm
100 mm² = 1 cm²
1000 mm³ = 1 cm³

wiederholen
Wissensspeicher
Hilfsmittel 4 (MB 81)

b) Ole legt eine Tabelle für die Volumeneinheiten an. Er will alle Werte in Liter eingeben, um das Volumen in den Einheiten Milliliter, Kubikzentimeter, Kubikdezimeter und Kubikmeter zu erhalten.
Fertige mit einer Tabellenkalkulation eine Umrechnungstabelle an.

c) Für die Tabellen in Aufgabe 11 auf Seite 256 sollen die Berechnungen auch für hohe und krumme Werte durchgeführt werden.
Bestimme wie in dieser Aufgabe auch für Aufgabe 11 einen Term und erkläre, wie die Einträge in den Zellen mit den Termen zusammenhängen.

Angebot
Grundpreis 75 €
pro Jahr und
20 ct pro kWh

d) Till möchte gerne die Stromkosten für verschiedene Verbräuche (in kWh) bestimmen: Fertige mit einer Tabellenkalkulation eine Tabelle an, so dass du für verschiedene Jahresverbrauchswerte die Kosten vergleichen kannst, und erläutere dein Vorgehen.

16 Ergebnis erklären

P A D **E** K

Um deine Ergebnisse erklären und anderen vorstellen zu können, musst du darüber nachdenken, was die Ergebnisse mit deiner Aufgabe zu tun haben, wie man sie am besten präsentiert, aber auch, ob man sie noch runden muss.

a) Bearbeite die Aufgaben 1 d) auf Seite 248 und 2 d) auf Seite 249 mit Hilfe der folgenden Fragen und Tipps:
Jetzt liegen die Ergebnisse vor.
- Kann man gut erkennen, was der Lösungsweg ist und wo das Ergebnis steht?
- Ist das Ergebnis mit der richtigen Einheit angegeben?
- Muss das Ergebnis noch sinnvoll gerundet werden?
- Ist das Ergebnis noch einmal in eigenen Worten formuliert?
- Ist das Ergebnis der Rechnung ein Zwischen- oder Endergebnis?

► Materialblock S. 100/101 Methodenspeicher *PADEK für Projekte*

b) Ergänze im Methodenspeicher eigene Tipps und Fragen zum Erklären der Ergebnisse.

17 Kontrollieren des eigenen Vorgehens

P A D E **K**

Bevor du das Ergebnis endgültig präsentierst, musst du noch kontrollieren, ob die Ergebnisse korrekt sind und ob sie eine Antwort auf die ursprüngliche Fragestellung liefern.

a) Bearbeite die Aufgaben 1 e) auf Seite 248 oder 2 e) auf Seite 249 mit Hilfe der folgenden Fragen und Tipps:
Nun muss kontrolliert werden, ob die Ansätze, Rechnungen und Ergebnisse stimmen:
- Passt das Ergebnis zur Frage? Kann das Ergebnis stimmen?
- Stimmen Ansatz und Durchführung überein?
- Wo könnte ein Fehler stecken, schon im Ansatz oder in der Rechnung?
- Worauf sind unterschiedliche Ergebnisse zurückzuführen?

b) Ergänze im Methodenspeicher eigene Tipps und Fragen für das Kontrollieren.

18 Kontrollieren der Präsentationen von anderen

Gut zu wissen
Mit einer Präsentation sollen die Ergebnisse der eigenen Arbeit verständlich vorgestellt werden. Das kann z. B. ein Poster oder ein Referat sein.

In den Aufgaben 1 bis 3 auf Seite 248–250 habt ihr euch z. B. mit dem Problem beschäftigt, wie man Wasser einzusparen kann.
Stellt eure Ergebnisse dazu den anderen vor.
Kontrolliert gegenseitig, ob eure Ansätze, Lösungswege und Ergebnisse richtig sind.
Der folgende Feedbackbogen für Präsentationen kann dabei helfen.
Falls noch Aspekte fehlen, könnt ihr die Liste ergänzen.

► Materialblock S. 102 Methodenspeicher *Feedbackbogen für Präsentationen*

Arbeitsmaterial Feedbackbogen für Präsentationen

Thema der Präsentation: ____

Name: ____ Datum: ____

Wird das Problem gut dargestellt?	
Ist der Ansatz verständlich?	
Werden die Rechnungen gut erklärt?	
Werden die Ergebnisse verständlich präsentiert?	
Werden Bilder und Diagramme genutzt?	
Passen die Ergebnisse zum Problem?	
Ist der Vortrag klar gegliedert?	
Ist derVortrag interessant?	

Vertiefen

Rund um Wasser, Strom und Heizenergie

Training

1 Ein Quadrat in Gedanken mit kleinen Quadraten bedecken

Bei dieser Aufgabe übst du das Umrechnen von Längen- und Flächeneinheiten.

- Stelle dir ein Solarmodul als Quadrat mit 1 m Seitenlänge vor. Wie viele kleine Quadrate mit der Seitenlänge 20 cm benötigst du, um das große Quadrat zu bedecken?
- Halbiere die Seitenlänge der kleinen Quadrate. Wie viele Quadrate benötigst du jetzt?
- Halbiere die Seitenlänge noch einmal. Wie viele Quadrate benötigst du nun?
- Wie groß ist der Flächeninhalt von dem letzten ganz kleinen Quadrat?

Training

2 Der Wasserverbrauch pro Kopf in Deutschland – Prozente und Anteile

Bei dieser Aufgabe übst du das Berechnen von Anteilen und das Umrechnen von Volumeneinheiten. Ende der 1980er Jahre lag in Deutschland der tägliche Wasserverbrauch pro Kopf noch bei 140 ℓ, heute verbraucht jeder Deutsche im Durchschnitt 127 ℓ.

a) Berechne, um wie viel Prozent der Wasserverbrauch in diesem Zeitraum gesunken ist.

b) Im Bad werden täglich 39 ℓ verbraucht, für die Toilette noch einmal 34 ℓ.
Berechne, welcher Anteil des Wasserverbrauchs in etwa auf Bad und Toilette entfällt.

Gut zu wissen
Flächeninhalte kann man auch in der Einheit Hektar (ha) angeben.
1 ha = 10 000 m^2

c) Der tägliche Wasserverbrauch einer Stadt in Deutschland mit 120 000 Einwohnern reicht aus, um ein Reisfeld von einem Hektar Größe ein Jahr lang zu bewässern.
Berechne, wie viel Liter Wasser für 1 m^2 des Reisfeldes pro Tag benötigt werden.

Training

3 Verteilung des Energieverbrauchs im Haushalt

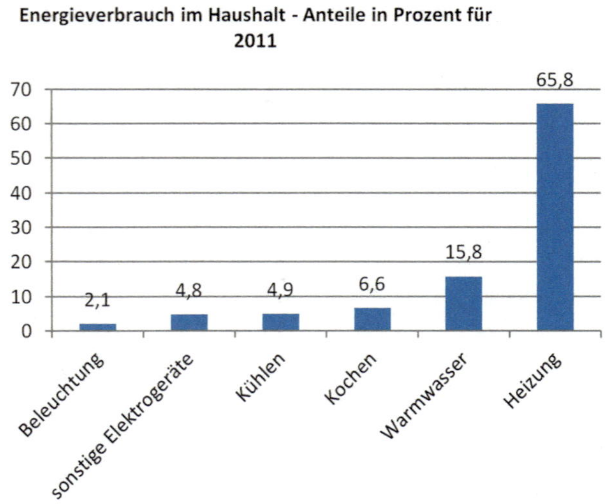

Hier geht es um die Berechnung von Prozentwerten. Die Grafik zeigt, wie sich der Energieverbrauch im Haushalt durchschnittlich aufteilt.

a) Ein 2-Personen-Haushalt verbrauchte im Jahr 2011 14 674 kWh.
Berechne, wie viel Kilowattstunden auf die jeweiligen Situationen entfallen.

b) Vergleiche den Energieverbrauch für die Beleuchtung mit der für sonstige elektrische Geräte.

c) Begründe, warum Einsparungen bei der Beleuchtung eher gering ausfallen.

wiederholen

Wissensspeicher
Mit Prozenten rechnen
(MB 90/91)

4 Heizkosten einsparen – Prozente

Hier geht es um die Berechnung von Prozentsätzen und Prozentwerten.
Ein 4-Personen-Haushalt mit einer Wohnfläche von 120 m² benötigt ca. 2400 ℓ Heizöl im Jahr. Im Jahr 2000 kostete dies 980 €, im Jahr 2009 bereits 1327 €.

a) Berechne die Preissteigerung in Prozent in diesem Zeitraum.

b) 15 % der Heizkosten entfallen auf die Warmwasserbereitung, der Rest auf die Raumheizung. Durch Absenken der Raumtemperatur um 1 °C lassen sich die Kosten für die Raumheizung um 6 % senken. Berechne die jährliche Ersparnis in Prozent.

Training

5 Wasseruhren und Heizkostenmessgeräte ablesen

Hier übst du, Volumeneinheiten umzurechnen und sinnvoll zu runden.

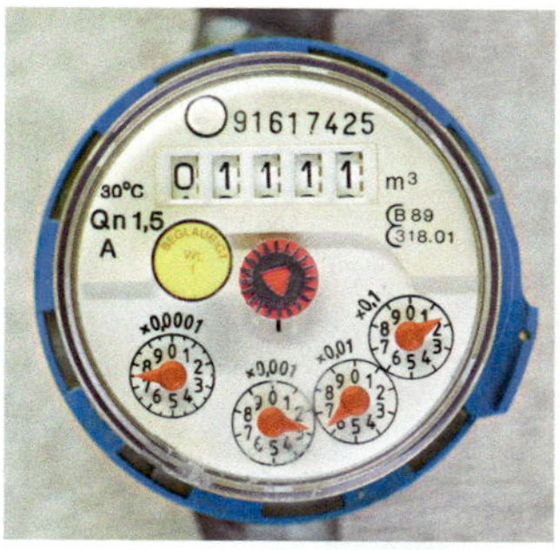

a) Gib den momentanen Zählerstand in Kubikmeter und Liter an.

b) Der durchschnittliche Wasserverbrauch beträgt 127 Liter pro Person und Tag.
Welche Zählerstände zeigt die Wasseruhr in einem Single-Haushalt zu den folgenden Zeitpunkten ungefähr an:
(1) nach 1 Tag (2) nach 1 Monat
(3) nach 1 Jahr (4) vor 1 Woche

c) Einmal im Jahr werden in allen Wohnungen die Messgeräte an Heizungen abgelesen.
Digitale Messgeräte geben die Verbrauchseinheiten mit bis zu vier Nachkommastellen an.
Till liest in seiner Wohnung an sechs Heizkörpern folgende Verbrauchswerte ab:

Heizkörper	1	2	3	4	5	6
Wert	1,2554	0,3301	4,9981	2,5673	1,1141	0,0250

- Welchen Wert ergeben die abgelesenen Zahlen zusammen?
- Letztes Jahr hat Till insgesamt einen Wert von 12,6953 errechnet. Wie groß ist der Unterschied zu diesem Jahr?

d) Bei einigen Messgeräten nach dem Verdunsterprinzip werden die abgelesenen Einheiten jeweils noch mit einem Faktor multipliziert, um die Verbrauchseinheiten zu erhalten. Die Faktoren hängen von der Größe der Heizkörper ab.
Das sind die Faktoren für die Heizkörper in Oles Wohnung und die abgelesenen Einheiten:

Heizkörper	1	2	3	4	5	6
Faktor	1,3	0,8	1,5	1,5	1,1	0,5
Einheiten	3	6	2	1	4	7

Berechne die Verbrauchseinheiten insgesamt.

Training

6 Die Sonnenstunden zweier Städte vergleichen

In dieser Aufgabe geht es um Durchschnitt und Zentralwert.
Für Betreiber von Solaranlagen ist die Anzahl der Sonnenstunden ihres Ortes von großem Interesse. Die folgende Tabelle gibt die Anzahl der Sonnenstunden für Freiburg und Berlin für mehrere Jahre an:

	2007	2008	2009	2010	2011	2012
Freiburg	1925	1850	1760	1628	1949	1900
Berlin	1712	1703	1818	1573	1948	1701

a) Berechne für beide Städte jeweils die durchschnittliche Anzahl der Sonnenstunden.
Gib für jede Stadt auch den Zentralwert an.
Warum sind Durchschnitt und Zentralwert unterschiedlich?

b) In den meisten Jahren hatte Freiburg mehr Sonnenstunden.
- Gib den Unterschied der Durchschnittswerte in Stunden und in Prozent an.
- Vergleiche, wie sich die Zentralwerte bei beiden Städten unterscheiden.

weitergedacht

7 Wasser sparen mit Durchflussbegrenzern – Volumen und Kosten

Bei dieser Aufgabe übst du den Umgang mit großen und kleinen Einheiten.
Ein kleiner Wasserhahnaufsatz kostet nur rund 5 € pro Stück, lässt aber mit 6–12 Litern pro Minute nur die Hälfte der sonst üblichen Wassermenge durch. Bei warmem Wasser spart das auch Heizenergie.
Die Stadt Basel in der Schweiz hat diese an 20 000 Haushalte verschenkt. Damit spart eine 4-köpfige Familie jährlich bis zu 47 500 Liter Wasser und 1950 kWh Energie.

- Wie viel Wasser sparen die Bewohner der Stadt Basel durch diese Aktion insgesamt?
- Berechne, wie viel Wasser jeder einzelne pro Tag durch diesen Aufsatz spart.

Problemlösen

Gut zu wissen
In Sonnenkollektoren wird Wasser durch die Strahlungsenergie der Sonne erwärmt.

8 Energiesparen mit Sonnenkollektoren – Flächen und Prozente

Hier übst du das Umrechnen von Längen-, Flächen- und Volumeneinheiten.
Aus der natürlichen Strahlung der Sonne deckt eine Brauchwasser-Solaranlage bis zu 60 % der benötigten Energie fürs Duschen, Waschen und Spülen. Pro Person im Haushalt wird eine Kollektorfläche von 1,5 m^2 benötigt sowie ein Solarspeicher von 80 Liter, um auch trübe Tage zu überbrücken.

a) Bestimme den Bedarf für eine 4-köpfige Familie. Rechne proportional hoch.

b) Eine Seite des Hausdachs ist rechteckig, 9,50 m lang und 8,50 m hoch.
Berechne, wie viel Prozent dieser Dachfläche durch die Kollektoren bedeckt sind.

c)
- Bestimme die Maße für die Solarspeicher für eine 4-köpfige Familie.
Nimm dazu an, dass der Speicher quaderförmig ist.
- Ein optimaler Speicher sollte 2,5mal so hoch wie breit sein.
Findest du auch Maße für einen solchen Speicher, dessen Volumen annähernd für die 4-köpfige Familie passend ist?

Training

9 Wasser sparen mit neuem Spülkasten – Volumen und Kosten

Bei dieser Aufgabe rechnest du Volumeneinheiten um und berechnest Kosten.
Bei einem herkömmlichen Spülkasten werden pro Benutzung 9 ℓ benötigt.
Ein 3-Personen-Haushalt verbraucht für die Toilette 135 ℓ Wasser pro Tag.
Neue Spülkästen mit Stopptaste brauchen für die kleine Sitzung 4 ℓ und 6 ℓ für die große Sitzung.

a) Berechne, wie viel Liter Wasser in diesem Haushalt durch den Kauf eines neuen Spülkastens pro Tag eingespart werden.
Nutze den Ansatz einfachere Fragen stellen.

b) Ein Spülkasten mit Stopptaste kostet 40 €.
Wie lange dauert es, bis die Anschaffungskosten durch den geringeren Verbrauch ausgeglichen sind? Gehe dabei von einem durchschnittlichen Wasserpreis einschließlich Abwasser von 3,30 € pro m^3 aus.

10 Mit P A D E K Probleme verstehen und lösen

Till und Merve haben folgende Frage bearbeitet:

Wie lange dauert es, diesen Pool im Garten mit Wasser zu füllen?

Till: Der Pool hat eine komische Form. Wie viel Wasser braucht man wohl, um ihn zu füllen?
Merve: Aber er ist fast quaderförmig, da können wir das Volumen berechnen.
Till: Ich schätze mal, der ist 5 m lang, 2 m breit und 2 m tief.
Merve: Dann ist das Volumen 20 m^3 groß.
Till: Und woher wissen wir, wie viel Wasser aus dem Schlauch kommt?
Merve: Wir füllen erst einmal einen Eimer.
Till: Wie viel passt denn da rein? Und wie lange dauert das?
Merve: Mein Handy hat eine Stoppuhr, da können wir es ganz genau messen.
Till: Das ist ein 10-Liter-Eimer und es dauert 15 Sekunden, bis er voll ist.
Merve: Aber in den Swimmingpool passt viel mehr Wasser als in den Eimer und das Füllen dauert bestimmt viel länger.
Till: Dann müssen wir die Einheiten für das Volumen und die Zeit eben umrechnen.
Merve: 20 m^3 sind 20 000 Liter, also brauchen wir 2000 Wassereimer.
Till: Und dann können wir vom Volumen des Eimers hochrechnen auf das Volumen des Pools.
Merve: Da müssen wir genau das Rechenverfahren überlegen.
Till: Aber im Pool sind Treppenstufen drin. Das haben wir vergessen.
Merve: Stimmt, da kann dann kein Wasser hin.
Till: Aber randvoll können wir ihn auch nicht machen.
Merve: Dann ziehen wir ein paar Prozent vom Volumen oder ein paar Zentimeter von der Höhe ab.

- Lies den Text von Till und Merve und beschreibe, wie die beiden vorgegangen sind.
- Ordne deinem Text die P A D E K -Schritte zu. Warum wurden die P A D E K -Schritte nicht einfach der Reihe nach ausgeführt?
- Bei welchen Schritten von P A D E K hilft dir der Taschenrechner? Warum hilft er bei den anderen Schritten nicht?

Checkliste Wasser und Energie sparen – Rechnen anwenden

Ich kann ... *Ich kenne ...*	*Hier kann ich üben ...*
Ich kann Alltagsprobleme lösen, die mit dem Berechnen von Mengen und Größen zu tun haben. Wie viel Geld spare ich im Jahr, wenn ich beim Zähneputzen das Wasser nicht laufen lasse und nur einen Zahnbecher voll Wasser verwende?	S. 260 Nr. 2, 3 S. 261 Nr. 4 S. 262 Nr. 6 S. 263 Nr. 9
Ich kann Einheiten (auch mit „Milli-“ und „Kilo-“) umrechnen. Kann das stimmen? Rechne die Größenangaben in eine passende Einheit um: ▪ Ein Hallenbad fasst ungefähr 900 000 ℓ Wasser. ▪ Ein Brot wiegt ungefähr 0,001 kg.	S. 253 Nr. 4 S. 261 Nr. 5 S. 262 Nr. 6–8
Ich kenne verschiedene Schritte bei der Bearbeitung eines Projektes und kann sagen, bei welchem Schritt ich gerade bin. Erkläre in eigenen Worten, was die Buchstaben in der Abkürzung P A D E K für die Bearbeitung eines Projektes bedeuten.	S. 252 Nr. 1, 2 S. 253 Nr. 3 S. 259 Nr. 16, 17 S. 263 Nr. 10
Ich kann unterscheiden, in welchen Situationen man mit Flächeneinheiten und in welchen Situationen man mit Volumeneinheiten rechnet. **Ich kann Volumeneinheiten und Flächeneinheiten umrechnen.** ▪ Was lässt sich beim Rasensprengen mit Flächeneinheiten und was mit Volumeneinheiten berechnen? ▪ Rechne in die Einheit um, die in Klammern angegeben ist: $1\,m^3$ (cm^3, ℓ); $12{,}45\,m^2$ (cm^2, km^2).	S. 254 Nr. 5, 6 S. 257 Nr. 12 S. 260 Nr. 1, 2 S. 261 Nr. 5 S. 262 Nr. 7, 8 S. 263 Nr. 9
Ich kann bei Alltagsproblemen mit Anteilen und Prozenten rechnen. Ein 4-Personen-Haushalt zahlt im Jahr ca. 2500 € Energiekosten. Davon sind 82 % für Heizkosten.	S. 255 Nr. 8 S. 256 Nr. 9–11 S. 260 Nr. 3 S. 261 Nr. 4 S. 262 Nr. 6, 8
Ich kann zur Lösung von Alltagsproblemen Terme verwenden und eine Tabellenkalkulation nutzen, um Terme zu berechnen. Stelle für den folgenden Tarif einen Term auf und berechne die Kosten für verschiedene Anzahlen an kWh. Vorteilstarif: Grundpreis 186 € pro Jahr und 6,9 ct pro kWh.	S. 258 Nr. 14, 15 S. 263 Nr. 10
Ich kann Größenangaben runden. Runde auf Einer: $34{,}5767\,m^3$, 14,56 ℓ, $2{,}34\,dm^3$	S. 257 Nr. 13 S. 261 Nr. 5
Ich kann Mittelwerte bestimmen. Bestimme den Durchschnitt und den Zentralwert folgender Sonnenkollektorflächen: $420\,m^2$ | $139\,m^2$ | $1377\,m^2$ | $425\,m^2$	S. 255 Nr. 7 S. 262 Nr. 6
Ich kann eine Aufgabenbearbeitung verständlich präsentieren. Beschreibe, wie man einen Vortrag zu einer Aufgabenbearbeitung gliedert und welche Hilfsmittel man gut verwenden kann.	S. 259 Nr. 18 S. 263 Nr. 10

▸ *Hinweis:* Im Materialblock auf Seite 103 findest du diese Checkliste für deine Selbsteinschätzung. Zusätzliche Übungsaufgaben findest du im Internet unter www 264-1.
(www.cornelsen.de/mathewerkstatt, Buchkennung: MWS040248, Mediencode: 264-1)

Anhang

Stichwortverzeichnis

Bildquellen

Titelbild Shutterstock/Adisa

6 ff. (Vignette) Timo Leuders, Buchenbach
8/1 shutterstock/Mike Flippo
8/2 Fotolia/Nejron Photo
8/3 Fotolia/fhmedien_de
9/1 shutterstock/krsmanovic
9/2 Fotolia/arsdigital
11 iStockphoto/oksanaphoto
13 Fotolia/nito
17 shutterstock/vichie81
15/1 Kelterei Walther GmbH
15/2 Refresco Deutschland GmbH
18/1 picture-alliance/dpa/Stockfood
18/2 mauritius images/Photononstop
19 picture alliance/chromorange
20/1 Fotolia/J. Hoffmann
20/2 iStockphoto/Dušan Zidar
21 shutterstock/Minerva Studio
22 Fotolia/BeTa-Artworks
23/1 Fotolia/Naglis Stancikas
23/2 shutterstock/J. Norman Reid
24/1 shutterstock/Valentin Agapov
24/2 shutterstock/humbak
25 shutterstock/trekandshoot
26/1 Bahro, K., Berlin
26/2 BMW AG, München
26/3 Fotolia/Gennady Poddubny
27/1 iStockphoto/Marcelo Piotti
27/3 iStockphoto/ivanastar
27/2 shutterstock/CandyBox Images
29 Glow Images/Juice Images
30/1 Fotolia/Maridav
32/1 Fotolia/Tomas Sereda
32/2 PantherMedia/Stefan Schurr
32/3 Fotolia/koya979
34/1 mauritius images/Mitterer
34/2 Fotolia/David Kneafsey
35/1 Bärbel Barzel
35/1 Fotolia/Fotodesign Märzinger
41/1 Mahler B., Berlin
41/2 Fischer, Rainer, Berlin
42/1 Bärbel Barzel
44/1 Fotolia/braverabbit
44/2–4 Cornelsen Schulverlage/Kartografie
45/1 Cornelsen Schulverlage
46/1 Fotolia/electriceye
48/1 Fotolia/adisa
49/1 Bärbel Barzel
51/1 PantherMedia/Martin Kosa
53/1 Cornelsen Schulverlage
54/1 Cornelsen Schulverlage
56/1–2 Cornelsen Schulverlage
58/1 Cornelsen Schulverlage
62/1 Fotolia/Ekaterina Pokrovsky
62/2 Fotolia/jaschin
62/3 Fotolia/Anita Potter
62/4 Fotolia/DimaSobko
62/5 Fotolia/Frank Roeder
62/6 Fotolia/shock
63/1 Cornelsen Schulverlage
64/1 Glow Images/Westend61
64/2 Cornelsen Schulverlage
65/3 Cornelsen Schulverlage
67/1 Cornelsen Schulverlage
69 Fotolia/shootingankauf
70/1 Fotolia/Dream-Emotion
70/2 Fotolia/Christa Eder
71 Fotolia/Denys Rudyi
72/1 Fotolia/Denys Rudyi
74/1 Cornelsen Schulverlage
80/1 Fotolia/ArVis
84/1 Fotolia/Peter Atkins
99/1 Fotolia/Vladimir Seliverstov
99/2 Fotolia/Luana Rigolli
99/3 Fotolia/CARTOGRAFIK GOEDE
100/1 Fotolia/Petair
101/1 Fotolia/beermedia
103 www.stein-mosaik.de
104/1 www.stein-mosaik.de
104/1 Fotolia/Aleksandar Todorovic
107/1 Cornelsen Schulverlage
107/2 Fotolia/Kybele
107/3 Fotolia/tashatuvango
107/4 Fotolia/Oleksandr Chub
108/1 Cornelsen Schulverlage
111/1 Fotolia/Iryna Rasko
114/1–3 Bärbel Barzel
114/4 Fotolia/Darius Turek
114/5 Fotolia/majoka
115/1 Fotolia/Liveshot
115/2 Fotolia/Dmytro Smaglov
115/3 Bärbel Barzel
116/1 Fotolia/Martina Berg
116/2–3 Cornelsen Schulverlage
116/4 Cornelsen Schulverlage
116/5 Fotolia/tawesit
117/1–3 Cornelsen Schulverlage
125/1 Fotolia/whitehoune
126/1 Fotolia/whitehoune
126/1 Cornelsen Schulverlage
128 Cornelsen Schulverlage
129/1 Fotolia/Nata-Lia
131/1–2 Cornelsen Schulverlage
132/1–2 Cornelsen Schulverlage
133/1 Cornelsen Schulverlage
142/1 Shutterstoc/sn4ke
146/1 Cornelsen Schulverlage
147/1 Cornelsen Schulverlage
150 Cornelsen Schulverlage
152/1 Shutterstock/TM – Design
153/1 Cornelsen Schulverlage
155/1 Fotolia/Ancello
155/2 Fotolia/hultimus
155/3 Fotolia/umnola
156/1 picture-alliance/dpa
156/2 akg-images/Herve Champollion
156/3 interfoto_rm/Sammlung Rauch
156/4 glowimages/Heritage-Images/Werner Forman Archive/Schindler Collection, New York
156/5 mauritius images/ib/H.-D. Falkenstein
158/1 Cornelsen Schulverlage
159/1 Fotolia/daffodilred
159/2 Cornelsen Schulverlage
159/3 Fotolia/Alexandra Karamyshev
159/4 Shutterstock/Redshinestudio
159/5 Shutterstock/turtix
159/6 Fotolia/pic_it
159/7 Shutterstock.com/VectorExpertz
159/8 Cornelsen Schulverlage
161 picture-alliance/dpa
162/1 Shutterstock/Sebastian Tomus
166/1 Fotolia/VRD
167/1 Cornelsen Schulverlage
168/1 Shutterstock/Artur Bogacki
169/1 Fotolia/frogger
177/1–2 picture-alliance/dpa
178/1 Fotolia/Siegfried Schnepf
179/1 F1online
180/1 Shutterstock/Sashkin
180/2 Fotolia/robotcity
180/3 ClipDealer/www.fot-meurer.de
185/1 Fotolia/JiSIGN
189/1 Fotolia/JiSIGN
190/1 Fotolia/JiSIGN
192/1 Fotolia/ag visuell
193 Fotolia/babimu
193/1 Fotolia/babimu
193/2 Shutterstock/manfredxy
193/3 Shutterstock/Edmund Lowe Photography
194/1 Shutterstock/Alterfalter
197/1 Shutterstock/Kzenon
203/1 Shutterstock/Lisa S.
204/1 Shutterstock/O. Bellini
205 Shutterstock/Pavel Vakhrushev
206/1 picture-alliance/dpa-Sportreport
208/1 Cornelsen Schulverlage
208/1 Fotolia/Kalinovsky Dmitry
208/2 Fotolia/suksao
216/1 Fotolia/Alexander Rochau
216/2 shutterstock/ssuaphotos
219/1 Fotolia/ag visuell
220/1 Fotolia/ag visuell
226/1 Fotolia/ag visuell
227/1 Fotolia/bloomua
232/1 Cornelsen Schulverlage
233/1 Shutterstock/Aleksander Krsmanovic
237/1 Shutterstock/cobalt88
237/2 Fotolia/Africa Studio
237/3 Fotolia/ Fotolia/pico
239/1–2 Fotolia/Gordana Sermek
239/3–4 Fotolia/Alexandra Karamyshev
242/1 Fotolia/Lucky Dragon
245 Fotolia/babimu
222/1 Fotolia/babimu
254/1 Shutterstock/Johannes Kornelius
255/1 Shutterstock/Flame of life
255/2 Shutterstock/John Langton
255/3 Shutterstock/laola
255/4 Shutterstock/Olga Rutko
255/5 Shutterstock/Ron and Joe
255/6 Shutterstock/tassel78
255/7 Shutterstock/Mopic
257/1 Fotolia/M. Schuppich
258/1 Shutterstock/Viktoriya
260/1 Shutterstock/manfredxy
260/2 Shutterstock/Edmund Lowe Photography
261/1 Shutterstock/alterfalter
261/2 Shutterstock/Kzenon
261/3 Shutterstock/Lisa S.
262/1 Shutterstock/O.Bellini
262/2 Shutterstock/Pavel Vakhrushev
263/1 Glow Images/Image Source

Übersicht zum Online-Angebot

Liebe Schülerin, lieber Schüler,

in diesem Buch findest du an einigen Stellen zusätzliche Angebote, die du im Online-Angebot der Cornelsen Schulverlage erhältst und nutzen kannst.

Du musst dazu erst einmal die zugehörige Website der Cornelsen Schulverlage aufrufen. Gib dazu in deinem Web-Browser **www.cornelsen.de/mathewerkstatt** ein.

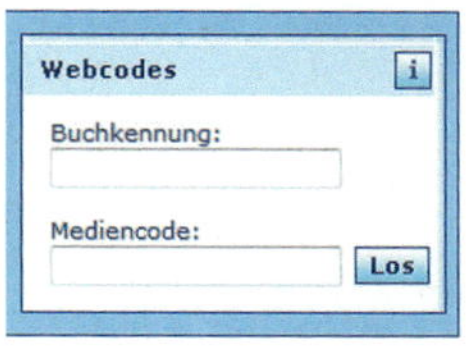

Ganz schnell kannst du zu dem konkreten Angebot kommen, indem du im rechten oberen Fenster in der ersten Zeile zunächst die Buchkennung **MWS040248** einträgst und in der zweiten Zeile dann den Mediencode (zum Beispiel **048-1**), der auf der entsprechenden Schulbuchseite abgedruckt ist.

Folgende Angebote findest du:

- für jedes Kapitel Zusatzaufgaben zum Training im Vertiefen
  Ein Mediencode ist auf jeder Checkliste angegeben:
  Mediencode: 028-1, 052-1, 070-1, 102-1, 124-1, 160-1, 188-1, 218-1, 244-1, 264-1

- einige Simulationen (Applet genannt), auch solche, die du vielleicht schon aus einem vorangegangenen Schuljahr kennst, wie:
  Wettkönig (Mediencode: 057-1, 058-1)
  Raus aus den Schulden (Mediencode: 074-1)
  Parkette (Mediencode: 106-1, 107-1, 123-1)
  Copystar (Mediencode: 133-1, 141-1, 158-1)

- einige Dateien, die in einem Dynamischen Geometriesystem (DGS) erstellt wurden (hier auch teilweise als Applet bezeichnet), wie:
  Flächenveränderungen untersuchen (Mediencode: 048-1)
  Dreiecke zusammensetzen (Mediencode: 167-1)
  Entfernungen von Ecken (Mediencode: 187-1)

- einige Dateien, die mit Hilfe der Tabellenkalkulation (Excel) verwendet werden können, wie:
  Rechenhilfe (Mediencode: 196-1)
  Zahlenketten (Mediencode: 215-1)
  CO_2-Rechner (Mediencode: 217-1)

- weiteres Material wie Spiele
  Work & Travel (Mediencode: 011-1)
  Ungewöhnliche Einheiten in den USA (Mediencode: 017-1)
  Raus aus den Schulden (Mediencode: 074-1)
  Fische wandern (Mediencode: 108-1)
  Das Dreiecksrommé (Mediencode: 117-1)
  Fang das Bild (Mediencode: 150-1)
  Term ärgere mich nicht (Mediencode: 212-1)

Bis bald!